Shri Sai Satcharita

SHRI SAI SATCHARITA

oder

Leben und Lehren

des

Shrī Sai Baba von Shirdi

Eine Zusammenstellung von Nagesh Vasudev Gunaji
aus dem Originalbuch von Govind Raghunath Dabholkar
alias „Hemadpant"

Sathya Sai Vereinigung e. V.

Titel der englischen Originalausgabe: Shri Sai Satcharita – The wonderful Life and Teachings of Shrī Sai Baba. Eine Zusammenstellung und Übersetzung von Nagesh Vasudev Gunaji aus dem Originalbuch in Marathi von Govind Raghunath Dabholkar alias „Hemadpant". Shri Sai Baba Sansthan, Shirdi, „Sai Niketan", 804-B, Dr. Ambedkar Road, Dadar, Bombay – 400 014. Ins Deutsche übersetzt von Irmgard Streich-Buda.

Das Buch wurde auf FSC-zertifiziertem Papier aus nachhaltiger Forstwirtschaft mit mineralölfreien Farben alkoholfrei gedruckt. Für die Druckvorstufe und den Druck wurde Strom von Geenpeace Energy eingesetzt.

Die Deutsche Bibliothek verzeichnet diese Publikation in der Deutschen Nationalbibliografie. Detaillierte bibliografische Daten sind im Internet unter http://dnb.ddb.de abrufbar.

ISBN 978-3-932957-72-7

3. Auflage 2018

Sathya Sai Vereinigung e. V., Buchzentrum,
Grenzstraße 43, 63128 D-Dietzenbach
Umschlaggestaltung und Satz: Sathya Sai Vereinigung e. V.
Druck und Bindung: Pustet, Regensburg

Widmung

„Wer mir mit Liebe und Hingabe ein Blatt, eine Blume, eine Frucht oder Wasser darbringt, dessen Opfer der Liebe eines reinen und selbstbeherrschten Menschen wird bereitwillig und sofort von mir angenommen.“

Shrī Krishna
Bhagavadgita, Kapitel 9, Vers 26

Dieses Werk – und mich selbst – widme ich

dem Antaryamin

SHRI SAI BABA

Inhalt

Vorwort der Übersetzerin

Das vorliegende Buch ist ein Auszug der voluminösen „Shrī Sai Satcharita“, der Lebensgeschichte des Sai Baba aus Shirdi. Die Originalfassung der Sai Satcharita von Govind Dabholkar – von Sai Baba „Hemadpant“ genannt – wurde in Marathi, der Landessprache des indischen Staates Maharashtra, in Versform verfasst. Sie beinhaltet 53 Kapitel mit über 9.000 Versen. Hiervon hat Nagesh Vasudev Gunaji eine Kurzform in englischer Sprache und in Prosa herausgebracht, die es ermöglicht, eine größere Anhängerschaft von Sai Baba in ganz Indien und in anderen Ländern zu erreichen.

Das Buch wird wie eine heilige Schrift verehrt und gelesen. Es ist voller wunderbarer Tatsachenberichte, die das Innerste berühren. Viele Menschen haben Großes erleben dürfen, nachdem sie eine Lesung der Satcharita voller Glauben, Ehrfurcht und Hingabe in sieben Tagen *(saptaha)* beendet haben.

Mit Sai Babas Segen haben wir uns bemüht, dieses liebenswürdige religiöse Buch der deutschsprachigen Leserschaft zugänglich zu machen.

Voller Liebe, Freude und Dankbarkeit widmen wir alles IHM.

Die Übersetzerin

Zur Übersetzung

In diesem Buch wurden alle *Sanskrit*-Ausdrücke des englischen Originals ins Deutsche übertragen. Da es sich hierbei oft um philosophische Konzepte handelt, für die es im Deutschen nicht immer eindeutige Entsprechungen gibt, werden sie sinngemäß jeweils mit dem annähernd treffendsten Begriff wiedergegeben. Um dem Leser die Zuordnung zu ermöglichen, werden die *Sanskrit*-Wörter im Text in Klammern gesetzt. Die in *kursiver* Schrift gedruckten Begriffe sind im Glossar ausführlicher erläutert.

Alle indischen Namen und *Sanskrit*-Begriffe wurden in einer vereinfachten Umschrift wiedergegeben, wie sie in der Literatur für Nicht-*Sanskrit*-Gelehrte gebräuchlich ist; dabei erscheinen nur drei zusätzliche Buchstaben: ā, ī und ū.

Das englische Wort „mind“ ist in diesem Buch je nach Sinnentsprechung verschieden übersetzt worden. Es wird fast immer als Übersetzung des *Sanskrit*-Wortes „Manas“ benutzt. „Manas“ bezeichnet den Geist (im relativen Sinn); den Bereich der Wünsche, Gedanken und Gefühle, das Gemüt, das Denken, die Psyche.

Der englische Begriff „spirit“ wurde als Geist, reiner Geist, Geistseele, geläuterter Geist, Höchstes Wesen übersetzt. „Spirit“ bezeichnet das innere Selbst, den wahren Wesenskern des Menschen, den göttlichen Funken, der im Herzen wohnt.

Kapitel I

Anrufungen – Die Geschichte vom Weizenmahlen und dessen philosophische Bedeutung

Zu Beginn seines Werkes „Sai Satcharita" ruft Hemadpant nach uralter, ehrwürdiger Sitte in aller Ehrfurcht die verschiedenen Gottesaspekte an:

Als erstes verbeugt er sich vor *Ganesha* und bittet ihn, alle Hindernisse zu beseitigen und das Werk erfolgreich werden zu lassen, und er sagt, dass *Shrī Sai* Gott *Ganesha* ist;

dann vor Göttin *Sarasvati,* die er bittet, ihn zu inspirieren, das Werk zu schreiben, und er sagt, dass *Shrī Sai* eins mit dieser Göttin ist und Er selbst Sein eigenes Leben singt;

dann vor den Göttern *Brahma*, *Vishnu* und *Shankara* – die schöpferischen, erhaltenden und zerstörenden Gottheiten –, und er sagt, dass *Sainatha* eins mit ihnen ist und Er uns als der große Lehrer über den Strom der weltlichen Existenz tragen wird;

dann vor seinem Hausgott, Narayan Adinath, der sich in Konkan manifestierte, dem durch *Parashurama* vom Meer zurückeroberten Land, und vor dem Urahn der Familie *(ādipurusha);*

dann vor *Muni* Bharadwaja, in dessen Familienstamm er geboren wurde, und auch vor verschiedenen *Rishis* wie Yajnavalkya, Bhrigu,

Parashara, Narada, Vedavyasa, Sanaka, Sanandana, Sanatkumara, Shuka, Shaunaka, Vishvamitra, Vasishtha, Valmiki, Vamadeva, Jaimini, Vaishampayana, Nava Yogindra und so weiter und auch vor Heiligen der Neuzeit wie Nivritti, Jnanadev, Sopan, Muktabai, Janardan, *Eknath,* Namdev, Tukaram, Kanha, Narahari und so weiter;

dann vor seinem Großvater Sadashiv, seinem Vater, seiner Mutter, die ihn in seiner Kindheit verlassen hat, vor seiner Tante väterlicherseits, die ihn aufgezogen hat, und seinem liebevollen, älteren Bruder;

dann vor den Lesern, die er bittet, seinem Werk ihre ungeteilte Aufmerksamkeit zu widmen,

und zuletzt vor seinem *Guru, Shrī Sainatha,* einer Inkarnation von *Dattatreya,* der seine einzige Zuflucht ist und ihn erkennen lässt, dass *Brahman* die Wirklichkeit ist und die Welt eine Illusion, und schließlich vor allen Wesen, in denen der Herrgott wohnt.

Nachdem der Autor kurz die verschiedenen Arten der Hingabe – gemäß Parashara, Vyasa, Shandilya und so weiter – beschrieben hat, erzählt er folgende Geschichte:

Eines schönen Morgens, irgendwann nach 1910, ging ich zur *Masjid* in Shirdi, um *Babas Darshan* zu haben. Ich staunte sehr, als ich folgendes Phänomen zu sehen bekam: Baba hatte seinen Mund und sein Gesicht gewaschen und begann mit den Vorbereitungen zum Weizenmahlen. Er breitete einen Sack auf dem Boden aus, stellte eine Handmühle darauf, nahm etwas Weizen von einem Getreideschwinger, krempelte die Ärmel seines *Kafnis* hoch, gab einige Hände voll Weizen in die obere Öffnung der Mühle, nahm ihre Kurbel in die Hand und begann zu mahlen. Ich dachte: „Warum mahlt Baba Weizen, wenn er doch nichts besitzt, nichts aufbewahrt und von Almosen lebt!" Andere Leute dachten ähnlich; aber niemand hatte den Mut, Baba nach seinem Tun zu befragen.

Die Nachricht von Babas Weizenmahlen breitete sich im Nu im Dorf aus und sofort eilten Männer und Frauen zur *Masjid,* um Baba bei diesem Tun zuzuschauen. Vier kühne Frauen bahnten sich den Weg durch die Menge zu Baba, schoben ihn beiseite, nahmen die Mühle an sich und begannen zu mahlen. Dabei sangen sie von Babas göttlichen Spielen *(līlā).* Zuerst war Baba wütend, aber als er ihre Liebe und Hingabe sah, freute er sich sehr und lächelte.

Während sie mahlten, dachten sie, dass Baba doch kein Haus, keinen Besitz, keine Kinder und niemanden habe, um den er sich kümmern müsse. Er lebe von Almosen und benötige deshalb kein Weizenmehl, um Brot oder Weizenfladen zu backen. Was wolle er also mit dieser großen Menge Mehl anfangen? Vielleicht würde Baba das Mehl unter ihnen verteilen, weil er doch so gütig sei. Während sie dies dachten und dabei sangen, beendeten sie das Mahlen. Sie stellten die Handmühle zur Seite und teilten das Mehl in vier Portionen auf, eine für jede von ihnen.

Baba, der bis dahin still und ruhig gewesen war, wurde nun wütend und beschimpfte sie. Er sagte: „Ihr Damen, seid ihr verrückt geworden? Wessen Vaters Eigentum plündert ihr da? Habe ich etwa Weizen von euch geborgt, so dass ihr jetzt getrost das Mehl an euch nehmen könnt? Tut, was ich euch sage: Nehmt das Mehl und streut es an den Dorfgrenzen aus!“ Als die Frauen das hörten, fühlten sie sich beschämt, tuschelten untereinander und eilten ans Ende des Dorfes, um das Mehl auszustreuen, wie Baba es angeordnet hatte.

Ich fragte die Leute von Shirdi: „Was hat Baba da getan?“ Sie antworteten, dass dies Babas Heilmittel gegen die Choleraepidemie sei, die sich gerade im Dorf ausbreite, und nicht der Weizen, sondern die Cholera werde gemahlen und so aus dem Dorf vertrieben. Danach ging die Epidemie zurück und die Leute waren glücklich. Ich war hocherfreut, das alles zu erfahren. Zur gleichen Zeit wuchs auch meine Neugierde. Ich begann mich zu fragen, welche irdische Verbindung zwischen dem Weizenmehl und der Cholera bestand. Was war die zufällige Beziehung zwischen den beiden und wie konnte man sie in einen Zusammenhang bringen? Der Vorgang schien unerklärlich. Ich sollte etwas hierüber schreiben und nach Herzenslust von Babas köstlichen, göttlichen Spielen *(līlā)* erzählen. Während ich über dieses Spiel nachdachte, wurde mein Herz von Freude erfüllt. So erhielt ich die Inspiration, Babas Biographie zu schreiben: die *„Satcharita"*. Und wie wir wissen, wurde dieses Werk mit Babas Gnade und Segen erfolgreich ausgeführt.

Die philosophische Bedeutung des Mahlens

Neben der Bedeutung, welche die Leute aus Shirdi diesem Vorgang des Weizenmahlens beimaßen, gibt es unseres Erachtens auch eine philosophische. Sai Baba lebte etwa 60 Jahre lang in Shirdi, und während dieser langen Zeitspanne war er fast jeden Tag mit dem Mahlen beschäftigt. Es war nicht nur der Weizen, der von Baba gemahlen wurde, sondern insbesondere die Sünden und die geistigen und körperlichen Leiden und Nöte seiner zahlreichen *Devotees.* Die zwei Steine seiner Mühle bestanden aus Aktivität *(karma)* und Hingabe *(bhakti).*

„Karma" war der untere und *„Bhakti"* der obere Stein. Die Kurbel, mit der Baba die Mühle bediente, war „Wissen" *(jnāna).* Baba war der festen Überzeugung, dass Wissen oder Selbsterkenntnis nicht möglich sind, ohne zuvor den Vorgang des Mahlens all unserer Neigungen, Wünsche und Sünden, sowie der drei Grundeigenschaften *(guna)* – Reinheit *(sattva)*, Aktivität *(rajas)* und Trägheit *(tamas)* – und des sehr subtilen und deshalb so schwierig zu entfernenden Ich-Bewusstseins zu durchlaufen.

Dies erinnert uns an eine ähnliche Geschichte von *Kabir,* der, als er eine Frau Getreide mahlen sah, zu seinem *Guru* Nipathiranjana sagte: „Ich weine, weil ich die Qual fühle, in diesem Rad der weltlichen Existenz zerquetscht zu werden wie das Getreide in der Handmühle.“ Nipathiranjana erwiderte: „Fürchte dich nicht. Halte die Kurbel des Wissens dieser Mühle ganz fest, so wie ich es tue, und entferne dich nicht weit davon, sondern geh nach innen zum Zentrum, und du wirst sicherlich gerettet.“

Verneige dich vor Shrī Sai – Friede sei mit allen

Kapitel II

Weshalb dieses Buch geschrieben wurde – Unvermögen und Kühnheit bei der Unternehmung des Werkes – Heiße Diskussion – Verleihung des bedeutenden und prophetischen Titels „Hemadpant“ – Weshalb ein Guru notwendig ist

Im ersten Kapitel des originalen *Marathi*-Buches erwähnt der Autor, dass er den Grund nennen werde, der ihn veranlasst habe, das Werk auszuführen, und die Menschen, es zu lesen, sowie andere Punkte dieser Art. In diesem Kapitel geht er nun näher darauf ein.

Weshalb dieses Buch geschrieben wurde

Im ersten Kapitel habe ich das Wunder beschrieben, wie Sai Baba die Choleraepidemie aufhielt und beseitigte, indem er Weizen mahlte und das Mehl an den Grenzen des Dorfes ausstreuen ließ. Zu meiner großen Freude habe ich auch von anderen seiner Wunder gehört, und diese Freude hat dieses poetische Werk hervorgebracht. Auch habe ich mir gedacht, dass die Beschreibung von Sai Babas großen Wundertaten interessant und lehrreich für seine *Devotees* sein würde und ihre Sünden tilgte. So habe ich begonnen, über Sai Babas Leben und Lehren zu schreiben. Das Leben eines Heiligen ist weder logisch noch dialektisch, aber es zeigt uns den wahren und erhabenen Pfad.

Unvermögen und Kühnheit bei der Unternehmung des Werkes

Hemadpant glaubte, dass er nicht die passende Person war, diese Arbeit zu tun. Er sagte sich: „Wenn ich nicht einmal das Leben meines engsten Freundes kenne, ja noch nicht einmal mein eigenes Gemüt, wie kann ich dann über das Leben eines Heiligen berichten oder das Wesen der hohen Verkörperungen beschreiben, was nicht einmal die *Veden* konnten? Man muss schon selbst ein Heiliger sein, um einen Heiligen wirklich zu erkennen. Wie könnte ich sonst wohl ihre Herrlichkeit beschreiben? Über das Leben eines Heiligen zu schreiben, ist äußerst schwierig. Man könnte ebenso gut die Tiefe der sieben Meere messen oder den Himmel in schmückenden Stoff einbinden." Ich wusste, dass dies ein gewagtes Unternehmen war, das mich möglicherweise dem Gespött aussetzen würde. Daher bat ich um Sai Babas Segen.

Maharashtras großer dichtender Heilige, *Shrī Jnaneshwar Maharaj,* hat behauptet, dass Gott jene liebe, die über das Leben von Heiligen schrieben. Die Heiligen haben ihre besondere Methode, den Dienst, nach dem sich die *Devotees* sehnen, erfolgreich ausführen zu lassen. Sie inspirieren die Arbeit, und der *Devotee* wird lediglich ein indirekter Grund beziehungsweise ein Instrument, dies zu tun. Im Jahr 1778 zum Beispiel wünschte sich der Dichter Mahipati, über das Leben von Heiligen zu schreiben. Die Heiligen inspirierten ihn und ermöglichten das Werk. Ebenso wurde im Jahr 1900 Das Ganus Dienst angenommen. Mahipati schrieb vier Werke: „Bhakta Vijaya", „Santa Vijaya", „Bhakta Leelamrit" und „Santa Leelamrit" und Das Ganu schrieb zwei, „Bhakta Leelamrit" und „Santa Kathamrit", in denen das Leben von Heiligen der Neuzeit beschrieben wird. In den Kapiteln 31, 32 und 33 des „Bhakta Leelamrit" und im Kapitel 57 des „Santa Kathamrit" sind Sai Babas wunderbares Leben und seine Lehren sehr gut dargestellt. Sie wurden gesondert im „Sai Leela Magazine" veröffentlicht, und zwar in den Ausgaben Nummer 11 und 12, Band 17. Dem Leser wird nahegelegt, diese Kapitel zu lesen. So wurden auch Sai Babas wunderbare göttliche Spiele in einem kleinen Buch, „Shrī Sainath Bhajan Mala“, von Frau Savitribai Raghunath Tendulkar aus Bandra beschrieben. Das Ganu *Maharaj* hat ebenfalls verschiedene liebenswerte Gedichte über Sai Baba verfasst. Ein *Devotee* namens Amidas Bhavani Mehta hat eine Reihe von Geschichten über Sai Baba in der Gujarathi-Sprache veröffentlicht. Einige Nummern der „Sainath Prabha“, einer Zeitschrift des Dakshina Bhiksha Sanstha aus Shirdi, wurden ebenso veröffentlicht. Hier könnte man einwenden: Wenn schon so viele Werke über Sai Baba vorhanden sind, warum sollte dann diese *„Sai Satcharita“* geschrieben werden, und worin besteht die Notwendigkeit?

Die Antwort ist klar und einfach. Das Leben von Sai Baba ist so weit und tief wie der unendliche Ozean, und alle können darin eintauchen und kostbare Edelsteine der Weisheit und der Gottesliebe herausholen und sie dann dem interessierten Publikum darbringen. Sai Babas Geschichten, Parabeln und Lehren sind so wunderbar. Sie werden der mit Sorgen belasteten und dem Elend der Welt schwer beladenen Menschheit Frieden und Glück bringen. Außerdem gewähren sie Wissen und Weisheit, sowohl auf weltlichem wie spirituellem Gebiet. Wenn Sai Babas Lehren, die so interessant und lehrreich wie die Überlieferung der *Veden* sind, angehört werden und wenn die *Devotees* darüber meditieren, erhalten sie das Ersehnte, nämlich die Einheit mit *Brahman,* Meisterschaft des achtfachen *Yoga,* Glückseligkeit durch Meditation und so weiter. Deshalb habe ich mir gedacht, dass ich alle Geschichten zusammenstellen sollte und dass dies mein bester Gottesdienst *(upāsana)* wäre. Diese Sammlung würde für jene schlichten Seelen, die nicht mit Sai Babas *Darshan* gesegnet wurden, höchst erfreulich sein.

Ich habe also begonnen, Sai Babas Lehren und Aussagen – das Ergebnis seiner grenzenlosen und natürlichen Selbsterkenntnis – zu sammeln. Sai Baba selbst hatte mich dazu inspiriert. So legte ich ihm mein Ego zu Füßen, in dem Glauben, dass mein Weg geebnet sei und er mich hier und in der anderen Welt recht glücklich machen werde.

Ich konnte Sai Baba nicht selbst um seine Erlaubnis fragen. Deshalb wandte ich mich an Herrn Madhavrao Deshpande alias Shama, der Babas engster *Devotee* war, und bat ihn, an meiner statt mit ihm zu sprechen. Er setzte sich für mein Anliegen ein und sagte zu Sai Baba: „Dieser Annasaheb möchte deine Biographie schreiben. Bitte, sag nun nicht, du seiest ein armer Bettelfakir und es bestehe keine Notwendigkeit darüber zu schreiben – doch wenn du zustimmst und ihm hilfst, wird er das Werk schreiben, oder besser gesagt, die Gnade deiner Lotosfüße wird das Werk vollbringen. Ohne deine Zustimmung und deinen Segen kann nichts erfolgreich durchgeführt werden."

Als Sai Baba von diesem Wunsch hörte, war er gerührt und segnete mich, indem er mir heilige Asche *(udi)* gab. Er legte mir seine segnende Hand auf den Kopf und sagte: „Lass ihn Geschichten und Erlebnisse sammeln und davon Notizen machen. Ich werde ihm helfen. Er ist nur ein äußeres Instrument; ich werde selbst meine Biographie schreiben und die Wünsche meiner *Devotees* erfüllen. Er sollte sich von seinem Ego freimachen und es mir zu Füßen legen. Wer im Leben so handelt, dem helfe ich am meisten. Was aber nun meine Lebensgeschichte angeht – ich werde ihm in jeder möglichen Weise dienen, und wenn sein Ego vollkommen aufgelöst und keine Spur mehr davon übrig ist, werde ich selbst in ihn eingehen und über mein Leben schreiben. Wenn meine Geschichten und Lehren angehört werden, erwecken sie im Herzen der *Devotees* Glauben und sie werden Selbsterkenntnis und Glückseligkeit leicht erlangen. Es sollte kein Beharren auf dem eigenen Standpunkt geben, keinen Versuch, die

Meinung anderer zu widerlegen, keine Diskussion über das Pro und Kontra irgendeiner Sache."

Das Wort „Diskussion" brachte mir mein Versprechen in Erinnerung, die Geschichte zu erklären, wie ich zu dem Titel „Hemadpant" gekommen bin, und das werde ich hiermit tun.

Ich war mit Kakasaheb Dixit und Nanasaheb Chandorkar eng befreundet. Sie forderten mich auf, nach Shirdi zu fahren, um Baba zu sehen; und ich versprach ihnen, dies zu tun. Aber es geschah etwas, das mich davon abhielt. Der Sohn meines Freundes aus Lonavla wurde krank. Mein Freund versuchte es mit allen möglichen Heilmethoden, doch das Fieber wollte nicht zurückgehen. Schließlich bat er seinen *Guru,* am Bett seines Sohnes zu sitzen, aber auch das half nichts.

Als ich davon hörte, dachte ich: „Wozu nützt ein *Guru,* wenn er noch nicht einmal den Sohn meines Freundes retten kann? Wenn der *Guru* überhaupt nichts für uns tun kann, weshalb sollte ich dann überhaupt nach Shirdi reisen?" Und so verschob ich meine Reise. Doch das Unvermeidliche muss geschehen, und es geschah in meinem Fall wie folgt:

Herr Nanasaheb Chandorkar, ein Abteilungsleiter, war auf dem Weg nach Bassein. Er kam von Thana nach Dadar und wartete auf einen Zug nach Bassein. Inzwischen erschien ein Nahverkehrszug aus Bandra. Er stieg in diesen ein und fuhr nach Bandra. Dort ließ er mich holen und stellte mich zur Rede, weil ich meine Shirdi-Reise noch nicht angetreten hatte. Nanas Argument für meine Shirdi-Reise war überzeugend und erfreulich und so beschloss ich, mich noch am selben Abend auf den Weg zu machen. Also packte ich meinen Koffer und fuhr los. Ich hatte die Absicht, nach Dadar zu reisen und dort den Zug nach Manmad zu nehmen, und so kaufte ich eine Fahrkarte nach Dadar und setzte mich in den Zug. Bevor der Zug abfuhr, kam ein Mohammedaner in aller Eile in mein Abteil. Er sah all mein Gepäck und fragte mich, wohin ich denn fahren wolle. Ich erzählte ihm von meinem Plan. Daraufhin schlug er mir vor, ich solle direkt nach Boribunder fahren und nicht in Dadar aussteigen, weil dieser Zug überhaupt nicht in Dadar halte.

Wenn dieses kleine Wunder oder *Līlā* nicht geschehen wäre, hätte ich Shirdi nicht, wie geplant, am nächsten Tag erreicht und es wären viele Zweifel in mir aufgekommen. Aber das sollte nicht geschehen, weil mir das Glück hold war, und so erreichte ich Shirdi am nächsten Morgen vor 9 Uhr. Herr Bhausaheb (Kaka) Dixit erwartete mich dort. Das war 1910, als es für Pilger nur eine Unterkunft gab, nämlich Sathes *Wada*.

Ich stieg aus der Droschke aus und wollte sofort zum *Darshan*. Der große *Devotee* Tatyasaheb Noolkar kam aber gerade aus der *Masjid* zurück und sagte mir, dass Baba an der Ecke des *Wada* sei und ich ihn erst einmal dort sehen und später, nachdem ich ein Bad genommen hätte, seinen *Darshan* in aller Ruhe haben könne. Als ich das hörte, lief ich sofort los und fiel Baba zu Füßen. Meine Freude war grenzenlos. Die Erwartungen, die ich aufgrund von Nana Chandorkars Erzählungen hatte, wurden bei weitem übertroffen. All meine Sinne waren zufriedengestellt und ich vergaß Hunger und Durst. In dem Augenblick, in dem ich Sai Babas Füße berührte, begann für mich ein neuer Lebensabschnitt. Ich fühlte mich allen sehr verbunden, die mir dazu verholfen hatten, Babas *Darshan* zu bekommen, und ich betrachtete sie als meine wahren Verwandten, denen ich für immer zu Dank verpflichtet bin. Ich kann nur an sie denken und mich im Geiste vor ihnen verneigen.

Das eigenartige an Sai Babas *Darshan* ist – wie ich finde –, dass unsere Gedanken verwandelt und die Konsequenzen unserer früheren Handlungen durch seinen Anblick gelindert werden. Allmählich löst man sich von den weltlichen Dingen und wird leidenschaftslos. Einen solchen *Darshan* erhält man nur aufgrund der Verdienste aus vielen früheren Leben. Wenn man Sai Baba nur anschaut, nimmt die ganze Welt tatsächlich seine Form an.

Heiße Diskussionen

Am ersten Tag meiner Ankunft in Shirdi gab es eine Diskussion zwischen mir und Balasaheb Bhate über die Notwendigkeit eines *Gurus.* Ich behauptete: „Warum sollten wir unsere Freiheit verlieren und uns anderen unterwerfen? Weshalb sollte ein *Guru* nötig sein, wenn wir unsere Pflicht erfüllen? Man muss sein Bestes versuchen und sich selbst retten. Was kann ein *Guru* schon mit einem Menschen anfangen, der nur träge schläft?" Ich setzte mich für den freien Willen ein, während Herr Bhate die andere Seite, nämlich das Schicksal, vertrat und sagte: „Was auch immer geschehen muss, wird geschehen. Selbst große Menschen haben versagt. Der Mensch denkt, Gott lenkt. Lass deine Schlauheit beiseite. Stolz und Egoismus helfen dir nicht weiter." So zog sich die Diskussion mit allem Für und Wider über eine Stunde lang hin und, wie üblich, kam man zu keinem Ergebnis. Schließlich mussten wir die Diskussion beenden, weil wir erschöpft waren. Die Folge war, dass ich meinen inneren Frieden verloren hatte und herausfand, dass es ohne starkes Körperbewusstsein und ohne Egoismus keine Diskussionen geben würde. Mit anderen Worten: Egoismus verursacht Diskussion.

Als wir daraufhin mit anderen zur *Masjid* gingen, fragte Baba Kakasaheb Dixit: „Was war in Sathes *Wada* los? Worum ging es in der Diskussion?", und während er mich anstarrte, fügte er hinzu: „Was hat dieser Hemadpant gesagt?" Ich war sehr erstaunt, als ich diese Worte hörte. Die *Masjid* lag ein gutes Stück von Sathes *Wada* entfernt, wo ich wohnte und wo die Diskussion stattgefunden hatte. Wie konnte Baba von unserer Diskussion wissen – es sei denn, er ist allwissend und der innere Herrscher aller?

Die Verleihung des bedeutenden und prophetischen Titels „Hemadpant“

Ich begann darüber nachzudenken, weshalb Sai Baba mich „Hemadpant“ genannt hatte. Das Wort ist eine verzerrte Form von „Hemadripant“. Dieser Hemadripant war ein wohlbekannter Minister der Könige Mahadev und Ramadev aus der Yadava-Dynastie von Devgiri. Er war sehr gelehrt, gutmütig und der Autor von so guten Werken wie „Chaturvarga Chintamani“, das sich mit spirituellen Themen befasst, und „Rajprachasti“. Er erfand und setzte neue Methoden der Buchführung ein und war der Urheber der Modi-Schrift *(Marathi*-Kurzschrift). Aber ich war so ziemlich das Gegenteil: ein Unwissender und von schwerfälligem und mittelmäßigem Intellekt. Daher konnte ich nicht verstehen, weshalb mir der Name oder Titel gegeben wurde. Als ich aber ernsthaft darüber nachdachte, kam mir der Gedanke, dass dieser Titel ein Pfeil war, um mein Ego zu zerstören, damit ich immer duldsam und demütig bleiben sollte. Es war für mich ebenfalls ein Kompliment bezüglich meiner Gewandtheit in der Diskussion.

Mit Blick auf die künftige Geschichte denken wir, dass Babas Wort (Herrn Dabholkar „Hemadpant“ zu nennen) bedeutsam und prophetisch war, weil dieser – wie bekannt – das Management und die gesamte Buchführung des *Sai Sansthan* sehr intelligent abwickelte. Auch bewahrte er alle Erzählungen auf und war der Autor eines solch guten Werkes wie der *Sai Satcharita,* das sich mit so wichtigen spirituellen Themen wie Weisheit, Hingabe an Gott, Leidenschaftslosigkeit, Selbsthingabe und Selbsterkenntnis befasst.

Weshalb ein Guru notwendig ist

Hemadpant hat keine Aufzeichnung und keine Notiz über das, was Baba in dieser Angelegenheit gesagt hatte, hinterlassen. Aber Kakasaheb Dixit hat seine Notizen darüber veröffentlicht. Am Tag nach

Hemadpants Treffen mit Sai Baba ging Kakasaheb zu Baba und fragte, ob er Shirdi verlassen solle. Baba sagte: „Ja." Daraufhin fragte jemand: „Baba, wohin?" Baba sagte: „Ganz nach oben." Der Mann entgegnete: „Wie ist der Weg?" Baba antwortete: „Es gibt viele Wege, die dorthin führen. Es gibt auch einen Weg von hier (Shirdi). Der Weg dorthin ist schwierig, weil es Tiger und Wölfe im Wald gibt." Ich (Kakasaheb) fragte: „Aber Baba, was ist, wenn wir einen Führer mitnehmen?" „Dann gibt es keine Schwierigkeiten. Der Führer wird dich direkt zu deinem Ziel geleiten und dabei Wölfe, Tiger, Gräben und so weiter meiden. Wenn kein Führer da ist, läufst du Gefahr, dich im Wald zu verlaufen oder in die Gräben zu fallen."

Herr Dabholkar war bei diesem Gespräch zugegen, und er glaubte, dass dies Babas Antwort auf die Frage zur Notwendigkeit eines *Gurus* war (siehe auch „Sai Leela Magazine", erste Ausgabe, Nummer 5, Seite 47). Er nahm es als Hinweis, dass Diskussionen über das Problem, ob man in spiritueller Hinsicht frei oder gebunden sei, von keinerlei Nutzen sind, sondern dass, ganz im Gegenteil, das wahre Ziel des Lebens nur durch die Lehren eines *Gurus* zu erreichen ist. Das wird auch im zweiten Kapitel des Originalwerkes an den Beispielen der großen *Avatare* wie *Rama* und *Krishna* deutlich, die sich ihren *Gurus Vasishtha* und *Sandipani* unterordnen mussten, um Selbsterkenntnis zu erlangen. Und die einzigen erforderlichen Tugenden hierfür sind Glaube und Geduld.

Verneige dich vor Shrī Sai – Friede sei mit allen

Kapitel III

Sai Babas Zustimmung und Versprechen – Übertragung von Arbeit an Devotees – Babas Geschichten als Leuchtfeuer – Seine mütterliche Liebe – Die Geschichte des Rohillas – Babas süße und nektargleiche Worte

Sai Babas Zustimmung und Versprechen

Wie im vorigen Kapitel erläutert, hatte Baba sein Einverständnis gegeben, dass die *Sai Satcharita* geschrieben wurde. Er sagte: „Ich bin völlig damit einverstanden, dass du die *Satcharita* schreibst. Tu deine Pflicht und fürchte dich nicht im Geringsten, beruhige dein Gemüt und glaub an meine Worte. Wenn meine göttlichen Spiele aufgeschrieben werden, vergeht die Unwissenheit. Wenn sie aufmerksam und hingebungsvoll angehört werden, lässt das Bewusstsein von der weltlichen Existenz nach und entstehen starke Wellen der Hingabe und Liebe. Wer tief in meine Wunder *(līlā)* eintaucht, kann kostbare Juwelen der Weisheit finden."

Der Autor war hocherfreut, als er dies hörte, wurde sogleich furchtlos und zuversichtlich und war davon überzeugt, dass das Werk ein Erfolg werden müsse. Sai Baba wandte sich dann an Shama (Madhavrao Deshpande) und sagte: „Wenn ein Mensch meinen Namen mit Liebe ausspricht, werde ich all seine Wünsche erfüllen und seine Hingabe verstärken. Wenn er aufrichtig mein Leben und meine Taten besingt, so werde ich bei ihm, vor ihm, hinter ihm und an allen Seiten sein. Jene *Devotees,* die mir mit Herz und Seele ergeben sind, werden glücklich sein, wenn sie diese Geschichten hören. Glaub mir, wenn irgendjemand von meinen Spielen singt, werde ich ihm unendliche Freude und ewig währende Zufriedenheit geben. Es ist meine besondere Eigenart, jede Person zu befreien, die sich mir vollkommen ergibt, mich voller Glauben anbetet, an mich denkt und ständig über mich meditiert. Wie können diejenigen, die meinen Namen aussprechen, mich anbeten, an meine Geschichten und an mein Leben denken und somit ständig meiner gedenken, sich der weltlichen Dinge und Gefühle bewusst sein? Ich werde meine *Devotees* aus den Klauen des Todes befreien. Wenn man meinen Geschichten lauscht, werden alle Krankheiten vergehen. Deshalb beschäftige dich ehrerbietig mit meinen Geschichten, denk an sie, meditiere über sie und nimm sie in dich auf. Das ist der Weg des Glücks und der Zufriedenheit. Stolz und Egoismus meiner *Devotees* werden vergehen, und das Gemüt der Zuhörer wird Ruhe finden.

Wenn jemand von ganzem Herzen glaubt, vollkommenen Glauben hat, wird er eins mit dem höchsten Bewusstsein. Die bloße Wiederholung meines Namens ‚Sai, Sai' beseitigt die durch Sprechen und Hören entstandenen Sünden."

Übertragung von Arbeit an Devotees

Der Herr gibt verschiedenen *Devotees* unterschiedliche Arbeiten. Einige werden mit dem Bau von Tempeln, Klöstern oder *Ghats* an Flüssen betraut. Manchen ist es gegeben, die Herrlichkeit Gottes zu besingen, wieder andere werden auf Pilgerreisen geschickt, doch mir wurde die Aufgabe zugewiesen, die *Satcharita* zu schreiben. Ich war ein Hansdampf in allen Gassen und für diese Aufgabe recht unqualifiziert. Warum sollte ich also ein solch schwieriges Werk unternehmen?

Wer kann schon Sai Babas wirkliches Leben beschreiben? Allein Sai Babas Gnade machte es möglich, diese schwere Arbeit zu vollbringen. So löste Sai Baba mein Ego auf, als ich den Stift zur Hand nahm, und schrieb seine eigene Geschichte. Deshalb geht die Ehre dieser Geschichtserzählung an ihn und nicht an mich. Obwohl ich von Geburt Brahmane bin, fehlten mir die beiden Augen *Shruti* und *Smriti*, und somit war ich keineswegs fähig, die *Satcharita* zu schreiben. Doch die Gnade des Herrn lässt Stumme sprechen und Lahme einen Berg besteigen. Er allein kennt die Kunst, wie etwas zu tun ist, und zwar so, wie es ihm gefällt. Weder die Flöte noch das Harmonium wissen, wie die Töne erzeugt werden. Das weiß nur der Spieler. Das Entstehen des *Candrakānta*-Juwels und das Wallen des Meeres werden durch den Mondaufgang hervorgerufen und nicht vom *Candrakānta*-Juwel oder vom Meer selbst.

Babas Geschichten als Leuchtfeuer

Im Meer sind an verschiedenen Stellen Leuchttürme errichtet, damit die Schiffer Felsen und Gefahren meiden und sicher segeln können. Sai Babas Geschichten dienen einem ähnlichen Zweck im Ozean der weltlichen Existenz. Sie helfen uns, unseren weltlichen Pfad ruhiger, sicherer und leichter zu passieren, und übertreffen sogar den Nektar an Süße. Gepriesen seien die Geschichten der Heiligen! Erreichen sie unser Herz, dann vergehen Körperbewusstsein oder Egoismus und das Dualitätsgefühl. Wenn sie im Herzen aufbewahrt werden, fliegen die Zweifel nach allen Seiten davon, der Körperstolz schwindet dahin, und man erlangt stattdessen Weisheit in Hülle und Fülle. Die Beschreibung von Babas makellosem reinem Ruhm und das liebevolle Anhören dieser Geschichte bewirken, dass die Sünden der *Devotees* vernichtet werden. Deshalb ist dies die einfachste Übung *(sādhana),* um Erlösung zu erlangen. Die spirituelle Disziplin für das Goldene

Zeitalter *(kritayuga)* war Gelassenheit von Geist (mind) und Körper, für das *Tretāyuga* der Opferdienst, für das *Dvāparayuga* die Anbetung – und für das gegenwärtige Eiserne Zeitalter *(kaliyuga)* ist es das Singen und Preisen des Namens des Herrn und seiner Herrlichkeit. Das letztgenannte *Sādhana* ist für alle Menschen geeignet. Die anderen *Sādhanas* wie *Yoga,* Opfer *(yajna),* Meditation *(dhyāna)* und Konzentration *(dhāranā)* sind sehr schwierig, doch das Singen und Anhören der Geschichten über die Herrlichkeit Gottes sind sehr leicht. Wir müssen nur unsere Aufmerksamkeit darauf ausrichten, und das wird unsere Anhaftung an die Sinne und deren Objekte auflösen. Es macht die *Devotees* leidenschaftslos und führt sie schließlich zur Selbsterkenntnis. Mit diesem Ziel vor Augen ließ Sai Baba mich seine Geschichten, den Nektar des göttlichen Lebens – *Satcharitamrita* –, schreiben.

Nun können die *Devotees* die Geschichten von Sai Baba mühelos lesen und anhören, dabei über ihn und seine Gestalt meditieren, somit Hingabe zum *Guru* und zu Gott (Sai Baba) erlangen und Losgelöstheit und Selbsterkenntnis erreichen. Babas Gnade ermöglichte die Vorbereitung und das Schreiben dieses Werkes und benutzte mich lediglich als Werkzeug.

Seine mütterliche Liebe

Jeder weiß, wie eine Kuh ihr Kälbchen liebt. Ihr Euter ist immer voll, und wenn das Kalb Milch will und an das Euter stößt, fließt die Milch in einem ununterbrochenen Strom heraus. Ähnlich weiß eine Mutter im Voraus um die Bedürfnisse ihres Kindes und gibt ihm zur rechten Zeit ihre Brust. Wenn die Mutter ihr Kind kleidet und schmückt, achtet sie besonders darauf, dass es gut gemacht wird. Dem Kind ist es gleichgültig, doch die Freude der Mutter kennt keine Grenzen, wenn sie es hübsch angezogen und geschmückt sieht.

Mutterliebe ist etwas Besonderes, sie ist außergewöhnlich und selbstlos, sie ist ohnegleichen. Diese mütterliche Liebe empfinden *Sadgurus* für ihre Schüler. Baba hegte für mich diese Liebe, und ich gebe nachfolgend davon ein Beispiel:

1916 nahm ich meinen Abschied vom Regierungsdienst. Die Pension war in meinem Fall nicht ausreichend, um meine Familie genügend zu versorgen. Am *Gurupūrnimā*-Tag desselben Jahres fuhr ich zusammen mit anderen *Devotees* nach Shirdi. Dort betete Herr Anna Chinchanikar aus eigenem Antrieb für mich zu Baba: „Bitte sei so lieb und kümmere dich um ihn. Die Pension, die er bekommt, reicht bei Weitem nicht aus, und seine Familie wächst. Gib ihm eine andere Stelle, nimm ihm seine Sorgen und mach ihn glücklich." Baba erwiderte: „Er wird eine andere Arbeit bekommen, aber jetzt sollte er mir dienen und glücklich sein. Seine Schüsseln werden immer voll und niemals leer sein. Er sollte seine ganze Aufmerksamkeit auf mich richten und die Gesellschaft von Atheisten, unreligiösen und bösen Menschen meiden, allen gegenüber demütig und sanftmütig sein und mich mit Herz und Seele anbeten. Wenn er das tut, wird er ewig glücklich sein."

Die Geschichte des Rohillas

Die Geschichte von diesem Rohilla (einem Angehörigen des Stammes aus dem afghanischen Roh; Anmerkung des Übersetzers) veranschaulicht Sai Babas allumfassende Liebe. Ein Rohilla, groß und gut gewachsen, mit einem *Kafni* bekleidet und stark wie ein Bulle, kam nach Shirdi. Er war vernarrt in Sai und blieb bei ihm. Tag und Nacht rezitierte er laut und misstönend Verse aus dem heiligen Koran und schrie „Allah Ho Akbar!" – Gott ist groß. Die meisten Leute aus Shirdi arbeiteten tagsüber auf ihren Feldern und wenn sie abends nach Hause kamen, wurden sie von dem Geschrei des Rohillas begrüßt. Sie konnten nicht schlafen und fühlten sich außerordentlich belästigt. Einige Tage erduldeten sie still diesen Unfug. Als sie es nicht länger ertragen konnten, gingen sie zu Baba und baten ihn, dem Rohilla Einhalt zu gebieten und damit dem Unfug ein Ende zu bereiten. Baba hörte nicht auf ihre Beschwerde. Im Gegenteil, er schimpfte mit den Dörflern und forderte sie auf, sich um ihre eigenen Angelegenheiten zu kümmern. Er sagte ihnen, dass der Rohilla eine sehr schlimme Frau habe, eine Xanthippe, die versuche, den Rohilla und ihn zu stören; doch wenn sie die Gebete des Rohilla höre, traue sie sich nicht hereinzukommen, und sie hätten Ruhe und seien glücklich.

Tatsächlich hatte der Rohilla aber keine Frau, und mit „seiner Frau“ meinte Baba „Durbuddhi“, das heißt schlechte Gedanken. Weil Baba Gebete und Rufe nach Gott mehr als alles andere liebte, ergriff er Partei für den Rohilla und bat die Dörfler geduldig zu sein und das Ärgernis zu ertragen, das zu gegebener Zeit schon aufhören werde.

Babas süße und nektargleiche Worte

Eines Nachmittags nach dem *Arati,* als die *Devotees* schon zu ihren Unterkünften gingen, gab Baba folgenden wunderbaren Rat: „Seid, wo immer ihr sein wollt, tut, was immer ihr tun wollt, merkt euch wohl, dass mir alles, was ihr tut, bekannt ist. Ich bin der innere Herrscher aller Wesen und befinde mich in ihrem Herzen. In mir sind alle Geschöpfe enthalten, die bewegliche und die unbewegliche Welt. Ich bin der Aufseher, der Drahtzieher des Schauspiels dieses Universums. Ich bin die Mutter, der Ursprung aller Wesen, die Harmonie der drei *Gunas,* die treibende Kraft aller Sinne, der Schöpfer, Erhalter und Zerstörer. Wer seine Aufmerksamkeit auf mich richtet, dem kann nichts zustoßen; wer mich jedoch vergisst, den wird *Maya* geißeln und peitschen. Alles, die sichtbare und unsichtbare, die bewegliche und unbewegliche Welt, ist mein Körper, meine Form.“

Als ich diese wundervollen und kostbaren Worte vernahm, entschloss ich mich, nie mehr Menschen zu dienen, sondern nur noch meinem *Guru*. Doch Babas Antwort auf Anna Chinchanikars Frage – die in Wirklichkeit meine war –, dass ich eine Anstellung erhalten würde, ging mir durch den Kopf, und ich dachte darüber nach, ob das wohl eintreffen werde.

Wie die späteren Ereignisse zeigten, wurden Babas Worte wahr. Ich bekam eine Regierungsstelle, die aber nur von kurzer Dauer war; dann war ich frei und widmete mich einzig dem Dienst an meinem *Guru* Sai Baba.

Bevor ich dieses Kapitel abschließe, bitte ich die Leser, die verschiedenen Hindernisse wie Trägheit, Schlaf, unstetes Denken, Bindung an die Sinne und so weiter beiseite zu lassen und ihre ungeteilte Aufmerksamkeit diesen Geschichten von Sai Baba zu widmen. Lasst die Liebe natürlich fließen und erfahrt das Geheimnis der Hingabe an Gott. Erschöpft euch nicht durch andere spirituelle Übungen, haltet euch an dieses eine, einfache Heilmittel, nämlich Sai Babas Geschichten zu lauschen. Das wird eure Unwissenheit vernichten und die Befreiung sichern. Ein Geizhals mag sich an verschiedenen Orten aufhalten, doch er wird immer an seinen vergrabenen Schatz denken. So lasst Sai Baba im Herzen aller Menschen thronen.

Im nächsten Kapitel werde ich über Sai Babas Erscheinen in Shirdi berichten.

Verneige dich vor Shrī Sai – Friede sei mit allen

Kapitel IV

Sai Babas erstes Erscheinen in Shirdi

Die Mission der Heiligen – Shirdi, ein heiliger Ort – Sai Babas Persönlichkeit – Der Ausspruch von Goulibuva – Vitthals Erscheinen – Die Geschichte von Kshirsagar – Das Ganus Bad in Prayag – Unbefleckte Empfängnis und Sai Babas erstes Erscheinen in Shirdi – Drei Wadas

Im vorigen Kapitel habe ich die Umstände beschrieben, die mich dazu führten, die *Sai Satcharita* zu schreiben. Nun lasst mich vom ersten Erscheinen von Sai Baba in Shirdi berichten.

Die Mission der Heiligen

Krishna sagt in der *Bhagavadgita* (Kapitel 4, Vers 7 bis 8): „Wenn *Dharma* vom Untergang bedroht ist und das Unrecht zunimmt, manifestiere ich mich. Um die Tugendhaften zu schützen, die Bösen zu vernichten und die Rechtschaffenheit wiederherzustellen, verkörpere ich mich von Zeitalter zu Zeitalter." Dies ist die Mission des Herrn und der Seher und Heiligen, die seine Beauftragten sind, und die zu bestimmten Zeiten auf der Welt erscheinen, um auf ihre Weise zu helfen, jene Mission zu erfüllen. Wenn zum Beispiel die Brahmanen, die *Kshatriyas* und die *Vaishyas* ihre Pflichten vernachlässigen, wenn die *Shūdras* sich der Rechte der oberen Klassen zu bemächtigen versuchen, wenn spirituelle Lehrer nicht geachtet, sondern gedemütigt werden, wenn religiöse Anweisungen nicht beachtet werden, wenn alle glauben, sehr gebildet zu sein, wenn die Menschen verbotene Nahrung und alkoholische Getränke zu sich nehmen, wenn Menschen unter dem Deckmantel der Religion Unrechtes tun, wenn Menschen verschiedener Sekten sich gegenseitig bekämpfen, wenn Brahmanen die *Sandhyā*-Verehrung, die Orthodoxen ihre religiösen Übungen und die *Yogis* ihre Meditation vernachlässigen, wenn die Menschen zu glauben beginnen, dass Reichtum, Nachkommenschaft und Ehefrauen das einzig Wichtige seien, und sich somit vom rechten Pfad der Erlösung abwenden – dann erscheinen die Heiligen und versuchen, durch ihre Worte und Taten die Dinge wieder ins Lot zu bringen. Sie dienen uns als Leuchtfeuer und zeigen uns den rechten Pfad.

So sind viele Heilige wie Nivritti, Jnandeva, Muktabai, Namdev, Gora Gonayi, *Eknath,* Tukaram, Narahari, Narsi Bhai, Sajan Kasai, Sawata, Ramadas und verschiedene andere zu unterschiedlichen Zeiten erschienen, und so kam auch Sai Baba von Shirdi.

Shirdi, ein heiliger Ort

Die Flussufer des Godavaris im Ahmednagar-Distrikt sind vom Glück begünstigt, denn sie haben so manchen Heiligen gesehen und beherbergt. Jnaneshwar ist der bekannteste unter ihnen. Auch Shirdi liegt im Ahmednagar-Distrikt, im Gebiet von Kopargaon. Man erreicht den Weg nach Shirdi, nachdem man bei Kopargaon den Godavari überquert hat. Etwa dreizehn Kilometer weiter kommt man nach Nimgaon und von dort ist Shirdi dann zu sehen. Shirdi ist so berühmt und wohlbekannt wie andere heilige Orte, zum Beispiel Gangpur, Narsinhwadi und Audumbar an den Ufern des Krishnas. So wie der *Devotee*

Damaji erfolgreich im Dorf Mangalvedha (nahe Pandharpur) wirkte und diesen Ort segnete, wie Samarth Ramadas in Sajjangad und Narasinha Saraswati in Saraswatiwadi, so wirkte auch *Sainatha* in Shirdi und segnete den Ort.

Sai Babas Persönlichkeit

Erst durch Sai Baba hat Shirdi Bedeutung erhalten. Lasst uns jetzt die Person Sai Baba näher betrachten. Er meisterte diese weltliche Existenz *(samsāra),* die sehr schwer zu überwinden ist. Innere Ruhe und Frieden waren sein Schmuck. Er war das Schatzhaus der Weisheit. Die *Vaishnava-Devotees* (Verehrer von *Vishnu)* fanden in ihm ihre Heimat. Er war der Großzügigste unter den Großzügigen, die Quintessenz aller Essenzen. Für vergängliche Dinge hatte er nichts übrig. Er war ständig in Selbsterkenntnis vertieft, das war sein einziges Anliegen. An den Dingen dieser oder der jenseitigen Welt fand er kein Vergnügen. Sein Herz war so klar wie ein Spiegel und sein Reden immer wie Nektar. Die Reichen und die Armen waren für ihn gleich. Er kannte weder Ehre noch Unehre. Er war der Herr aller Wesen. Er sprach mit allen Menschen geradeheraus und bewegte sich frei unter ihnen, sah sich die Schauspiele und Vorführungen der professionellen Tanzmädchen an und lauschte den Gajjal-Liedern. Dennoch befand er sich ständig in *Samādhi*. Stets war der Name „Allah“ auf seinen Lippen. Während die Welt wachte, schlief er, und während die Welt schlief, war er wach. Sein Innerstes war so ruhig wie die tiefe See. Weder sein *Aschram* noch seine Taten konnten definitiv eingeordnet werden; und obwohl er nur an einem Ort lebte, kannte er alle Vorgänge der Welt. Sein *Darbar* war beeindruckend. Er erzählte täglich hunderterlei Geschichten und wich doch nie von seinem Schweigegelübde ab. Oft lehnte er an der *Masjid*-Mauer oder spazierte morgens, mittags und abends in Richtung *Lendi* und zum *Chavadi*, und doch verweilte er immer im Selbst. Obwohl er ein vollkommener Heiliger *(siddha)* war, verhielt er sich wie ein Gottsuchender *(sādhaka)*. Er war sanft, demütig, ohne Ego und erfreute alle. So war Sai Baba, und weil Sai Babas Füße auf der Erde von Shirdi wandelten, erhielt es seine außerordentliche Bedeutung. So wie *Jnaneshwar* dem Ort Alandi Größe verlieh, *Eknath* dem Ort Paithan, so adelte Sai Baba Shirdi. Gesegnet sind die Grashalme und Steine von Shirdi, denn sie konnten leicht Sai Babas heilige Füße küssen und deren Staub auf sich nehmen. Shirdi wurde für uns *Devotees* ein heiliger Ort wie Pandharpur, Jagannath, *Dvaraka,* Benares (Kashi) und Rameshwar, Badrikedar, Nasik, Tryambakeshwar, Ujjain und Maha Kaleshwar oder Mahabaleshwar Gokarn. Die Begegnung mit Sai Baba von Shirdi war für uns wie das Studium der *Veden* und des *Tantra;* es beruhigte unser Alltagsbewusstsein und machte Selbsterkenntnis einfach. *Shrī Sais Darshan* war unser *Yoga-Sādhana* und wenn wir mit ihm sprachen, vergingen unsere Sünden. Seine Beine zu waschen war für uns wie ein Bad in *Triveni Prayag* und wenn wir das heilige Wasser seiner Füße tranken, wurden unsere Wünsche ausgelöscht. Seine Befehle waren für uns die *Veden,* und seine heilige Asche *(udi)* und die von ihm geweihte Speise *(prasad)* zu essen, war durch und durch läuternd. Er war unser *Shrī Krishna* und unser *Shrī Rama,* die Trost gaben, und er war unsere höchste Wirklichkeit *(parabrahman)*. Er war jenseits aller Gegensatzpaare, niemals niedergeschlagen oder begeistert, sondern ständig vertieft in sein Selbst, nämlich „Sein-Bewusstsein-Glückseligkeit“. Shirdi war sein Zentrum, doch sein Betätigungsfeld dehnte sich weit aus bis nach Punjab, Kalkutta, Nordindien, Gujarat, Dacca und Konkan. Sai Babas Ruhm verbreitete sich weit und breit und die Menschen kamen aus allen Richtungen zu seinem *Darshan*, um gesegnet zu werden. Allein schon durch seinen *Darshan* wurde das Denken der Menschen, ob rein oder unrein, sofort ruhig. Hier erhielten sie die gleiche beispiellose Freude wie sie die *Devotees* in Phandharpur erleben, wenn sie *Vitthala Rakhumai* schauen. Das ist keine Übertreibung. Hört nun, was ein *Devotee* diesbezüglich sagt.

Der Ausspruch von Goulibuva

Ein *Devotee* mit Namen Goulibuva, etwa 95 Jahre alt, war ein *Varkari* aus Pandhari. Er lebte acht Monate in Pandharpur und vier Monate an den Ufern des Ganges. Als Begleiter hatte er einen Schüler und einen Esel, der sein Gepäck trug. Auf seinen Reisen nach Pandharpur kam er jedes Mal nach Shirdi, um Sai Baba zu besuchen, den er am meisten liebte. Er starrte Baba fortwährend an und sagte: „Dies ist der verkörperte *Pandharinatha Vitthala,* der erbarmungsvolle Herr der Armen und Hilflosen.“ Goulibuva war ein alter *Devotee* von *Vithoba* und hatte viele Reisen nach Pandhari unternommen. Er bezeugte, dass Sai Baba der wahre *Pandarinatha* war.

Vitthals Erscheinen

Sai Baba liebte es sehr, an Gott zu denken und seinen Namen zu singen. Er sagte immer „Allah Malik“ – Gott ist der Herr – und brachte andere dazu, in seiner Gegenwart ununterbrochen, Tag und Nacht, sieben Tage lang, den Namen Gottes zu singen. Dies wird Namasaptāha genannt.

Einmal forderte er Das Ganu *Maharaj* auf, einen Namasaptāha durchzuführen. Dieser entgegnete, dass er es tun werde, vorausgesetzt, Er versichere ihm, dass *Vitthala* ihm am Ende des siebenten Tages erscheinen werde. Daraufhin legte Baba ihm seine Hand auf die Brust und versprach ihm, dass *Vitthala* ihm auf jeden Fall erscheinen werde, dass aber der *Devotee* ernsthaft und ergeben sein müsse. „Das Dankapuri (Takore) von Takurnath, das Pandhari von

Vitthala, das *Dvaraka* von *Krishna* ist hier, in Shirdi. Man braucht nicht weit zu reisen, um *Dvaraka* zu schauen. Wird *Vitthala* etwa von einem außerhalb gelegenen Ort hierher kommen? Er ist hier. Nur wenn der *Devotee* vor Liebe und Hingabe überfließt, wird sich *Vitthala* in Shirdi manifestieren."[1]

Als der Namasaptāha beendet war, erschien *Vitthala* tatsächlich in folgender Weise: Das Ganu saß, wie üblich, nach dem Bad in Meditation und sah *Vitthala* in einer Vision. Als er dann zu Babas *Darshan* ging, fragte Baba ihn geradeheraus: „Ist *Vitthala* Patil gekommen? Hast du ihn gesehen? Er ist ein schwer zu fassender Bursche, halt ihn gut fest, sonst entkommt er dir, wenn du nur ein wenig unaufmerksam bist." Das geschah am Morgen und mittags gab es einen weiteren *Vitthala-Darshan*. Ein auswärtiger Straßenhändler kam, um 25 oder 30 Bilder von *Vithoba* zu verkaufen. Das Ganu war erstaunt und sehr erfreut, als er feststellte, dass die Gestalt auf den Bildern die gleiche wie in seiner Vision war. Er erinnerte sich an Babas Worte, kaufte ein *Vithoba*-Bild und stellte es zur Anbetung in seinen Schrein.

1 Herr B. V. Deo, ein pensionierter Finanzbeamter aus Tana, hat durch seine Nachforschungen bewiesen, dass Shirdi in die Grenzen von Pandharpur fällt, dem südlichsten Zentrum von *Dvaraka,* und deshalb war Shirdi *Dvaraka* selbst (siehe „Sai Leela Magazine", Band 14, Nummer 1, 2, 3). Ich habe eine andere Definition von *Dvaraka* gefunden in K. Narayan Aiyars Buch „Permanent history of Bharatvarsha", Band 2, Teil 1, Seite 90, in dem aus der *Skāndapurāna* wie folgt zitiert wird: „Der Platz, an dem die Türen für alle Menschen offen sind, für alle vier Kasten, um die vier *Purushartas* zu erlangen, nämlich *Dharma, Artha, Kāma und Moksha*, wird von den weisen Philosophen *Dvaraka* genannt." Babas *Masjid* in Shirdi war nicht nur für alle Menschen der vier Kasten offen, sondern auch für die Unterdrückten, Unberührbaren, Leprakranken wie Bhagoji Shinde und so weiter, und sie wird deshalb sehr treffend *Dvaraka* genannt.

Bhagwantrao Kshirsagars Geschichte

Wie sehr Baba die *Vitthala*-Anbetung schätzte, veranschaulicht Bhagwantrao Kshirsagars Geschichte. Bhagwantraos Vater war ein *Vithoba*-Anhänger und pilgerte jährlich nach Pandharpur. Auch zu Hause hatte er ein Bild von *Vithoba,* zu dem er betete. Nach seinem Tod ließ der Sohn keine *Vitthala*-Anbetung mehr durchführen; auch die Pilgerreisen und die *Shraddā*-Zeremonie und so weiter hörten auf. Als nun Bhagwantrao nach Shirdi kam, erinnerte sich Baba an dessen Vater und sagte sofort: „Sein Vater war mein Freund, deshalb habe ich ihn (den Sohn) hierher kommen lassen. Er hat nie Speiseopfer *(naivedya)* dargebracht und somit *Vitthala* und mich hungern lassen. Deshalb habe ich ihn hierhergezogen. Ich werde ihn nun zurechtweisen und dafür sorgen, dass er betet."

Das Ganus Bad in Prayag

Die Hindu-Gläubigen denken, dass ein Bad in den heiligen Wassern von Prayag (Allahabad in Uttar Pradesh), wo sich die Flüsse Ganges und Yamuna treffen, besonders glückverheißend sei. Tausende von Pilgern gehen regelmäßig dorthin, um ein heiliges Bad zu nehmen. Auch Das Ganu dachte einmal, dass er nach Prayag reisen solle, und ging zu Baba, um die Erlaubnis dafür zu bekommen. Baba sagte ihm: „Es ist unnötig, so weit zu reisen. Unser Prayag ist hier, glaub mir." Oh Wunder über Wunder: Als Das Ganu seinen Kopf auf Babas Füße legte, ergossen sich Ströme von Ganges-Yamuna-Wasser aus Babas Zehen! Als er dieses Wunder erlebte, war Das Ganu überwältigt von Gefühlen der Liebe und Bewunderung und die Tränen flossen. Er fühlte sich zutiefst inspiriert, und ein Loblied über Baba und seine göttlichen Spiele brach aus ihm hervor.

Die unbefleckte Empfängnis und Sai Babas erstes Erscheinen in Shirdi

Niemand wusste etwas über die Eltern, die Geburt und den Geburtsort von Sai Baba. Es wurden viele Nachforschungen angestellt, viele Fragen diesbezüglich an Baba selbst und andere Personen gerichtet, doch niemand konnte bisher eine zufriedenstellende Antwort oder Auskunft geben. Wir wissen praktisch gar nichts darüber.

Namdev und *Kabir* wurden nicht wie gewöhnliche Sterbliche geboren. Sie wurden als Kinder in Muscheln gefunden, *Namdev* am Flussufer des Bhimrathis bei Gonayee und *Kabir* am Ufer des Bhagirathis bei Tamal. Ähnlich war es mit Sai Baba. Seinen *Devotees* zuliebe erschien er zuerst als junger Bursche von 16 Jahren unter einem Niembaum in Shirdi. Schon damals schien er voller Wissen über *Brahman* zu sein und hatte nicht einmal im Traum den Wunsch nach weltlichen Dingen. Er war der Meister der Täuschung *(maya)* und Befreiung *(mukti)* war sein Diener.

Eine alte Frau aus Shirdi, die Mutter von Nana Chopdar, beschrieb ihn folgendermaßen: Dieser junge Bursche, hell, gewitzt und sehr gut aussehend, wurde zuerst in der Meditationshaltung sitzend unter einem Niembaum gesehen. Die Leute aus dem Dorf waren höchst erstaunt, dass ein so junger Bursche harte Buße tat und sich weder um Hitze noch Kälte kümmerte. Tagsüber war er mit niemandem zusammen und nachts hatte er keinerlei Furcht. Die Menschen waren verwundert und fragten sich, woher dieser junge Bursche wohl gekommen sei. Seine Gestalt und seine Gesichtszüge waren so schön, dass ein bloßer Blick genügte, um ihn bei allen beliebt zu machen. Er suchte niemanden auf, sondern saß stets in der Nähe des Niembaumes. Äußerlich sah er zwar sehr jung aus, doch gemessen an seinem Benehmen war er eine wirklich große Seele. Er war die Verkörperung von Leidenschaftslosigkeit und für alle ein Rätsel.

Eines Tages geschah es, dass Gott – *Khandoba* – den Körper eines *Devotees* in Besitz nahm und die Leute fragten ihn: *„Deva,* bitte, erkundige dich, wessen gesegneten Vaters Sohn dieser junge Bursche ist und woher er kommt." *Khandoba* forderte sie auf, eine Spitzhacke zu bringen und an einem bestimmten Platz zu graben. Als dort gegraben wurde, kamen unter einer flachen Steinplatte Ziegelsteine zum Vorschein. Die Steine wurden entfernt und man sah einen Korridor, in dem vier Lichter brannten. Der Korridor führte zu einem Kellergewölbe, in dem man Gebilde von merkwürdiger Form sowie hölzerne Bretter und Halsketten sah. *Khandoba* sagte: „Dieser Bursche übte hier zwölf Jahre lang Buße." Da wollten die Leute, dass der Junge ihnen etwas darüber erzählte. Er lenkte sie ab, indem er ihnen sagte, dass dies der Platz seines *Gurus* sei, dessen heiliger Watan, und er bat sie, diesen gut zu behüten. Daraufhin verschlossen sie den Korridor wieder. So wie Ashvattha- und Audumbarbäume heilig gehalten werden, so hielt Baba auch diesen Niembaum für heilig und liebte ihn über alle Maßen.

Mhalsapati und andere Shirdi-*Devotees* sehen diesen Platz unter dem Niembaum als die Ruhestätte von Babas *Guru* an und verneigen sich ehrfürchtig davor.

Drei Wadas

1. Das Grundstück mit dem Niembaum und dessen Umgebung wurde von Herrn Hari Vinayak Sathe gekauft, der darauf ein großes Gebäude, Sathes *Wada,* errichtete. Dieses *Wada* war der einzige Schlafplatz für Pilger, die nach Shirdi kamen. Um den Niembaum herum wurde eine Plattform mit Stufen gebaut. Unter den Stufen befindet sich eine nach Süden gerichtete Nische, und die *Devotees* sitzen auf der Plattform mit Blick gen Norden gerichtet. Wenn man hier donnerstags oder freitags am Abend Räucherstäbchen abbrennt, wird man – so

der Glaube – durch Gottes Gnade glücklich. Dieses *Wada* war alt und verfallen und bedurfte einer Erneuerung, und die nötigen Reparaturen, Anbauten und Veränderungen wurden durch den *Sansthan* vorgenommen.

2. Nach einigen Jahren wurde ein weiteres *Wada,* Dixits *Wada,* errichtet. Kakasaheb Dixit, ein Rechtsanwalt aus Bombay, war einmal in England. Dort verletzte er sich bei einem Unfall am Bein. Diese Verletzung konnte durch nichts geheilt werden. Nanasaheb Chandorkar empfahl ihm, es mit Sai Baba zu versuchen, und so traf er Ihn im Jahr 1909. Er bat Ihn allerdings, eher sein lahmes Gemüt als sein lahmes Bein zu heilen. Er war so erfreut über Sai Babas *Darshan,* dass er sich entschloss, in Shirdi zu bleiben. Deshalb baute er für sich und andere *Devotees* ein *Wada*. Der Grundstein für dieses Gebäude wurde am 10. Dezember 1910 gelegt. An jenem Tage fanden noch zwei andere wichtige Ereignisse statt. Erstens erhielt Herr Dadasaheb Khaparde die Erlaubnis, nach Hause zurückzukehren, und zweitens wurde mit dem Abend-*Arati* im *Chavadi* begonnen. Die Einweihung des *Wadas* fand mit allen erforderlichen Ritualen und Formalitäten am *Ramanavamī*-Tag des Jahres 1911 statt.

3. Der berühmte Millionär Booty aus Nagpur ließ ein großes *Wada* beziehungsweise einen palastähnlichen Wohnsitz erbauen. Für das Gebäude wurde eine Menge Geld ausgegeben. Der gesamte Betrag war aber gut angelegt, denn hier ruht nun Sai Babas Körper. Dieses *Wada* nennt man heute *Samādhi-Mandir.* Das Grundstück, auf dem sich der Tempel *(mandir)* befindet, war früher einmal ein Garten, der von Baba selbst gegossen und gepflegt worden war.

So entstanden die drei *Wadas,* von denen das von Sathe in den früheren Tagen äußerst nützlich für alle war.

Die Geschichten vom Garten, der von Sai Baba mit Vaman Tatyas Hilfe gepflegt wurde, von Sai Babas zeitweiliger Abwesenheit von

Shirdi und von seiner Rückkehr mit Chand Patils Hochzeitsgesellschaft, von seinem Umgang mit Devidas, Jankidas und Gangagir, von Babas Ringkampf mit Mohdin Tamboli, vom Wohnsitz in der *Masjid,* von der Liebe des Herrn Dengale und anderer *Devotees* sowie weitere Begebenheiten werden im nächsten Kapitel beschrieben.

Verneige dich vor Shrī Sai – Friede sei mit allen

Kapitel V

Babas Rückkehr mit Chand Patils Hochzeitsgesellschaft – Wie der Fakir den Namen „Sai“ erhielt – Kontakt mit anderen Heiligen – Seine Kleidung und tägliche Routine – Die Geschichte von den Padukas – Ringkampf mit Mohdin und Veränderung Seines Lebens – Verwandlung von Wasser in Öl – Der Pseudo-Guru Javhar Ali

Rückkehr mit Chand Patils Hochzeitsgesellschaft

Wie im letzten Kapitel angedeutet, werde ich jetzt beschreiben, wie Sai Baba, nachdem er verschwunden war, wieder nach Shirdi zurückkehrte.

Im Distrikt Aurangabad (Staat des Nizam) lebte im Dorf Dhoop ein wohlhabender Mohammedaner mit Namen Chand Patil. Auf einer Reise nach Aurangabad verlor er sein Pferd. Er suchte zwei Monate lang gründlich nach ihm, fand aber keine Spur. Enttäuscht kehrte er, mit dem Sattel auf den Schultern, aus Aurangabad zurück. Nach zwanzig Kilometern kam er an einem Mangobaum vorbei, unter dem ein sonderbarer Bursche saß. Er hatte ein Tuch um den Kopf gewickelt, trug einen langen *Kafni* und hielt einen kurzen Stock (satka) unter dem Arm. Er war gerade im Begriff eine Pfeife *(chilim)* vorzubereiten. Als er Chand Patil vorübergehen sah, rief er ihn zu sich und forderte ihn auf, mit ihm zu rauchen und ein wenig auszuruhen. Der eigenartige Bursche oder Fakir erkundigte sich, was es denn mit dem Sattel auf sich habe. Chand Patil antwortete ihm, dass er von seiner verlorengegangenen Stute sei. Der Fakir empfahl ihm, im nahegelegenen Nala zu suchen. Er ging dorthin und – oh Wunder – fand seine Stute! „Dieser Fakir", so dachte er, „ist kein gewöhnlicher Mensch, sondern ein großer Heiliger." Er kehrte mit der Stute zu ihm zurück. Die Pfeife war soweit fertig zum Rauchen, nur zwei Dinge fehlten: Feuer zum Anzünden der Pfeife und Wasser, um das Tuch anzufeuchten. Der Fakir nahm seinen Stock schlug ihn kräftig in den Boden und hervor kam ein Stück brennende Kohle, das er auf die Pfeife legte. Dann schlug er wieder mit dem Stock auf den Boden und Wasser quoll hervor. Das Tuch wurde nass gemacht, ausgewrungen und dann um die Pfeife gewickelt. Als alles fertig war, rauchte der Fakir die Pfeife und gab sie an Chand Patil weiter. Chand Patil, der das alles beobachtet hatte, war höchst erstaunt. Er bat den Fakir, mit ihm nach Hause zu kommen und seine Gastfreundschaft anzunehmen.

Am nächsten Tag ging Baba zu Patils Haus und blieb einige Zeit lang dort. Herr Patil war Dorfbeamter von Dhoop. Sein Neffe sollte verheiratet werden. Die Braut war aus Shirdi und so traf Patil alle Vorbereitungen und reiste zur Hochzeit nach Shirdi. Auch der Fakir begleitete die Hochzeitsgesellschaft. Die Hochzeit verlief reibungslos und die Gesellschaft kehrte nach Dhoop zurück, nur der Fakir blieb in Shirdi, und zwar für immer.

Wie der Fakir den Namen „Sai" erhielt

In Shirdi angekommen, hielt die Hochzeitsgesellschaft am Fuß eines Banyanbaumes auf Bhagat Mhalsapatis Feld in der Nähe des *Khandoba*-Tempels an. Die Pferdekutschen wurden im offenen Hof von *Khandobas* Tempel abgestellt, und die Teilnehmer der Gesellschaft stiegen einer nach dem anderen aus, auch der Fakir. Bhagat Mhalsapati, der den jungen Fakir sah, begrüßte ihn mit „YA SAI!“ – Willkommen, Sai! Auch andere nannten ihn „Sai“, und seitdem war er als Sai Baba bekannt.

Kontakt mit anderen Heiligen

Nach einiger Zeit ließ Sai Baba sich in einer verlassenen *Masjid* nieder. Ein Heiliger mit Namen Devidas wohnte seit vielen Jahren in Shirdi. Baba mochte seine Gesellschaft und lebte mit ihm zusammen, mal im *Maruti*-Tempel, mal im *Chavadi* und manchmal blieb er auch allein. Ein anderer Heiliger, Jankidas genannt, besuchte ihn und Baba plauderte die meiste Zeit mit ihm.

Ein verheirateter *Vaishya*-Heiliger mit Namen Gangagir aus Putambe kam ebenfalls häufig nach Shirdi. Er sah Sai Baba zum ersten Mal, als dieser zwei Wasserkrüge trug, um den Garten zu bewässern. Erstaunt brach es aus ihm hervor: „Gesegnet ist Shirdi, dass es dieses kostbare Juwel erhalten hat. Dieser Mann trägt heute Wasser, aber er ist kein gewöhnlicher Bursche. Dieses Land (Shirdi) muss sehr verdienstvoll gewesen sein, um das große Glück zu haben, sich dieses Juwel zu sichern.“ Auch ein anderer berühmter Heiliger namens Anandnath vom Yewala-*Aschram* und Schüler von Akkalkot *Maharaj* kam mit einigen Leuten nach Shirdi. Als er Sai Baba erblickte, sagte er frei heraus: „Er ist in Wirklichkeit ein kostbarer Diamant. Obwohl er wie ein gewöhnlicher Mensch aussieht, ist er keineswegs ein gewöhnlicher Stein, sondern ein Diamant. Ihr werdet das bald erkennen.“ Daraufhin kehrte er nach Yewala zurück. Dies wurde gesagt, als Baba noch ein Jüngling war.

Babas Kleidung und tägliche Routine

In seinen jungen Jahren hatte Sai Baba Haare auf dem Kopf; er ließ ihn niemals kahl scheren. Er kleidete sich wie ein Athlet. Als er nach

Rahata ging, das fünf Kilometer von Shirdi entfernt liegt, brachte er von dort zwei junge Tagetes-Pflanzen mit, die er „Jai“ und „Jui“ nannte. Er pflanzte sie ein und goss sie. Ein *Devotee* namens Vaman Tatya brachte täglich zwei irdene Krüge, mit denen Baba die Pflanzen selbst zu bewässern pflegte. Er holte Wasser aus dem Brunnen und trug die Krüge auf den Schultern. Am Abend ließ er die Krüge am Fuß des Niembaumes stehen. Sobald sie dort abgestellt waren, zerbrachen sie, weil sie nicht gebrannt waren. Am nächsten Tag brachte Tatya zwei neue Krüge. So ging das drei Jahre lang, und durch Sai Babas Mühe und Arbeit entstand ein Blumengarten. Auf diesem Platz befindet sich heute das große Gebäude, nämlich Babas *Samādhi-Mandir,* das jetzt von so vielen *Devotees* besucht und genutzt wird.

Die Geschichte von den Padukas unter dem Niembaum

Ein *Devotee* des Akkalkot *Maharaj* namens Bhai Krishnaji Alibagkar betete ein Foto seines *Gurus* an. Er dachte einmal daran, nach Akkalkot im Distrikt Sholapur zu reisen, um die Sandalen *(paduka)* des *Maharaj* zu schauen und mit aller Inbrunst anzubeten. Doch bevor er abreiste, hatte er im Traum eine Vision. Akkalkot *Maharaj* erschien ihm und sagte: „Jetzt ist Shirdi mein Aufenthaltsort. Geh dorthin und bete mich dort an.“ So änderte Bhai seinen Plan und reiste nach Shirdi, betete Baba an, blieb sechs Monate dort und war glücklich.

Zur Erinnerung an diese Vision und die darauffolgenden Geschehnisse ließ er *Padukas* anfertigen und errichtete an einem günstigen Tag des Jahres 1912 unter Einhaltung der erforderlichen Zeremonien und Formalitäten einen Schrein für sie unter dem Niembaum. Diese Zeremonien wurden von Dada Kelkar und Upasani geleitet. Ein Brahmane namens Dixit wurde mit der täglichen Andacht betraut und der *Devotee* Sagun mit den Formalitäten.

Die vollständige Version dieser Geschichte

Herr B. V. Deo, ein pensionierter Finanzbeamter aus Thana und ein großer *Devotee* von Sai Baba, stellte bei Sagun Meru Nai und Govind Kamlakar Dixit Nachforschungen in dieser Sache an und veröffentlichte eine vollständige Version von den *Padukas* im „Sai Leela Magazine", Band 11, Nummer 1, Seite 25. Sie lautet wie folgt:

„Im Jahr 1912 kam Doktor Ramarao Kothare aus Bombay zu Babas *Darshan* nach Shirdi. Sein Apotheker und dessen Freund Bhai Krishnaji Alibagkar begleiteten ihn. Der Apotheker und Bhai schlossen Freundschaft mit Sagun Meru Nai und G. K. Dixit. Während sie diskutierten, kam ihnen die Idee, dass es doch eine Gedenkstätte von Babas erstem Erscheinen in Shirdi und seinem Platz unter dem Niembaum geben solle. Sie wollten Babas *Padukas* dort einsetzen und begannen damit, diese aus rohen Steinen anzufertigen. Dann schlug Bhais Freund, der Apotheker, vor, dass diese Angelegenheit seinem Meister, Doktor Ramarao Kothare, vorgetragen werden solle, der für diesen Zweck feine *Padukas* anfertigen lassen werde. Der Vorschlag gefiel allen und so wurde Doktor Kothare informiert. Dieser machte einen Entwurf von den *Padukas,* ging zu Upasani *Maharaj* in *Khandobas* Tempel und zeigte ihm den Entwurf. Upasani *Maharaj* machte noch einige Verbesserungen, zeichnete Lotosblüten, Blumen, das Muschelhorn, den Diskus, den Menschen und so weiter ein und schlug vor, dass der folgende Vers über die Größe des Niembaumes und über Babas *Yoga*-Kräfte als Inschrift erscheinen solle:

Sadā nimbavrikshasya mūlādhi vāsat
sudhāsrāvinam tiktamapyapriyam tam
tarum kalpavrikshādhikam sādhayantam
namāmīshvara sadgurum sāināthum.

Das bedeutet:
Ich verneige mich vor *Sainatha,* dem Herrn,
der durch sein ständiges Sitzen am Fuß des Niembaumes –
der, obwohl er bitter und unangenehm ist,
dennoch Nektar hervorbringt[2] –
diesen noch besser als den Baum der Wunscherfüllung macht.

Upasanis Vorschlag wurde angenommen und ausgeführt. Die *Padukas* wurden in Bombay angefertigt und durch den Apotheker nach Shirdi gesandt. Baba sagte, dass sie am Vollmondtag des Monats *Srāvana* eingesetzt werden sollten. An jenem Tag, um 11 Uhr morgens, trug G. K. Dixit sie in einer Prozession auf seinem Kopf von *Khandobas* Tempel nach Dvarakamayi *(Masjid).* Baba berührte die *Padukas,* sagte dabei, dass sie die Füße des Herrn seien, und bat die Leute, sie unter dem Niembaum aufzustellen.

Am Tag zuvor hatte ein *Parsi-Devotee* mit Namen Pastha Shet per Geldanweisung 25 Rupien gesandt. Diese Summe stellte Baba für den *Paduka*-Schrein zur Verfügung. Die gesamten Kosten beliefen sich auf 100 Rupien, von denen 75 Rupien durch Spenden gesammelt wurden. In den ersten fünf Jahren hielt G. K. Dixit täglich die Andacht für die *Padukas,* danach wurde sie von Laxman Kacheshwar Jakhadi ausgeführt. Dr. Kothare schickte das Geländer für die *Padukas* sowie jeden Monat 2 Rupien für die Beleuchtung. Die Ausgaben von 7,50 Rupien für den Transport des Geländers vom Bahnhof nach Shirdi und für die Überdachung wurden von Sagun Meru Naik übernommen. Nun führt Jakhadi (Nana Pujari) die Andacht durch und Sagun Meru Naik bringt die Speiseopfer dar und zündet abends die Lampen an."

[2] Der Saft dieses Baumes wird wegen seiner Heilkräfte Amrit oder Nektar genannt.

Bhai Krishnaji war ursprünglich ein *Devotee* von Akkalkot *Maharaj*. Er war 1912 auf seinem Weg nach Akkalkot zur feierlichen Aufstellung der *Padukas* nach Shirdi gekommen. Nach Babas *Darshan* wollte er weiterreisen und bat Baba hierfür um Erlaubnis. Baba sagte: „Oh, was gibt es dort in Akkalkot? Warum gehst du dorthin? Der regierende *Maharaj* des dortigen Ortes ist hier. Ich bin's." Als Bhai das hörte, reiste er nicht nach Akkalkot. Nach der Aufstellung der *Padukas* kam er immer wieder nach Shirdi.

Herr B. V. Deo schloss daraus, dass Hemadpant diese Einzelheiten nicht wusste. Denn hätte er sie gewusst, würde er es nicht versäumt haben, diese in seiner *Satcharita* zu erwähnen.

Der Ringkampf mit Mohdin Tamboli und Veränderung Seines Lebens

Nun zurück zu den anderen Geschichten über Baba. Es gab in Shirdi einen Ringer mit Namen Mohdin Tamboli. Baba und er konnten sich in einer Sache nicht einig werden und so kämpften sie miteinander. Baba verlor diesen Kampf. Danach änderte Baba seine Kleidung und Lebensweise. Er band einen Lendenschurz um, zog den *Kafni* an und bedeckte seinen Kopf mit einem Stück Stoff. Er benutzte ein Stück Sackleinen als Sitz und ein anderes als Bett. Er war damit zufrieden, abgetragene und zerschlissene Lumpen zu tragen. Stets sagte er: „Armut ist besser als ein König zu sein und noch besser als ein Herrscher. Der Herrgott ist immer der Bruder und Freund der Armen."

Der Heilige Gangagir liebte ebenfalls das Ringen. Während eines Ringkampfes überkam ihn ein ähnliches Gefühl von Leidenschaftslosigkeit und er hörte zur rechten Zeit die Stimme eines Meisters, die ihm sagte, er solle seinen Körper im Spiel mit Gott erschöpfen. So gab auch er das weltliche Leben auf und wandte sich der Gottererkenntnis zu. Er gründete einen *Aschram* am Ufer eines Flusses in der Nähe von Puntambe und lebte dort mit Schülern.

Damals mischte Sai Baba sich weder unter die Menschen, noch sprach er mit ihnen. Nur wenn er etwas gefragt wurde, gab er Antwort. Am Tag saß er unter dem Niembaum, manchmal aber auch im Schatten unter den Zweigen eines Babulbaumes, der in der Nähe des Flusses am Dorfrand stand. Nachmittags pflegte er gelegentlich einen Spaziergang zu machen und ging manchmal nach Nimgaon, wo er Balasaheb Dengale besuchte. Baba liebte Herrn Balasaheb. Dessen jüngerer Bruder, Nanasaheb, hatte keinen Sohn, obwohl er eine zweite Frau geheiratet hatte. Deshalb schickte Balasaheb seinen Bruder zu Baba, um *Darshan* zu bekommen. Nach einiger Zeit wurde ihm durch Seinen Segen ein Sohn geboren. Danach begannen die Menschen zu Sai Baba zu strömen, um ihn zu schauen. Sein Ruhm breitete sich aus und erreichte Ahmednagar. Von dort kamen Nanasaheb Chandorkar und Keshav Chidamer und viele andere nach Shirdi. Tagsüber war Baba von seinen *Devotees* umgeben und nachts schlief er in einer alten, verfallenen *Masjid.* Zu dieser Zeit bestanden Babas Habseligkeiten aus einer Wasserpfeife, Tabak, einem Blechtopf, einem langen fließenden Gewand *(Kafni),* einem Lendenschurz, einem weißen Stück Tuch und einem Stock, den er immer bei sich trug. Das Tuch war um seinen Kopf gewickelt und fiel vom linken Ohr über den Rücken. Es wurde wochenlang nicht gewaschen. Er trug weder Schuhe noch Sandalen. Die meiste Zeit des Tages saß er auf einem Stück Sackleinen, nur mit einem Lendentuch bekleidet. Damit ihm nicht kalt wurde, saß er, gen Süden gerichtet, stets vor einem Feuer *(dhuni).* Seine linke Hand ruhte auf dem hölzernen Geländer. In dieses *Dhuni* opferte er Egoismus, Wünsche und alle Gedanken und sagte immer dazu: „Allah Malik" – Gott ist der Herr. Die *Masjid,* in der er sich aufhielt, bestand nur aus zwei Räumen. Dorthin kamen alle *Devotees,* um ihn zu sehen.

Nach 1912 gab es eine Veränderung. Die alte *Masjid* wurde repariert und der Hof gepflastert. Bevor Baba in diese *Masjid* zog, lebte er lange

Zeit in einem „Takia“ genannten Gebäude. Dort tanzte er, wunderschön anzuschauen, mit kleinen Glöckchen um seine Fesseln und sang voll zärtlicher Liebe.

Verwandlung von Wasser in Öl

Sai Baba liebte Licht. Er pflegte sich von Händlern Öl geben zu lassen und ließ die ganze Nacht hindurch Lampen in der *Masjid* und im Tempel brennen. Das ging eine ganze Weile so. Doch nach einiger Zeit taten sich die Ladenbesitzer, die ihm das Öl bis dahin umsonst gegeben hatten, zusammen und beschlossen, ihm keines mehr zu geben. Als Baba wie üblich nach Öl fragte, sagten ihm alle klar „Nein“. Davon unberührt kehrte Baba zur *Masjid* zurück und ließ die trockenen Dochte in den Lampen. Die Händler beobachteten ihn neugierig. Baba nahm die Blechdose, die nur ein paar Tropfen Öl enthielt, füllte Wasser hinein, trank das Ganze und spuckte es wieder in den Behälter zurück. Nachdem er in dieser Weise die Blechdose gesegnet hatte, füllte er die Lampen mit dem Wasser und zündete sie an. Zur Überraschung und Bestürzung der Händler fingen die Lämpchen an zu brennen und brannten dann die ganze Nacht hindurch. Die Händler bereuten ihr Verhalten und entschuldigten sich bei Baba, der ihnen vergab und sie bat, in Zukunft mehr in der Wahrheit zu leben.

Der Pseudo-Guru Javhar Ali

Fünf Jahre nach dem Ringkampf kam der Fakir Javhar Ali mit seinen Schülern von Ahmednagar nach Rahata und lebte dort in einem großen Zimmer in der Nähe des *Virabhadra*-Tempels. Er war ein Gelehrter und konnte den ganzen Koran mit sanfter Stimme auswendig wiedergeben. Viele religiöse und ergebene Menschen des Dorfes gingen zu ihm und begannen, ihn zu verehren. Mit ihrer Hilfe errichtete er ein *Idgah* in der Nähe des *Virabhadra*-Tempels. Darüber gab es

Streit, worauf Javhar Ali den Ort Rahata verlassen musste. Er ging nach Shirdi und lebte dort zusammen mit Baba in der *Masjid.* Die Menschen ließen sich von seiner wohlklingenden Rede gefangen nehmen, und er fing an, Baba seinen Schüler zu nennen. Baba hatte nichts dagegen und willigte ein, sein Schüler zu sein. Dann entschlossen sich beide, *„Guru"* und „Schüler", nach Rahata zurückzukehren und dort zu leben. Der *„Guru"* wusste nie um den Wert seines „Schülers", aber der „Schüler" kannte die Schwächen des *„Gurus", * dennoch war er ihm gegenüber nie respektlos, sondern übte sorgfältig seine Pflichten aus, ja, er diente sogar dem Meister auf mancherlei Art und Weise. Hin und wieder gingen sie nach Shirdi, doch ihr Hauptwohnsitz war in Rahata. Den Baba in Liebe ergebenen *Devotees* in Shirdi gefiel es gar nicht, dass Baba so weit weg von ihnen lebte, und deshalb begab sich eine Abordnung nach Rahata, um Baba nach Shirdi zurückzuholen. Als sie Baba in der Nähe des *Idgah* trafen und ihm den Grund ihres Kommens erzählten, sagte Baba ihnen, dass der Fakir ein zorniger, übellauniger Bursche sei und ihn nicht freigeben werde und dass sie doch besser ohne ihn nach Shirdi zurückkehrten, bevor der Fakir komme. Während sie so sprachen, erschien der Fakir und wurde sehr wütend auf sie, weil sie versuchten, seinen Schüler von ihm fortzuholen. Es gab einiges Hin und Her und schließlich wurde beschlossen, dass sowohl der *„Guru"* als auch der „Schüler" wieder nach Shirdi zurückkehrten.

Aber nach ein paar Tagen prüfte Devidas den *„Guru",* der diese Prüfung nicht bestand. Zwölf Jahre bevor Baba mit der Hochzeitsgesellschaft in Shirdi eintraf, war dieser Devidas im Alter von zehn oder elf Jahren nach Shirdi gekommen und lebte im *Maruti*-Tempel. Devidas hatte feine Gesichtszüge und strahlende Augen. Er war ein Weiser *(jnānin)* und die verkörperte Leidenschaftslosigkeit. Viele, etwa Tatya Kote, Kashinath und andere, sahen ihn als ihren *Guru* an. Sie brachten Javhar Ali zu ihm und in der Diskussion, die sich dann entspann, wurde dieser entlarvt und floh aus Shirdi. Danach lebte Javhar Ali in Bijapur, kehrte aber nach vielen Jahren zurück und fiel Baba zu Füßen. Seine Verblendung, dass er der *Guru* und Baba sein Schüler sei, war von ihm abgefallen, und als er bereute, behandelte Baba ihn mit Respekt.

In diesem Fall zeigte Baba durch sein Verhalten, wie man sich von Egoismus freimachen und die Pflichten eines Schülers ausüben sollte, um das Höchste, nämlich Selbsterkenntnis, zu erreichen.

Diese Geschichte wurde hier gemäß der Version von Mhalsapati, einem großen *Devotee* von Baba, wiedergegeben.

Im nächsten Kapitel wird das *Ramanavamī*-Fest beschrieben, sowie die *Masjid* und deren früherer Zustand und spätere Verbesserung.

Verneige dich vor Shrī Sai – Friede sei mit allen

Kapitel VI

Die Berührung durch die Hand des Gurus und deren Wirkung – Das Ramanavamī-Fest: seine Entstehung, Umwandlung und so weiter – Reparaturen an der Masjid

Bevor das *Ramanavamī*-Fest und die Reparaturen an der *Masjid* beschrieben werden, gibt der Autor nachfolgend einige einleitende Bemerkungen über den *Sadguru*.

Die Berührung durch die Hand des Gurus und deren Wirkung

Wo der wahre *Guru* oder *Sadguru* der Steuermann ist, wird man sicher und leicht über den weltlichen Ozean gebracht. Das Wort *„Sadguru"* ruft Sai Baba ins Bewusstsein. Es scheint, als würde er vor mir stehen, heilige Asche auf meine Stirn auftragen und mir seine segnende Hand auf den Kopf legen. Dann ist mein Herz voller Freude und meine Augen fließen vor Liebe über. Wunderbar ist die Kraft der Berührung durch die Hand des *Gurus*. Der feinstoffliche Körper, der aus Gedanken und Wünschen besteht und nicht durch das weltauflösende Feuer verbrannt werden kann, wird durch die bloße Berührung der Hand des *Gurus* vernichtet und die Sünden vieler Leben werden bereinigt und fortgespült; selbst das Reden derjeniger wird ruhig, die sich unangenehm berührt fühlen, wenn über Gott gesprochen wird. Schauen wir Babas schöne Gestalt, dann schnürt sich unsere Kehle vor Freude zu, die Tränen fließen und das Herz wird von Gefühlen überwältigt. Es erweckt in uns das Bewusstsein von „Ich bin Er“ *(Brahman),* bewirkt die Freude der Selbsterkenntnis und löst auf der Stelle den Unterschied von „ich“ und „du“ auf. Es lässt uns eins sein mit dem Höchsten, der einen Wirklichkeit.

Wenn ich die Schriften lese, werde ich ständig an meinen *Sadguru* Sai Baba erinnert, der die Form von *Rama* oder *Krishna* annimmt und mich die Geschichten über sein Leben lesen lässt. Zum Beispiel: Wenn ich dasitze, um der *Bhagavadgita* zu lauschen, wird Sai von Kopf bis Fuß *Krishna* und ich habe das Gefühl, dass er die *Bhagavadgita* oder die *Uddhavagita* zum Wohl der *Devotees* singt. Wenn ich zu plaudern beginne, werde ich sofort an Sais Geschichten erinnert, die mich in die Lage versetzen, entsprechende Erzählungen wiederzugeben. Beginne ich irgendetwas zu schreiben, bringe ich nicht einmal ein paar Worte oder Sätze zustande; doch wenn Er mein Schreiben inspiriert, dann schreibe und schreibe ich, endlos. Sobald das Ego des Schülers aufkommt, unterdrückt Er es und überträgt ihm Seine eigene Kraft, lässt ihn dessen Ziel erreichen, stellt ihn auf diese Weise zufrieden und segnet ihn.

Wann immer sich jemand ehrfürchtig vor Sai verneigt und sich ihm mit Herz und Seele ergibt, werden alle Ziele des Lebens leicht und ohne darum zu bitten erreicht, nämlich Rechtschaffenheit *(dharma),* Wohlstand *(artha),* Wunscherfüllung *(kāma)* und Befreiung *(moksha)*. Vier verschiedene Wege führen uns zu Gott: der Weg des Handelns *(karman),* der Weisheit *(jnāna)*, des *Yoga* und der Hingabe *(bhakti)*. Der *Bhakti*-Weg ist dornig und voller Fallen und Gräben und deshalb schwer zu gehen. Doch wenn du geradeaus gehst, auf deinen *Sadguru* vertraust und die Gräben und Dornen meidest, führt er dich zum Ziel, zu Gott. So sagt Sai Baba es mit Nachdruck.

Nachdem der Autor über *Brahman,* dessen Schöpferkraft, die diese Welt hervorgebracht hat, und die erschaffene Welt philosophiert und festgestellt hat, dass alle drei letztlich ein und dasselbe sind, zitiert er Sai Babas Worte, die das Wohlergehen der *Devotees* garantieren:

„Im Haus eines *Devotees* wird es niemals an Kleidung oder Nahrung mangeln. Es ist meine besondere Eigenschaft, dass ich mich stets um das Wohlergehen solcher *Devotees* kümmere, die mich von ganzem Herzen anbeten und ihre Gedanken immer auf mich ausrichten. *Krishna* hat dasselbe in der *Gita* gesagt. Bemühe dich deshalb nicht so sehr um Nahrung und Kleidung. Wenn du etwas willst, bitte den Herrn, lass weltliche Ehren beiseite, versuche, die Gnade des Herrn und seinen Segen zu bekommen und an seinem Hof geehrt zu werden. Lass dich nicht durch weltliche Ehren blenden. Die Gestalt des Herrn muss fest im Denken verankert sein. Richte stets alle Sinne und Gedanken auf die Anbetung des Herrn aus. Lass dich nicht von irgendeiner anderen Sache anziehen. Richte dein Denken immer auf mich aus, so dass es nirgendwo anders hinwandert, zum Beispiel zu Körper, Reichtum und Haus; dann wird es ruhig sein, voller Frieden und sorglos. Das ist das Zeichen für einen Geist (mind), der sich in guter Gesellschaft befindet. Wenn der Geist umherwandert, kann man nicht sagen, er sei gut verankert."

Nach diesen Worten fährt der Autor mit der Beschreibung des *Ramanavamī*-Festes in Shirdi fort. Weil *Ramanavamī* das größte Fest in Shirdi ist, wird ein anderer vollständiger Bericht aus dem „Sai Leela Magazine" vom Jahr 1925 ebenfalls zitiert. Hier wird versucht, eine Zusammenfassung beider Berichte zu geben.

Die Entstehung

Herr Gopalrao Gund war Kreisinspektor in Kopergaon und ein großer *Devotee* von Baba. Er hatte drei Ehefrauen, aber keine Nachkommen.

Doch mit Sai Babas Segen wurde ihm ein Sohn geboren. Voller Freude hierüber hatte er im Jahr 1897 die Idee, ein Fest oder „*Urus*" zu feiern und teilte dies Tatya Patil, Dada Kote Patil und Madhavrao Deshpande (Shama) mit. Alle stimmten begeistert zu. Sai Baba gab die Erlaubnis und seinen Segen hierfür. Daraufhin wurde ein Antrag gestellt, um vom Magistrat die Erlaubnis für dieses Fest zu bekommen. Das Dorf Kulkarni war jedoch dagegen und der Antrag wurde abgelehnt. Weil Baba aber seinen Segen gegeben hatte, versuchten sie es noch einmal und waren schließlich erfolgreich, denn sie erhielten die Zustimmung des Magistrats. Nachdem sie Sai Baba um Rat gefragt hatten, wurde das *Urus* auf den Tag des *Ramanavamī*-Festes gelegt. Es scheint, als habe er einen besonderen Grund dafür gehabt, nämlich die Vereinigung der beiden Feste *Urus* und *Ramanavamī*, sowie die Vereinigung der beiden Hindu- und Muslim-Gemeinden. Wie die Zukunft zeigte, wurde dies auch erreicht.

Obwohl man die Erlaubnis bekommen hatte, traten dennoch andere Schwierigkeiten auf. Shirdi war ein Dorf, in dem Wasserknappheit herrschte. Es gab lediglich zwei Brunnen, von denen nur einer benutzt wurde, aber austrocknete. Das Wasser des anderen Brunnens war brackig. Dieses Brackwasser wurde von Sai Baba in gutes Süßwasser verwandelt, indem er Blumen hineinwarf. Das Wasser in diesem Brunnen reichte jedoch nicht, und so musste Tatya Patil etwas unternehmen, um genügend Wasser zu bekommen. Es wurden kleine Läden errichtet und Ringkämpfe arrangiert.

Herr Gopalrao Gund hatte in Ahmednagar einen Freund mit Namen Damu Anna Kasar, der zwar zwei Frauen hatte, aber auch keine Nachkommen und darüber unglücklich war. Er wurde von Sai Baba mit zwei Söhnen gesegnet. Herr Gund schlug ihm nun vor, aus Dankbarkeit eine einfache Flagge für die Prozession des Festes anzufertigen und zu spenden. Er konnte auch Herrn Nanasaheb Nimonkar dazu überreden, eine weitere Flagge zu stiften. Beide Flaggen wurden in einer Prozession durch das Dorf getragen und schließlich an zwei Ecken der *Masjid,* die von Sai Baba „Dvarakamayi“ genannt wurde, befestigt. Das wird auch heute noch durchgeführt.

Die Sandelholz-Prozession

Es gab noch eine weitere Prozession im Zusammenhang mit diesem Fest. Herr Amir Shakkar Dalal, ein mohammedanischer *Devotee* aus Korhla, hatte die Idee zu einer Sandelholz-Prozession. Dieser Umzug wird zu Ehren großer Muslimheiliger abgehalten. Sandelholzpaste und Sandelholzmehl werden auf flache Teller gegeben und zusammen mit brennenden Räucherstäbchen in einer Prozession mit Musikbegleitung durch das Dorf getragen. Nach der Rückkehr zur *Masjid* wird der Inhalt der Teller in Nischen und auf Wände der *Masjid* geworfen.

Herr Amir Shakkar führte diese Aufgabe in den ersten drei Jahren aus, danach wurde sie von seiner Frau übernommen. So wurden also am selben Tag diese beiden Prozessionen – die der Hindus mit Flaggen und die der Muslime mit Sandelholz – reibungslos, Seite an Seite, durchgeführt, und dies geschieht bis zum heutigen Tag.

Vorbereitungen

Dieser Tag war bei Sai Babas Anhängern sehr beliebt und heilig. Die meisten von ihnen taten sich bei dieser Gelegenheit hervor, um eine führende Rolle bei der Organisation des Festes zu übernehmen. Tatya Kote Patil kümmerte sich um alle äußeren Angelegenheiten und die innere Organisation wurde gänzlich einer Anhängerin von Baba mit Namen Radha-Krishna-Mai überlassen. Ihr Haus war während dieser Zeit voller Gäste; sie musste sich um deren Bedürfnisse kümmern und gleichzeitig für alles Drum und Dran in Bezug auf die Festlichkeiten sorgen. Eine weitere Arbeit, die sie willig ausführte, war das Waschen und Säubern der *Masjid,* sowie das Anstreichen der Wände und des Fußbodens, die durch das von Sai Baba ständig am Brennen gehaltene Opferfeuer *(dhuni)* rußgeschwärzt waren. Diese Arbeit tat sie des Nachts, nachdem Baba zum Schlafen in das *Chavadi* gegangen war, was jeden zweiten Tag geschah. Sie musste alle Sachen, selbst das Feuer, heraustragen und diese nach gründlichem Säubern und Tünchen der Wände wieder an den alten Platz zurückstellen.

Die von Sai Baba so geliebte Speisung der Armen spielte ebenfalls eine große Rolle bei diesem Fest. Hierfür wurde in Radha-Krishna-Mais Wohnung in großem Stil gekocht und verschiedene Süßspeisen zubereitet. Einige wohlhabende *Devotees* übernahmen dabei eine führende Rolle.

Die Umwandlung von Urus in das Ramanavamī-Fest

In dieser Weise verlief das Fest einige Zeit lang und allmählich gewann es an Bedeutung. 1912 fand eine Veränderung statt. In diesem Jahr kam ein *Devotee* mit Namen Krishnarao Jageshwar Bhishma (der Autor der Broschüre „Sai Sagunopasana“) mit Herrn Dadasaheb Khaparde aus Amraoti zum Fest. Am Tag vor dem Fest wohnten beide in Dixits *Wada*. Als Bhishma auf der Veranda lag und Herrn Laxmanrao – alias Kaka Mahajani – mit *Pūjā*-Gegenständen zur *Masjid* gehen sah, kam ihm eine neue Idee und er sprach Kaka Mahajani folgendermaßen an: „Es ist eine göttliche Vorsehung, dass *Urus* am *Ramanavamī*-Tag in Shirdi gefeiert wird. Der *Ramanavamī*-Tag wird von allen Hindus geliebt. Weshalb sollte da nicht die Geburtstagsfeier von *Shrī Rama* an diesem Tage hier stattfinden?“ Kaka Mahajani gefiel die Idee, und sie vereinbarten, dafür Babas Erlaubnis einzuholen. Es gab aber ein großes Problem, nämlich einen *Haridas* zu bekommen, der die *Kirtans* vortragen und die Herrlichkeit des Herrn zu diesem

Anlass besingen sollte. Doch Bhishma löste das Problem, indem er sagte, dass seine „Rama Akhyan“, eine Komposition über *Ramas* Geburt, fertig sei und er die *Kirtans* selbst übernehmen wolle, und Kaka Mahajani solle dazu auf dem Harmonium spielen. Radha-Krishna-Mai wurde dazu bewegt, das „Sunthavada“ (Ingwerpulver mit Zucker) als heilige Speise *(prasad)* zuzubereiten. Sie gingen sofort zur *Masjid,* um Babas Erlaubnis einzuholen.

Baba, der alles wusste, auch was dort geschah, fragte Mahajani, was sich im *Wada* zugetragen habe. Mahajani war verstört, er konnte den Sinn der Frage nicht erfassen und blieb stumm. Daraufhin fragte Baba Bhishma, was er denn zu sagen habe. Bhishma erzählte Baba von der Idee, das *Ramanavamī*-Fest zu feiern und bat um seine Erlaubnis, die er gerne erteilte. Alle waren darüber erfreut und begannen mit den Vorbereitungen für das Fest anläslich *Ramas* Geburtstag.

Am nächsten Tag wurde die *Masjid* mit Flaggen und so weiter geschmückt. Radha-Krishna-Mai stellte eine Wiege zur Verfügung, die vor Babas Sitz gestellt wurde, und das Fest nahm seinen Lauf. Bhishma sang die *Kirtans* und Mahajani spielte auf dem Harmonium. Sai Baba ließ Mahajani durch einen Mann zu sich rufen. Mahajani zögerte aber zu gehen, weil er fürchtete, dass Baba das Fest abbrechen lassen könnte. Doch als er schließlich ging, fragte Baba ihn, was denn los sei und weshalb die Wiege dort stehe. Er antwortete, dass das *Ramanavamī*-Fest begonnen habe und deshalb die Wiege dort aufgestellt worden sei. Baba nahm daraufhin eine Blumengirlande aus der Nische und legte sie um Mahajanis Hals. Eine weitere Girlande ließ er zu Bhishma bringen und es wurde weitergesungen. Am Schluss erschallten die Hochrufe „Heil *Rama*“ und überall wurde rotes Pulver hochgeworfen, auch mitten unter die Musikanten. Alle waren hocherfreut. Plötzlich hörte man ein Brüllen. Etwas von dem roten Pulver, das überall herumgeworfen wurde, war in Babas Augen gekommen. Baba wurde wild und begann laut zu wettern und zu schimpfen. Die Leute erschraken und fingen an, sich davonzumachen. Jene engen *Devotees,* die Baba gut kannten, nahmen seine Beschimpfungen und Ergüsse als verkappten Segen auf. Sie dachten an *Ramas* Geburt und dass Baba recht damit tat, wild und wütend zu werden, um *Ravana* und seine Dämonen in der Form von Egoismus und boshaften Gedanken zu töten. Außerdem wussten sie, dass Baba wild und zornig wurde, wann immer etwas Neues in Shirdi unternommen wurde, und so blieben sie ruhig. Radha-Krishna-Mai war ziemlich bestürzt und dachte schon, dass Baba ihre Wiege zerbrechen würde, und bat Mahajani, diese aus dem Weg zu räumen. Als er versuchte, die Wiege wegzunehmen, ging Baba aber zu ihm und sagte, er solle sie nicht entfernen. Nach einiger Zeit beruhigte sich Baba wieder und das Programm jenes Tages, einschließlich der *Mahāpūjā* und des *Arati,* konnte beendet werden.

Etwas später bat Mahajani Baba um Erlaubnis, die Wiege zu entfernen, aber Baba lehnte es ab und sagte, dass das Fest noch nicht zu Ende sei. Am nächsten Tag wurde wieder gesungen und eine Gopal-Kala-Zeremonie durchgeführt. In dieser Zeremonie wird ein irdener Topf, der mit Joghurt vermischten, gerösteten Reis enthält, aufgehängt, um nach Beendigung des *Kirtans* zerbrochen zu werden. Der Inhalt wurde an alle verteilt, wie es zu *Krishnas* Zeiten unter seinen Freunden, den Kuhhirten, üblich war. Dann erst erlaubte Baba, die Wiege zu entfernen. Während das *Ramanavamī*-Fest in dieser Weise ablief, wurde die Prozession mit den zwei Flaggen am Tag und die Sandelholz-Prozession am Abend mit dem üblichen Pomp und Gepränge durchgeführt. So wurde in dieser Zeit das *Urus* von Baba in das *Ramanavamī*-Fest umgewandelt.

Im folgenden Jahr, 1913, wurde das Programm des *Ramanavamī*-Festes erweitert. Radha-Krishna-Mai begann vom ersten *Chaitra* an einen Nāmasaptaha. Hieran nahmen alle *Devotees* abwechselnd teil.

Sie selbst machte ebenfalls mit, manchmal auch frühmorgens. Weil das *Ramanavamī*-Fest an vielen Orten im ganzen Land gefeiert wurde, hatte man wieder Schwierigkeiten, einen *Haridas* zu bekommen. Doch fünf oder sechs Tage vor dem Fest traf Mahajani zufällig Balabuva Mali, der als moderner *Tukaram* bekannt war, und konnte ihn dazu bewegen, den *Kirtan* in jenem Jahr zu singen. Im nächsten Jahr (1914) kam ein anderer, Balabuva Satarkar aus Brihadsiddha Kavate im Distrikt Satara, nach Shirdi, weil er in seinem Heimatort wegen der dort herrschenden Pest nicht als *Haridas* auftreten konnte. Mit Babas Erlaubnis, die von Kakasaheb Dixit eingeholt wurde, sang er *Kirtans* und wurde ausreichend für seine Arbeit belohnt. Das Problem, jedes Jahr einen neuen *Haridas* zu finden, wurde schließlich im Jahr 1914 von Sai Baba gelöst, denn er betraute Das Ganu *Maharaj* fest mit dieser Aufgabe. Dieser führte diese Funktion erfolgreich und ehrenvoll aus.

Ab 1912 wurde das Fest allmählich, Jahr für Jahr, größer. Vom 8. bis 12. des Monats *Chaitra* sah Shirdi wie ein Bienenkorb aus. Immer mehr Läden entstanden. Gefeierte Ringkämpfer nahmen an Wettkämpfen teil. Die Speisung der Armen wurde noch großzügiger ausgeführt. Radha-Krishna-Mais harte Arbeit und aufrichtige Bemühungen verwandelten Shirdi in einen *Sansthan*. Der Schmuck wurde immer mehr. Ein schönes Pferd, eine Sänfte, eine Kutsche und viele silberne Utensilien, Töpfe, Eimer, Bilder, Spiegel und so weiter wurden gespendet. Selbst Elefanten wurden für die Prozession geschickt. Obwohl all dieses Drumherum enorm anwuchs, behielt Sai Baba, wie zuvor, seine Einfachheit bei und ignorierte diese Dinge.

Es muss besonders erwähnt werden, dass Hindus und Mohammedaner während beider Prozessionen vereint arbeiteten, und zwar während des gesamten Festes. Nicht die geringste Störung oder Zankerei kam zwischen ihnen auf. Zuerst kamen etwa 5.000 bis 7.000 Menschen zusammen. Doch nach einigen Jahren wuchs diese Zahl auf 75.000 an. Trotzdem gab es während der vielen vergangenen Jahre keinerlei Epidemien oder Krawalle.

Reparaturen an der Masjid

Gopal Gund hatte eine weitere wichtige Idee. Als er damit beschäftigt war, das *Urus* vorzubereiten, dachte er bei sich, dass er die *Masjid* in Ordnung bringen solle. Um die Reparaturen ausführen zu können, sammelte er Steine und ließ sie zurechtschlagen. Doch diese Arbeit wurde nicht ihm anvertraut, sondern Nanasaheb Chandorkar. Die Pflasterarbeit wurde Kakasaheb Dixit zugewiesen.

Anfangs war Baba nicht bereit, sie diese Arbeiten vornehmen zu lassen, aber durch die Vermittlung des ortsansässigen *Devotees* Mhalsapati erhielten sie schließlich doch seine Erlaubnis. Das Pflaster in der *Masjid* wurde in einer Nacht fertig. Baba nahm ein kleines Sitzkissen und warf das bis dahin benutzte übliche Stück Sackleinen fort. Im Jahr 1911 wurde auch der Hof mit viel Anstrengung und Mühe in Ordnung gebracht. Der offene Platz vor der *Masjid* war sehr klein und unpraktisch. Kakasaheb Dixit wollte ihn erweitern und mit einem Dach versehen. Unter großem Kostenaufwand besorgte er Eisenstangen, Säulen und Tragbalken und begann dann mit der Arbeit. Die ganze Nacht hindurch arbeiteten alle *Devotees* schwer, um die Stangen zu befestigen. Doch als Baba am nächsten Morgen vom *Chavadi* zurückkehrte, riss er sie alle aus und warf sie fort.

Einmal geschah es, dass Baba höchst erregt war. Er fasste eine Eisenstange mit einer Hand, rüttelte sie und riss sie aus dem Boden, mit der anderen Hand bemächtigte er sich des Nackens von Tatya Patil. Er riss Tatyas Kappe gewaltsam herunter, zündete sie mit einem Streichholz an und warf sie in eine Grube. Babas Augen sprühten in diesem Augenblick wie glühende Kohlen. Niemand traute sich, ihn anzusehen. Alle hatten furchtbare Angst. Baba nahm eine Rupie aus seiner Tasche und warf sie in die Grube, als ob sie eine Opfergabe zu einem feierlichen Anlass sei. Auch Tatya fürchtete sich sehr. Niemand wusste, was mit ihm geschehen würde, und niemand traute sich einzugreifen. Bhagoji Shinde, der leprakranke *Devotee,* versuchte tapfer, sich einzumischen, wurde aber von Baba fortgestoßen. Madhavrao wurde ähnlich behandelt; er wurde mit Ziegelsteinstücken bombardiert. So erging es allen, die Fürbitte einlegten.

Doch nach einiger Zeit kühlte Babas Ärger ab. Er schickte nach einem Händler, erstand von ihm eine bestickte Kappe und setzte diese selbst auf Tatyas Kopf, so als ob er ihm eine besondere Ehre widerfahren lassen wollte. Die Leute wurden alle von Staunen erfasst, als sie Babas eigenartiges Benehmen sahen. Sie hatten keine Ahnung, was Baba so plötzlich wütend gemacht und ihn dazu bewogen hatte, Tatya Patil anzugreifen, und weshalb sein Zorn im nächsten Augenblick wieder abkühlte.

Baba war manchmal sehr ruhig und still, sprach süße Worte voller Liebe und brach gleich darauf in Wut aus, mit oder ohne Grund. Es könnte über viele solcher Vorfälle berichtet werden, aber ich weiß nicht, welche ich auswählen und welche ich weglassen soll. Deshalb erwähne ich sie, wie sie mir einfallen.

Im nächsten Kapitel wird die Frage erörtert, ob Baba ein Hindu oder ein Mohammedaner gewesen war. Außerdem wird über seine *Yoga*-Übungen, *Yoga*-Kräfte und andere Begebenheiten berichtet.

Verneige dich vor Shrī Sai – Friede sei mit allen

Kapitel VII

Die wunderbare Verkörperung – Sai Babas Verhalten – Seine Yoga-Übungen – Seine Allgegenwart – Der Dienst des leprakranken Devotees – Meister Khapardes Fall von Beulenpest – Die Reise nach Pandharpur

Die wunderbare Verkörperung

Sai Baba kannte alle *Yoga*-Übungen. Er war gut bewandert in den sechs Verfahren, einschließlich der *Dhauti,* das heißt Reinigung des Magens mit Hilfe eines angefeuchteten Stücks Leinen, das etwa siebeneinhalb Zentimeter breit und sieben Meter lang ist; *Khandayoga,* das heißt die Gliedmaßen vom Körper abtrennen und wieder anbringen; Versenkung *(samādhi)* und so weiter. Glaubte man, er sei ein Hindu, so sah er doch aus wie ein *Yavan*. Dachte man, er sei ein *Yavan,* so sah er aus wie ein frommer Hindu. Niemand wusste wirklich, ob er Hindu oder Mohammedaner war. Er feierte das Hindu-Fest des *Ramanavamī* mit allen erforderlichen Formalitäten und erlaubte zur gleichen Zeit die Sandelholzprozession der Mohammedaner. Er förderte Ringkämpfe bei diesem Fest und vergab gute Preise an die Gewinner. Zur Feier von *Krishnas* Geburtstag ließ er die „Gopal-Kala-Zeremonie" angemessen ausführen und an *Id*-Festen erlaubte er den Mohammedanern, ihre Gebete in seiner *Masjid* zu sprechen.

Einmal, während des *Moharum*-Festes, schlugen einige Mohammedaner vor, einen Tajiya oder Tabut in der *Masjid* zu errichten und ihn einige Tage dort stehen zu lassen. Sie wollten ihn dann in einer Prozession durch das Dorf tragen. Sai Baba gab die Erlaubnis, dass dieser Tabut vier Tage in der *Masjid* blieb, und entfernte ihn am fünften Tag, ohne die geringsten Bedenken.

Wenn man behauptete, er sei ein Mohammedaner, so waren doch seine Ohrläppchen durchstochen, das heißt, sie hatten Löcher gemäß der Hindu-Tradition. Dachte man, er sei ein Hindu, so befürwortete er das Beschneiden, obwohl er selbst nicht beschnitten war, wie Herr Nanasaheb Chandorkar behauptete, der ihn von Nahem in Augenschein genommen hatte (siehe Artikel im „Sai Leela Magazine" über „Baba Hindu ki Yavan" – Baba, Hindu oder Muslim? – von B. V. Deo, Seite 562). Wollte man ihn einen Hindu nennen, so lebte er doch ständig in der *Masjid*. Sagte man, er sei ein Mohammedaner, ließ er ständig das heilige Feuer dort brennen. Im Gegensatz zur mohammedanischen Religion war Folgendes erlaubt: das Mahlen mit der Handmühle, das Muschelhornblasen und Glockenläuten, das Feueropfer, das *Bhajan*-Singen, das Ausgeben von Speisen und das Anbeten von Babas Füßen mit Wasser *(arghya)*.

Wenn man dachte, er sei ein Mohammedaner, so kamen dennoch die vornehmsten Brahmanen und Feuerpriester *(agnihotrin)* zu Baba und fielen ihm zu Füßen. Jene, die kamen, um sich über seine Nationalität zu erkundigen, waren bass erstaunt und von seinem *Darshan* gefangengenommen. So konnte also niemand wirklich sagen, ob Baba ein Hindu oder ein Mohammedaner[3] war. Das ist kein

[3] 1. Mhalsapati, ein enger *Devotee* von Baba aus Shirdi, der immer mit Baba zusammen in der *Masjid* und im *Chavadi* schlief, erzählte, dass Baba ihm gesagt habe, er sei in seiner Kindheit ein Brahmane aus Pathari gewesen und einem Fakir übergeben worden. Als er das erzählte, waren gerade einige Männer aus

Wunder, denn wer sich vollkommen dem Herrn ergibt, Egoismus und Körperbewusstsein aufgibt und somit eins wird mit Ihm, den kümmern keine Fragen mehr über Kaste und Nationalität. Jemand wie Sai Baba sah keinen Unterschied zwischen den Kasten und auch nicht zwischen den Lebewesen. Er nahm Fleisch und Fisch zu sich, wenn er mit Fakiren zusammen war, und schimpfte auch nicht, wenn Hunde die Teller mit ihren Schnauzen berührten.

Sai Baba war eine solch einzigartige und wunderbare Verkörperung. Aufgrund des Guten, das sich in meinen vergangenen Leben angesammelt hat, erhielt ich das große Glück, zu seinen Füßen zu sitzen und mich an seiner segensreichen Gesellschaft zu erfreuen. Die Freude und Wonne, die ich dabei empfand, waren unvergleichlich. In der Tat war Sai Baba reines Bewusstsein und reine Seligkeit. Ich kann seine Größe und Einzigartigkeit gar nicht ausreichend beschreiben. Derjenige, der Wonne dabei empfand, zu seinen Füßen zu sein, war in seinem eigenen Selbst gefestigt.

Viele *Samnyasins,* Gottsuchende *(sādhaka)* und alle möglichen

Pathari zugegen und Baba erkundigte sich nach einigen Leuten aus jenem Ort (siehe „Sai Leela Magazine", 1924, Seite 179).

2. Frau Kashibai Kanitkar, die berühmte Gelehrte aus Puna, erzählte im „Sai Leela Magazine", Band 11, „Erfahrung Nummer 8", Seite 79, 1934: „Als wir von Babas Wundern erfuhren, diskutierten wir gemäß unserer theosophischen Konvention und Richtung, ob Sai Baba zur ‚weißen' oder zur ‚schwarzen' Richtung gehöre. Als ich einmal nach Shirdi reiste, dachte ich ernsthaft darüber nach. Sobald ich mich den Stufen der *Masjid* näherte, trat Baba hervor, starrte mich an, zeigte auf seine Brust und sagte ziemlich heftig: ‚Dieses ist ein Brahmane, ein reiner Brahmane, er hat nichts mit schwarzen Dingen zu tun. Kein Moslem kann es wagen, hier einzutreten. Er hüte sich davor.' Wieder zeigte er auf seine Brust: ‚Dieser Brahmane kann Hunderttausende auf den weißen Pfad bringen und sie zu ihrem Ziel führen. Dies ist eine Brahmanen-*Masjid,* und ich erlaube keinem schwarzen Mohammedaner auch nur seinen Schatten hierherzuwerfen.'"

Menschen, die auf Erlösung hofften, kamen zu Sai Baba. Er ging, sprach und lachte immer mit ihnen und sagte ständig „Allah Malik" – Gott ist der alleinige Besitzer. Er liebte keine Diskussionen oder Auseinandersetzungen. Im Grunde seines Wesens war er immer ruhig und beherrscht, obwohl er manchmal gereizt zu sein schien. Er predigte die vollständige *Vedanta*-Philosophie, und bis zum Schluss wusste niemand, wer Baba eigentlich war. Prinzen und arme Leute wurden von ihm gleich behandelt. Er kannte die innersten Geheimnisse aller und wenn er ihnen diese preisgab, waren sie erstaunt. Obwohl er die Quelle allen Wissens war, täuschte er Unwissenheit vor. Ehrungen mochte er nicht. Solcherart war Sai Babas Charakter. Er hatte zwar den Körper eines Menschen, doch seine Taten bezeugten seine Göttlichkeit. Alle Menschen sahen ihn als den Herrgott in Shirdi an.

Sai Babas Verhalten

Ein Dummkopf wie ich kann Babas Wunder nicht beschreiben. Er ließ fast alle Tempel in Shirdi reparieren. Durch Tatya Patil wurden die Tempel von Shani, *Ganapati, Shankarī-Pārvatī,* der Dorfgottheit, und *Maruti* in Ordnung gebracht. Seine Großzügigkeit war ebenso bemerkenswert. Das Geld, das er als *„Dakshinā"* zu sammeln pflegte, wurde jeden Tag freizügig verteilt, 10 Rupien an einige, 15 oder 50 Rupien an andere. In den Augen der Empfänger war dies „reines" Geld. Baba wünschte, dass man es sinnvoll verwendete.

Die Menschen hatten außerordentlichen Nutzen durch Babas *Darshan.* Manche wurden gesund und munter, boshafte Menschen wurden in gute Menschen verwandelt. In einigen Fällen wurde Lepra geheilt, einige Blinde wurden ohne irgendwelche Tropfen oder Medizin sehend und einige Lahme konnten wieder gehen. Die Wünsche Vieler wurden erfüllt. Niemand konnte seine außerordentliche Größe ermessen. Sein Ruhm verbreitete sich nah und fern und von überall her kamen Pilger nach Shirdi. Baba saß stets in der Nähe des *Dhunis* und machte es sich dort bequem; immer war er in Meditation versunken, manchmal ohne vorher ein Bad zu nehmen.[4]

Er pflegte ein kleines, weißes Tuch um seinen Kopf zu tragen, einen sauberen *Dhotar* um seine Hüften und ein Hemd am Oberkörper. Das war anfangs seine Bekleidung. Zuerst praktizierte er als Arzt im Dorf, untersuchte Patienten und verabreichte Medizin. Er war immer erfolgreich und wurde als Doktor berühmt. Ein seltsamer Fall mag hier geschildert werden: Die Augen eines *Devotees* waren ziemlich rot und geschwollen. Da es keinen Arzt in Shirdi gab, brachten die anderen *Devotees* ihn zu Baba. Normalerweise würden die Ärzte in solchen Fällen Salben, Kuhmilch und Kampfer-Arzneien anwenden. Babas Heilmittel aber war recht einzigartig. Er pulverisierte „Beeba" (Carpus Anacardium), machte daraus zwei Bällchen, legte sie auf die Augen des Patienten und verband sie. Am nächsten Tag wurde der Verband entfernt und die Augen mit Wasser übergossen. Die Entzündung war zurückgegangen und die Augen waren weiß und klar. Obwohl Augen sehr empfindlich sind, verursachte das Beebapulver kein Brennen, sondern heilte die Augenkrankheit. Das ist nur ein Beispiel von vielen.

Babas Yoga-Übungen

Baba kannte alle Übungen des *Yoga*. Zwei davon werden nachfolgend beschrieben:

1. *Dhauti* oder Reinigungsvorgang: Baba ging jeden dritten Tag zu einem Brunnen, der in beträchtlicher Entfernung zur *Masjid* in der Nähe eines Banyan-Baumes lag. Dort spülte er seinen Mund und nahm ein Bad. Einmal wurde beobachtet, wie er seine Eingeweide

[4] In Indien ist es üblich, vor allen religiösen Handlungen ein Bad zu nehmen.

„erbrach“, diese innen und außen wusch und sie am Baum zum Trocknen aufhing. Es gibt Personen in Shirdi, die das tatsächlich gesehen haben und es als Tatsache bezeugen können.

Das normale *Dhauti* wird mit einem feuchten Stück Leinen, etwa siebeneinhalb Zentimeter breit und sieben Meter lang durchgeführt. Dieses Stück Stoff wird heruntergeschluckt und bleibt für etwa eine halbe Stunde im Magen, um seine Wirkung zu tun, und wird dann wieder herausgezogen. Doch Babas *Dhauti* war recht einzigartig und außergewöhnlich.

2. *Khandayoga:* Bei dieser Übung trennte Baba alle Gliedmaßen von seinem Körper und ließ sie an verschiedenen Plätzen in der *Masjid* liegen. Eines Tages kam ein Herr zur *Masjid* und erblickte Babas so verstreut umherliegende Gliedmaßen. Er erschrak furchtbar, und sein erster Gedanke war, zu den Dorfbeamten zu laufen und ihnen mitzuteilen, dass Baba ermordet und in Stücke geschlagen worden sei. Dann überlegte er, dass er verantwortlich gemacht werden würde, weil er der erste Informant war und folglich etwas über die Angelegenheit wissen müsste, und so schwieg er. Doch als er am nächsten Tag zur *Masjid* ging, war er äußerst überrascht, Baba gesund und munter wie zuvor zu sehen. Er dachte, dass das, was er am vorhergehenden Tag gesehen hatte, nur ein Traum gewesen sei.

Baba übte seit seiner Kindheit *Yoga* aus, und niemand wusste um das Können, das er darin erreicht hatte, noch konnte es jemand erraten. Er nahm niemals Geld für seine Heilungen und wurde aufgrund seiner guten Taten anerkannt und berühmt. Er heilte viele Arme und Leidende. Dieser berühmte Arzt aller Ärzte kümmerte sich nicht um seinen Vorteil, sondern arbeitete stets zum Wohl anderer, während er selbst dabei manches Mal unerträgliche und schreckliche Schmerzen erlitt.

Einen solchen Vorgang, der Babas allgegenwärtigen und höchst erbarmungsvollen Charakter deutlich macht, schildere ich nachfolgend.

Babas Allgegenwart und Barmherzigkeit

Im Jahr 1910 saß Baba während des *Divali*-Feiertages am *Dhuni* und wärmte sich. Er warf Holz ins Feuer, das lichterloh brannte. Ein wenig später legte er statt der Holzscheite seinen Arm ins Feuer. Der Arm wurde sofort versengt. Dies wurde von dem Diener Madhava beobachtet und auch von Madhavrao Deshpande (Shama). Sie rannten beide sofort zu Baba und Madhavrao ergriff ihn von hinten um die Hüften und zog ihn mit Gewalt zurück. Er fragte: „*Deva,* warum hast du das getan?“ Daraufhin kam Baba zu sich und antwortete: „Die Frau eines Schmieds in einem weit entfernten Ort betätigte gerade den Blasebalg eines Schmelzofens, als ihr Mann sie rief. Hastig sprang sie auf und vergaß völlig das Kind, das auf ihrem Schoß lag. Es fiel ins Feuer. Ich habe sofort meinen Arm in den Ofen gesteckt und das Kind gerettet. Es macht mir nichts, dass mein Arm dabei verbrannt wurde, aber ich bin froh, dass das Leben des Kindes gerettet ist.“

Der Dienst des leprakranken Devotees

Als Herr Nanasaheb Chandorkar von Madhavrao Deshpande (Shama) hörte, dass Babas Arm verbrannt worden sei, eilte er in Begleitung des berühmten Arztes Dr. Parmanand aus Bombay, der seine medizinische Ausrüstung bestehend aus Salben, Mull, Verbänden und so weiter bei sich hatte, nach Shirdi und bat Baba um Erlaubnis, dass der Doktor den Arm untersuchen und die durch die Verbrennung verursachte Wunde verbinden dürfe. Dies wurde abgelehnt.

Seit der Verbrennung wurde der Arm von Bhagoji Shinde, dem leprakranken *Devotee*, verbunden. Die Behandlung bestand darin, *Ghee* auf den verbrannten Arm aufzutragen, ein Blatt darüber zu legen und dann mit Verbänden fest zu umwickeln.

Nanasaheb Chandorkar bat Baba des Öfteren inständig, den Verband zu lösen und Dr. Parmanand die Wunde untersuchen und behandeln zu lassen, damit sie schneller heilen könne. Dr. Parmanand brachte ähnliche Anliegen vor, doch Baba verschob es jedesmal und sagte, dass Allah sein Arzt sei. Er erlaubte es nicht, dass sein Arm untersucht wurde. Dr. Parmanands Medizin wurde also nicht der Luft von Shirdi ausgesetzt und blieb unangerührt, doch der Arzt hatte das große Glück, Babas *Darshan* zu bekommen. Bhagoji durfte täglich den Arm behandeln, der nach ein paar Tagen geheilt war. Alle waren darüber erfreut. Dennoch wissen wir nicht, ob eine Spur von Schmerzen zurückblieb oder nicht. Jeden Morgen – bis zu Babas *Samādhi* – verrichtete Bhagoji dieselben Handgriffe: Er löste den Verband, rieb den Arm mit *Ghee* ein und verband ihn dann wieder fest.

Sai Baba, der ein vollkommener *Siddha* war, brauchte diese Behandlung nicht wirklich, aber aus Liebe zu seinem *Devotee* erlaubte er Bhagoji, den Dienst *(upāsana)* an ihm ohne Unterbrechung fortzuführen.

Wenn Baba zum *Lendi* ging, durfte Bhagoji ihn begleiten und einen Schirm über ihn halten. Jeden Morgen, wenn Baba am Pfeiler nahe des *Dhunis* saß, war Bhagoji da und begann seinen Dienst. Bhagoji war in seinem früheren Leben ein Sünder gewesen. Er litt an Lepra, seine Finger waren geschrumpft, sein Körper war voller Eiter und roch unangenehm. Obwohl er äußerlich gesehen so glücklos schien, war er in Wirklichkeit doch sehr glücklich, denn er war der erste Bedienstete von Baba und hatte die große Gnade, in seiner Gesellschaft zu sein.

Meister Khapardes Fall von Beulenpest

Ich werde jetzt ein anderes Beispiel von Babas wunderbaren *Līlās* erzählen. Frau Khaparde, die Ehefrau von Dadasaheb Khaparde aus Amraoti, war mit ihrem jungen Sohn ein paar Tage in Shirdi. Eines Tages bekam der Sohn hohes Fieber, das sich zur Beulenpest entwickelte. Die Mutter hatte Angst und war höchst beunruhigt. Sie dachte daran, nach Amraoti abzureisen, und ging am Abend, als Baba bei seinem abendlichen Rundgang in die Nähe des *Wadas* (jetzt *Samādhi-Mandir)* kam, zu ihm, um seine Erlaubnis einzuholen. Sie berichtete ihm mit zitternder Stimme, dass ihr lieber Junge an der Beulenpest erkrankt sei. Baba sprach liebevoll und sanft zu ihr und sagte, dass der Himmel wolkenverhangen sei; aber die Wolken würden verdunsten und vergehen und alles wieder klar. Während er das sagte, hob er seinen *Kafni* bis zur Hüfte hoch und zeigte allen Anwesenden vier voll entwickelte Beulen, die so groß wie Eier waren, und fügte hinzu: „Seht, wie ich für meine *Devotees* leiden muss. Ihre Schwierigkeiten sind meine." Als sie diese einzigartige und außergewöhnliche Tat sahen, waren die Leute davon überzeugt, dass die Heiligen für ihre *Devotees* Schmerzen erleiden. Das Gemüt der Heiligen ist weicher als Wachs, ja, es ist durch und durch weich wie Butter. Sie lieben ihre *Devotees*, ohne auch nur an irgendeinen Vorteil für sich selbst zu denken und betrachten sie als ihre wahren Verwandten.

Der Gang nach Pandharpur

Herr Nanasaheb Chandorkar, ein großer *Devotee* von Baba, war Steuerbeamter in Nandurbar im Khandesh-Distrikt. Er wurde nach Pandharpur versetzt, das als Himmel auf Erden (bhūvaikuntha) angesehen wird; und das war das Ergebnis seiner Hingabe zu Baba. Nanasaheb musste seinen Dienst sofort antreten, und so begab er sich umgehend auf den Weg dorthin, ohne irgendjemandem in Shirdi zu schreiben oder darüber zu informieren. Er wollte einen Überraschungsbesuch in Shirdi – seinem Pandharpur – machen, seinen *Vithoba* (Baba) sehen und ehrfürchtig begrüßen und dann seine Reise fortsetzen. Niemand dachte im Traum an Nanasahebs Reise nach Shirdi, doch Baba wusste alles darüber, weil seine Augen überall waren. Als sich Nanasaheb Nimgaon näherte, das einige Meilen von Shirdi entfernt lag, gab es eine Bewegung in der *Masjid* in Shirdi. Baba saß dort und sprach mit Mhalsapati, Appa Shinde und Kashiram, als er plötzlich sagte: „Lasst uns alle vier einige *Bhajans* singen, die Türen von Pandhari sind offen, lasst uns fröhlich singen." Dann sangen sie alle im Chor. Der Refrain des Liedes lautete: „Ich muss nach Pandharpur gehen und dort bleiben, denn es ist das Haus meines Herrn." Baba sang vor und die *Devotees* sangen nach. Nach kurzer Zeit kam Nanasaheb mit seiner Familie an. Er fiel Baba zu Füßen und bat ihn, ihn nach Pandharpur zu begleiten und dort mit ihnen zu leben. Diese flehentliche Bitte war nicht nötig, denn die *Devotees* erzählten Nanasaheb, dass Baba bereits vorhabe, nach Pandharpur zu gehen und dort zu bleiben. Als er dies hörte, war Nanasaheb gerührt und fiel Baba zu Füßen. Daraufhin erhielt er Babas Erlaubnis, Segen und Asche *(udi)* und begab sich nach Pandharpur.

Endlos sind die Geschichten um Baba, aber lasst mich hier anhalten und weitere Themen für das nächste Kapitel aufheben, wie zum Beispiel die Bedeutung des menschlichen Lebens, Babas Gewohnheit, von Almosen zu leben, Bayajabais Dienst sowie andere Geschichten.

Verneige dich vor Shrī Sai – Friede sei mit allen

Kapitel VIII

Die Bedeutsamkeit der menschlichen Geburt – Der besondere Wert des menschlichen Körpers – Sai Baba bettelt um Nahrung – Bayajabais hervorragender Dienst – Das Trio in Sai Babas Schlafraum – Babas Zuneigung für Khushalchand

Die Bedeutsamkeit der menschlichen Geburt

In diesem wunderbaren Universum hat Gott Milliarden von Geschöpfen und Wesen erschaffen, einschließlich Göttern, Halbgöttern, Dämonen, Insekten, Tieren und Menschen, welche die himmlischen Gefilde, die Hölle, die Erde, den Ozean, das Firmament und andere Zwischenregionen bewohnen. Hiervon gehen jene Geschöpfe oder Seelen, deren gute Taten überwiegen, in die himmlischen Gefilde ein. Dort leben sie, bis die Früchte ihrer guten Taten aufgezehrt sind und sie danach wieder auf die Erde geschickt werden. Jene Seelen, deren Sünden oder ungute Taten überwiegen, gehen in die Hölle und erleiden die Konsequenzen ihrer Missetaten, solange wie sie es verdienen. Wenn die guten und schlechten Taten ausgeglichen sind, werden sie als menschliche Wesen auf der Erde geboren und es wird ihnen die Chance gegeben, für ihre Erlösung zu arbeiten. Sind schließlich alle guten und bösen Taten vollkommen von ihnen abgefallen, erfahren sie Erlösung und sind frei. Um es kurz zu sagen, die Seelen erleben die ihren Taten und der Entwicklung ihres Geistes (mind) entsprechenden Geburten oder Wanderungen.

Der besondere Wert des menschlichen Körpers

Wie wir wissen, haben alle Geschöpfe folgendes gemeinsam: Essen, Schlafen, Angst und sexuelle Vereinigung. Der Mensch hat eine besondere Fähigkeit, nämlich Wissen, mit dessen Hilfe er Gottesschau erlangen kann, was in jeder anderen Lebensform nicht möglich ist. Das ist der Grund, weshalb die Götter die Menschenrasse beneiden und darauf warten, als Menschen auf Erden geboren zu werden, um somit endgültig befreit zu werden.

Einige behaupten, dass es nichts Schlimmeres gebe als den menschlichen Körper, der voller Unrat, Schleim und Schmutz sei und Verfall, Krankheit und Tod unterliege. Bis zu einem gewissen Grad ist das zweifellos richtig, doch trotz dieser Nachteile und Defekte liegt der besondere Wert des menschlichen Körpers darin, dass man durch ihn die Fähigkeit hat, Wissen zu erlangen. Nur mit und durch diesen menschlichen Körper kann man über die vergängliche und kurzlebige Natur des Körpers und der Welt nachdenken und Abscheu gegenüber den Sinnesfreuden entwickeln. Es kann zwischen Unwirklichem und Wirklichem unterschieden und letztlich die Gottesschau erlangt werden. Wenn wir also den Körper vernachlässigen, weil er schmutzig ist, verlieren wir die Chance der Gottesschau. Wenn wir ihn aber zu sehr hätscheln, weil er so kostbar ist, und hinter Sinnesfreuden herlaufen, landen wir in der Hölle. Deshalb ist es das Beste, wenn wir den Körper weder vernachlässigen noch überbewerten. Er sollte richtig gepflegt werden, gerade so wie ein Reiter unterwegs für sein Tier sorgt, bis er das Ziel erreicht hat. Der Körper sollte dazu benutzt werden, Gottesschau oder Selbsterkenntnis zu erlangen. Das ist das höchste Ziel des menschlichen Lebens.

Es heißt, Gott war nicht zufrieden, obwohl er so viele verschiedene Geschöpfe erschaffen hatte, denn keines von ihnen konnte sein Werk schätzen. So musste er ein besonderes Wesen entstehen lassen, den Menschen, und ihn mit einer besonderen Fähigkeit versehen, nämlich mit Wissen. Als Er sah, dass der Mensch fähig war, Sein göttliches Spiel, Sein erstaunliches Werk und Seine Intelligenz anzuerkennen, war Er höchst erfreut und zufrieden (siehe Bhagavat 11/9/28). Es ist also wirklich ein großes Glück, einen menschlichen Körper zu erhalten. Ein noch größeres Glück ist es, in eine Brahmanen-Familie geboren zu werden, und das Allergrößte ist es, die Gelegenheit zu haben, zu Sai Babas Füßen Zuflucht zu nehmen und sich ihm zu ergeben.

Die Bemühung des Menschen

Wenn man erst einmal erkannt hat, wie kostbar das menschliche Leben ist, und weiß, dass der Tod gewiss ist und einen jeden Augenblick wegreißen kann, sollte man immer bestrebt sein, das Ziel des Lebens zu erreichen. Wir sollten nicht die geringste Verzögerung zulassen und uns aufs Äußerste beeilen, dorthin zu kommen, ebenso wie ein Witwer sich beeilt, wieder zu heiraten, oder wie ein König jeden Stein umdrehen lässt, um seinen verlorenen Sohn wiederzufinden. Wir sollten also mit aller Ernsthaftigkeit und ohne Zeit zu verlieren danach streben, Selbsterkenntnis zu erlangen. Tag und Nacht sollten wir über das Selbst meditieren und alle Nachlässigkeit, Faulheit und Trägheit von uns weisen. Versäumen wir dieses, so begeben wir uns auf die Ebene der Tiere.

Wie geht man vor?

Der wirksamste und schnellste Weg, das Ziel zu erreichen, ist, einen würdigen Heiligen oder Seher – einen *Sadguru* – aufzusuchen, der selbst Gottesschau erlangt hat. Was durch das Anhören von religiösen Vorträgen und das Studieren von religiösen Werken nicht erreicht werden kann, ist in der Gesellschaft solch wertvoller Seelen leicht zu erlangen. So wie nur die Sonne das Licht gibt, das alle Sterne zusammengenommen nicht geben können, so vermittelt nur der *Sadguru* spirituelle Weisheit, wie es die gesamten heiligen Bücher und Predigten nicht vermögen. Die Bewegungen und Gespräche des *Sadgurus* geben uns „stillen Rat“. Die Tugenden wie Vergebung, Selbstlosigkeit, Barmherzigkeit, Wohltätigkeit, Güte, Beherrschung von Gemüt und Körper, Egolosigkeit und so weiter werden von den Schülern praktiziert, während sie sich in solch reiner und heiliger Gesellschaft aufhalten. Dadurch wird ihr Denken erleuchtet und sie entwickeln sich spirituell. Sai Baba war solch ein Seher oder *Sadguru*. Obwohl er sich wie ein Fakir verhielt, war er ständig im Selbst vertieft. Er liebte alle Wesen und sah in ihnen das Göttliche. Weder Glück noch Unglück brachten ihn aus dem Gleichgewicht. Ein König und ein Armer waren für ihn gleich. Er, dessen Blick einen Bettler in einen König verwandeln konnte, pflegte in Shirdi von Tür zu Tür zu gehen, um seine Nahrung zu erbetteln. Nun lasst uns sehen, wie er das tat.

Sai Baba bettelt um Nahrung

Gesegnet sind die Menschen von Shirdi, vor deren Haustür Baba als Bettler stand und rief: „O Lassie (Freundin), gib mir ein Stück Brot“, und seine Hand ausstreckte, um es in Empfang zu nehmen. In der einen Hand trug er eine Blechdose und in der anderen ein rechteckiges Stück Stoff. Er suchte täglich bestimmte Häuser auf und ging von Tür zu Tür. Flüssigkeit oder halbflüssige Nahrung wie Suppe, Gemüse, Milch oder Buttermilch kamen in den Blechtopf und gekochter Reis, Brot und derlei feste Sachen ließ er in das Tuch geben. Babas Zunge kannte keine Vorlieben, weil er Kontrolle über sie hatte. Wie konnte er sich also etwas aus dem Geschmack der verschiedenen Speisen machen? Was immer er erhielt, ob in der Blechdose oder im Tuch, wurde vermischt, und er tat sich nach Herzenslust gütlich daran. Ob einige Sachen schmackhaft waren oder nicht, merkte er nicht einmal, so als ob seine Zunge überhaupt keinen Geschmackssinn hätte. Baba bettelte bis zum Mittag, doch tat er das unregelmäßig; an einigen Tagen ging er nur ein paar Runden, an anderen Tagen bis 12 Uhr mittags. Die gesammelten Speisen wurden in einen irdenen Topf geworfen. Hunde, Katzen und Krähen fraßen davon; Baba scheuchte sie niemals fort. Die Frau, die den Boden der *Masjid* fegte, nahm etwa zehn oder zwölf Stücke Brot mit nach Hause und niemand hinderte sie daran. Wie konnte er, der nicht einmal im Traum Katzen und Hunde mit strengen Worten verjagte, einem Menschen Nahrung versagen? In der Tat ist das Leben einer solch edlen Person gesegnet. Anfangs betrachteten die Leute in Shirdi ihn als einen verrückten Fakir; unter diesem Namen war er im Dorf bekannt. Wie konnte man jemanden, der von Almosen lebte und cin paar Brotkrumen erbettelte, verehren und respektieren? Doch dieser Fakir war mit Herz und Hand großzügig, unvoreingenommen und gütig. Obwohl er äußerlich launenhaft und unruhig erschien, war er innerlich beständig und ruhig. Sein Wesen war unergründlich. Dennoch, selbst in jenem kleinen Dorf gab es nur einige wenige gesegnete Menschen, die ihn als große Seele erkannten. Ein solches Beispiel wird nachfolgend gegeben.

Bayajabais hervorragender Dienst

Tatya Kotes Mutter, Bayajabai, ging jeden Mittag mit einem Korb voller Brot und Gemüse auf dem Kopf in den Wald. Sie zog durch den Dschungel, Kilometer um Kilometer, trat Büsche und Sträucher um, auf der Suche nach dem verrückten Fakir, und wenn sie ihn aufgestöbert hatte, fiel sie ihm zu Füßen. Der Fakir saß ruhig und bewegungslos in Meditation, während sie vor ihm ein großes Blatt ausbreitete, ihre mitgebrachte Nahrung darauf legte und ihn dann mit Gewalt fütterte.

Ihr Glaube und ihre Hingabe waren wunderbar. Jeden Tag zog sie so durch den Wald und zwang Baba, das Mittagessen zu sich zu nehmen. Bis zu seinem Tod vergaß Baba nie ihren Dienst, ihre Verehrung *(upāsana)* oder spirituelle Disziplin *(tapas)*, oder wie auch immer wir es nennen wollen. Ihren Dienst voll anerkennend, segnete er ihren Sohn in großartiger Weise. Beide, Sohn und Mutter, hatten volles Vertrauen in den Fakir, der ihr Gott war. Baba sagte oft zu ihnen, dass es wahre Herrschaft sei, ein Bettelfakir zu sein, und dass Reichtum nur vorübergehend sei. Nach einigen Jahren hörte Baba auf, in den Wald zu gehen, und begann, in der *Masjid* zu leben und dort seine Nahrung zu sich zu nehmen. Von da an musste Bayajabai nicht länger den Wald durchsuchen.

Das Trio in Babas Schlafraum

Gesegnet sind die Heiligen, in deren Herzen Gott *Vāsudeva* wohnt. Und in der Tat sind die *Devotees* vom Glück begünstigt, die den Segen haben, in der Gesellschaft solch Heiliger sein zu dürfen. Tatya Kote Patil und Bhagat Mhalsapati hatten dieses Glück, denn sie teilten in gleichem Maße Sai Babas Gesellschaft. Baba liebte sie beide ohne Unterschied. Alle drei schliefen in der *Masjid* mit dem Kopf jeweils gen Osten, Westen und Norden und ihre Füße berührten einander in der Mitte. Nachdem sie ihre Schlafmatten ausgebreitet hatten, legten sie sich darauf und plauderten und schwatzten bis spät in die Nacht hinein über viele Dinge. Sobald einer von ihnen Anzeichen von Schlaf zeigte, weckten die anderen ihn auf. Wenn Tatya zum Beispiel zu schnarchen begann, stand Baba sofort auf, schüttelte ihn hin und her, nahm den Kopf in seine Hände und drückte ihn. Wenn Mhalsapati es war, zog er ihn zu sich, streichelte seine Beine und klopfte ihm auf den Rücken. Tatya ließ seine Eltern zurück und schlief aus Liebe zu Baba ganze 14 Jahre in der *Masjid*. Wie glücklich und unvergesslich waren jene Tage! Wie kann man diese Liebe ermessen und wie den Wert von Babas Gnade! Als Tatyas Vater starb, übernahm er den Haushaltsvorsitz und schlief wieder zu Hause.

Babas Zuneigung für Khushalchand

Baba liebte Ganapat Kote Patil aus Shirdi und ebenso Chandrabhanshet Marwadi aus Rahata. Nach dem Ableben von Shet liebte Baba dessen Neffen Khushalchand gleichermaßen oder vielleicht noch mehr und kümmerte sich Tag und Nacht um sein Wohlergehen. Manchmal fuhr Baba mit engen Freunden nach Rahata, mal in einem Ochsenkarren und ein andermal in einer Droschke. Die Leute kamen dann mit einer Musikkapelle zum Dorfeingang, um ihn zu empfangen, und fielen vor ihm nieder. Daraufhin wurde er mit viel Pomp und den üblichen Zeremonien ins Dorf geleitet. Khushalchand nahm Baba mit zu sich nach Hause, setzte ihn an einen bequemen Platz und gab ihm ein gutes Mittagessen. Sie plauderten einige Zeit lang fröhlich drauflos und dann kehrte Baba nach Shirdi zurück. Er entzückte alle und segnete sie.

Shirdi liegt in gleicher Entfernung zwischen Rahata im Süden und Nimgaon im Norden. Zeit seines Lebens ging Baba niemals jenseits dieser Orte. Er reiste nie in einem Zug, noch hatte er je einen gesehen, und dennoch kannte er ganz genau die Ankunfts- und Abfahrtszeiten aller Züge. Die *Devotees,* die sich an Babas Anweisungen bezüglich der Abfahrt hielten, die er ihnen zur Zeit ihres Abschieds gab, hatten eine gute Reise, während andere, die sich nicht daran hielten, Missgeschicke und Unfälle erlitten.

Über diese und andere Begebenheiten wird im nächsten Kapitel berichtet.

Verneige dich vor Shrī Sai – Friede sei mit allen

Kapitel IX

Die Auswirkung des Befolgens und Nicht-Befolgens von Babas Anordnungen vor der Abreise: einige Beispiele – Die Notwendigkeit des Bettelns – Die Erlebnisse der Tarkhad-Familie – Frau Tarkhad – Baba üppig gespeist, aber wie?

Am Ende des vorigen Kapitels wurde nur kurz erwähnt, dass es den *Devotees* gut ging, die Babas Anordnung zur Zeit ihrer Abreise befolgten, und dass diejenigen, die sie missachteten, viele Schwierigkeiten hatten. Dieses wird nun ausführlich geschildert, und zwar anhand einiger eindrucksvoller Begebenheiten. Andere Geschehnisse werden ebenfalls in diesem Kapitel behandelt.

Das Charakteristische einer Pilgerreise nach Shirdi

Die besondere Eigenart einer Pilgerreise nach Shirdi bestand darin, dass niemand Shirdi ohne Babas Erlaubnis verlassen konnte. Wenn man es doch tat, zog man sich unsägliches Leiden zu. Wurde aber jemand gebeten, Shirdi zu verlassen, so konnte er nicht länger bleiben. Wenn *Devotees* zu ihm kamen, um sich zu verabschieden, machte Baba gewisse Vorschläge oder gab Hinweise. Diese Vorschläge mussten befolgt werden, sonst konnte man sicher sein, dass es Unfälle gab. Nachstehend geben wir einige Beispiele.

Tatya Kote Patil

Tatya Kote reiste einmal in einer Droschke nach Kopargaon zum Markt. Er eilte zur *Masjid,* begrüßte Baba und sagte, dass er auf dem Weg zum Markt nach Kopargaon sei. Baba sprach: „Sei nicht so in Eile. Warte ein wenig. Vergiss den Markt und bleib im Dorf." Als Baba sah, dass Tatya unbedingt gehen wollte, bat er ihn, wenigstens Madhavrao Deshpande (Shama) mitzunehmen. Tatya beachtete diese Anweisung jedoch nicht und fuhr sofort mit seiner Droschke los. Eines der beiden Pferde war sehr nervös und unruhig. Hinter dem Sawul-Brunnen galoppierte es plötzlich wild drauflos, zog sich eine Zerrung zu und fiel hin. Tatya wurde nicht stark verletzt, aber er erinnerte sich an Mutter Sais Anweisung.

Ein anderes Mal, als er nach Kolhar reiste, missachtete er Babas Anordnung ebenfalls und erlitt einen ähnlichen Unfall.

Ein Herr aus Europa

Eines Tages kam ein europäischer Herr aus Bombay mit einem Empfehlungsschreiben von Nanasaheb Chandorkar nach Shirdi. Man gab ihm eine bequeme Unterkunft in einem Zelt. Er hatte ein bestimmtes Ziel; sein Wunsch war es, sich vor Baba niederzuknien und seine Hand zu küssen. Dreimal versuchte er, in die *Masjid* hineinzugehen, aber Baba hielt ihn jedesmal davon ab. Er wurde gebeten, unten im offenen Hof zu sitzen und von dort Babas *Darshan* zu haben. Mit diesem Empfang nicht einverstanden, wollte er Shirdi sofort wieder verlassen und kam nun, um sich zu verabschieden. Baba sagte ihm, er solle nicht so in Eile sein und erst am nächsten Tag abreisen. Die Leute rieten ihm, Babas Anweisung zu befolgen, doch er hörte nicht darauf und verließ Shirdi in einer Droschke. Zuerst liefen die Pferde normal; als aber hinter dem Sawul-Brunnen ein Fahrradfahrer vorbeikam, erschraken sie und galoppierten davon. Die Droschke überschlug sich, der Herr fiel heraus und wurde noch ein Stück mitgeschleift. Obwohl er sofort gefunden wurde, musste er ins Krankenhaus von Kopargaon, um seine Verletzungen behandeln zu lassen.

Solche Erfahrungen waren Lektionen und alle Leute lernten daraus, dass jene, die Babas Anweisungen nicht befolgten, in der einen oder anderen Weise Unfälle erlitten, und jene, die sie befolgten, sicher und glücklich reisten.

Die Notwendigkeit des Bettelns

Manche Leute mögen sich fragen, weshalb Baba sein Leben lang die Bettelschale benutzte, wenn er doch eine so große Persönlichkeit, nämlich Gott selbst, war. Diese Frage mag von zwei Standpunkten aus betrachtet und beantwortet werden:

Erstens: Wer hat ein Recht darauf, von Almosen zu leben? In unseren heiligen Schriften *(shāstra)* heißt es, dass jene, die frei sind von den drei Hauptwünschen, nämlich nach Nachkommenschaft, Reichtum und Berühmtheit, die geeigneten Personen sind, Entsagung *(samnyāsa)* zu üben und von Almosen zu leben. Sie können keine Vorbereitungen zum Kochen machen und zu Hause essen. Die Pflicht, sie zu ernähren, ist den Haushältern auferlegt. Sai Baba war weder ein Haushälter noch ein Waldeinsiedler. Er war ein eheloser *Samnyasin,* das heißt ein *Samnyasin* seit seiner Knabenzeit. Das Universum war sein Heim, er war der Erhalter des Universums und das unvergängliche *Brahman.* Dies war seine feste Überzeugung. Deshalb hatte er das volle Recht, die Bettelschale zu benutzen.

Zweitens: Jetzt schauen wir uns das vom Standpunkt der fünf Sünden (pancasuna) und ihrer Tilgung aus an. Wir alle wissen, dass der Haushälter bei der Zubereitung von Nahrung fünf verschiedene Handlungen durchführen muss, nämlich stampfen, mahlen, Töpfe waschen, saubermachen und den Ofen anzünden. Diese Handlungen schließen die Zerstörung vieler kleiner Insekten und Geschöpfe ein, und so wird Sünde angesammelt. Um diese Sünden zu sühnen, schreiben unsere heiligen Schriften folgende Opfer vor: *Brahmayajna* (zur Ehre Gottes), *Vedādhyayana* (für die Weisen und spirituellen Lehrer, Studium und Rezitation des *Veda), Pitriyajna* (für die Vorfahren), *Devayajna* (für die Götter), *Bhūtayajna* (für alle Lebewesen, insbesondere Haustiere) und *Manushya-Atithiyajna* (für die Menschheit oder nicht eingeladene Gäste). Wenn diese Opfer ordnungsgemäß durchgeführt werden, wird der Geist geläutert, und das wiederum verhilft zu Wissen und Selbsterkenntnis. Baba, der von Haus zu Haus ging, erinnerte die Bewohner an ihre heilige Pflicht, und jene Menschen waren begünstigt, die Babas Lektion bei sich zu Hause erhielten.

Erfahrungen der Devotees

Nun wenden wir uns einem anderen, noch interessanteren Thema zu. *Shrī Krishna* sagt in der *Bhagavadgita,* Kapitel 9, Vers 26: „Wer mir mit Hingabe ein Blatt, eine Blume, eine Frucht oder Wasser darbringt, dessen fromme Opfergabe aus reinem Herzen nehme ich an." Bei Sai Baba verhielt es sich folgendermaßen: Wenn ein *Devotee* vorhatte, Baba irgendetwas zu opfern und es nachher wieder vergaß, so erinnerte Baba ihn oder dessen Freund daran und brachte ihn dazu, ihm das Opfer darzubringen. Dann nahm er es an und segnete den *Devotee.* Nachstehend geben wir ein paar Beispiele.

Die Erlebnisse der Tarkhad-Familie (Vater und Sohn)

Herr Ramachandra Atmaram alias Babasaheb Tarkhad, ein ehemaliger *Prarthana-Samajist,* war ein überzeugter *Devotee* von Sai Baba. Seine Frau und sein Sohn liebten Baba ebenfalls, vielleicht sogar noch mehr. Der junge Tarkhad sollte einmal zusammen mit seiner Mutter im Mai nach Shirdi reisen, um dort seine Ferien zu verbringen.

Aber der Sohn wollte nicht, weil er glaubte, dass die Andacht für Baba in ihrem Heim in Bandra nicht richtig durchgeführt würde, wenn er es verließe. Sein Vater, der ja ein *Prarthana-Samajist* war, würde sich wohl nicht um die Andacht vor Sai Babas großem Bild kümmern. Nachdem sein Vater ihm jedoch geschworen hatte, die Andacht genauso auszuführen wie er, traten Mutter und Sohn am Freitagabend die Reise nach Shirdi an. Am nächsten Tag, einem Samstag, stand Herr Tarkhad früh auf, nahm sein Bad und begann mit der Andacht. Er verbeugte sich vor dem Altar und sagte: „Baba, ich werde die Andacht genauso ausführen wie mein Sohn, aber hilf mir bitte, dass es kein formeller Drill wird.“ Nach diesen Worten führte er die Andacht aus und opferte ein paar Stücke Kandiszucker als *Naivedya*. Der Zucker wurde dann zum Mittagessen verteilt.

An jenem Abend und auch am Sonntag ging alles gut. Der folgende Montag war ein Werktag, und es ging immer noch gut. Herr Tarkhad, der noch nie in seinem Leben eine solche Andacht gehalten hatte, glaubte voller Selbstvertrauen, dass alles so zufriedenstellend laufen würde, wie er es seinem Sohn versprochen hatte. Am folgenden Dienstag hielt er die Andacht wie üblich und ging zur Arbeit. Als er nach Hause zurückkam, fand er keinen Zucker *(prasad)* zum Mittagessen vor. Er erkundigte sich beim Koch, und der erzählte ihm, dass er am Morgen keine Opfergabe gemacht und diesen Teil der Andacht völlig vergessen habe. Daraufhin stand Herr Tarkhad auf und fiel vor dem Altar nieder, drückte sein Bedauern aus und beschuldigte gleichzeitig Baba, dass er ihn nicht geführt habe und dadurch die ganze Sache bloße Routine geworden sei. Er schrieb einen Brief an seinen Sohn und schilderte die Tatsachen. Er bat ihn, diesen Brief Baba zu Füßen zu legen und für seine Unterlassung um Vergebung zu bitten. Das geschah in Bandra am Dienstag gegen Mittag. Etwa zur gleichen Zeit, als in Shirdi gerade das *Arati* durchgeführt werden sollte, sagte Baba zu Frau Tarkhad: „Mutter, ich bin in deinem Haus in Bandra gewesen und fand die Tür verschlossen vor. Irgendwie kam ich aber doch hinein und fand zu meinem Bedauern, dass Bhau (Herr Tarkhad) nichts für mich zu essen dagelassen hatte. So bin ich hungrig zurückgekehrt." Die Frau verstand das nicht, aber der Sohn, der in der Nähe war, verstand es; er erkannte, dass etwas nicht in Ordnung war mit der Andacht in Bandra. Er bat Baba deshalb um Erlaubnis, nach Hause zu fahren. Baba lehnte das ab, erlaubte ihm aber, die Andacht in Shirdi zu halten. Daraufhin schrieb der Sohn einen Brief an seinen Vater und schilderte ihm, was in Shirdi geschehen war, und flehte ihn an, die Andacht zu Hause nicht zu vernachlässigen.

Beide Briefe kreuzten sich unterwegs und wurden den entsprechenden Empfängern am nächsten Tag ausgehändigt. Ist das nicht wunderbar?

Frau Tarkhad

Lasst uns jetzt den Fall von Frau Tarkhad betrachten. Sie brachte folgende drei Speisen als Opfer dar: gebackene Auberginen mit Joghurt und Gewürzen, runde Auberginenstücke in *Ghee* gebraten und einen süßen Reisball. Schauen wir, wie Baba diese Opfergaben annahm.

Eines Tages reiste Herr Raghuvir Bhaskar Purandare aus Bandra mit seiner Familie nach Shirdi. Er war ein großer *Devotee* von Baba. Frau Tarkhad ging vor deren Abreise zu Frau Purandare, gab ihr zwei Auberginen und bat sie, aus der einen *Bharit* zuzubereiten und aus der anderen *Kacharya* und beides Baba zu geben, wenn sie in Shirdi sein würde. In Shirdi brachte Frau Purandare ihr *Bharit*-Gericht zur *Masjid,* als Baba gerade seine Mahlzeit einnahm. Er fand die *Bharit*-Speise sehr schmackhaft, verteilte sie an alle Anwesenden und sagte, dass er jetzt *Kacharya* haben wolle.

Radha-Krishna-Mai wurde benachrichtigt, dass Baba *Kacharya* haben wolle. Da es nicht die Zeit für Auberginen war, saß sie ganz schön in der Klemme. Woher konnte man jetzt Auberginen bekommen? Das war die Frage. Als man sich aber erkundigte, wer die *Bharit*-Speise gebracht hatte, erfuhr man, dass Frau Purandare auch mit der Aufgabe betraut worden war, *Kacharya* anzubieten. Daraufhin erkannte jeder die Bedeutung von Babas Nachfrage bezüglich der *Kacharya*-Speise. Alle waren höchst erstaunt über Babas allumfassendes Wissen.

Im Dezember 1915 wollte Govind Balaram Mankar nach Shirdi reisen, um die Beisetzungsfeierlichkeiten für seinen Vater durchzuführen. Der Knabe war in Trauer. Bevor er abreiste, ging er zu Frau Tarkhad. Sie wollte ihm etwas für Baba mitgeben und suchte im ganzen Haus, fand aber nichts, außer einer Süßspeise, die bereits als Opfer dargebracht worden war. Aus tiefer Hingabe zu Baba gab sie dem Jungen diese Süßspeise mit, in der Hoffnung, dass Baba sie akzeptieren und essen würde. Govind reiste nach Shirdi. Er ging zu Baba, vergaß aber die Süßspeise mitzunehmen. Baba wartete einfach. Als der Junge nachmittags wieder mit leeren Händen zu Baba kam, konnte er nicht mehr warten und fragte ihn geradeheraus: „Was hast du mir mitgebracht?“ „Nichts“, war die Antwort. Baba fragte ihn noch einmal und erhielt dieselbe Antwort. Daraufhin fragte Baba ihn gezielt: „Hat dir nicht die Mutter (Frau Tarkhad) bei deiner Abreise eine Süßspeise für mich mitgegeben?“ Da erinnerte sich der Junge an alles. Er schämte sich, bat Baba um Verzeihung, rannte zu seiner Unterkunft, holte die Süßspeise und gab sie Baba. Sobald er sie in der Hand hatte, steckte er sie in den Mund und schluckte sie hinunter. Damit wurde die Hingabe von Frau Tarkhad anerkannt und angenommen.

„Wie die Menschen an mich glauben, genauso akzeptiere ich sie.“ *(Gita,* Kapitel 4, Vers 11) wurde in diesem Fall bewiesen.

Baba wurde üppig gespeist, aber wie?

Frau Tarkhad befand sich einmal in einem bestimmten Haus in Shirdi. Mittags, als das Essen fertig war und serviert wurde, tauchte plötzlich ein hungriger Hund auf und fing an zu bellen. Sofort stand Frau Tarkhad auf und warf ihm ein Stück Brot zu, das der Hund mit großem Genuss verschlang. Als sie am Nachmittag zur *Masjid* ging und sich in einiger Entfernung niedersetzte, sagte Baba zu ihr: „Mutter, du hast mich sehr üppig gespeist. Meine angeschlagenen Lebenskräfte sind wiederhergestellt. Handle immer so, das wird dir in Zukunft Gutes bringen. So wahr wie ich in dieser *Masjid* sitze, werde ich niemals, niemals, die Unwahrheit sagen. Hab immer solches Mitgefühl mit mir. Gib zuerst den Hungrigen Brot und dann iss selber. Behalte dies gut im Gedächtnis!" Zuerst konnte sie die Bedeutung von dem, was Baba sagte, nicht verstehen und erwiderte: „Baba, wie konnte ich dich speisen? Ich bin selbst abhängig von anderen und bekomme mein Essen gegen Bezahlung." Darauf antwortete Baba: „Indem ich jenes leckere Brot aß, wurde ich bestens zufriedengestellt und stoße immer noch danach auf. Der Hund, den du vor dem Essen gesehen und dem du das Stück Brot gegeben hast, ist eins mit mir. Ebenso sind auch andere Geschöpfe wie Katzen, Schweine, Fliegen, Kühe und so weiter eins mit mir. Ich wandere in ihrer Form umher. Wer mich in allen Geschöpfen sieht, ist mein Geliebter. Gib deshalb das Gefühl von Dualität und Unterschied auf und diene mir, wie du es heute getan hast." Sie nahm diese nektargleichen Worte in sich auf und ihre Augen wurden feucht; sie war tief bewegt, ihre Kehle wie zugeschnürt und ihre Freude grenzenlos.

Die Moral von der Geschichte

„Sieh Gott in allen Wesen" ist die Moral dieses Kapitels. Die *Upanischaden,* die *Gita* und das *Bhagavatam* ermahnen uns alle, Gott oder

Göttlichkeit in allen Geschöpfen wahrzunehmen. Durch das am Ende dieses Kapitels gegebene Beispiel und andere – zu zahlreich, um sie erwähnen zu können – hat Baba uns vorgeführt, wie man die Lehren der *Upanischaden* in die Praxis umsetzt. Sai Baba gilt somit als der beste Vertreter oder Lehrer der *Upanischaden.*

Verneige dich vor Shrī Sai – Friede sei mit allen

Kapitel X

Sai Babas Lebensweise – Babas wunderbarer Schlafplatz – Sein Aufenthalt in Shirdi – Seine Lehren – Seine Demut – Der leichteste Pfad

Denk immer mit Liebe an ihn – Sai Baba –, denn er war damit beschäftigt, allen Gutes zu tun und ruhte stets in seinem Selbst. Ausschließlich an ihn zu denken bedeutet, das Rätsel von Leben und Tod zu lösen. Dies ist die beste und leichteste spirituelle Übung *(sādhana),* weil sie nichts kostet. Ein wenig Anstrengung hierin bringt schon große Belohnung. Solange wir bei klarem Verstand sind, sollten wir dies jede Minute üben. Der *Guru* ist der einzige Gott, alle anderen Götter sind illusorisch.

Wenn wir an die heiligen Füße des *Sadgurus* glauben, kann er unser Glück wenden. Wenn wir ihm gut dienen, endet der Kreislauf von Geburt und Tod. Wir brauchen keine Philosophie wie *Nyāya* und *Mīmāmsā* zu studieren. Wenn wir ihn zu unserem Steuermann machen, können wir das Meer all unserer Schmerzen und Sorgen leicht überqueren. So, wie wir dem Steuermann vertrauen, der uns über Flüsse und Meere bringt, so müssen wir dem *Sadguru* beim Überqueren des Ozeans der weltlichen Existenz vertrauen. Der *Sadguru* schaut auf die Intensität des Gefühls und der Hingabe seiner *Devotees* und schenkt ihnen Wissen und ewige Glückseligkeit.

Im letzten Kapitel wurde über Babas Bettelgänge und die Erfahrungen einiger *Devotees* berichtet. Jetzt sollen die Leser erfahren, wo und wie Baba lebte, wie er schlief, wie er lehrte und so weiter.

Babas wunderbarer Schlafplatz

Lasst uns erst einmal sehen, wo und wie Baba schlief. Herr Nanasaheb Dengale brachte Sai Baba eine Holzplanke, etwa vier *Cubits* lang und eine Spanne breit, die er als Schlafstelle benutzte. Anstatt die Planke auf den Boden zu legen und dann auf ihr zu schlafen, band Baba sie mit alten Stoff-Fetzen und Lumpen wie eine Schaukel an den Dachbalken der *Masjid* fest und schlief dann darauf. Die Stoff-Fetzen waren so dünn und abgetragen, dass sie kaum das Gewicht der Planke tragen konnten, geschweige denn auch noch Babas Gewicht. Doch es war Babas reinstes Wunder, dass die alten Lumpen die Planke und sein Gewicht hielten. Auf den vier Ecken dieser Planke zündete Baba irdene Lämpchen an und ließ sie die ganze Nacht über brennen. Es war ein Anblick für die Götter, Baba auf der Planke sitzen oder liegen zu sehen. Für alle war es ein Wunder, wie Baba da hinauf und wieder herunter kam.

Aus Neugier bemühte sich so mancher aufmerksame Beobachter, Baba hinauf- und hinabsteigen zu sehen, aber es gelang niemandem. Als immer mehr Menschen diese wunderbare Meisterleistung sehen wollten, brach Baba eines Tages die Planke in Stücke und warf sie fort.

Baba hatte alle acht *Siddhis* zu seiner Verfügung. Er übte aber nie hierfür, noch verlangte es ihn nach ihnen, sie waren das ganz natürliche Ergebnis seiner Vollkommenheit.

Die Manifestation des göttlichen Prinzips

Obwohl Baba wie ein Mensch aussah – dreieinhalb *Cubits* groß –, lebte er doch in den Herzen aller. Innerlich war er ungebunden und ohne Verlangen, äußerlich sehnte er sich aber nach dem Wohlergehen aller. Innerlich war er höchst desinteressiert, äußerlich sah es so aus, als ob er aus Liebe zu seinen *Devotees* voller Wünsche wäre. War er innerlich ein Wohnsitz des Friedens, so schien er äußerlich rastlos. Innerlich befand er sich im Zustand des *Brahman,* äußerlich handelte er manchmal wie ein Teufel. Innerlich liebte er die Einheit *(advaita),* äußerlich schien er sich in die Welt zu verwickeln. Manchmal schaute er mit Zuneigung auf alle und dann wieder warf er mit Steinen nach ihnen. Manchmal beschimpfte er sie, ein anderes Mal umarmte er sie und war ruhig, gelassen, tolerant und ausgeglichen. Er war ständig im Selbst vertieft und seinen *Devotees* gegenüber wohlgesonnen. Immer saß er auf demselben Sitz; er verreiste niemals. Stets hatte er einen kleinen Stock in der Hand. Er war ruhig, unbekümmert, machte sich nie etwas aus Reichtum oder Ruhm und lebte vom Betteln. Solch ein Leben führte er. Er sagte immer „Allah Malik" – Gott ist der alleinige Besitzer –, und seine Liebe für die *Devotees* war vollkommen und ungebrochen. Er war eine Goldgrube für das Wissen vom Selbst und voller göttlicher Glückseligkeit. Solchermaßen war Sai Babas göttliche Gestalt. Das grenzenlose, endlose, unterschiedslose Eine Prinzip, welches das gesamte Universum umhüllt – von der Steinsäule bis zu Gott *Brahma* – war in Sai Baba verkörpert. Die wirklich verdienten und glücklichen Menschen hielten diesen Schatz in ihren Händen, während jene Leute, die den wahren Wert von Sai Baba nicht erkannten und ihn für einen Mann, für ein lediglich menschliches Wesen hielten, in der Tat bedauernswert waren oder sind.

Sein Aufenthalt in Shirdi und sein wahrscheinliches Geburtsdatum

Niemand kannte oder kennt die Eltern und das genaue Geburtsdatum von Sai Baba, aber man kann es ungefähr aus seinem Aufenthalt in Shirdi ableiten. Baba kam zum ersten Mal als junger Bursche von etwa 16 Jahren nach Shirdi und hielt sich dort drei Jahre lang auf. Dann verschwand er plötzlich wieder. Nach einiger Zeit erschien er im Staat des Nizam in der Nähe von Aurangabad und kehrte als Zwanzigjähriger mit der Hochzeitsgesellschaft von Chand Patil nach Shirdi zurück. Danach lebte er 60 Jahre lang in Shirdi. Im Jahr 1918 ging Baba in den *Mahāsamādhi*. Hieraus können wir entnehmen, dass Babas ungefähres Geburtsjahr 1838 war.

Babas Mission und Rat

Der heilige *Ramadas* lebte und wirkte im 17. Jahrhundert (1608 bis 1681) und erfüllte in hohem Maß seine Mission, Kühe und Brahmanen vor den Mohammedanern *(yavana)* zu beschützen. Doch innerhalb von zwei Jahrhunderten nach seinem Tod hatte sich die Kluft zwischen den beiden Bevölkerungsgruppen wieder verbreitert und Sai Baba erschien, um sie zu überbrücken. Sein ständiger Rat an alle war: „*Rama,* der Gott der Hindus, und Rahim, der Gott der Mohammedaner, sind ein und derselbe. Es gibt nicht den geringsten Unterschied zwischen ihnen. Warum sollten also ihre *Devotees* übereinander herfallen und sich streiten. Ihr dummen Leute, ihr Kinder, gebt euch die Hände und bringt die beiden Gemeinschaften zusammen, handelt vernünftig und ihr werdet das Ziel der nationalen Einheit erreichen. Es ist nicht gut, zu streiten und zu zanken. Darum zankt euch nicht und eifert nicht anderen nach. Achtet stets auf eure Interessen und euer Wohlergehen. Der Herr wird euch beschützen. *Yoga,* Opferbereitschaft, Buße und Wissen sind die Mittel, um Gott zu erreichen. Wenn euch das nicht gelingt, ist eure Geburt umsonst. Wenn euch jemand etwas Böses zufügt, so übt keine Vergeltung. Wenn ihr irgendetwas tun wollt, so tut anderen Gutes." Das war in Kurzform Sai Babas Rat an alle, und diesen zu befolgen, wird für uns sowohl in materieller als auch in spiritueller Hinsicht das Beste sein.

Sai Baba als Sadguru

Es gibt *Gurus* und *Gurus*. Es gibt viele sogenannte *Gurus,* die mit Zimbeln und Saiteninstrumenten von Haus zu Haus gehen und ihre Spiritualität zur Schau stellen. Sie wispern *Mantras* in die Ohren ihrer Schüler und ziehen ihnen das Geld aus der Tasche. Sie geben vor, Frömmigkeit und Religion zu lehren, sind aber selbst alles andere als fromm und religiös. Sai Baba dachte nicht im Geringsten daran, seinen Wert zur Schau zu stellen. Er besaß kein Körperbewusstsein, seine große Liebe galt seinen Schülern.

Es gibt zwei Arten von *Gurus,* nämlich „Niyat", ernannte oder bestimmte, und „Aniyat", nichternannte oder allgemeine. Die Letzteren helfen durch ihren Rat, die guten Eigenschaften in uns zu entwickeln und unser Herz zu reinigen, und führen uns auf den Pfad der Erlösung. Doch der Kontakt mit den Ersteren löst unseren Sinn für Unterscheidungen auf und verankert uns im Einheitsbewusstsein, und dann erkennen wir „Du bist Das".

Es gibt verschiedene *Gurus,* die uns unterschiedliches, weltliches Wissen vermitteln, aber der *Guru,* der uns in unserem Selbst festigt und uns über den weltlichen Ozean trägt, ist der *Sadguru.* Sai Baba war solch ein *Sadguru.* Seine Größe ist unbeschreiblich. Wenn jemand zu seinem *Darshan* kam, gab er, ohne gefragt zu werden, jede Einzelheit aus dessen Vergangenheit, Gegenwart und Zukunft bekannt. Er sah in allen Wesen Göttlichkeit. Freunde und Feinde waren für ihn gleich. Desinteressiert und vollkommen ausgeglichen wie er war, war er sogar Übeltätern gegenüber gefällig. In Wohlstand und in Notzeiten blieb er gleichmütig. Kein Zweifel konnte ihn je berühren. Obwohl er im Körper lebte, war er nicht im Geringsten an seinen Körper oder sein Haus gebunden. Obwohl er verkörpert schien, war er in Wirklichkeit nicht verkörpert, das heißt er war in diesem Leben frei.

Gesegnet sind die Leute von Shirdi, die Sai als ihren Gott verehrten. Während sie aßen, tranken und in ihren Höfen und Gärten den verschiedenen Arbeiten nachgingen, dachten sie immer an Sai und sangen von seiner Herrlichkeit. Außer Sai kannten sie keinen Gott. Was soll man erst von der Liebe, der Süße der Liebe der Frauen von Shirdi sagen! Sie waren recht unwissend, aber ihre reine Liebe inspirierte sie, in ihrer einfachen ländlichen Sprache, Gedichte und Lieder zu verfassen. Sie kannten weder Buchstaben noch waren sie gelehrt, dennoch konnte man wahre Dichtkunst in ihren einfachen Liedern erkennen. Wahre Gedichte entstehen nicht durch Intelligenz, sondern durch Liebe. Wirkliche Dichtkunst ist der Ausdruck wahrer Liebe, und diese kann von intelligenten Zuhörern empfunden und anerkannt werden.

Babas Demut

Vom Herrn oder *Bhagavan* sagt man, dass er sechs Eigenschaften habe: Ruhm, Reichtum, Bindungslosigkeit, Wissen, Erhabenheit und Großzügigkeit.

Baba vereinte alle sechs in sich. Seinen *Devotees* zuliebe nahm er menschliche Gestalt an. Wunderbar waren seine Gnade und Güte. Er zog die *Devotees* an sich, damit sie ihn erkennen konnten. Seinen *Devotees* zuliebe benutzte Baba Worte, welche die Göttin der Sprache sich nicht zu äußern getraut hätte. Hiervon ein Beispiel. Baba sprach sehr demütig Folgendes: „Ich bin der Sklave der Sklaven und dein Schuldner. Ich bin zufrieden mit deinem *Darshan*. Dass ich deine Füße sah, ist eine große Gunst für mich. Ich bin ein Insekt in deinen Exkrementen und fühle mich dadurch gesegnet." Welch eine Demut zeigt sich hier! Falls jemand denken sollte, dass durch die Veröffentlichung dieser Worte irgendeine Respektlosigkeit Sai Baba gegenüber gezeigt wurde, so bitten wir um Vergebung und singen und wiederholen Babas Namen, um dieses zu sühnen. Äußerlich gesehen schien es, als ob Baba Sinnesobjekte genieße, aber er hatte nicht den geringsten Gefallen daran, ja er hatte noch nicht einmal das Bewusstsein des Genießens. Obwohl er aß, hatte er keinen Sinn für Geschmack, und obwohl er sah, empfand er niemals irgendein Interesse an dem, was er sah. Was die Leidenschaft anging, so war er vollkommen keusch wie *Hanuman*. Er war an nichts gebunden. Er war reines Bewusstsein und der Ort, an dem sich Wunsch, Ärger und andere Gefühle zur Ruhe setzen. Kurz, er war gleichmütig, frei und vollkommen. Ein verblüffender Vorfall mag hier erwähnt werden, um diese Behauptung zu illustrieren.

Nanavalli

Es gab in Shirdi einen urigen und seltsamen Burschen mit Namen Nanavalli. Er kümmerte sich um Babas persönliche Angelegenheiten. Einmal näherte er sich Baba, der auf seinem Sitzkissen saß, und bat Ihn aufzustehen, weil er sich dorthin setzen wollte. Sofort stand Baba auf und machte ihm Platz. Nanavalli saß eine Weile dort, stand dann auf und bat Baba, Seinen Sitz wieder einzunehmen. Als Baba wieder auf Seinem Platz saß, fiel Nanavalli ihm zu Füßen und ging dann fort.

Baba zeigte nicht das geringste Missfallen daran, dass man ihm Vorschriften gemacht hatte und er von seinem Platz verdrängt worden war. Dieser Nanavalli liebte Baba so sehr, dass er 13 Tage nach Babas Tod seinen letzten Atemzug tat.

Der leichteste Pfad: Geschichten über die Heiligen hören und in deren Gesellschaft sein

Obwohl Sai Baba sich wie ein gewöhnlicher Mensch benahm, verriet sein Tun außergewöhnliche Intelligenz und Fähigkeit. Was immer er tat, geschah zum Wohl seiner *Devotees*. Nie schrieb er ihnen eine besondere *Yoga*-Übung, Atemregulierung oder irgendwelche Rituale vor. Auch flüsterte er ihnen kein *Mantra* ins Ohr. Er sagte ihnen, dass sie alle Schlauheit beiseite lassen und ständig „Sai, Sai" denken sollten. „Wenn ihr das tut", so sprach er, „werden all eure Fesseln gelöst und ihr seid frei. Es ist nur Priestern möglich, zwischen fünf Feuern zu sitzen und Opferrituale, Rezitationen und den achtfachen *Yoga* durchzuführen. Für die anderen Klassen ist es von keinerlei Nutzen. Es ist die Aufgabe des Geistes (mind) zu denken; er kann nicht eine Minute ohne Gedanken sein. Wenn ihr ihm ein Sinnesobjekt gebt, wird er daran denken. Wenn ihr ihm den *Guru* gebt, wird er an den *Guru* denken."

Ihr habt höchst aufmerksam von Sais Größe und Erhabenheit gehört. Dies ist die natürliche Art, an Sai zu denken, ihn anzubeten und ihn zu lobpreisen. Die Geschichten über die Heiligen anzuhören, ist nicht so schwer, wie die zuvor erwähnte spirituelle Disziplin *(sādhana)*. Den Geschichten zu lauschen, nimmt alle Furcht vor dieser weltlichen Existenz und führt uns auf den spirituellen Pfad. Deshalb befasst euch mit diesen Geschichten, meditiert über sie und verdaut sie geistig. Wenn das befolgt wird, können nicht nur Priester rein und heilig werden, sondern auch Frauen und niedere Kasten. Ihr könnt mit euren weltlichen Pflichten beschäftigt sein, aber richtet euren Geist auf Sai und seine Geschichten aus, dann seid ihr seines Segens gewiss. Das ist der leichteste Pfad.

Aber weshalb gehen ihn nicht alle? Weil wir ohne Gottes Gnade nicht den Wunsch verspüren, die Geschichten der Heiligen anzuhören. Mit Gottes Gnade geht alles glatt und leicht. Geschichten über Heilige zu hören, ist so, als seien wir in ihrer Gesellschaft. Es ist von großer Bedeutung, sich in der Gesellschaft von Heiligen aufzuhalten. Körperbewusstsein und Egoismus werden beseitigt, die Kette von Geburt und Tod wird vollkommen zerstört, alle Knoten des Herzens werden gelöst und wir gelangen zu Gott, der reines Bewusstsein ist.

Es verstärkt ganz gewiss Bindungslosigkeit, macht uns gleichgültig gegenüber Freud und Leid und bringt uns auf dem spirituellen Pfad voran. Wenn ihr von ganzem Herzen Zuflucht zu den Heiligen nehmt, werden sie euch sicher über den Ozean der weltlichen Existenz tragen, auch wenn ihr kein anderes *Sādhana* praktiziert, wie zum Beispiel den Namen Gottes zu rezitieren, Gott anzubeten und so weiter. Aus diesem Grund kommen die Heiligen in diese Welt. Selbst so heilige Flüsse wie der Ganges, Godavari, Krishna, Kaveri und so weiter, welche die Sünden der Welt fortspülen, sehnen sich danach, dass die Heiligen zu ihnen kommen, um ihr Bad zu nehmen und sie dadurch zu reinigen. Solcher Art ist die Größe und Erhabenheit der Heiligen. Durch unsere Verdienste in vergangenen Leben haben wir Sai Babas Füße erreicht.

Wir schließen dieses Kapitel mit der Meditation über Sais Gestalt. Er, der schöne und stattliche Sai, steht an der Ecke der *Masjid* und verteilt an jeden einzelnen *Devotee* heilige Asche *(udi)* für dessen Wohlergehen. Wir legen uns ihm demütig zu Füßen, ihm, der die Welt für eine Illusion hält und in höchste Glückseligkeit vertieft ist.

Verneige dich vor Shrī Sai – Friede sei mit allen

Kapitel XI

Sai als Sagunabrahman – Dr. Pandits Anbetung – Haji Sidik Falke – Herrschaft über die Elemente

Lasst uns jetzt in diesem Kapitel Sai als offenbares göttliches Prinzip betrachten, wie er angebetet wurde und wie er die Elemente beherrschte.

Sai als Sagunabrahman

Es gibt zwei Aspekte von Gott oder *Brahman:* der unmanifestierte *(nirguna)* und der offenbare *(saguna)*. Der *Nirguna*-Aspekt ist formlos und der *Saguna*-Aspekt besitzt Form, beide bedeuten aber dasselbe. Manche Menschen ziehen es vor, Ersteres anzubeten, manche Letzteres. Wie in der *Gita,* Kapitel 12, erklärt wird, ist das Anbeten des Letzteren leicht und deshalb vorzuziehen. Weil der Mensch eine Form, nämlich Körper, Sinne und so weiter hat, ist es natürlich und leicht für ihn, Gott in der Form anzubeten. Unsere Liebe und Hingabe können sich erst entwickeln, wenn wir für eine gewisse Zeit *Sagunabrahman* anbeten, und wenn wir darin fortschreiten, führt uns dies zur Meditation über das *Nirgunabrahman*. Deshalb lasst uns mit der *Saguna*-Anbetung beginnen. Bild, Altar, Feuer, Licht, Sonne, Wasser und *Brahman* sind die sieben Objekte der Anbetung, doch der *Sadguru* ist besser als alle zusammengenommen. Lasst uns bei dieser Gelegenheit an die Gestalt von Sai denken, der die Verkörperung von Bindungslosigkeit war und der Ruhepol für seine hingebungsvollen *Devotees*. Unser Glaube an seine Worte ist die *Yoga*-Übung und unser Entschluss *(sankalpa),* die Anbetung zu beginnen und zu beenden, bedeutet das Aufgeben all unserer Wünsche.

Einige behaupten, dass Sai ein *Devotee* des Herrn gewesen sei, andere sagen, dass er ein großer *Devotee* gewesen sei, doch für uns ist er der leibhaftige Gott selbst.

Er war immer bereit zu vergeben, niemals gereizt, immer aufrichtig, sanft, duldsam und außergewöhnlich zufrieden. Obwohl es aussah, als hätte er eine Gestalt, war er in Wirklichkeit nicht verkörpert, ohne Gefühle, ohne Bindungen und innerlich frei. Der Ganges kühlt und erfrischt auf seinem Weg zum Meer die von Hitze geplagten Geschöpfe; er gibt dem Getreide und den Bäumen Leben und löscht den Durst vieler Lebewesen. Ähnlich geben auch Heilige wie Sai Baba während ihres Lebens allen Trost und Stärkung. *Krishna* sagte: „Der Heilige ist meine Seele, mein lebendiges Ebenbild. Ich bin er oder er ist meine reine Gestalt, mein Wesen." Diese unbeschreibliche *Shakti* – oder Kraft Gottes –, die als reines „Sein-Bewusstsein-Glückseligkeit" bekannt ist, verkörperte sich in der Gestalt von Sai Baba in Shirdi. Die *Taittiriya-Upanischad* beschreibt *Brahman* als Glückseligkeit. Dies lesen wir täglich in den heiligen Büchern oder hören davon, aber die gottergebenen Menschen erlebten dieses *Brahman* oder diese Glückseligkeit in Shirdi.

Baba, die Stütze aller, brauchte von niemandem weder Unterstützung noch Stütze. Als Sitz benutzte er immer ein Stück Sackleinen, das seine *Devotees* mit einer kleinen hübschen Decke schmückten, und als Rückenstütze stellten sie ihm ein Polster hin. Baba respektierte die Gefühle seiner *Devotees* und erlaubte ihnen, ihn so anzubeten, wie sie es liebten. Einige wedelten ihm mit dem Fächer Kühlung zu, manche spielten auf Musikinstrumenten, manche wuschen seine Hände und Füße, andere rieben ihn mit Duftstoffen und Sandelholzpaste ein, manche gaben ihm Betelnüsse mit Blättern, andere Dinge und wieder andere opferten ihm Speisen.

Obwohl es so aussah, als lebte er in Shirdi, so war er doch überall gegenwärtig. Täglich erlebten seine *Devotees* sein alles durchdringendes Wesen. Vor diesem allgegenwärtigen *Sadguru* verneigen wir uns in Demut.

Dr. Pandits Anbetung

Dr. Pandit, Tatyasaheb Noolkars Freund, kam einmal nach Shirdi, um Babas *Darshan* zu erhalten. Nachdem er Baba ehrfürchtig begrüßt hatte, saß er für einige Zeit in der *Masjid*. Baba bat ihn, zu Dadabhat Kelkar zu gehen; er tat es und wurde herzlich empfangen. Dann verließ Dadabhat das Haus, um zur Andacht zu gehen, und Dr. Pandit begleitete ihn. Dadabhat betete vor Baba. Bis dahin hatte sich niemand getraut, Sandelholzpaste auf Babas Stirn aufzutragen. Nur Mhalsapati pflegte sie auf seinen Hals aufzutragen. Doch dieser schlichte und fromme Dr. Pandit ergriff Dadabhats Tablett mit den *Pūjā*-Utensilien, nahm die Sandelholzpaste und zeichnete damit eine Tripundra, das heißt drei waagerechte Linien, auf Babas Stirn. Zur Überraschung aller verhielt Baba sich still; er äußerte nicht ein einziges Wort. Dadabhat fragte Baba daraufhin am Abend: „Wie kommt es, dass du Dr. Pandit erlaubt hast, Sandelholzpaste auf deine Stirn aufzutragen, obwohl du es anderen untersagst?" Baba erwiderte, dass Dr. Pandit glaube, er und sein *Guru,* Raghunath *Maharaj* aus Dhopeshwar, bekannt als Kaka Puranik, seien ein und derselbe, und so trug er, wie bei seinem *Guru,* die Paste auf Seine Stirn auf. Deshalb habe Er es nicht ablehnen können. Als man sich erkundigte, erzählte Dr. Pandit seinem Freund

Dadabhat, dass er Baba als seinen *Guru* Kaka Puranik ansehe und ihn als denselben erkannt habe. Deshalb habe er die drei waagerechten Linien auf Babas Stirn gezeichnet, so wie er es bei seinem *Guru* zu tun gepflegt habe.

Obwohl Baba seinen *Devotees* erlaubte, ihn so anzubeten, wie es ihnen gefiel, verhielt er sich manchmal recht sonderbar. Einmal warf er das *Pūjā*-Tablett fort und war die Wut in Person. Wer konnte sich ihm dann nähern? Ein anderes Mal schimpfte er die *Devotees* aus und wieder ein anderes Mal sah er so weich aus wie Wachs, wie eine Statue des Friedens und der Vergebung. Obwohl er manchmal vor Zorn zu zittern schien und mit rot unterlaufenen Augen hin und her schaute, war er doch innerlich ein Strom von Zuneigung und mütterlicher Liebe. Sofort rief er nach seinen *Devotees* und sagte, er sei sich gar nicht bewusst, jemals auf seine *Devotees* ärgerlich gewesen zu sein. Selbst wenn Mütter ihre Kinder träten oder das Meer in die Flüsse zurückströmte, würde er niemals das Wohlergehen seiner *Devotees* vernachlässigen, und dass er, der Sklave seiner *Devotees,* ihnen stets beistehen würde; wann immer sie ihn riefen, würde er darauf reagieren, und außerdem sehne er sich immer nach ihrer Liebe.

Haji Sidik Falke

Man wusste nie, wann Baba einen *Devotee* annehmen würde. Es hing ganz von seinem guten Willen ab. Sidik Falkes Geschichte ist hierfür ein gutes Beispiel.

Ein Mohammedaner, Sidik Falke aus Kalyan, machte eine Pilgerreise nach Mekka und Medina und kam anschließend nach Shirdi. Er wohnte in einem gen Norden gerichteten Gebäude und saß zum *Darshan* im offenen Hof der *Masjid.* Neun Monate lang ignorierte Baba ihn und er durfte die *Masjid* nicht betreten. Falke war sehr niedergeschlagen und wusste nicht, was er tun sollte. Jemand gab ihm den

Ratschlag, er solle nicht enttäuscht sein, sondern versuchen, sich Baba über Shama (Madhavrao Deshpande), einem engen *Devotee* von Baba, zu nähern. Sie erzählten ihm, er solle sich Baba, so wie man sich Gott *Shiva* über seinen Diener und *Devotee Nandi* nähert, durch Shama nähern. Falke gefiel die Idee und er flehte Shama an, sich für ihn einzusetzen. Shama willigte ein und sprach bei passender Gelegenheit mit Baba wie folgt: „Baba, warum erlaubst du dem alten Haji nicht, die *Masjid* zu betreten, wenn so viele andere, nachdem sie deinen *Darshan* hatten, einfach kommen und gehen. Segne ihn doch einmal damit." Baba erwiderte: „Shama, du bist zu jung, um das zu verstehen. Wenn der Fakir (Allah) es nicht erlaubt, was kann ich da machen? Wer kann schon ohne seine Gnade die *Masjid* betreten? Na gut, geh zu ihm und frag ihn, ob er zum schmalen Fußweg in der Nähe des Barvi-Brunnens kommen will." Shama ging und kehrte mit einer zustimmenden Antwort zurück. Daraufhin sagte Baba zu Shama: „Frag ihn, ob er bereit ist, mir die Summe von 40.000 Rupien in vier Raten zu zahlen." Shama ging und kehrte mit der Antwort zurück, dass er bereit sei, sogar 400.000 Rupien zu zahlen. Wieder sagte Baba zu Shama: „Wir werden eine Ziege in der *Masjid* schlachten, so frag ihn, ob er ein Lendenstück oder die Hoden der Ziege haben will." Shama kam mit der Antwort zurück, dass der Haji erfreut wäre, wenn er auch nur einen Krumen aus Babas Tontopf bekommen könne. Als Baba das hörte, wurde er wild, warf die irdenen Krüge und den Tontopf fort und begab sich direkt zum Haji. Er raffte seinen *Kafni* hoch und sagte: „Warum gibst du so an und bildest dir ein, groß zu sein und stellst dich als einen alten Haji hin? Verstehst du den Koran etwa so? Du bist stolz auf deine Pilgerfahrt nach Mekka, aber mich kennst du nicht." Der Haji war ganz verwirrt, als er so ausgeschimpft wurde. Baba ging zurück zur *Masjid,* kaufte ein paar Körbe voller Mangofrüchte und sandte sie dem Haji. Dann ging er wieder zu ihm, nahm aus seiner eigenen Tasche 55 Rupien und gab sie ihm. Von da an liebte Baba den Haji. Er lud ihn zum Essen ein und der Haji konnte in die *Masjid* kommen, wann immer er wollte. Baba gab ihm manchmal einige Rupien. So wurde der Haji in Babas *Darbar* aufgenommen.

Babas Herrschaft über die Elemente

Wir werden dieses Kapitel mit der Beschreibung von zwei Vorfällen schließen, die Babas Herrschaft über die Elemente zeigen.

Erstens: Zur Abendzeit gab es einmal einen furchtbaren Sturm in Shirdi. Der Himmel war von dicken, schwarzen Wolken verhangen. Es stürmte gewaltig, Blitze zuckten, der Donner grollte und der Regen kam in wahren Sturzbächen herunter. In kurzer Zeit war alles mit Wasser überflutet. Alle Geschöpfe, Vögel, Tiere und Menschen fürchteten sich sehr und suchten Schutz in der *Masjid*.

Es gibt viele Dorfgötter in Shirdi, doch kciner kam ihnen zur Hilfe. So beteten die Leute alle zu Baba – ihrem Gott, der ihre Hingabe liebte –, dem Sturm Einhalt zu gebieten. Baba war sehr bewegt. Er kam heraus, blieb an der Ecke der *Masjid* stehen und wandte sich mit lauter, donnernder Stimme an den Sturm: „Halt ein, hör auf mit deiner Raserei und beruhige dich." In wenigen Minuten hörte der Regen auf und der Sturm kam zum Stillstand. Dann erschien der Mond am Himmel und die Leute gingen ganz erfreut nach Hause.

Zweitens: Bei einer anderen Gelegenheit fing gegen Mittag das Feuer im *Dhuni* lodernd an zu brennen. Man sah die Flammen bis zum Dachfirst züngeln. Die Menschen, die in der *Masjid* saßen, wussten nicht, was sie tun sollten. Sie trauten sich nicht, Baba zu bitten, Wasser darüber zu gießen oder etwas zu tun, um die Flammen zu löschen. Doch Baba erkannte bald, was da geschah. Er nahm seinen Stock, schlug ihn gegen die Säule vor dem *Dhuni* und sagte: „Komm herunter, beruhige dich!" Mit jedem Schlag wurden die Flammen niedriger, und in wenigen Minuten wurde das Feuer ruhig und brannte normal.

Das ist unser Sai, eine Verkörperung Gottwa. Er wird jeden Menschen segnen, der sich voll Ehrfurcht vor ihm verneigt und sich ihm ergibt.

Wer die Geschichten dieses Kapitels täglich mit Glaube und Hingabe liest, wird bald von Not und Elend frei sein, und nicht nur das – er wird Sai Baba immer ergeben sein. Schon bald wird er Gott schauen, seine Wünsche werden alle erfüllt werden; schließlich wird er wunschlos und erlangt das allerhöchste Absolute. Amen!

Verneige dich vor Shrī Sai – Friede sei mit allen

Kapitel XII

Die Mission der Heiligen – Sais göttliche Spiele: die Erlebnisse von Kaka Mahajani, Rechtsanwalt Dhumal, Frau Nimonkar, Moolay Shastri und einem Arzt

Lasst uns nun in diesem Kapitel sehen, wie Babas *Devotees* empfangen und behandelt wurden.

Die Mission der Heiligen

Wir haben schon zuvor festgestellt, dass es das Ziel göttlicher Inkarnationen ist, die Guten zu beschützen und die Bösen zu vernichten. Die Mission der Heiligen dagegen ist eine ganz andere. Für sie sind die Guten und die Bösen gleich. Sie haben Mitgefühl mit den Übeltätern und führen sie auf den rechten Weg. Sie sind diejenigen, die den Ozean des weltlichen Seins zerstören, oder die Sonne, welche die Finsternis der Unwissenheit auflöst. Der Herr lebt in den Heiligen. In der Tat sind sie nicht verschieden von ihm. Unser Sai ist einer von jenen, die zum Wohl ihrer *Devotees* erschienen sind. Mit höchstem Wissen und von göttlichem Glanz umgeben, liebte er alle Wesen gleichermaßen. Er war ungebunden, Feinde und Freunde, Könige und Arme waren gleich für ihn. Aus Liebe zu seinen *Devotees* gab er sein Bestes. Er war stets bereit, ihnen zu helfen, doch die *Devotees* konnten sich ihm nur nähern, wenn er sie empfangen wollte. Wenn sie noch nicht an der Reihe waren, dachte Baba nicht an sie, und seine *Līlās* konnten ihre Ohren nicht erreichen. Wie konnten sie deshalb daran denken, ihn schauen zu wollen? Einige Menschen wünschten sich, Sai Baba zu sehen, erhielten aber bis zu seinem *Mahāsamādhi* keine Gelegenheit, seinen *Darshan* zu bekommen. Es gibt viele Menschen, deren Wunsch nach Babas *Darshan* nicht erfüllt wurde. Wenn jene, die an ihn glaubten, von seinen göttlichen Spielen hörten, wurde ihr Wunsch nach „Milch“ – *Darshan* – in großem Maße durch „Buttermilch“ – *Līlās* – zufriedengestellt. Selbst wenn einige Personen durch pures Glück nach Shirdi reisten und Babas *Darshan* hatten, konnten sie deshalb etwa länger dort verweilen? Nein! Niemand konnte aus eigenem Ermessen dorthin kommen und niemand konnte lange bleiben, selbst wenn er es wollte. Sie konnten solange dort sein, wie Baba es ihnen erlaubte, und mussten den Ort verlassen, wenn Baba sie darum bat. So hing alles von seinem Willen ab.

Kaka Mahajani

Kaka Mahajani begab sich einmal von Bombay nach Shirdi. Er wollte eine Woche lang dort bleiben und das *Gokulāshtamī*-Fest feiern. Während des *Darshans* fragte Baba ihn: „Wann kehrst du nach Hause zurück?“ Über diese Frage war er ziemlich erstaunt, musste aber eine Antwort geben. Er sagte, dass er dann nach Hause gehe, wenn Baba ihm dies befehle. Daraufhin sagte Baba: „Geh morgen.“

Babas Wort war Gesetz und musste befolgt werden. Kaka Mahajani verließ deshalb Shirdi sofort. Als er in sein Büro in Bombay kam, wartete sein Angestellter schon ganz besorgt auf ihn. Sein Manager war plötzlich krank geworden und deshalb war Kakas Anwesenheit dringend erforderlich. Der Manager hatte Kaka einen Brief nach Shirdi gesandt, der dann nach Bombay zurückgeschickt wurde.

Rechtsanwalt Dhumal

Hier nun eine gegenteilige Geschichte: Bhausaheb Dhumal war wegen eines Falles vor Gericht auf dem Weg nach Niphad. Er reiste über Shirdi, hatte Babas *Darshan* und wollte sofort nach Niphad weiterreisen. Baba erlaubte ihm aber nicht zu gehen. Er ließ ihn länger als eine Woche in Shirdi bleiben.

In der Zwischenzeit litt der Richter in Niphad an starken Bauchschmerzen und der Gerichtstermin wurde vertagt. Dann erst bekam Herr Dhumal die Erlaubnis weiterzureisen und sich um seinen Fall zu kümmern. Dieser Fall dauerte einige Monate und wurde von vier Richtern bearbeitet. Schließlich gewann Herr Dhumal den Fall und sein Klient wurde freigesprochen.

Frau Nimonkar

Herr Nanasaheb Nimonkar, Watandar aus Nimon und ehrenamtlicher Friedensrichter, war mit seiner Frau in Shirdi. Herr und Frau Nimonkar verbrachten die meiste Zeit mit Baba in der *Masjid* und dienten ihm. Da wurde ihr Sohn, der in Belapur lebte, krank. Die Mutter entschloss sich, mit Babas Einverständnis nach Belapur zu reisen, ihren Sohn und andere Verwandte aufzusuchen und ein paar Tage dort zu bleiben. Doch Nanasaheb bat sie, am nächsten Tag zurückzukehren. Die Frau war hin- und hergerissen und wusste nicht, was sie tun sollte. Aber ihr Gott Sai kam ihr zu Hilfe. Bevor sie Shirdi verließ, ging sie zu Baba, der mit Nanasaheb und anderen vor Sates *Wada* stand. Sie fiel ihm zu Füßen und bat um seine Erlaubnis zu gehen. Baba sagte ihr: „Geh, geh schnell, sei ruhig und gelassen. Verbringe vier Tage in Belapur. Besuche all deine Verwandten und kehre dann nach Shirdi zurück." Wie gelegen kamen Babas Worte! Herrn Nanasahebs Vorschlag wurde durch Babas Anordnung aufgehoben.

Moolay Shastri aus Nasik

Ein orthodoxer Feuerpriester *(agnihotrin)* aus Nasik mit Namen Moolay Shastri, der die sechs *Shāstras* studiert hatte und in Astrologie und im Handlesen bewandert war, kam einmal nach Shirdi, um Herrn Bapusaheb Booty zu besuchen, den berühmten Millionär aus Nagpur. Nachdem er ihn getroffen hatte, gingen er und einige andere zur *Masjid,* um Baba zu sehen. Baba kaufte von den Händlern verschiedene Früchte und andere Sachen von seinem eigenen Geld und verteilte diese an die Personen, die in der *Masjid* waren. Baba pflegte die Mangofrüchte so geschickt an allen Seiten zu drücken, dass die Leute, die sie von ihm bekamen, beim Aussaugen das ganze Fruchtfleisch auf einmal im Mund hatten und Stein und Schale zusammen fortwerfen konnten. Baba entfernte auch von den Bananen die Schale und gab den *Devotees* nur das Fruchtfleisch. Moolay Shastri wollte als Handleser Babas Handfläche untersuchen und bat ihn, ihm diese hinzuhalten. Baba ignorierte seine Bitte und gab ihm vier Bananen. Danach gingen sie alle zurück zum *Wada.* Moolay Shastri nahm ein Bad, zog seine Priesterkleidung an und begann mit seinen täglichen Pflichten.

Baba ging, wie üblich, zum *Lendi* und sagte: „Nehmt etwas Geru (eine rote, schlammige Substanz, mit der Stoff safrangelb gefärbt wird; Anmerkung des Übersetzers), heute werden wir safrangelbe Kleidung tragen.“ Niemand verstand, was Baba meinte. Später, als Baba zurückkehrte und Vorbereitungen für das Mittags-*Arati* getroffen wurden, fragte Bapusaheb Jog Moolay Shastri, ob er mit ihm zusammen das *Arati* singen wolle. Moolay Shastri erwiderte, dass er Baba am Nachmittag sehen werde.

Baba saß bald auf seinem Platz, wurde von seinen *Devotees* angebetet und das *Arati* begann. Baba sagte: „Bringt ein Geldgeschenk *(dakshinā)* von dem neuen Priester.“ Booty ging selbst zum *Wada,* um die *Dakshinā* zu holen. Als er Moolay Shastri die Botschaft von Baba übermittelte, war dieser ganz verdutzt und wurde ärgerlich. Er dachte bei sich: „Ich bin ein reiner *Agnihotrin,* weshalb sollte ich *Dakshinā* zahlen? Baba mag ja ein großer Heiliger sein, aber ich bin nicht von ihm abhängig." Doch weil ein großer Heiliger wie Sai Baba durch einen Millionär wie Booty um *Dakshinā* bat, konnte er nicht ablehnen. So ließ er seine tägliche Pflicht unbeendet und begab sich zusammen mit Booty direkt zur *Masjid.* Sich selbst für heilig haltend und die *Masjid* nicht, blieb er in einiger Entfernung stehen, faltete die Hände und warf Baba Blumen zu. Und dann, ganz plötzlich, sah er nicht mehr Baba auf dem Sitz, sondern seinen früheren *Guru,* Gholap *Swami.* Er war völlig überwältigt. Konnte das ein Traum sein? Nein, es war kein Traum, denn er war hellwach. Wie konnte sein verstorbener *Guru* Gholap dort sein? Er war sprachlos, kniff sich selbst und dachte wieder nach, denn er konnte sich keinen Reim aus der Tatsache machen, dass sein verstorbener *Guru* Gholap in der *Masjid* saß. Schließlich ließ er jeden Zweifel fahren, fiel seinem *Guru* zu Füßen und stand, als er wieder hochkam, mit gefalteten Händen da. Die Leute sangen Babas *Arati,* während Moolay Shastri laut den Namen seines *Gurus* sang. Er warf allen Stolz auf seine Kaste und alle Vorstellungen von Heiligkeit von sich, fiel der Länge nach seinem *Guru* zu Füßen und schloss die Augen. Als er wieder aufstand und die Augen öffnete, erblickte er Baba, der ihn um *Dakshinā* bat. Sowie er Babas herrliche Gestalt sah und seine unvorstellbare Kraft spürte, vergaß Moolay Shastri sich selbst. Er war höchst erfreut und seine Augen waren voller Tränen. Wieder begrüßte er Baba ehrfürchtig und gab ihm *Dakshinā*. Er sagte, dass seine Zweifel beseitigt seien und er seinen eigenen *Guru* sehe.

Alle Menschen waren von Babas wunderbarem göttlichem Spiel sehr bewegt, und sie erkannten die Bedeutung von Babas Worten:

„Bringt Geru, wir werden safrangelbe Kleidung tragen.“ So sind Babas wunderbare *Līlās*.

Ein Arzt

Einmal kam ein Finanzbeamter mit seinem Freund, einem Arzt, nach Shirdi. Der Arzt sagte, dass sein Gott *Rama* sei, dass er sich nicht vor einem Mohammedaner verneigen werde und deshalb nicht bereit sei, nach Shirdi zu fahren. Der Finanzbeamte erwiderte, dass ihn niemand bitten oder zwingen würde, sich zu verneigen, und er solle doch mitkommen und ihm die Freude seiner Gesellschaft machen. So reisten sie mit ein paar anderen nach Shirdi und begaben sich zur *Masjid* zu Babas *Darshan*. Alle waren erstaunt, den Doktor vorausgehen und Baba ehrfürchtig begrüßen zu sehen. Sie fragten ihn, wie er denn seinen Entschluss vergessen und sich vor einem Muslim verneigen könne. Darauf antwortete der Doktor, dass er seinen geliebten Gott *Rama* auf dem Sitz sehe und sich vor ihm niederwerfe. Während er das sagte, sah er wieder Baba dort sitzen. Bestürzt sagte er: „Ist das ein Traum? Wie kann er ein Mohammedaner sein? Er ist ein vollendeter *Yogi* (yogasampanna avatāra).“

Am nächsten Tag machte er einen Schwur und begann zu fasten. Er blieb der *Masjid* fern und war entschlossen, nicht dorthin zu gehen, bis Baba ihn segnete. Drei Tage vergingen. Am vierten Tag erschien ein enger Freund von ihm aus Khandesh, der mit ihm zur *Masjid* zu Babas *Darshan* ging. Nach der ehrfürchtigen Verneigung fragte Baba ihn, ob jemand ihn gerufen habe, zu kommen. Als er diese wichtige Frage hörte, war der Doktor tief bewegt. In der folgenden Nacht wurde er von Baba gesegnet und erlebte im Schlaf die höchste Glückseligkeit.

Daraufhin ging er zurück in seine Heimatstadt, wo er zwei Wochen lang in demselben Zustand blieb. So vertiefte sich seine Hingabe zu

Sai Baba um ein Vielfaches. Die Moral der erwähnten Geschichten, besonders der von Moolay Ṣhastri, ist, dass wir festen Glauben in unseren *Guru* haben sollten und in niemanden sonst.

Weitere *Līlās* von Sai Baba werden im nächsten Kapitel beschrieben.

Verneige dich vor Shrī Sai – Friede sei mit allen

Kapitel XIII

Weitere Sai-Līlās, in denen Krankheiten geheilt wurden: Bhimaji Patil – Bala Shimpi – Bapusaheb Booty – Alandi Swami – Kaka Mahajani – Dattopand aus Harda

Die unergründliche Macht der Maya

Babas Worte waren stets kurz, prägnant, tiefsinnig, voller Bedeutung, wirkungsvoll und ausgewogen. Er war immer zufrieden und sorgte sich um nichts. Er sagte: „Obwohl ich ein Fakir geworden bin, kein Haus besitze und keine Frau habe und mir an nichts gelegen ist, bin ich dennoch an einem Ort geblieben. Die unvermeidliche Täuschung *(maya)* neckt mich oft; obgleich ich mich selbst vergessen habe, kann ich sie nicht vergessen. Ständig bin ich von ihr umgeben. Diese *Maya* des Herrgottes neckt *Brahma* und andere. Was kann man da von einem armen Fakir, wie ich es bin, sagen? Wer im Herrgott seine Zuflucht sucht, der wird mit seiner Gnade aus ihrem Zugriff befreit." So sprach Baba über die Kraft der *Maya.*

Krishna sagte in der *Uddhavagita* zu *Uddhava,* dass die Heiligen seine lebendigen Formen seien. Und nun hört, was Baba zum Wohl seiner *Devotees* sagte:

„Jene, die Glück haben und deren Fehler vergangen sind, beginnen mich anzubeten. Wenn ihr immer ‚Sai, Sai' sagt, werde ich euch über die sieben Meere führen. Glaubt an diese Worte, und ihr werdet ganz gewiss Nutzen daraus ziehen. Ich brauche keinerlei Schmuck zur Anbetung, weder achtfach noch sechzehnfach. Ich verweile dort, wo vollkommene Hingabe ist."

Nun lest, was Sai, der Freund jener, die sich ihm ganz ergeben haben, zu deren Wohl tat.

Bhimaji Patil

Im Jahr 1909 litt Herr Bhimaji Patil aus Narayangaon im Junnar-Gebiet des Puna-Distriktes an einer schlimmen, chronischen Bronchialkrankheit, die sich schließlich zur Tuberkulose entwickelte. Er versuchte alle möglichen Heilmittel, doch ohne Erfolg. Nachdem er alle Hoffnung aufgegeben hatte, betete er zu Gott: „O Herr, so hilf mir jetzt." Es ist eine altbekannte Tatsache, dass wir nicht an Gott denken, wenn es uns gut geht, aber wir erinnern uns an ihn, wenn uns Katastrophen und Not heimsuchen. So erging es auch Bhimaji. Es kam ihm in den Sinn, dass er Herrn Nanasaheb Chandorkar, der ein großer Baba-*Devotee* war, in dieser Sache zu Rate ziehen sollte, und so schrieb er ihm einen Brief, in dem er alle Einzelheiten seiner Krankheit schilderte und ihn um seine Meinung bat. Herr Nanasaheb schrieb ihm als Antwort, dass es nur ein Heilmittel gebe, und das sei, zu Babas Füßen Zuflucht zu nehmen.

Er verließ sich auf Herrn Nanasahebs Rat und bereitete sich auf die Reise nach Shirdi vor. Er kam nach Shirdi, wurde zur *Masjid* gebracht und vor Baba hingesetzt. Herr Nanasaheb und Shama waren auch gerade dort. Baba wies darauf hin, dass die Krankheit auf ein früheres schlechtes *Karma* zurückzuführen sei, und schien nicht bereit einzugreifen. Doch der Patient rief in seiner Verzweiflung aus, dass er hilflos sei und bei ihm Zuflucht suche, weil er seine letzte Hoffnung sei, und er bat um Erbarmen. Daraufhin schmolz Babas Herz und er sagte: „Bleib hier, wirf deine Sorgen fort, deine Leiden sind vorüber. Wie bedrückt oder bekümmert man auch sein mag, tritt man erst einmal in die *Masjid* ein, so ist man auf dem Weg zum Glück. Der Fakir hier ist sehr freundlich, und er wird die Krankheit heilen und alle mit Liebe und Güte beschützen."

Der Patient hatte alle fünf Minuten Blut gespuckt, doch in Babas Gegenwart hörte das auf. Sein Gesundheitszustand besserte sich von dem Augenblick an, als Baba die Worte der Hoffnung und Gnade sprach. Baba bat ihn, sich in Bhimabais Haus einzuquartieren. Das war nicht gerade ein angenehmer und gesunder Platz, aber Babas Anordnungen mussten befolgt werden. Während er dort wohnte, heilte Baba ihn durch zwei Träume. Im ersten Traum sah er, wie er als Junge eine Prügelstrafe erleiden musste, weil er seine Sawai-Gedichte nicht vor seinem Klassenlehrer aufsagte. Im zweiten Traum verursachte ihm jemand intensive Schmerzen und Qualen, indem er einen Stein immer wieder über seine Brust rollte. Mit den im Traum erlittenen Schmerzen war seine Heilung abgeschlossen, und er ging nach Hause. Danach kam er des Öfteren nach Shirdi, dachte voller Dankbarkeit an das, was Baba für ihn getan hatte, und fiel ehrfürchtig vor ihm nieder. Baba erwartete nichts von seinen *Devotees* außer dankbarer Erinnerung, unerschütterlichem Glauben und Hingabe.

Die Leute im Staat Maharashtra feiern alle vierzehn Tage oder jeden Monat eine *Satyanārāyana-Pūjā* bei sich zu Hause. Aber es war Bhimaji Patil, der statt der *Satyanārāyana-Pūjā* eine neue Sai-*Satya-Vrata-Pūjā* einführte, die er, nachdem er in sein Dorf zurückgekehrt war, bei sich zu Hause abhielt.

Bala Ganpat Shimpi

Ein anderer *Devotee* von Baba, Bala Ganpat Shimpi, litt sehr an einer bösartigen Malaria. Er probierte alle möglichen Medikamente aus, aber nichts half. Das Fieber ging keinen Deut zurück und so eilte er nach Shirdi zu Baba und ließ sich auf seine Füße fallen. Baba gab ihm ein für diesen Fall eigenartiges Rezept: „Gib einem schwarzen Hund vor dem *Lakshmi*-Tempel ein paar Bissen Reis mit Yoghurt vermischt." Bala wusste nicht, wie er das ausführen sollte, aber als er zu Hause ankam, fand er Reis und Yoghurt vor. Er vermischte beides und ging mit der Mixtur in die Nähe des *Lakshmi*-Tempels. Dort begegnete ihm ein schwarzer Hund, der mit dem Schwanz wedelte. Er stellte ihm Reis und Yoghurt vor die Nase. Der Hund fraß beides auf und, so seltsam es klingen mag, Bala war von seiner Malaria befreit.

Bapusaheb Booty

Shriman Bapusaheb Booty litt einmal an Durchfall und Erbrechen. Sein Schrank war voll wirksamer Medizin, aber nichts davon half. Bapusaheb wurde sehr schwach von den vielen Entleerungen und dem häufigen Erbrechen. Er war deshalb nicht in der Lage, zu Babas *Darshan* in die *Masjid* zu gehen. Baba sandte jemanden zu ihm, ließ ihn in die *Masjid* bringen und vor sich hinsetzen. Er sagte zu ihm: „Jetzt pass auf, du sollst dich nicht mehr entleeren", und erhob seinen Zeigefinger. „Das Erbrechen muss auch aufhören." Seht nun, was Babas Worte für eine Macht hatten. Beide Krankheiten verschwanden und Booty fühlte sich wieder wohl.

Ein anderes Mal hatte er einen Cholera-Anfall und litt unter starkem Durst. Dr. Pillai versuchte alle möglichen Arzneien, konnte ihm aber keine Erleichterung verschaffen. Dann ging Booty zu Baba und fragte ihn, was er denn trinken solle, um seinen Durst zu löschen und seine Krankheit zu heilen. Baba verschrieb folgenden Aufguss: in gezuckerter Milch gekochte Mandeln, Walnüsse und Pistazien. Dies bewirkte normalerweise, wenn es von einem anderen Arzt verschrieben würde, eine fatale Verschlimmerung der Krankheit. Aber in völligem

Gehorsam gegenüber Babas Anweisung wurde ihm der Aufguss verabreicht, und, so seltsam es klingt, die Krankheit war geheilt.

Alandi Swami

Ein *Swami* aus Alandi wünschte sich Babas *Darshan* und kam nach Shirdi. Er litt an heftigen Ohrenschmerzen und fand keinen Schlaf. Er wurde operiert, aber es half nichts. Der Schmerz war schlimm und er wusste nicht, was er tun sollte. Er wollte nach Hause und ging zu Baba, um sich von ihm zu verabschieden. Shama bat Baba, er möge doch etwas gegen die Ohrenschmerzen des *Swamis* tun, woraufhin Baba ihn tröstete und sagte: „Allah Accha Karega" – Gott wird Gutes tun. Der *Swami* ging zurück nach Puna und schrieb eine Woche später einen Brief nach Shirdi, in dem er mitteilte, dass der Schmerz in seinem Ohr nachgelassen habe, obwohl die Schwellung noch da sei. Um die Schwellung zu entfernen, wolle er in Bombay eine Operation durchführen lassen. Als das Ohr untersucht wurde, sagte der Chirurg, dass keine Operation mehr notwendig sei. Wie wunderbar war die Wirkung von Babas Worten.

Kaka Mahajani

Kaka Mahajani, ein anderer *Devotee* von Baba, litt einmal an Diarrhö. Um seinen Dienst für Baba ohne Unterbrechung ausführen zu können, hatte Kaka in einer Ecke der *Masjid* einen Topf mit Wasser bereitstehen, und wann immer es ihn drängte, ging er damit hinaus. Kaka sagte Baba nichts von dieser Krankheit, weil Er ja alles wusste, und er glaubte, dass Er ihn ohnehin bald heilen würde.

Baba erteilte die Erlaubnis, den Platz vor der *Masjid* zu pflastern. Doch als die eigentliche Arbeit begann, geriet er außer sich und fing an zu brüllen. Alle rannten davon, und als Kaka auch davonrennen wollte, schnappte Baba ihn und befahl ihm, sich hinzusetzen. In dem folgenden Durcheinander ließ jemand eine kleine Tüte mit Erdnüssen liegen. Baba nahm eine Handvoll Erdnüsse, rieb sie zwischen seinen Händen, blies die Schalen fort und gab die bloßen Nüsse Kaka, der sie essen musste. Das Schimpfen, das Säubern der Nüsse und sie Kaka essen lassen, das alles geschah gleichzeitig. Baba aß selbst einige von den Nüssen. Als die Tüte leer war, sagte Baba ihm, er solle Wasser holen, weil Er durstig sei. Kaka brachte einen Krug mit Wasser, Baba trank und ließ Kaka ebenfalls davon trinken. Dann sagte er: „Nun ist deine Diarrhöe vorbei und du kannst bei den Bauarbeiten mitmachen."

Inzwischen kamen die Leute, die fortgelaufen waren, zurück und begannen mit der Arbeit. Kaka, dessen Durchfall aufgehört hatte, machte mit. Sind nun Erdnüsse Medizin gegen Diarrhö? Gemäß der gegenwärtigen Auffassung der Mediziner würden Erdnüsse die Krankheit noch verschlimmern und nicht etwa heilen. Hier, wie auch in anderen Fällen, war Babas Wort die wahre Medizin gewesen.

Dattopant aus Harda

Ein Herr namens Dattopant aus Harda litt vierzehn Jahre lang an Magenschmerzen. Keine Medizin verschaffte ihm Erleichterung. Als er von Babas Ruhm hörte, dass Er Krankheiten schon durch bloßes Anschauen heile, eilte er nach Shirdi und fiel Ihm zu Füßen. Baba schaute ihn liebevoll an und segnete ihn. Während Baba die Hand auf seinen Kopf legte und er Babas *Udi* zusammen mit dem Segen erhielt, fühlte er sich schon erleichtert. Danach hatte er keine weiteren Probleme mehr mit der Krankheit.

Es werden drei Fälle wiedergegeben (in Hemadpants Originalbuch als Fußnoten; Anmerkung des Übersetzers):

Erstens: Madhavrao Deshpande litt an Hämorrhoiden. Baba gab ihm einen Sud von Senna-Schoten *(sonamukhi)*. Der verschaffte ihm Erleichterung. Nach zwei Jahren traten dieselben Symptome auf und er nahm wieder den vorhin erwähnten Sud ein, ohne Baba zu konsultieren. Das Ergebnis war, dass sich die Krankheit verschlimmerte. Doch durch Babas Gnade wurde er später geheilt.

Zweitens: Kaka Mahajanis älterer Bruder, Gangadharpant, litt viele Jahre lang an Magenschmerzen. Er hörte von Babas Ruhm, kam nach Shirdi und bat Baba, ihn zu heilen. Baba berührte seinen Bauch und sagte: „Gott wird heilen.“ Von da an hatte er keine Magenschmerzen mehr und war vollkommen geheilt.

Drittens: Nanasaheb Chandorkar hatte auch einmal schlimme Magenschmerzen und war den ganzen Tag und die ganze Nacht ruhelos. Die Ärzte gaben ihm Spritzen, die aber keinen Erfolg brachten. Dann wandte er sich an Baba, der ihm sagte, er solle die Süßigkeit *Burfi* mit *Ghee* vermischt essen. Diese „Arznei“ schenkte ihm völlige Heilung.

All diese Geschichten zeigen uns, dass Babas Worte und Gnade die wahre Medizin waren, welche die verschiedenen Krankheiten für immer heilten, und nicht irgendeine Medizin.

Verneige dich vor Shrī Sai – Friede sei mit allen

Kapitel XIV

Ruttonji Wadia aus Nanded und der Heilige Moulisaheb – Dakshinā-Mīmāmsā

Im vorigen Kapitel haben wir beschrieben, wie Babas Wort und Gnade viele unheilbare Krankheiten heilten. Jetzt werden wir sehen, wie Baba Herrn Ruttonji Wadia segnete und ihm Nachwuchs gab.

Sai Babas Leben war von Natur aus durch und durch süß. All sein Tun, wie er aß, wie er ging und auch seine natürliche Redensart waren ebenso süß. Sein Leben war die verkörperte Glückseligkeit. Sai gab sich selbst, weil seine *Devotees* an ihn dachten. Er schenkte ihnen verschiedene Geschichten über die Pflicht und das Handeln, die sie schließlich zur wahren Religion führten. Er wollte, dass die Menschen in dieser Welt glücklich leben und stets darauf bedacht sein sollten, das Ziel ihres Lebens zu erreichen, nämlich Selbsterkenntnis.

Wir erhalten den menschlichen Körper als Ergebnis von Verdiensten in früheren Leben, und es lohnt sich, mit seiner Hilfe in diesem Leben Hingabe zu entwickeln und Befreiung zu erlangen. Deshalb sollten wir niemals faul, sondern stets auf der Hut sein, um unser Lebensziel zu erreichen.

Wenn ihr euch täglich mit Sais Wundern beschäftigt, werdet ihr ihn immer sehen. Tag und Nacht werdet ihr an ihn denken. Nehmt ihr Sai in dieser Weise auf, so wird euer Denken seine Unbeständigkeit verlieren, und wenn ihr in dieser Weise fortfahrt, wird es schließlich im reinen Bewusstsein aufgehen.

Ruttonji aus Nanded

Jetzt kommen wir zur Hauptgeschichte dieses Kapitels. In Nanded, einer Stadt im Staat des Nizam, lebte ein Mühlenbesitzer und Händler mit Namen Ruttonji Shapurji Wadia. Er war ein sehr wohlhabender Parse, hatte viel Geld gescheffelt und Felder und Grundstücke erworben. Er besaß Viehherden, Pferde und Wagen. Allem äußeren Anschein nach sah er sehr glücklich und zufrieden aus, aber innerlich war er es keineswegs. Der göttlichen Vorsehung gemäß ist niemand in dieser Welt vollkommen glücklich und reich. Ruttonji war hierin keine Ausnahme. Er war großzügig und wohltätig, gab den Armen Nahrung und Kleidung und half auf jede mögliche Weise. Die Menschen hielten ihn für einen guten und glücklichen Mann. Ruttonji betrachtete sich selbst jedoch als unglücklich, weil er seit langem keine Nachkommen hatte. So wie Lieder ohne Liebe und Hingabe, Musik oder Gesang ohne rhythmische Begleitung, ein Brahmane ohne die heilige Schnur, Fähigkeiten auf allen Gebieten ohne gesunden Menschenverstand, eine Pilgerreise ohne Reue und Schmuck ohne Halskette hässlich und nutzlos sind, so ist es auch das Heim eines Haushälters ohne männlichen Nachfolger.

Ruttonji grübelte immer wieder über diese Sache nach und fragte sich in Gedanken: „Wird es Gott wohl jemals gefallen, mir einen Sohn zu schenken?“ So sah er verdrießlich aus, hatte keinen Appetit mehr und konnte sein Essen nicht genießen. Tag und Nacht sorgte er sich, ob er wohl jemals mit einem Sohn gesegnet würde. Er mochte Das Ganu *Maharaj* sehr gern, deshalb suchte er ihn auf und schüttete ihm sein Herz aus. Das Ganu riet ihm, zu Baba nach Shirdi zu fahren und ihm zu Füßen zu fallen, Seinen Segen zu suchen und um einen Nachfolger zu bitten. Ruttonji gefiel der Gedanke und er entschloss sich, nach Shirdi zu reisen. Nach ein paar Tagen begab er sich also zu Baba und fiel ihm zu Füßen. Danach öffnete er einen Korb, holte eine schöne Blumengirlande heraus, legte sie Baba um den Hals und opferte ihm noch einen Korb voller Früchte. Mit großem Respekt setzte er sich dann neben Baba, betete zu ihm und sagte: „Es kommen so Viele mit ihren Schwierigkeiten zu dir und du hilfst ihnen sofort. Als ich davon gehört habe, wollte ich dir unbedingt zu Füßen fallen. Deshalb, enttäusche mich bitte nicht."

Sai Baba bat ihn daraufhin um 5 Rupien *Dakshinā*. Ruttonji war bereit, sie ihm zu geben, aber Baba fügte hinzu, dass er bereits 3,14 Rupien von ihm erhalten habe und dass er nur noch den Rest bezahlen solle. Ruttonji war ziemlich verdutzt. Er konnte nicht begreifen, was Baba damit meinte, weil er doch das erste Mal in Shirdi war. Weshalb sagte Baba also, er habe schon früher 3,14 Rupien von ihm erhalten? Er konnte es nicht begreifen. Doch er saß zu Babas Füßen, und so gab er die von ihm verlangte Summe.

Dann erklärte er Baba lang und breit, weshalb er gekommen sei und seine Hilfe ersuche. Er bat darum, dass Er ihn mit einem Sohn segnen möge. Baba war gerührt und sagte, er solle sich keine Sorgen machen, und dass seine schlechten Tage zu Ende seien. Er gab ihm heilige Asche *(udi),* legte die Hand auf seinen Kopf und sagte, dass Allah seinen Herzenswunsch erfüllen werde.

Ruttonji nahm Abschied von Baba und kehrte nach Nanded zurück. Er erzählte Das Ganu, dass in Shirdi alles gut verlaufen sei und er Babas *Darshan* und Segen mit *Prasad* bekommen habe. Nur eines könne er nicht verstehen, nämlich, dass Baba gesagt habe, er hätte vorher schon einmal 3,14 Rupien von ihm bekommen. Er bat ihn, ihm zu erklären, was Baba wohl mit dieser Bemerkung gemeint habe, und sagte zu Das Ganu: „Ich bin vorher noch nie in Shirdi gewesen. Wie könnte ich Baba die Summe, die er erwähnte, gegeben haben?“ Für Das Ganu war das auch ein Rätsel, und er dachte lange darüber nach. Erst viel später fiel ihm ein, dass Ruttonji vor einiger Zeit einen mohammedanischen Heiligen mit Namen Moulisaheb in seinem Haus empfangen und für seinen Empfang etwas Geld ausgegeben hatte. Dieser Heilige, der als Träger arbeitete, war den Leuten von Nanded gut bekannt. Als Ruttonji sich entschlossen hatte, nach Shirdi zu reisen, kam dieser Moulisaheb zufällig zu ihm nach Hause. Ruttonji kannte und liebte ihn und so gab er ihm zu Ehren eine kleine Gesellschaft.

Das Ganu ließ sich von Ruttonji die Belege der Ausgaben für diese Feier geben. Alle waren erstaunt, als sich herausstellte, dass die Ausgaben sich auf genau 3,14 Rupien beliefen, nicht mehr und nicht weniger. So wurde ihnen allen klar, dass Baba allwissend war, dass er, obwohl er in Shirdi weilte, alles wusste, was weit entfernt von Shirdi geschah. In der Tat kannte er die Vergangenheit, Gegenwart und Zukunft und war in der Lage, sich mit Herz und Seele mit jedem zu identifizieren. Wie könnte er sonst in diesem besonderen Fall von der Feier für Moulisaheb und dem dafür ausgegebenen Betrag wissen, wenn er sich nicht mit ihm identifizieren und eins fühlen konnte?

Ruttonji war mit dieser Erklärung zufrieden, und sein Glaube an Baba wurde dadurch bestärkt und vertieft. Zur rechten Zeit wurde er mit einem Sohn gesegnet, und seine Freude war grenzenlos. Es heißt, dass er ein Dutzend Nachkommen hatte, von denen aber nur vier überlebten.

Es wird behauptet, dass Baba Herrn Rao Bahadur Hari Vinayak Sathe nach dem Tod seiner ersten Frau gesagt habe, dass er wieder heiraten solle und dass er einen Sohn bekommen werde. Sathe heiratete ein zweites Mal. Die ersten beiden Kinder mit dieser Frau waren

Töchter, und er war deshalb sehr niedergeschlagen, doch das dritte Kind war ein Sohn. Babas Wort bewahrheitete sich also, und er war zufrieden.

Dakshinā-Mīmāmsā

Dieses Kapitel werden wir jetzt mit ein paar Erläuterungen über *Dakshinā* schließen. Es ist eine wohlbekannte Tatsache, dass Baba die Menschen, die zu ihm kamen, immer um *Dakshinā* bat. Es könnte jemand die Frage aufwerfen: Wenn Baba ein Fakir und vollkommen bindungslos war, weshalb forderte er dann *Dakshinā* und kümmerte sich um Geld? Diese Frage werden wir jetzt ausführlich erörtern.

Zuerst nahm Baba lange Zeit gar nichts an. Er sammelte abgebrannte Streichhölzer und füllte damit seine Tasche. Ob es nun ein *Devotee* war oder nicht, er nahm niemals irgendetwas von irgendjemandem an. Wenn jemand eine *Paisa* vor ihn hinlegte, kaufte er davon Öl oder Tabak. Er liebte Tabak, denn er rauchte immer Zigaretten (bidi) oder eine Tonpfeife *(chilim)*. Einige Leute mochten Heilige nicht mit leeren Händen besuchen, und deshalb legten sie einige Kupfermünzen vor Baba hin. Wenn es ein Ein-*Paisa*-Stück war, pflegte er es einzustecken; war es aber ein Zwei-*Paisa*-Stück, gab er das Geld sofort zurück. Nachdem Babas Ruhm weit verbreitet war, versammelten sich die Menschen zahlreicher, und Baba fing an, sie um *Dakshinā* zu bitten. Es heißt in den *Veden*, dass die Anbetung der Götter unvollständig ist, wenn nicht eine goldene Münze geopfert wird. Wenn schon eine Münze in der *Pūjā* für die Götter notwendig war, warum sollte es nicht ebenso in der *Pūjā* für die Heiligen sein? Schließlich steht in den heiligen Schriften, man solle nicht mit leeren Händen zu einem Gott, König, Heiligen oder *Guru* gehen. Vorzugsweise solle man Münzen oder Geld opfern. In diesem Zusammenhang erwähnen wir die von den *Upanischaden* empfohlenen

Grundsätze. Die *Brihadaranyaka-Upanischad* sagt, dass die Gottheit *Prajapati* Götter, Menschen und Dämonen mit der Silbe „da" unterwiesen habe. Die Götter verstünden darunter, dass sie „Dama" – Selbstkontrolle – üben sollten; die Menschen dächten, dass sie „Dāna" – Wohltätigkeit – üben sollten, und die Dämonen verstünden darunter, dass sie „Dayā" – Mitgefühl – üben sollten. In der *Taittiriya-Upanischad* fordert der Lehrer seine Schüler auf, Freigebigkeit und andere Tugenden zu pflegen. Bezüglich der Freigebigkeit sagt er: „Gib mit Glauben oder auch ohne Glauben, aber gib mit Großmut, das heißt großzügig, gib mit Bescheidenheit, mit Ehrfurcht und mit Wohlwollen."

Um den *Devotees* die Lektion über Wohltätigkeit zu erteilen, ihre Bindung an Geld aufzuheben und somit ihren Geist zu läutern, forderte Baba *Dakshinā* von ihnen. Aber wie Baba sagte, gebe es da diese eine Besonderheit, nämlich, dass Er das, was Er in Empfang nehme, hundertfach zurückgeben müsse. Hierfür gibt es viele Beispiele.

Um ein Beispiel zu nennen: Herr Ganpatrao Bodas, der berühmte Schauspieler, erzählte in seiner *Marathi*-Autobiographie, dass er vor Baba seinen Geldbeutel leerte, weil Er ihn des Öfteren mit der Forderung nach *Dakshinā* bedrängt habe. Das Ergebnis davon war, wie Herr Bodas erwähnte, dass es ihm später in seinem Leben niemals an Geld mangelte. Es kam in Fülle zu ihm.

In vielen Fällen gibt es noch eine weitere Bedeutung für *Dakshinā,* Fälle, in denen Baba keinen Geldbetrag wollte. Hierzu zwei Beispiele:

Baba erbat 15 Rupien als *Dakshinā* von Professor G. G. Narke, der ihm entgegnete, dass er nicht einmal eine *Paisa* habe. Daraufhin sagte Baba: „Ich weiß, dass du kein Geld hast. Aber du liest doch die *Jogavāsishtha*. Gib mir daraus *Dakshinā*." *Dakshinā*-Geben bedeutete in diesem Fall: Aus dem Buch Lektionen entnehmen und sie im Herzen aufbewahren, worin Baba wohnt.

Im zweiten Fall bat Baba eine gewisse Frau R. A. Tarkhad um 6 Rupien *Dakshinā*. Die Dame fühlte sich unwohl, weil sie nichts geben konnte. Ihr Mann erklärte ihr dann, dass Baba die sechs inneren Feinde, nämlich Wollust, Zorn, Habgier und so weiter von ihr wolle, und dass sie ihm diese übergeben solle. Baba war mit dieser Erklärung einverstanden.

Es muss hier erwähnt werden, dass Baba, obwohl er eine Menge Geld durch *Dakshinā* sammelte, den gesamten Betrag am selben Tag verteilte, und dass er am nächsten Morgen, wie üblich, der arme Fakir war. Als Baba in den *Mahāsamādhi* ging, hatte er nur ein paar Rupien in seinem Besitz, obwohl er zehn Jahre lang Tausende von Rupien als *Dakshinā* erhalten hatte. Kurz gesagt: Babas Hauptanliegen beim Annehmen von *Dakshinā* war es, seinen *Devotees* die Lektionen des Verzichts und der Läuterung zu lehren.

Post scriptum

Herr B. V. Deo aus Thana, ein pensionierter Finanzbeamter und großer *Devotee* von Baba, schrieb einen Artikel im „Sai Leela Magazine", Band 7, Seiten 6 bis 26, über das Thema *Dakshinā,* worin er unter anderem Folgendes erwähnt: „Baba bat nicht alle um *Dakshinā*. Einige gaben *Dakshinā* ohne gefragt zu werden. Manchmal nahm er sie an und manchmal lehnte er sie ab. Er bat nur gewisse *Devotees* darum. Niemals verlangte er sie von jenen *Devotees,* die sich in Gedanken wünschten, Baba möge sie danach fragen, damit sie dann bezahlen könnten. Falls jemand gegen Babas Willen *Dakshinā* anbot, so rührte er sie nicht an, und wenn derjenige sie einfach hinlegte, forderte er ihn auf, sie mitzunehmen. Entsprechend des Wunsches und der Hingabe des *Devotees* und der Zweckmäßigkeit erbat er nur kleine oder bescheidene Teilsummen von ihnen. Selbst von Frauen und Kindern verlangte er sie, aber nicht etwa von allen Reichen oder allen Armen.

Baba wurde niemals ärgerlich auf jene, die er um *Dakshinā* bat und sie ihm nicht gaben. Falls irgendeine *Dakshinā* durch einen Freund geschickt wurde, der aber dann vergaß, sie Baba auszuhändigen, erinnerte er ihn daran und ließ ihn zahlen. In einigen Fällen pflegte Baba eine Summe vom *Dakshinā*-Betrag zurückzugeben und dem Spender zu sagen, er solle gut darauf aufpassen und das Geld auf seinem Altar zur Andacht aufbewahren. Dieses gereichte dem Spender sehr zum Vorteil. Wenn jemand mehr als ursprünglich vorgehabt anbot, gab Baba den Extrabetrag zurück. Von manchen *Devotees* verlangte er mehr, als sie eigentlich geben wollten, und wenn sie kein Geld hatten, sagte er ihnen, sie sollten es von anderen erbitten oder sich ausleihen. Von einigen verlangte er drei- oder viermal am Tag *Dakshinā*.

Von dem gesammelten *Dakshinā*-Betrag verwendete Baba nur sehr wenig für sich, nämlich die Summe, die er zum Kauf von Tabak für seine Pfeife und Brennstoff für sein Feuer benötigte. Den Rest verteilte er in unterschiedlichen Beträgen an verschiedene Personen. Auf Vorschlag und Veranlassung von Radha-Krishna-Mai wurde die ganze Ausstattung des *Shirdi Sansthan* von verschiedenen reichen *Devotees* gespendet. Baba wurde immer wütend und beschimpfte jene, die teure oder kostbare Gegenstände brachten. Er sagte einmal zu Nanasaheb Chandorkar, dass sein gesamter Besitz aus einem Beutel, einem Stück Stoff, einem *Kafni* und einer Blechdose bestehe, und dass die Leute ihn mit all diesen unnötigen, nutzlosen und teuren Gegenständen belästigten.

Frauen und Reichtum sind die zwei Haupthindernisse auf dem spirituellen Weg. Baba hatte in Shirdi zwei Institutionen eingerichtet, nämlich ‚*Dakshinā*' und ‚Radha-Krishna-Mai'. Denn wann immer *Devotees* zu ihm kamen, verlangte er *Dakshinā* von ihnen und bat sie zur ‚Schule' zu gehen, nämlich zu Radha-Krishna-Mais Haus. Wenn sie diese beiden Prüfungen gut bestanden, das heißt wenn sie frei von Bindungen an Frauen und Reichtum waren, war ihr Fortschritt auf dem spirituellen Weg durch Babas Gnade und Segen schnell und sicher."

Herr Deo hat ebenfalls Passagen aus der *Gita* und den *Upanischaden* zitiert und aufgezeigt, dass tätige Nächstenliebe an einem heiligen Ort und gegenüber einer heiligen Persönlichkeit dem Spender in hohem Maße zum Wohl gereicht. Was ist heiliger als Shirdi und dessen Gottheit, Sai Baba?

Verneige dich vor Shrī Sai – Friede sei mit allen

Kapitel XV

Das Nāradiya-Kirtan-Ritual – Herrn Cholkars Tee ohne Zucker – Zwei Eidechsen

Der Leser möge sich daran erinnern, was im sechsten Kapitel in Bezug auf das *Ramanavamī*-Fest in Shirdi erwähnt wurde, wie das Fest entstanden war und wie schwierig es anfangs war, für diese Gelegenheit einen guten *Haridas* für die *Kirtans* zu bekommen, und wie Baba diese Aufgabe des *Kirtan*-Singens fest an Das Ganu vergab und wie dieser es von da an erfolgreich ausübte. In diesem Kapitel beschreiben wir nun die Art und Weise, wie Das Ganu das *Kirtan*-Singen ausführte.

Das Nāradiya-Kirtan-Ritual

Gewöhnlich tragen unsere *Haridasas* während des *Kirtan*-Singens eine Galabekleidung, nämlich eine besondere Kopfbedeckung – *Pheta* oder Turban –, einen langen fließenden Mantel mit einem Hemd darunter, einen *Uparani* über den Schultern und den üblichen langen *Dhotar* von der Hüfte abwärts. Das Ganu hatte sich in dieser Weise gekleidet, um in Shirdi einige *Kirtans* vorzutragen, und ging so zu Baba, um sich vor ihm zu verneigen. Baba fragte ihn: „Na, Bräutigam, wohin gehst du denn so hübsch gekleidet?" „*Kirtans* vortragen", war seine Antwort. Darauf sagte Baba: „Wozu brauchst du all diesen Firlefanz, Mantel, *Uparani*, *Pheta* und so weiter? Zieh all das vor mir aus! Was soll das alles am Körper?" Das Ganu zog die Sachen sofort aus und legte sie zu Babas Füßen. Seit der Zeit trug Das Ganu während des *Kirtan*-Singens nie mehr diese Bekleidung. Er war stets von der Hüfte aufwärts unbekleidet, in seiner Hand hielt er ein paar *Chiplis* und um seinen Hals hatte er eine Blumengirlande. Dies war nicht in Übereinstimmung mit der Praxis, die von allen *Haridasas* befolgt wurde, aber es ist die beste und reinste Methode. Der Heilige *Narada,* von dem das *Kirtan*-Ritual ursprünglich ausging, ließ seinen Oberkörper unbekleidet und trug nichts auf dem Kopf. Er hielt eine *Vīnā* in der Hand und wanderte von Ort zu Ort, überall von der Herrlichkeit Gottes singend.

Herrn Cholkars Tee ohne Zucker

Anfangs war Baba in den Distrikten Puna und Ahmednagar bekannt, doch durch Nanasaheb Chandorkars persönliche Gespräche und Das Ganus hervorragende *Kirtans* verbreitete sich Sein Ruhm im gesamten Regierungsgebiet von Bombay. Tatsächlich war es Das Ganu – Gott segne ihn –, der durch seine schönen und unnachahmlichen Lieder Baba dort so vielen Menschen nahebrachte. Das Publikum, das kam, umd die *Kirtans* anzuhören, hatte unterschiedliche Vorlieben; manche mochten die Gelehrsamkeit des *Haridas,* einige seine Gestik, andere seinen Gesang, einige seinen Witz und Humor, andere seinen vorausgehenden Vortrag über den *Vedanta* und wieder andere seine Geschichten und so weiter. Doch es gab unter ihnen sehr wenige, die beim Anhören der *Kirtans* Glauben und Liebe zu Gott oder Heiligen fanden. Die Wirkung auf das Gemüt der Zuhörerschaft beim Lauschen von Das Ganus *Kirtans* aber war wie elektrisierend. Wir geben hier ein Beispiel wieder.

Das Ganu trug einmal im Koupineshwar-Tempel in Thana seine

Kirtans vor und besang Sai Babas Herrlichkeit. Herr Cholkar, ein armer Mann, der vorübergehend als Angestellter am Zivilgericht in Thana arbeitete, befand sich im Publikum. Er hörte Das Ganus *Kirtans* höchst aufmerksam zu und war tief bewegt. Auf der Stelle verneigte er sich in Gedanken vor Baba und schwor: „Ich bin ein armer Mann und nicht in der Lage, meine Familie zu ernähren. Wenn ich durch deine Gnade die Abteilungsprüfung bestehe und einen festen Posten bekomme, dann reise ich nach Shirdi, falle dir zu Füßen und verteile in deinem Namen Zuckerstückchen." Wie das Glück es wollte, bestand Herr Cholkar die Prüfung und bekam den festen Posten. Jetzt war es an ihm, seinen Schwur zu erfüllen, und er dachte, je eher, desto besser. Er war wirklich ein armer Mann und hatte eine große Familie zu versorgen, und er konnte sich die Ausgaben für eine Shirdi-Reise nicht leisten. Wie es so schön heißt: Man kann leicht das Nahne Ghat im Thana-Distrikt oder selbst die Sahyadri-Bergkette überqueren, aber für einen armen Mann ist es schwer, Umbareghat, das heißt die Türschwelle seines Hauses, zu überschreiten. Weil Herr Cholkar bestrebt war, seinen Schwur so schnell wie möglich zu erfüllen, beschloss er seine Ausgaben zu reduzieren und ein wenig Geld zu sparen. Er war entschlossen, keinen Zucker mehr zu sich zu nehmen und trank seinen Tee ohne Zucker. Nachdem er auf diese Weise etwas Geld zusammengespart hatte, reiste er nach Shirdi und hatte Babas *Darshan*. Er fiel ihm zu Füßen, opferte eine Kokosnuss und verteilte sie mit reinem Bewusstsein zusammen mit Zuckerstückchen gemäß seines Schwurs. Zu Baba sagte er, dass er sich sehr über seinen *Darshan* freue und dass seine Wünsche an diesem Tag erfüllt worden seien. Herr Cholkar war zusammen mit seinem Gastgeber Bapusaheb Jog in der *Masjid*. Als Gastgeber und Gast aufstanden, um die *Masjid* zu verlassen, sagte Baba zu Jog: „Gib ihm (deinem Gast) Tee mit viel Zucker." Als er diese bedeutungsvollen Worte hörte, war Herr Cholkar sehr gerührt und erfreut, seine Augen wurden feucht und er fiel Baba noch einmal zu Füßen. Herr Jog war neugierig, was den Tee anging, den er seinem Gast geben sollte, und erhielt die Erklärung hierfür.

Baba wollte mit seinen Worten Glaube und Hingabe in Cholkars Gemüt hervorrufen. Er deutete damit an, dass er den Kandiszucker gemäß seines Schwures erhalten hatte und dass er ganz genau von seinem heimlichen Entschluss wusste, keinen Zucker zu sich zu nehmen. Baba wollte damit sagen: „Wenn du mir in Hingabe deine Hände entgegenstreckst, bin ich sofort Tag und Nacht bei dir. Obwohl ich körperlich hier bin, weiß ich doch, was du jenseits der sieben Meere tust. Geh in die weite Welt hinaus, sei wo immer du willst, ich bin bei dir. Mein Wohnsitz ist dein Herz, und ich bin in dir. Bete immer mich an, der ich sowohl in deinem Herzen als auch in den Herzen aller Wesen bin. In der Tat ist derjenige gesegnet, der mich so kennt."

Welch schöne und wichtige Lektion erhielt Herr Cholkar damit von Baba!

Zwei Eidechsen

Jetzt schließen wir das Kapitel mit der Geschichte von zwei kleinen Eidechsen. Als Baba einmal in der *Masjid* und ein *Devotee* vor ihm saß, hörte man das Tick-Tick einer Eidechse. Aus Neugierde fragte der *Devotee*, ob dieses „Tick-Tick" etwas zu bedeuten habe. War es ein gutes oder ein schlechtes Omen? Baba sagte, dass die Eidechse außer sich vor Freude sei, weil ihre Schwester aus Aurangabad sie besuchen komme. Der *Devotee* saß still da und konnte Babas Worte nicht deuten. In dem Augenblick kam ein Herr aus Aurangabad auf einem Pferd angeritten, um Baba zu sehen. Er wollte näher herankommen, doch sein Pferd verweigerte sich, weil es hungrig war und Futter wollte. So nahm er einen Sack mit Futter von seinem Rücken und warf ihn auf den Boden, damit der Schmutz abfiel. Eine Eidechse kam daraus hervor und lief vor aller Augen die Mauer hoch. Baba riet dem Fragesteller, sie gut zu beobachten. Sie lief geradewegs auf ihre Schwester zu. Die Schwestern trafen einander nach langer Zeit wieder, küssten und umarmten sich, wirbelten umeinander und tanzten aus lauter Liebe!

Wo liegt Shirdi und wo Aurangabad? Wie konnte der Mann auf dem Rücken des Pferdes mit der Eidechse aus Aurangabad kommen? Und weshalb gab Baba die Voraussage von dem Treffen der beiden Schwestern? All dieses ist wirklich höchst wundervoll und bestätigt Babas Allwissenheit.

Post scriptum

Wer dieses Kapitel täglich voller Respekt liest oder studiert, der wird durch die Gnade des *Sadgurus* Sai Baba von aller Not befreit. Deshalb:

Verneige dich vor Shrī Sai – Friede sei mit allen

Kapitel XVI & XVII

Schnelles Brahmajnāna

Diese beiden Kapitel erzählen die Geschichte eines reichen Herrn, der von Sai Baba ganz schnell *Brahmajnāna* wollte.

Das vorige Kapitel berichtete darüber, wie das kleine Opfer des Herrn Cholkar erfolgreich durchgeführt und angenommen wurde. Mit jener Geschichte zeigte Sai Baba, dass er jede kleine Sache, die mit Liebe und Hingabe dargeboten wurde, mit Dank annahm, doch sie ablehnte, wenn sie mit Stolz und Hochmut gegeben wurde. Er war voller Sein-Bewusstsein-Glückseligkeit *(sat-cit-ānanda)* und gab nicht viel auf äußere Formalitäten. Doch wenn eine Gabe mit Bescheidenheit und Demut dargebracht wurde, war sie willkommen, und er akzeptierte sie voller Begeisterung. Es gibt in der Tat keine großzügigere und wohlwollendere Person als unseren *Sadguru* Sai Baba. Er kann nicht einmal mit dem *Cintāmani*-Juwel (Stein der Weisen), dem *Kalpataru* (himmlischer Baum, der unsere Wünsche erfüllt) oder der *Kāmadhenu* (himmlische Kuh, die gibt, was wir essen wollen) verglichen werden, denn sie geben uns nur das, was wir wünschen. Aber der *Sadguru* gibt uns das Kostbarste, das unvorstellbar und unergründlich ist, nämlich die Wirklichkeit. Hören wir jetzt, wie Sai Baba einen reichen Mann behandelte, der zu ihm kam und ihn anflehte, ihm die Erkenntnis des *Brahman (brahmajnāna)* zu geben.

Es gab einen sehr wohlhabenden Mann (leider werden sein Name und seine Herkunft nicht erwähnt), der große Reichtümer angehäuft hatte, Häuser, Felder und Ländereien besaß und viele Diener und Untergebene hatte. Als ihm Babas Ruhm zu Ohren kam, sagte er zu einem Freund, dass ihm eigentlich nichts fehle und dass er nach Shirdi reisen werde, um von Baba *Brahmajnāna* zu erbitten, und wenn er es bekäme, werde es ihn gewiss noch glücklicher machen. Sein Freund riet ihm ab und sagte: „Es ist nicht leicht, *Brahman* zu erkennen, besonders nicht für einen habsüchtigen Mann wie du es bist, der ständig mit Reichtum, Frau und Kindern beschäftigt ist. Wer wird schon dein Streben nach *Brahmajnāna* zufrieden stellen, wenn du nicht einmal bereit bist, auch nur eine einzige *Paisa* für wohltätige Zwecke auszugeben?"

Der Mann hörte nicht auf den Rat seines Freundes, bestellte für die Hin- und Rückreise eine Droschke und fuhr nach Shirdi. Er ging zur *Masjid,* sah Sai Baba, fiel ihm zu Füßen und sagte: „Baba, ich habe gehört, dass du allen, die hierher kommen, unverzüglich *Brahman* zeigst. Auch ich bin den langen Weg von meinem Wohnort hierher gekommen und sehr erschöpft von der Reise, doch wenn ich *Brahman* von dir erhalte, haben sich meine Mühen gelohnt." Baba antwortete daraufhin: „O mein lieber Freund, sei unbesorgt. Ich werde dir *Brahman* sofort zeigen. All meine Angelegenheiten werden bar bezahlt und niemals per Kredit erledigt. Es kommen so viele Leute zu mir und bitten um Reichtum, Gesundheit, Macht, Ehre, Rang und Namen, Heilung von Krankheiten und andere vergängliche Dinge. Selten kommt jemand hierher und bittet um *Brahmajnāna.* Es herrscht kein Mangel an Leuten, die um weltliche Dinge bitten. Weil aber Menschen, die sich für spirituelle Angelegenheiten interessieren, sehr selten sind, sehe ich es als großen und besonderen Augenblick an, dass jemand wie du kommt und mich um *Brahmajnāna* bittet. Von jetzt an werde ich dir mit Freuden *Brahman* zeigen, mit all seinen Begleiterscheinungen und Komplikationen."

Und so begann Baba ihm *Brahman* zu zeigen. Er ließ ihn sich hinsetzen, verwickelte ihn in ein Gespräch und ließ ihn somit seine Frage fürs Erste vergessen. Dann rief er einen Jungen herbei und sagte ihm, er solle zu Nandu Marwari gehen und sich von ihm 5 Rupien ausleihen. Der Junge ging und kehrte sofort wieder zurück. Er sagte, dass Nandus Haus verschlossen und er nicht da sei. Daraufhin sagte Baba ihm, er solle zum Händler Bala gehen und von diesem die besagte Anleihe holen; aber auch das blieb ohne Erfolg. Das Experiment wurde zwei- oder dreimal mit gleichem Ergebnis wiederholt.

Wie wir wissen, war Sai Baba *Brahmans* lebendige und wandelnde Verkörperung. Es könnte jemand fragen: „Warum wollte er die lächerliche Summe von 5 Rupien und warum gab er sich so viel Mühe, diese Summe geliehen zu bekommen?" In Wirklichkeit wollte er diese Summe gar nicht. Er wusste ganz genau, dass Nandu und Bala nicht da waren, und diese Prozedur diente scheinbar als Prüfung für den *Brahman*-Suchenden. Jener Herr trug ein Bündel Geldscheine in seiner Tasche. Wenn es ihm wirklich ernst gewesen wäre, hätte er nicht still dagesessen und lediglich zugeschaut, wie Baba verzweifelt versuchte, die lächerliche Summe von 5 Rupien zu bekommen. Er hätte gewusst, dass Baba sein Wort halten und die Schuld zurückzahlen würde und dass die verlangte Geldsumme unbedeutend war. Aber dieser Herr konnte sich nicht entschließen, den Betrag vorzustrecken. Ein solcher Mann wollte von Baba die großartigste Sache der Welt haben, nämlich *Brahmajnāna!* Jeder andere Mensch, der Baba wirklich liebte, hätte ihm sofort 5 Rupien geliehen statt nur Zuschauer zu sein. Anders verhielt es sich mit diesem Herrn. Er gab weder Geld noch saß er still, sondern wurde ungeduldig, weil er es eilig hatte und nach Hause wollte. Er flehte Baba an: „O Baba, bitte zeig mir *Brahman* bald.“ Baba erwiderte: „Mein lieber Freund, hast du nicht die Prozedur verstanden, die ich veranstaltet habe, während ich hier saß, um dir zu ermöglichen, *Brahman* zu schauen. Um es kurz zu sagen: Um *Brahman* zu schauen, muss man fünf Dinge übergeben, nämlich erstens die fünf *Prānas* (Lebenskräfte), zweitens die fünf Sinne (fünf Sinnesorgane und fünf Wahrnehmungssinne), drittens den Geist (mind), viertens den Intellekt und fünftes das Ego. Dieser *Brahmajnāna*-Pfad – oder Selbsterkenntnis – ist so schwer, wie auf des Messers Schneide zu gehen.“

Sai Baba hielt dann einen ziemlich langen Vortrag über dieses Thema, dessen Inhalt nachstehend wiedergegeben wird:

Qualifikationen für Brahmajnāna oder Selbsterkenntnis

Nicht alle Personen sehen oder verwirklichen *Brahman* zu Lebzeiten. Hierfür sind gewisse Voraussetzungen unbedingt notwendig.

Erstens *Mumukshu* – oder der intensive Wunsch, frei zu werden: Für das spirituelle Leben ist jener Mensch qualifiziert, der glaubt, gebunden zu sein, aber unbedingt frei werden möchte. Er arbeitet ernsthaft und fest entschlossen hierfür und kümmert sich um nichts anderes.

Zweitens *Virakti* – oder ein Gefühl der Abneigung gegenüber den Dingen dieser und der nächsten Welt; Erst wenn ein Mensch Abneigung empfindet gegenüber den Dingen, den Vergnügungen und den Ehren, die seine Taten in dieser und der nächsten Welt mit sich bringen, hat er ein Anrecht darauf, den spirituellen Bereich zu betreten.

Drittens Antarmukhata – oder Introversion: Unsere Sinne sind von Gott mit der Neigung erschaffen worden, sich nach außen zu bewegen. Deshalb schaut der Mensch immer nach außen, statt nach innen. Wer sich Selbsterkenntnis und Unsterblichkeit wünscht, muss seinen Blick nach innen lenken und nach seinem inneren Selbst Ausschau halten.

Viertens die Läuterung von Sünden: Bevor ein Mensch sich nicht von Boshaftigkeit abgewandt und aufgehört hat, Unrecht zu tun, bevor er sich nicht ganz und gar beherrschen kann und sein Geist (mind) nicht zur Ruhe gekommen ist, kann er keine Selbsterkenntnis erlangen, nicht einmal durch Wissen.

Fünftens rechtes Handeln: Wenn der Mensch nicht ein Leben in Wahrheit, Buße und Innenschau lebt und Enthaltsamkeit übt, gibt es keine Gottverwirklichung für ihn.

Sechstens das Gute (shreyas) dem Angenehmen (preyas) vorziehen: Das Gute befasst sich mit spirituellen und das Angenehme mit weltlichen Angelegenheiten. Beide wurden den Menschen zur Auswahl gegeben. Man muss darüber nachdenken und eines von beiden wählen. Der weise Mensch zieht das Gute dem Angenehmen vor; doch der Unwissende wählt aufgrund von Gier und Bindung das Angenehme.

Siebtens die Beherrschung des Geistes und der Sinne: Der Körper ist das Gefährt und das Selbst der Meister; der Intellekt ist der Lenker, der Geist (mind) die Zügel; die Sinne sind die Pferde und die Sinnesobjekte deren Wege. Wer keine Einsicht besitzt und wessen Geist ungezügelt ist, dessen Sinne sind wie die bösartigen Pferde eines Wagenlenkers, der sein Ziel, nämlich Erkenntnis, nicht erreicht und so die ewigen Runden von Geburt und Tod durchlaufen muss. Wer jedoch Einsicht besitzt und sein Gemüt beherrscht, der hat seine Sinne unter Kontrolle und erreicht, wie die guten Pferde eines Wagenlenkers, das Ziel, das heißt den Zustand der Selbsterkenntnis, und er muss deshalb nicht mehr wiedergeboren werden. Der Mensch, der die Einsicht besitzt und fähig ist, sein Denken und Fühlen zu zügeln, erreicht das Ende der Reise, nämlich den höchsten Sitz des allesdurchdringenden Herrn, *Vishnu*.

Achtens die Reinigung des Geistes (mind): Bevor ein Mensch

seine Pflichten im Leben nicht zufriedenstellend und unvoreingenommen erfüllt hat, kann sein Gemüt nicht gereinigt werden, und bevor der Geist nicht gereinigt ist, kann keine Selbsterkenntnis erlangt werden. Nur in einem reinen Geist können Unterscheidungsvermögen *(viveka)* und Leidenschaftslosigkeit *(vairāgya)* entstehen und zur Selbsterkenntnis führen. Bevor Egoismus nicht fallengelassen und Habgier nicht aufgegeben wird und der Geist nicht frei von Wünschen, also rein ist, ist Selbsterkenntnis nicht möglich. Die Vorstellung von „Ich bin der Körper“ ist eine große Verblendung, und das Festhalten hieran ist die Ursache der „Gefangenschaft“. Lasst deshalb ab von dieser Vorstellung und Bindung, wenn ihr zum Ziel der Selbsterkenntnis gelangen wollt.

Neuntens die Notwendigkeit eines *Gurus:* Das Wissen vom Selbst ist so subtil und mystisch, dass niemand je erhoffen kann, es durch eigene Bemühungen zu erlangen. Aus diesem Grund ist die Hilfe einer anderen Person, nämlich eines Lehrers, der das Selbst verwirklicht hat, unbedingt erforderlich. Mit Hilfe eines solchen Lehrers kann leicht erlangt werden, was andere nicht einmal mit größter Mühe und Anstrengung geben können. Denn dieser Lehrer ist den Pfad selbst gegangen und kann daher seinen Schüler Schritt für Schritt auf der Leiter des spirituellen Fortschritts emporführen.

Als Zehntens ist schließlich die Gnade des Herrn das Wesentlichste: Wenn der Herr mit jemandem zufrieden ist, gibt er ihm *Viveka* und *Vairāgya* und führt ihn sicher über den Ozean der weltlichen Existenz. Die *Katha-Upanischad* sagt: „Das Selbst kann weder durch das Studium der *Veden* noch durch den Intellekt noch durch viel Lernen erlangt werden. Wen das Selbst auserwählt, der erlangt es. Ihm enthüllt es sein Wesen.“

Nachdem der Vortrag beendet war, wandte sich Baba an den Herrn und sagte: „Nun, Sir, in ihrer Tasche befindet sich ‚Bhrama‘ (Mammon) in der Form von 50 mal 5 (250) Rupien. Bitte nehmen Sie es heraus.“ Der Herr nahm das Bündel Banknoten aus seiner Tasche, zählte die Noten und stellte zu seinem großen Erstaunen fest, dass es 25 Zehn-Rupien-Noten waren. Als er Babas Allwissen erkannte, fiel er ihm zu Füßen und bat um seinen Segen. Baba sagte zu ihm: „Roll das Bündel ‚Bhrama‘, die Banknoten, ein. Bevor du nicht vollkommen frei von deiner Habgier wirst, kannst du das wahre *Brahman* nicht bekommen. Wie kann derjenige erwarten, *Brahman* zu erkennen, dessen Geist (mind) mit Reichtum, Nachkommenschaft und Wohlergehen beschäftigt ist, wenn er seine Bindung an diese nicht aufgibt. Die Illusion von Bindung oder die Liebe zum Geld ist ein tiefer Strudel des Schmerzes und voller Krokodile in der Form von Selbstgefälligkeit und Eifersucht. Nur wer wunschlos ist, kann diesen Strudel überwinden. Gier und *Brahman* sind wie gegensätzliche Pole; sie sind auf ewig einander entgegengesetzt. Wo Gier ist, gibt es keinen Platz für Gedanken oder Meditation über *Brahman*. Wie kann ein gieriger Mensch Leidenschaftslosigkeit und Erlösung erlangen? Für einen gierigen Menschen gibt es weder Frieden noch Zufriedenheit, noch Beständigkeit. Wenn auch nur eine Spur von Gier im Geist vorhanden ist, sind alle spirituellen Bemühungen vergeblich. Selbst das Wissen eines wohlbelesenen Menschen, der nicht frei ist vom Wunsch nach Belohnung für seine Taten, ist nutzlos und kann ihm nicht zur Selbsterkenntnis verhelfen. Für einen Menschen voller Egoismus, der immer an Sinnesdinge denkt, sind die Lehren eines *Gurus* ohne Nutzen. Die Läuterung des Geistes ist unbedingt notwendig. Ohne diese Reinigung sind all unsere spirituellen Bemühungen nichts als unnütze Schau und Pomp. Deshalb ist es besser, nur das zu nehmen, was man verdauen und verinnerlichen kann. Meine Schatzkammer ist voll und ich kann jedem geben, was er sich wünscht, doch muss ich schauen, ob die Voraussetzung gegeben ist, mein Geschenk zu empfangen. Wenn du mir aufmerksam zuhörst, wird es dir ganz sicher zum Wohl gereichen. So wahr wie ich in dieser *Masjid* sitze, sage ich niemals irgendeine Unwahrheit."

Wenn ein Gast eingeladen ist, werden alle Mitglieder des Haushalts, sowie Freunde und Verwandte, die gerade zugegen sind, mit dem Gast zusammen bewirtet. Ebenso konnten alle, die zu dieser Zeit in der *Masjid* waren, an dem spirituellen Festmahl teilnehmen, das Baba dem reichen Herrn servierte. Nachdem sie Babas Segen erhalten hatten, verließen alle, einschließlich des reichen Herrn, den Platz recht glücklich und zufrieden.

Babas besondere Charakteristik

Es gibt viele Heilige, die ihre Häuser verlassen, im Wald, in Höhlen oder Einsiedeleien leben und versuchen, in der Einsamkeit Befreiung oder Erlösung für sich zu erreichen. Sie kümmern sich nicht um andere Menschen und sind immer in ihr Selbst vertieft. Sai Baba war nicht von dieser Art. Er hatte kein Heim, keine Frau, keine Nachkommenschaft, auch keine nahen oder fernen Verwandten. Dennoch lebte er in der Welt, in der Gesellschaft. Sein Brot erbettelte er von vier oder fünf Haushalten, er lebte immer am Fuß des Niembaumes, beschäftigte sich mit weltlichen Dingen und lehrte alle Menschen, wie man sich in dieser Welt verhält und handelt. Die Weisen *(sādhu)* und Heiligen, die sich nach dem Erlangen der Gottesschau um das Wohlergehen der Menschen kümmern, sind selten. Sai Baba war führend unter ihnen und deshalb sagt Hemadpant: „Gesegnet ist das Land, gesegnet ist die Familie und gesegnet sind die ehrbaren Eltern, denen dieses außergewöhnliche, transzendente, kostbare und reine Juwel – Sai Baba – geboren wurde."

Verneige dich vor Shrī Sai – Friede sei mit allen

Kapitel XVIII & XIX

Wie Hemadpant angenommen und gesegnet wurde

Die Geschichten von Herrn Sathe und Frau Deshmukh – Babas Rat in Bezug auf unser Verhalten – Ermutigung, gute Gedanken umzusetzen – Fülle der Unterweisung und Lehren in Bezug auf Verleumdung – Vergütung für Arbeit

In den beiden vorigen Kapiteln beschrieb Hemadpant, wie ein reicher Herr die schnelle Erkenntnis von *Brahman (brahmajnāna)* erwartete und wie er von Baba behandelt wurde. In diesen beiden Kapiteln beschreibt er jetzt, wie er selbst von Baba angenommen und gesegnet wurde, wie Baba zu guten Gedanken ermutigte, sie Früchte tragen ließ und wie er seine Lehren bezüglich der Selbstverbesserung, Verleumdung und Belohnung für Arbeit erteilte.

Es ist eine wohlbekannte Tatsache, dass der *Sadguru* zuerst die Qualifikationen seiner Schüler einschätzt und ihnen dann, ohne ihren Geist im Geringsten durcheinanderzubringen, die passenden Anweisungen gibt und sie zum Ziel, der Selbsterkenntnis, führt. In dieser Hinsicht sagen einige, dass das, was der *Sadguru* lehre oder unterrichte, nicht an andere weitergegeben werden solle. Sie glauben, dass die Unterweisungen, wenn man sie veröffentlicht, nutzlos würden.

Diese Ansicht ist nicht korrekt. Der *Sadguru* ist wie eine Monsunwolke; er „gießt in Strömen“, das heißt er verströmt seine nektargleiche Lehre in weitem Umkreis. An dieser Lehre sollten wir uns nach Herzenslust erfreuen, sie verinnerlichen und sie dann ohne Vorbehalt anderen zugute kommen lassen. Diese Regel sollte nicht nur bei dem, was er uns im Wachzustand lehrt, angewandt werden, sondern auch bei den Visionen, die er uns in unseren Träumen gibt. Um ein Beispiel zu nennen: Der *Rishi* Budhakowshik veröffentlichte sein berühmtes Werk „Rama-Raksha-Stotra“, das er im Traum empfangen hatte.

Wie eine liebevolle Mutter, die ihren Kindern bittere, aber heilsame Medizin zum Wohl ihrer Gesundheit aufzwingt, so schenkte Sai seinen *Devotees* spirituelle Anweisungen. Seine Methode war nicht etwa verschleiert oder geheim, sondern recht offen. Diejenigen *Devotees,* die seinen Anweisungen folgten, erreichten ihr Ziel. *Sadgurus* wie Sai Baba öffnen uns die Augen – die „Augen“ des Intellekts –, zeigen uns die göttliche Schönheit des Selbst und erfüllen unser zartes Sehnen der Hingabe. Danach vergeht unser Verlangen nach Sinnesobjekten, die Zwillingsfrüchte Unterscheidungsvermögen *(viveka)* und Entsagung *(vairāgya)* stehen uns zur Verfügung und das Wissen vermehrt sich selbst noch im Schlaf. All dies erhalten wir, wenn wir mit Heiligen, mit *Sadgurus,* in Kontakt kommen, ihnen dienen und uns ihre Liebe sichern. Der Herr, der die Wünsche seiner *Devotees* erfüllt, kommt uns zur Hilfe, beseitigt unsere Schwierigkeiten und Leiden und macht uns glücklich. Dieser Fortschritt, diese Entwicklung ist ganz und gar der Hilfe des *Sadgurus* zu verdanken, der als der Herr selbst angesehen wird. Deshalb sollten wir uns immer mit dem *Sadguru* beschäftigen, seine Geschichten anhören, ihm zu Füßen fallen und ihm dienen.

Nun kommen wir zur Hauptgeschichte.

Herr Sathe

Da gab es einen Herrn Sathe, der vor vielen Jahren einige Bekanntheit erlangt hatte, und zwar während des Crawford-Regimes, das durch den Gouverneur von Bombay, Lord Reay, abgesetzt wurde. Er erlitt schwere geschäftliche Verluste. Andere widrige Umstände verursachten ihm viele Sorgen und machten ihn traurig und deprimiert. Er war ruhelos und dachte daran, sein Haus zu verlassen und sich an einen entfernten Ort zu begeben.

Der Mensch denkt generell nicht an Gott, doch wenn ihn Schwierigkeiten und Unglück überkommen, wendet er sich an Ihn und betet um Hilfe. Wenn die schlechte Zeit zu Ende ist, richtet Gott es so ein, dass er einem Heiligen begegnet, der ihm die passenden Lehren in Bezug auf sein Wohlergehen gibt. Herr Sathe hatte ein ähnliches Erlebnis. Seine Freunde schlugen ihm vor, nach Shirdi zu fahren, wo sich so viele Menschen versammelten, um Sai Babas *Darshan* zu bekommen, damit ihr Geist (mind) Frieden erhält und ihre Wünsche erfüllt werden. Ihm gefiel die Idee, und er begab sich sofort nach Shirdi. Das war 1917. Als er Babas Gestalt erblickte, die wie das ewige *Brahman* war, selbststrahlend, makellos und rein, wurde sein Gemüt ruhig und gelassen. Er dachte bei sich, dass die angesammelten Verdienste in seinen früheren Leben ihn zu Babas heiligen Füßen gebracht hätten. Er war ein Mann mit starkem Willen und begann sofort mit dem Studium der *Gurucharita*. Als er die Lesung nach sieben Tagen *(saptāha)* beendet hatte, schenkte Baba ihm in der darauffolgenden Nacht eine Vision: Baba hielt die *Gurucharita* in der Hand und erklärte ihm deren Inhalt. Herr Sathe saß vor ihm und hörte ihm aufmerksam zu. Als er aufwachte, erinnerte er sich an den Traum und war sehr glücklich. Er fand, dass es äußerst gütig von Baba war, Seelen wie ihn, die in Unwissenheit dahindämmern, zu erwecken und den Nektar der *Gurucharita* kosten zu lassen.

Am nächsten Tag erzählte er Kakasaheb Dixit von dieser Vision und bat ihn, Sai Baba aufzusuchen und herauszufinden, ob eine siebentägige Lesung ausreichend sei oder ob er noch eine weitere durchführen solle. Als Kakasaheb Dixit eine passende Gelegenheit fand, fragte er Baba: *„Deva,* was hattest Du Herrn Sathe in dieser Vision vorgeschlagen? Soll er aufhören oder die siebentägige Lesung wiederholen? Er ist ein schlichter *Devotee,* sein Wunsch sollte erfüllt werden. Bitte erkläre ihm die Vision und segne ihn." Baba antwortete: „Er sollte das Buch noch ein weiteres Mal in sieben Tagen lesen. Wenn er das Werk aufmerksam studiert, wird es ihm von Nutzen sein und er wird geläutert. Das wird Gott erfreuen und Er wird ihn aus der Bindung an die weltliche Existenz befreien."

Hemadpant war zu der Zeit gerade anwesend und wusch Babas Füße. Als er Babas Worte hörte, dachte er bei sich: „So etwas! Herr Sathe liest das Buch nur eine Woche und erhält eine Belohnung und ich lese das Werk seit 40 Jahren ohne Ergebnis! Sein siebentägiger Aufenthalt hier trägt Früchte, während mein Aufenthalt von sieben Jahren (1910 bis 1917) umsonst war. Wie ein *Chatak* warte ich immerzu auf die gnadenreiche Wolke (Baba), damit sie ihren Nektar auf mich niederregnen lässt und mich mit Unterweisungen segnet." Kaum kam dieser Gedanke in ihm auf, wusste Baba davon. Es war die Erfahrung der *Devotees*, dass Baba ihre Gedanken las und verstand und dass er die schlechten unterdrückte und die guten förderte. Als Baba Hemadpants Gedanken las, bat er ihn sofort, aufzustehen und zu Shama zu gehen, von ihm 15 Rupien *Dakshinā* zu holen, eine Weile mit ihm zusammenzusitzen und zu plaudern und dann zurückzukehren. Baba hatte Erbarmen mit ihm, deshalb erteilte er diesen Auftrag. Und wer konnte sich schon Babas Anweisungen widersetzen?

Hemadpant verließ sofort die *Masjid* und ging zu Shamas Haus. Shama hatte gerade sein Bad genommen und trug einen *Dhotar*. Er kam heraus und fragte Hemadpant: „Wie kommt es, dass du jetzt schon hier bist? Mir scheint, dass du von der *Masjid* kommst. Warum bist du denn so unruhig und deprimiert, und warum bist du allein? Bitte, setz dich und ruh dich aus, ich will noch eben meine Andacht halten und komme dann zurück. Nimm dir bitte in der Zwischenzeit Blätter, Betelnüsse und so weiter (pan-vida) und lass uns dann ein wenig plaudern." Dann ging er ins Haus und Hemadpant saß alleine auf der vorderen Veranda. Auf dem Fenstersims sah er ein bekanntes *Marathi*-Buch mit dem Namen „Nath-Bhagvat". Das ist ein Kommentar des heiligen *Eknath* über das elfte Kapitel des größeren *Sanskrit*-Werkes, des *Bhagavatam.* Auf Sai Babas Vorschlag und Empfehlung hin lasen die Herren Bapusaheb Jog und Kakasaheb Dixit täglich in Shirdi die *Bhagavadgita* mit dem *Marathi*-Kommentar genannt „Bhawartha-Deepika" oder *Jnaneshwari* (ein Dialog zwischen *Krishna* und seinem Freund und *Devotee Arjuna*) und Nath-Bhagvat (ein Dialog zwischen *Krishna* und seinem Diener und *Devotee Uddhava)* sowie *Eknaths* anderes großes Werk, nämlich Bhawartha Ramayana.

Wenn *Devotees* zu Baba kamen und ihm gewisse Fragen stellten, so beantwortete er diese manchmal nur teilweise und bat sie, den Lesungen der genannten Werke, welche die Hauptabhandlungen des Bhagavatdharma sind, zuzuhören. Taten sie dies, erhielten sie vollständige und zufriedenstellende Antworten auf ihre Fragen. Auch Hemadpant las täglich einige Abschnitte aus dem Buch Nath-Bhagvat.

An jenem Tag hatte er den täglichen Teil seiner Lesung nicht beendet, weil er einige *Devotees* begleitet hatte, die zur *Masjid* gingen. Als er das Buch von Shamas Fensterbank nahm und beiläufig aufschlug, stellte er zu seinem Erstaunen fest, dass es der Teil war, den er noch nicht gelesen hatte. Er dachte bei sich, dass Baba doch sehr gütig sei, ihn zu Shamas Haus zu schicken, damit er seine tägliche Lesung beenden könne. Das tat er dann auch. Als er damit fertig war, kam Shama, der seine Andacht beendet hatte, heraus. Zwischen ihnen entspann sich folgende Unterhaltung.

Hemadpant: „Ich bin mit einer Botschaft von Baba gekommen. Er hat mich gebeten, mit 15 Rupien *Dakshinā* von dir zurückzukehren. Ich soll auch eine Weile mit dir zusammensitzen und plaudern und dann mit dir zur *Masjid* zurückkehren."

Shama, erstaunt: „Ich habe kein Geld, nimm meine 15 Verneigungen *(namaskāra)* als *Dakshinā* statt der Rupien."

Hemadpant: „In Ordnung, deine *Namaskāras* werden angenommen. Jetzt lass uns ein wenig plaudern. Erzähl mir einige Geschichten und göttliche Spiele von Baba, die unsere Sünden vernichten!"

Shama: „Dann setz dich für eine Weile hierhin. Wundervoll ist das Spiel *(līlā)* dieses Gottes (Baba). Du weißt das schon. Ich bin ein Landmann, während du ein erleuchteter Städter bist. Du hast schon einige *Līlās* mitangesehen, seitdem du hier bist. Wie sollte ich sie dir beschreiben? Nun, nimm diese Blätter und Betelnüsse und iss das Pan-Vida, während ich hineingehe und mich anziehe."

Nach wenigen Minuten kam Shama wieder heraus und setzte sich zu Hemadpant. Er sagte: „Das Spiel dieses Gottes (Baba) ist unergründlich. Seine göttlichen Spiele sind endlos. Wer kann sie schon alle erkennen? Er spielt und vergnügt sich mit seinen *Līlās,* dennoch bleibt er unberührt von ihnen. Was wissen denn wir Landleute schon? Warum erzählt Baba nicht selbst Geschichten? Weshalb schickt er gelehrte Männer wie dich zu Dummköpfen wie mir? Seine Wege sind unbegreiflich. Ich kann nur sagen, dass sie nicht menschlich sind." Dann fuhr Shama fort: „Jetzt erinnere ich mich an eine Geschichte, die ich dir erzählen werde. Ich habe sie persönlich erlebt. So fest entschlossen wie ein *Devotee* ist, so prompt ist auch Babas Reaktion. Manchmal unterzieht Baba die *Devotees* harten Prüfungen und erteilt ihnen dann spirituelle Unterweisung *(upadesha)*."

Sowie Hemadpant das Wort „Unterweisung" vernahm, war ihm, als ob ein Blitz durch seinen Geist (mind) fuhr. Sofort erinnerte er sich an Herrn Sathes *Gurucharita*-Lesung und er dachte, dass Baba ihn zu Shama geschickt haben könne, um seinem ruhelosen Geist Frieden zu schenken. Er hielt jedoch dieses Gefühl zurück und lauschte Shamas Geschichten. Diese Geschichten zeigten alle, wie gütig und liebevoll Baba seinen *Devotees* gegenüber war. Während Hemadpant zuhörte, kam in ihm eine große Freude auf. Shama erzählte die folgende Geschichte.

Frau Radhabai Deshmukh

„Eine alte Frau mit Namen Radhabai, die Mutter von Khashaba Deshmukh, hörte von Babas Ruhm und kam mit Leuten aus Sangamner nach Shirdi. Sie erhielt Babas *Darshan* und war sehr zufrieden. Sie liebte Baba sehr und beschloss, ihn als ihren *Guru* anzunehmen und von ihm Unterweisung und *Mantras* zu bekommen. Sie beschloss, sich zu Tode zu fasten, falls Baba sie nicht annähme. Drei Tage lang blieb sie in ihrer Unterkunft und nahm weder Nahrung noch Wasser zu sich. Ich war sehr erschrocken über dieses Martyrium der alten Frau und legte für sie bei Baba Fürbitte ein: ‚O *Deva*', sagte ich, ‚was hast du da gemacht? Du lässt so viele Personen hierher kommen. Du kennst jene alte Frau. Sie ist sehr hartnäckig und hängt ganz und gar von dir ab. Sie will sich zu Tode hungern, wenn du sie nicht annimmst und belehrst. Falls etwas Ernsthaftes passiert, werden die Leute dich beschuldigen. So hab Erbarmen mit ihr, segne sie und unterweise sie.' Als Baba die Entschlossenheit der alten Frau sah, ließ er sie zu sich rufen. Er veränderte ihre Gesinnung, indem er sie folgendermaßen ansprach: ‚O Mutter[5], warum setzt du dich unnötigen Qualen aus und

[5] Baba sprach Frauen immer liebevoll als „Mutter" und Männer als „Kaka", „Bapu" und so weiter an.

näherst dich dem Tod? Eigentlich bist du meine Mutter und ich bin dein Kind. Hab Mitleid mit mir und hör mich an. Ich erzähle dir meine eigene Geschichte. Sie wird dir gut tun, wenn du aufmerksam zuhörst.

Ich hatte einen *Guru,* der ein großer Heiliger und äußerst barmherzig war. Lange, sehr lange habe ich ihm gedient, dennoch flüsterte er mir kein *Mantra* ins Ohr. Ich hatte den festen Wunsch, ihn nie zu verlassen, sondern bei ihm zu bleiben, ihm zu dienen und um jeden Preis von ihm unterwiesen zu werden. Doch er hatte so seine eigene Art. Zuerst ließ er meinen Kopf scheren und verlangte von mir 2 *Paisa Dakshinā*. Ich gab sie ihm sofort. Nun könnte man fragen: Wenn mein *Guru* vollkommen war, warum sollte er dann um Geld bitten und wie konnte man ihn ‚wunschlos' nennen? Darauf antworte ich offen, dass ihn Geld niemals interessierte. Was hatte er damit zu tun? Seine 2 *Paisa* waren erstens fester Glaube und zweitens Geduld und Ausdauer. Diese gab ich ihm und er freute sich. Ich war mit meinem *Guru* zwölf Jahre zusammen, er hat mich erzogen. An Nahrung und Kleidung mangelte es nicht. Er war voller Liebe oder besser gesagt, er war die Verkörperung der Liebe. Wie kann ich das beschreiben? Er liebte mich über alle Maßen. Selten ist ein *Guru* wie er. Wenn ich ihn anschaute, schien er tief in Meditation versunken zu sein, und wir beide waren dann von Seligkeit erfüllt. Tag und Nacht schaute ich ihn an, ohne Hunger oder Durst zu verspüren. Ohne ihn fühlte ich mich ruhelos. Ich hatte keinen anderen Meditationsgegenstand, noch gab es für mich irgendetwas anderes, als meinem *Guru* zu dienen. Er war meine einzige Zuflucht. Meine Gedanken waren immer auf ihn ausgerichtet. Das ist das eine *Paisa-Dakshinā;* Geduld oder Ausdauer *(saburi)* ist das andere *Paisa-Dakshinā*. Ich diente meinem *Guru* geduldig und sehr lange. Geduld *(saburi)* wird dich über den Ozean der weltlichen Existenz führen. *Saburi* entfernt alle Sünden und Nöte, befreit auf verschiedene Weise von Katastrophen, beseitigt alle Furcht und lässt dich schließlich Erfolg haben. *Saburi* ist die Schatzkammer guter Eigenschaften, der Gefährte guter Gedanken. Beständigkeit im Glauben *(nishthā)* und Geduld oder Ausdauer *(saburi)* sind wie Zwillingsschwestern, die einander innig lieben.

Mein *Guru* verlangte nie etwas anderes von mir. Er vernachlässigte mich niemals, sondern beschützte mich zu allen Zeiten. Ich lebte mit ihm zusammen. Manchmal war ich nicht bei ihm, aber trotzdem fühlte ich immer seine Liebe. Stets schützte er mich durch seinen Blick, so wie die Schildkröte ihre Jungen durch ihren liebevollen Blick nährt, unabhängig davon, ob sie nah bei ihr oder fern am anderen Ufer des Flusses sind.

O Mutter, mein *Guru* lehrte mich nie ein *Mantra*, weshalb soll ich dir dann ein *Mantra* ins Ohr flüstern? Denk nur daran, dass der liebevolle Blick des *Gurus* uns glücklich macht, so wie der Blick der Schildkrötenmutter ihre Jungen glücklich macht. Versuch nicht, von irgendjemandem ein *Mantra* oder eine Unterweisung *(upadesha)* zu bekommen. Mach mich zum alleinigen Objekt deiner Gedanken und Taten, und du wirst ohne Zweifel das spirituelle Ziel des Lebens *(paramārtha)* erreichen. Schau mit ganzem Herzen zu mir und ich schaue in gleicher Weise zu dir. So wahr wie ich in dieser *Masjid* sitze, sage ich die Wahrheit, nichts als die Wahrheit. Man muss weder spirituelle Übungen *(sādhana)* praktizieren noch in den sechs *Shāstras* bewandert sein. Hab nur Glauben und Vertrauen in deinen *Guru*. Glaub fest daran, dass der *Guru* der alleinige Handelnde ist. Gesegnet ist, wer die Größe seines *Gurus* kennt und ihn als die Verkörperung von *Vishnu, Shiva* und *Brahma (trimūrti)* ansieht.‘ Diese Worte überzeugten die alte Dame; sie verneigte sich vor Baba und gab ihr Fasten auf.“

Hemadpant war aufs Angenehmste überrascht, als er dieser Geschichte mit voller Aufmerksamkeit zuhörte und ihre Bedeutung und Angemessenheit erkannte. Er war von Kopf bis Fuß zutiefst bewegt.

Seine Freude war übergroß, als er dieses wunderbare göttliche Spiel von Baba vernahm. Sein Hals war wie zugeschnürt und er war unfähig, auch nur ein einziges Wort zu äußern. Shama, der ihn in diesem Zustand sah, fragte ihn: „Was ist los mit dir? Warum bist du so still? Wie viele der zahllosen *Līlās* von Baba soll ich dir denn noch beschreiben?"

In diesem Moment begann die Glocke in der *Masjid* zur Mittagsandacht und *Arati*-Zeremonie zu läuten, und Shama und Hemadpant eilten zur *Masjid*. Bapusaheb Jog hatte gerade mit der Andacht begonnen. Die Frauen waren oben in der *Masjid* und die Männer standen unten im offenen Hof. Von Trommeln begleitet sangen alle aus voller Kehle das *Arati* im Chor. Shama ging hinauf und zog Hemadpant mit sich. Er setzte sich rechts neben Baba und Hemadpant direkt vor ihn. Baba schaute sie an und fragte Hemadpant nach Shamas *Dakshinā*. Er entgegnete, dass Shama Verneigungen *(namaskāra)* statt der Rupien gebe und dass er persönlich hier sei. Baba sagte: „In Ordnung. Jetzt möchte ich wissen, ob ihr beiden geredet habt. Und wenn ja, erzählt mir alles, worüber ihr gesprochen habt." Hemadpant kümmerte sich nicht im Geringsten um den Lärm der Glocken, Trommeln und Gesänge, er wollte unbedingt berichten, worüber sie gesprochen hatten, und so begann er zu erzählen. Baba war begierig es zu hören und beugte sich vor. Hemadpant sagte, dass alles sehr erfreulich und wunderbar gewesen sei, besonders die Geschichte von der alten Dame und dass er während des Zuhörens gedacht habe, dass sein *Līlā* doch unbeschreiblich sei und Er ihn durch diese Geschichte wahrlich gesegnet habe. Baba sagte daraufhin: „Die Geschichte ist wunderbar. Wie wurdest du gesegnet? Ich würde gern alle Einzelheiten von dir erfahren. Erzähl mir alles darüber." Hemadpant gab also die ganze Geschichte wieder, wie er sie kurz zuvor vernommen hatte und wie sie einen bleibenden Eindruck in seinem Geist hinterlassen hatte. Als Baba dies hörte, war er sehr erfreut und fragte ihn: „Hat die Geschichte dich beeindruckt und hast du ihre Bedeutung erfasst?“ Er antwortete: „Ja, Baba, die Unruhe meines Geistes ist vergangen. Ich habe wirklichen Frieden und Ruhe gefunden und habe nun den wahren Pfad erkennen dürfen.“ Baba sagte: „Meine Methode ist recht einzigartig. Merk dir diese eine Geschichte gut, und sie wird dir sehr nützlich sein. Um das Wissen vom Selbst zu erlangen, ist Meditation erforderlich. Wenn du das ununterbrochen übst, werden die Gedanken *(vritti)* beruhigt. Da du schon nahezu ohne Wünsche bist, solltest du über den Herrn meditieren, der in allen Geschöpfen ist. Wenn die Gedanken konzentriert sind, kann das Ziel erreicht werden.

Meditiere immer über mein formloses Wesen, das Wissen, Bewusstsein und Glückseligkeit ist. Wenn du das nicht kannst, meditiere über meine Gestalt, von Kopf bis Fuß, so wie du sie hier Tag und Nacht siehst. Während du darin fortschreitest, werden deine Gedanken konzentriert und der Unterschied zwischen dem Meditierenden (dhyāta), dem Vorgang der Meditation (dhyāna) und dem Gegenstand der Meditation (dheya) verliert sich dann. Der Meditierende wird eins mit dem höchsten Bewusstsein und geht in *Brahman* auf. Die Schildkrötenmutter ist auf der einen Seite des Flusses und ihre Jungen sind auf der anderen Seite. Sie gibt ihnen weder Milch noch Wärme. Ihr bloßer Blick ist Nahrung für sie. Die Jungen tun nichts anderes, als an ihre Mutter zu denken (sie meditieren). Der Blick der Schildkröte ist wie ein Regen von Nektar für die Jungen, die einzige Quelle der Nahrung und des Glücks. Ähnlich ist das Verhältnis zwischen dem *Guru* und dem Schüler.“

Als Baba diese letzten Worte sprach, hörte der *Arati*-Gesang auf und alle riefen laut, wie aus einer Kehle „Heil unserem *Sadguru* Sai *Maharaj,* der Sein, Weisheit und Glückseligkeit ist!“

Stellen wir uns vor, liebe Leser, dass wir jetzt inmitten der Menge in der *Masjid* stehen und in diesen Ruf einstimmen.

Nach der *Arati*-Zeremonie wurde geweihte Speise *(prasad)* verteilt. Bapusaheb Jog ging, wie üblich, voran und gab Baba, nachdem er ihn respektvoll begrüßt hatte, eine Handvoll Kandiszucker. Baba schob das Ganze in Hemadpants Hände und sagte: „Wenn du dir diese Geschichten zu Herzen nimmst und dich gut an sie erinnerst, dann wird dein Zustand so süß wie der Kandiszucker. All deine Wünsche werden erfüllt und du wirst glücklich sein." Hemadpant verneigte sich vor Baba und bat ihn inständig: „Bitte, sei mir gütigerweise immer so geneigt und segne und beschütze mich." Baba erwiderte: „Höre diese Geschichte, meditiere über sie und verinnerliche ihren Sinn, dann wirst du immer über den Herrn meditieren, und er selbst wird sich dir offenbaren."

Liebe Leser! Damals erhielt Hemadpant das Kandiszucker-*Prasad,* und wir erhalten jetzt den Nektar dieser Geschichte als Geschenk *(prasad).* Lasst uns nach Herzenslust davon trinken, darüber meditieren und durch Babas Gnade stark und glücklich sein. Amen!

Babas Rat in Bezug auf unser Verhalten

Babas folgende Worte gelten für alle und sind unschätzbar. Wenn ihr sie im Gedächtnis behaltet und entsprechend anwendet, werden sie euch immer Gutes bringen.

„Niemand geht irgendwohin, ohne dass eine gewisse Beziehung oder Verbindung besteht. Wenn irgendein Mensch oder andere Geschöpfe zu dir kommen, so jag sie nicht unhöflich fort, sondern empfange und behandle sie mit dem nötigen Respekt. Gott wird sich bestimmt freuen, wenn du den Durstigen Wasser gibst, den Hungrigen Brot, den Nackten Kleidung und deine Veranda den Fremden zum Sitzen und Ausruhen anbietest. Wenn irgendjemand Geld von dir will und du nicht geneigt bist es zu geben, so gib es nicht, aber belle ihn nicht an wie ein Hund. Sagt jemand hundert Dinge gegen dich, so nimm es nicht übel und antworte nicht verbittert. Wenn du das alles immer tolerierst, wirst du gewiss glücklich. Mag die Welt sich auf den Kopf stellen, bleib du, wo du bist. Bleib du an deinem eigenen Platz und beobachte gelassen das Schauspiel. Zerstöre die Mauer des Unterschiedes, die dich von mir trennt. Dann wird der Weg für unsere Begegnung klar und offen sein.

Das Gefühl der Unterscheidung von ‚ich' und ‚du' ist die Barriere, die den Schüler von seinem Meister trennt, und bevor diese nicht zerstört wird, ist der Zustand der Vereinigung nicht möglich. ‚Allah Malik' bedeutet, dass Gott der alleinige Eigentümer von allem ist und niemand anders als Er unser Beschützer. Seine Arbeitsmethode ist außerordentlich, von unschätzbarem Wert und unergründlich. Sein Wille wird geschehen und Er wird uns den Weg zeigen und unsere Herzenswünsche erfüllen. Wir sind aufgrund der früheren Verbindungen zusammengekommen. Lasst uns einander lieben und dienen und glücklich sein. Wer das höchste Ziel des Lebens erreicht, wird unsterblich und glücklich; alle anderen existieren lediglich, das heißt sie leben, so lange sie atmen."

Ermutigung, gute Gedanken umzusetzen

Es ist interessant festzustellen, wie Sai Baba zu guten Gedanken ermutigt hat. Man muss sich ihm vollkommen mit Liebe hingeben, dann wird man sehen, wie er immer wieder in so manchen Angelegenheiten hilft.

Ein Heiliger hat einmal gesagt, wenn du sofort nach dem Erwachen einen guten Gedanken hast und diesen später, während des Tages, weiterentwickelst, so wird sich dein Intellekt entfalten und dein Geist (mind) ruhig werden. Hemadpant wollte dies ausprobieren.

An einem Mittwochabend dachte er, bevor er zu Bett ging: „Morgen ist Donnerstag, ein besonderer Tag, und Shirdi ist ein so heiliger Ort. Ich will den ganzen Tag damit verbringen, den Namen des Herrn zu wiederholen und *Ramanaman* feiern." Dann schlief er ein. Als er am nächsten Morgen aufwachte, erinnerte er sich ohne Mühe an den Namen Gottes und freute sich sehr darüber. Nachdem er seine morgendlichen Pflichten beendet hatte, ging er mit Blumen zu Baba. Er verließ Dixits *Wada* und ging gerade an Bootys *Wada* (dem heutigen *Samādhi-Mandir*) vorbei. Da hörte er aus der *Masjid* ein wunderschönes Lied, das Aurangabadkar vorsang. Es war das Lied „Gurukripānjan payo mere bhai" von *Eknath,* in dem er erzählt, dass er die Gnade seines *Gurus* erhalten habe, die sein inneres Auge geöffnet habe und ihn habe *Rama* (Gott) sehen lassen, im Schlaf, im Traum, im Wachzustand und überall. Es gab so viele Lieder, aber weshalb wurde gerade dieses besondere Lied von Aurangabadkar, einem *Devotee* von Baba, ausgewählt? Ist das nicht ein von Baba arrangierter seltsamer Zufall, um Hemadpants Entschluss zu stärken, den ganzen Tag *Ramas* Namen zu singen?

Um die Erwartungen der *Devotees* zu erfüllen und sie zu beschützen und aus allen Nöten zu befreien, ist das Rezitieren des Namens Gottes äußerst wichtig. Alle Heiligen sind sich hierin einig und betonen die Wirksamkeit des Namens des Herrn.

Fülle der Unterweisung und Lehren in Bezug auf Verleumdung

Sai Baba benötigte weder einen besonderen Platz noch eine besondere Zeit, um spirituelle Unterweisungen zu geben. Er erteilte sie reichlich, wann immer es die Gelegenheit erforderte. Einmal geschah es, dass ein *Devotee* von Baba über jemanden hinter dessen Rücken schlecht sprach. Er erging sich über die Fehler seines Bruders, ließ alles Gute beiseite und sprach so sarkastisch, dass die Zuhörer angewidert waren. Die Menschen haben generell die Tendenz, unnötigerweise über andere herzuziehen. Das bringt Hass und Boshaftigkeit mit sich. Die Heiligen sehen Verleumdungen in einem anderen Licht. Sie sagen, dass es verschiedene Mittel gebe, Schmutz zu entfernen, nämlich durch Sand, Wasser, Seife und so weiter. Aber eine Lästerzunge hat ihre eigene Art, sie entfernt den Schmutz (Fehler) anderer durch Worte. So tut sie der Person, die sie verunglimpft, in gewisser Weise einen Gefallen, und dafür sollte ihr gedankt werden.

Sai Baba hatte nun seine eigene Methode, diese Lästerzunge zu korrigieren. Aufgrund seiner Allwissenheit wusste er, was der Verleumder getan hatte. Als Baba ihn gegen Mittag in der Nähe des *Lendis* traf, zeigte er ihm ein Schwein, das in der Nähe des Zaunes Unrat fraß, und sagte zu ihm: „Schau, mit welchem Genuss es Mist herunterschlingt. Dein Verhalten ist ähnlich. Nach Herzenslust verunglimpfst du deine eigenen Verwandten. Nach so vielen verdienstvollen Taten wurdest du als Mensch geboren. Wenn du dich aber jetzt so verhältst, wird dein Aufenthalt in Shirdi dir dann in irgendeiner Weise nützlich sein?“ Es ist unnötig zu sagen, dass sich der *Devotee* die Lektion zu Herzen nahm.

So gab Baba Unterweisungen, wann immer es nötig war. Wenn wir diese nicht vergessen und entsprechend handeln, ist das spirituelle Ziel (Erkenntnis) nicht mehr weit. Es gibt ein Sprichwort: „Den Seinen gibt's der Herr im Schlaf!“ Dieses Sprichwort gilt nur in Bezug auf Kleidung und Nahrung. Doch wenn jemand in spirituellen Angelegenheiten hierauf vertraut und einfach still dasitzt und nichts unternimmt, schadet er sich. Man muss sich aufs Äußerste bemühen, um Selbsterkenntnis zu erlangen. Je mehr man sich bemüht, desto besser.

Baba sagte, dass er allgegenwärtig sei und Erde, Luft, Länder, Welt, Licht und Himmel bewohne, aber nicht zu lokalisieren sei. Um den Irrtum derjenigen zu beseitigen, die glaubten, dass Baba nur dieser Körper sei – dreieinhalb *Cubits* groß – inkarnierte Er in dieser Form, und wenn ein *Devotee* mit vollkommener Hingabe Tag und Nacht über Ihn meditiert, erreicht er vollkommene Vereinigung mit Ihm, so wie Süße und Zucker, die Welle und das Meer, der Glanz und das Auge. Wer dem Kreislauf von Geburt und Tod entkommen will, sollte ein rechtschaffenes Leben führen. Sein Geist sollte ruhig und beherrscht sein. Er sollte niemanden harsch ansprechen oder verletzen. Stets sollte er mit guten Taten beschäftigt sein, seine Pflicht erfüllen und sich mit Herz und Seele Gott (Baba) ergeben. Dann braucht er nichts zu befürchten. Wer Ihm ganz und gar vertraut, von Seinen *Līlās* hört und sie anderen erläutert und an nichts anderes denkt, wird ganz sicher Selbsterkenntnis erlangen. Baba riet vielen Menschen, Seinen Namen zu wiederholen und sich Ihm zu ergeben. Doch jenen, die wissen wollten, wer sie sind (Wer-bin-ich-Nachforschung) riet er zum Studium und zur Meditation. Einigen gab er den Rat, an den Namen Gottes zu denken, anderen von Seinen *Līlās* zu hören, einigen Seine Füße anzubeten und anderen die heiligen Schriften *Adhyatmaramayana, Jnaneshwari* und andere zu lesen und zu studieren. Einige ließ er zu seinen Füßen sitzen, andere schickte er zu Khandobas Tempel und wieder anderen riet er, *Vishnus* tausend Namen zu wiederholen und manchen zum Studium der *Chandogya-Upanischad* und der *Gita*. Seine Anweisungen waren unbegrenzt. Einigen gab er sie persönlich, anderen durch Visionen in ihren Träumen. Einem Mann, der dem Trinken verfallen war, erschien er im Traum und setzte sich auf seinen Brustkorb, den er heftig drückte, und er verließ ihn erst, nachdem dieser das Versprechen gegeben hatte, nie mehr Alkohol anzurühren. Manchen Menschen erklärte er im Traum *Mantras* wie „Gurur Brahma". Einem *Devotee*, der *Hathayoga* ausübte, ließ er ausrichten, dass er die *Hathayoga*-Übungen seinlassen und stattdessen stillsitzen und Geduld *(saburi)* üben solle. Es ist unmöglich, all seine Wege und Methoden zu beschreiben. Im gewöhnlichen, weltlichen Umgang setzte er Beispiele durch seine Taten, von denen eine nachfolgend wiedergegeben wird.

Vergütung für Arbeit

Eines Tages kam Baba zur Mittagszeit in die Nähe von Radha-Krishna-Mais Haus und sagte: „Bringt mir eine Leiter!“ Zwei Männer brachten sie und stellten sie, gemäß Babas Anweisung, an ein Haus. Er kletterte auf das Dach von Vaman Gondkars Haus, ging über das Dach von Radha-Krishna-Mais Haus und kam dann an der anderen Seite wieder herunter. Niemand konnte wissen, was Baba damit bezweckte. Radha-Krishna-Mai lag zu der Zeit mit hohem Malariafieber darnieder. Vielleicht ging er über das Dach, um das Fieber zu vertreiben. Als er herunterkam, gab Baba den beiden, welche die Leiter gebracht hatten, sofort 2 Rupien. Jemand brachte den Mut auf zu fragen, warum er so viel dafür bezahle. Er antwortete, dass niemand die Arbeit anderer umsonst annehmen solle; der Arbeiter solle prompt und großzügig bezahlt werden.

Wenn das von Baba gelehrte Prinzip befolgt wird, das heißt der Lohn für Arbeit prompt und zufriedenstellend gezahlt wird, dann werden die Arbeiter bessere Arbeit leisten und sowohl die Arbeiter als auch die Arbeitgeber davon profitieren. Dann gibt es keinen Grund mehr für Aussperrungen und Streiks und keinen Unfrieden zwischen Arbeitnehmern und Arbeitgebern.

Verneige dich vor Shrī Sai – Friede sei mit allen

Kapitel XX

Das Ganus Problem wird von Kakas Dienerin gelöst

Sai, der Herr, war ursprünglich formlos. Den Gläubigen *(bhakta)* zuliebe nahm er eine Gestalt an. Mit Hilfe der Schauspielerin *Maya* spielte er den Part des großen Schauspielers im Schauspiel des Universums. Lasst uns an *Shrī* Sai Baba denken und uns ihn vorstellen. Gehen wir nun nach Shirdi und beobachten aufmerksam das Programm nach dem Mittags-*Arati*.

Nachdem die *Arati*-Zeremonie vorüber war, pflegte Sai Baba aus der *Masjid* herauszukommen. Er stand an der Ecke und verteilte mit gütigen und liebevollen Blicken heilige Asche *(udi)* an die *Devotees*. Die *Devotees* standen auf, ergriffen voller Inbrunst seine Füße, starrten ihn an und erfreuten sich an dem *Udi*-Regen. Ganze Hände voll *Udi* gab Baba den *Devotees* und trug es noch mit seinen Fingern auf ihre Stirn auf. Seine Liebe für sie war grenzenlos. Dann sprach er zu ihnen: „O Bhau, geh zum Mittagessen. Du, Anna, geh zu deiner Unterkunft. Bapu, genieß dein Essen." So sprach er jeden Einzelnen der *Devotees* an und schickte sie nach Hause. Selbst heute noch könnt ihr euch an diesem Bild erfreuen, wenn ihr eure Vorstellungskraft benutzt. Ihr könnt es euch ganz einfach vorstellen und euch daran erfreuen. Jetzt, da wir uns Sai Baba gedanklich vor Augen gebracht haben, lasst uns über ihn meditieren, von den Füßen aufwärts bis zu seinem Antlitz. Demütig, liebevoll und respektvoll verneigen wir uns vor ihm. So kommen wir zur Geschichte dieses Kapitels.

Isha-Upanischad

Das Ganu begann einmal einen *Marathi*-Kommentar zur *Isha-Upanischad* zu schreiben. Bevor wir fortfahren, geben wir eine kurze Erläuterung dieser *Upanischad.* Sie wird *„Mantropanischad"* genannt, da sie in den *Mantras* der vedischen Textsammlungen *(samhitā)* enthalten ist. Sie bildet das letzte oder 40. Kapitel der *Vajasaneyisamhita* und wird deshalb auch „Vajasaneyi Samhitopanishad" genannt. Weil sie in den vedischen *Samhitās* enthalten ist, wird sie gegenüber allen anderen *Upanischaden,* die in den *Brahmanas* und *Aranyakas* erscheinen, als bedeutender angesehen. Nicht nur das, andere *Upanischaden* gelten als Kommentare zu den Wahrheiten, die in der *Isha-Upanischad* nur kurz erwähnt werden. Zum Beispiel wird die umfangreichste *Upanischad,* nämlich die *Brihadaranyaka-Upanischad* von *Pandit* Satwalekar, als Kommentar zur *Isha-Upanischad* betrachtet.

Professor R. D. Ranade sagt: „Die *Isha-Upanischad* ist eine recht kurze *Upanischad* und dennoch enthält sie viele Hinweise von außerordentlich scharfer Einsicht. Innerhalb des kurzen Rahmens von 18 Versen gibt sie eine wertvolle mystische Erklärung des *Atman,* sowie eine Beschreibung des idealen Heiligen, der inmitten von Versuchungen und Sorgen unerschütterlich bleibt, weiterhin einen kurzen Abriss der Lehre des *Karmayogas* und schließlich eine Versöhnung der Behauptungen bezüglich Wissen *(jnāna)* und Handeln *(karman).* Die wertvollsten Gedanken, die der *Upanischad* zugrunde liegen, sind die einer logischen Synthese der beiden Gegensätze *‚Jnāna'* und *‚Karman'*, die beide gemäß der *Upanischad* in einer höheren Synthese aufgehoben werden müssen." (Seite 24 aus „Constructive Survey of the Upanishadic Philosophy"). An anderer Stelle sagt er: „Die Lyrik der *Isha-Upanischad* ist eine Mischung aus moralischem, mystischem und metaphysischem Wissen." (Seite 41 des oben genannten Werkes).

Aus der zuvor gegebenen kurzen Beschreibung dieser *Upanischad* kann jeder ermessen, wie schwer es ist, die *Upanischaden* in eine Volkssprache zu übersetzen und die genaue Bedeutung wiederzugeben. Das Ganu hat sie Vers für Vers in die *Marathi*-Sprache übersetzt. Da er aber die Essenz der *Upanischad* nicht erfassen konnte, war er mit seinem Werk nicht zufrieden. Er zog einige gelehrte Männer zu Rate und diskutierte mit ihnen lang und breit seine Zweifel und Schwierigkeiten. Sie konnten sein Problem nicht lösen, auch gaben sie ihm keinerlei rationale und zufriedenstellende Erklärung, worüber Das Ganu etwas bedrückt war.

Allein der Sadguru ist kompetent und qualifiziert, Erklärungen zu geben

Wie wir gesehen haben, ist diese *Upanischad* die Quintessenz der *Veden*. Sie ist die Wissenschaft von der Selbsterkenntnis. Sie ist die Waffe, welche die Sklaverei von Leben und Tod vernichten und uns befreien kann. Deshalb dachte er, dass nur derjenige eine wahre und korrekte Interpretation der *Upanischad* geben könne, der Selbsterkenntnis erlangt habe. Als sich niemand fand, der Das Ganu zufriedenstellen konnte, beschloss er, Sai Baba zu Rate zu ziehen. Sobald er eine Gelegenheit fand, reiste er nach Shirdi, suchte Baba auf, warf sich vor ihm nieder, erzählte ihm von seinen Schwierigkeiten bezüglich der *Isha-Upanischad* und bat ihn, ihm die korrekte Lösung zu geben. Sai Baba segnete ihn und sagte: „Du brauchst dir keine Sorgen zu machen. Es gibt keinerlei Schwierigkeit. Auf deinem Weg nach Hause wird Kakas Dienerin in Vile Parle all deine Zweifel klären." Die Leute, die dabei waren und das mit anhörten, dachten, Baba mache Scherze, und meinten: „Wie kann eine ungebildete Dienerin Probleme dieser Art lösen?“ Doch Das Ganu dachte anders. Er war sicher, dass alles, was Baba sagte, zutreffen werde. Babas Wort war die Anordnung des Allmächtigen.

Kakas Dienerin

Er verließ Shirdi in vollem Glauben an Babas Worte, reiste nach Vile Parle, einem Vorort von Bombay, und besuchte Kakasaheb Dixit. Am nächsten Tag, als Das Ganu dort ein Morgennickerchen machte (einige sagen, als er mit seiner Andacht beschäftigt war), hörte er ein Mädchen in klaren, melodiösen Tönen ein wunderschönes Lied singen. Das Thema dieses Liedes war ein purpurfarbener Sari, wie hübsch er war, wie zart seine Stickerei, wie schön seine Enden und Borten und so weiter. Das Lied gefiel ihm so sehr, dass er hinausging um nachzuschauen. Er sah, dass es von einem jungen Mädchen, der Schwester von Namya, einer Dienerin von Kakasaheb, gesungen wurde. Das Mädchen säuberte Töpfe und hatte nur einen zerrissenen Lumpen um sich gewickelt. Als Das Ganu ihren armseligen Zustand und ihr heiteres Gemüt sah, hatte er Mitleid mit ihr. Als Rao Bahadur M. V. Pradhan ihm am nächsten Tag ein paar *Dhotars* gab, bat er ihn, dem armen Mädchen einen Sari zu geben. Rao Bahadur kaufte einen guten Sari und gab ihn dem Mädchen. Sie war so außer sich vor Freude wie ein hungernder Mensch, der endlich etwas Gutes zu essen bekommt. Am nächsten Tag trug sie den neuen Sari und vor lauter Freude wirbelte und tanzte sie herum und spielte *Fugadi* mit anderen Mädchen, die sie alle übertraf. Am nachfolgenden Tag ließ sie den neuen Sari zu Hause in der Schachtel und erschien wieder in dem alten zerrissenen Lumpen, sah aber genauso fröhlich aus wie am Tag zuvor. Als Das Ganu dies sah, verwandelte sich sein Mitleid in Bewunderung. Er dachte bei sich, dass das Mädchen einen zerrissenen Lumpen tragen müsse, weil sie arm war; aber nun hatte sie einen neuen Sari, den sie in Reserve hielt. Sie zog den alten Lumpen an, stolzierte herum und zeigte keine Spur von Kummer oder Niedergeschlagenheit. So erkannte er, dass all unsere Gefühle des Schmerzes und der Freude von der Einstellung unseres Geistes (mind) abhängen. Während er tief über diesen Vorfall nachdachte, erkannte er, dass ein Mensch alles anzunehmen hat, was ihm von Gott auferlegt wird, in der festen Überzeugung, dass Gott sich um alles kümmert, hinten und vorne und an allen Seiten, und dass das, was Gott ihm gibt, zu seinem Besten sein muss. Dieser besondere Fall veranschaulichte, dass alles ein Teil von Gott und von ihm durchdrungen war: der ärmliche Zustand des Mädchens, ihr zerrissener Lumpen und der neue Sari, der Spender, der Annehmende und die Annahme. Hier erhielt Das Ganu eine praktische Erklärung der Lehren der *Upanischad,* nämlich die Lektion, zufrieden zu sein mit seinem eigenen Los, in dem Glauben, dass alles, was auch immer geschieht, von Gott bestimmt und daher letztlich gut für uns ist.

Die einzigartige Lehrmethode

Anhand des erwähnten Vorfalls wird der Leser erkennen, dass Babas Methode einzigartig und von Fall zu Fall verschieden war. Obwohl Baba Shirdi niemals verließ, schickte er einige nach Machchindragada und andere nach Kolhapur oder Sholapur, um spirituelle Disziplinen zu praktizieren. Einigen erschien er in seiner normalen Gestalt, anderen tags oder nachts im Wach- oder Traumzustand und erfüllte ihre Wünsche. Es ist unmöglich, alle Methoden zu beschreiben, die Baba anwendete, um seinen *Devotees* Unterweisungen zu geben. In diesem besonderen Fall schickte er Das Ganu nach Vile Parle, wo sein Problem durch die Dienerin gelöst wurde. Jenen, die behaupten, es sei doch nicht nötig gewesen, Das Ganu fortzuschicken, und dass Baba ihn persönlich hätte belehren können, antworten wir, dass Baba den richtigen oder besten Verlauf gewählt hatte. Wie würde Das Ganu sonst diese große Lektion gelernt haben, dass die arme Dienerin und ihr Sari vom Herrn durchdrungen waren? Nun schließen wir das Kapitel mit einem anderen schönen Auszug aus dieser *Upanischad*.

Die Ethik der Isha

„Eines der Hauptkennzeichen der *Isha-Upanischad* ist der ethische Rat, den sie uns gibt. Es ist interessant festzustellen, dass die Ethik der *Upanischad* zweifelsohne auf dem in ihr dargelegten metaphysischen Standpunkt beruht. Schon die Eröffnungsworte der *Upanischad* sagen uns, dass Gott alles durchdringt. Aus dem durch sie erteilten ethischen Rat ergibt sich, dass ein Mensch das anzunehmen hat, was Gott ihm auferlegt, und zwar in dem festen Glauben, dass alles gut für ihn sein muss, eben weil alles von Gott durchdrungen ist. Daraus folgt ganz natürlich, dass die *Upanischad* es verbietet, das Eigentum eines anderen Menschen zu begehren. Tatsächlich erhalten wir hier passenderweise die Lehre, mit dem eigenen Los zufrieden zu sein und fest zu glauben, dass alles göttlich angeordnet und daher gut für uns ist. Ein weiterer moralischer Rat ist, dass der Mensch während seines Lebens in gläubiger Ergebenheit gegenüber dem göttlichen Willen mit ständigem Tun beschäftigt sein muss, besonders mit den Aktivitäten, die in den *Shāstras* dargelegt sind. Gemäß dieser *Upanischad* würde Untätigkeit den Verderb der Seele bedeuten. Nur wenn ein Mensch in dieser Weise zeit seines Lebens handelt, kann er hoffen, das Ideal von N*ishkāmakarman* zu erreichen. Schließlich heißt es weiter im Text, dass ein Mensch, der alle Wesen im Selbst und das Selbst in allen Wesen sieht, ja, für den tatsächlich alle Wesen und alles was es gibt, zum Selbst geworden sind, an keinerlei Vernarrtheit leiden kann. Welchen Grund sollte ein solcher Mensch wohl für Kummer haben? Abscheu, Vernarrtheit und Kummer entstehen aus unserer Unfähigkeit, nicht in allem den *Atman,* das Selbst, sehen zu können. Doch ein Mensch, der die Einheit von allem erkannt hat und für den alles zum Selbst geworden ist, wird daher nicht mehr von den üblichen Eigenarten der Menschheit berührt." (Seite 169 bis 170 „The Creative Period" von den Herren Belvalkar und Ranade).

Verneige dich vor Shrī Sai – Friede sei mit allen

Kapitel XXI

Die Geschichten von V. H. Thakur, Anantrao Patankar und einem Anwalt aus Pandharpur

In diesem Kapitel beschreibt Hemadpant die Geschichten von Vinayak Harishchandra Thakur, Anantrao Patankar aus Puna und einem Anwalt aus Pandharpur. Diese Geschichten sind sehr interessant und führen den Leser auf den spirituellen Pfad, wenn sie aufmerksam gelesen und verstanden werden.

Generell ist es so, dass wir aufgrund der angesammelten Verdienste in früheren Leben fähig sind, die Gesellschaft von Heiligen zu suchen und von ihnen zu profitieren. Hemadpant veranschaulicht diese Regel anhand seines eigenen Beispiels. Er war über viele Jahre Friedensrichter in Bandra, einem Vorort von Bombay gewesen. Dort lebte ein berühmter mohammedanischer Heiliger mit Namen Pir Moulana. Viele Hindus, Parsen und Leute anderer Religionen gingen zu ihm, um seinen *Darshan* zu haben. Sein Priester Inus bedrängte Hemadpant immer wieder, Tag und Nacht, zu ihm zu gehen. Doch aus irgendwelchen Gründen klappte es nicht. Erst nach vielen Jahren war die Reihe an Hemadpant und er wurde nach Shirdi gerufen, wo er in Babas *Darbar* fest eingestellt wurde. Glücklose Burschen bekommen diesen Kontakt zu Heiligen nicht. Nur die Begünstigten erhalten diese Gnade.

Seit undenklichen Zeiten gibt es in dieser Welt Heilige. Verschiedene Heilige inkarnieren sich an verschiedenen Orten, um die ihnen aufgetragene Mission auszuführen. Obwohl sie an verschiedenen Orten wirken, sind sie dennoch alle eins. Sie arbeiten gemeinsam unter der allgemeinen Autorität des Allmächtigen Herrn und wissen ganz genau, was jeder von ihnen an seinem Platz tut, und sie unterstützen dessen Arbeit, wenn nötig.

Nachfolgend ein Beispiel, das dies veranschaulicht.

Herr Thakur

Herr V. H. Thakur war Angestellter beim Finanzamt. Er kam einmal mit einer Prüfungskommission in die Stadt Vadgaum in der Nähe von Belgaum. Dort sah er den Kanareser Heiligen Appa und verneigte sich vor ihm. Der Heilige war gerade dabei, der Zuhörerschaft einen Teil aus dem Buch Vichar-Sagar von Nishchal Das (ein Standardwerk über den *Vedanta)* zu erklären. Als Thakur sich verabschieden wollte, sagte der Heilige zu ihm: „Du solltest dieses Buch studieren. Wenn du das tust, werden deine Wünsche erfüllt, und wenn du einst nach Norden gehst, um deine Pflichten zu tun, wirst du durch dein Glück einem großen Heiligen begegnen. Dieser wird dir dann deinen zukünftigen Pfad zeigen, deinem Geist (mind) Ruhe geben und dich glücklich machen."

Später wurde er nach Junnar versetzt. Um dorthin zu gelangen, musste er das Nhane *Ghat* überqueren. Dieses *Ghat* war sehr steil und unzugänglich und man konnte es nur auf einem Büffel überqueren. So musste er einen Büffelritt durch das *Ghat* machen, was ihm viele Unannehmlichkeiten und Schmerzen bereitete. Er wurde befördert und dann nach Kalyan versetzt. Dort machte er die Bekanntschaft von Nanasaheb Chandorkar. Von ihm erfuhr er viel über Sai Baba und so wünschte er sich, ihn zu sehen.

Am nächsten Tag musste Nanasaheb nach Shirdi und bat Thakur, ihn zu begleiten. Dieser konnte aber nicht mitkommen, weil er einem Fall am Zivilgericht in Thana beiwohnen musste. Thakur ging nach Thana, doch der Fall wurde vertagt. Er bedauerte, dass er Nanasaheb nicht begleitet hatte. Also reiste er nach Shirdi, und als er dort ankam, hörte er, dass Nanasaheb den Ort am Tag zuvor verlassen hatte. Einige seiner anderen Freunde, die er dort antraf, nahmen ihn mit zu Baba. Er sah Baba, fiel ihm zu Füßen und war überglücklich. Seine Augen waren voller Freudentränen und er bekam eine Gänsehaut. Nach einer Weile sagte der allwissende Baba zu ihm: „Der Weg hierher ist nicht so einfach, wie die Lehre des Kanareser Heiligen Appa oder gar der Büffelritt im Nhane *Ghat*. Für den spirituellen Pfad musst du deine ganze Anstrengung aufbringen, weil er sehr schwierig ist.“ Als Thakur diese vielsagenden Zeichen und Worte vernahm, von denen niemand außer ihm etwas wusste, war er von Freude überwältigt. Die Worte des Kanareser Heiligen hatten sich bewahrheitet. Er faltete seine Hände, legte seinen Kopf auf Babas Füße und bat, dass Er ihn annehmen und segnen möge. Dann sagte Baba: „Was Appa dir erzählt hat, war alles richtig, aber diese Sachen müssen geübt und gelebt werden. Bloßes Lesen nützt da nichts. Du musst darüber nachdenken und dann ausführen, was du liest, sonst bringt es keinen Nutzen. Ohne die Gnade des *Gurus* ist das bloße Buchwissen für die Selbsterkenntnis nutzlos.“ Den theoretischen Teil des Werkes Vichar-Sagar hatte Thakur gelesen, doch der praktische Weg wurde ihm in Shirdi gezeigt.

Die nächste Geschichte wird diese Wahrheit noch stärker hervorheben.

Anantrao Patankar

Ein Herr aus Puna namens Anantrao Patankar wünschte sich, Baba zu sehen. Er kam nach Shirdi, hatte Babas *Darshan.* Seine Augen taten sich gütlich und er war hocherfreut. Er fiel Baba zu Füßen, und nachdem er die entsprechende Verehrung dargebracht hatte, sagte er zu Baba: „Ich habe viel gelesen, die *Veden*, den *Vedanta* und die *Upanischaden* studiert und alle *Puranas* gehört, dennoch habe ich keinen Frieden gefunden. Ich glaube, dass all mein Lesen nutzlos war. Einfache, unwissende, ergebene Personen sind viel besser dran als ich. Wenn der Geist nicht ruhig wird, ist Bücherwissen von keinerlei Nutzen. Oft habe ich gehört, dass du so vielen Menschen schon durch deinen Blick und ein scherzhaftes Wort inneren Frieden verleihst. So bin ich hierher gekommen. Bitte hab Erbarmen mit mir und segne mich." Daraufhin erzählte Baba ihm folgende Parabel:

Die Parabel von den neun „Pferdeäpfeln" (Navavidhabhakti)

„Eines Tages kam ein Kaufmann hierher. Eine Stute ließ vor ihm ihre ‚Äpfel' fallen – neun Pferdeäpfel. Der Kaufmann, der in seinem Bestreben fest entschlossen war, nahm das Ende seines *Dhotars* und sammelte alle neun Pferdeäpfel darin auf. So erhielt er inneren Frieden."

Herr Patankar konnte die Bedeutung dieser Geschichte nicht erfassen und fragte Ganesh Damodar alias Dada Kelkar: „Was meint Baba damit?" Er antwortete: „Ich weiß auch nicht alles, was Baba sagt und meint, aber von ihm inspiriert sage ich, was ich erkenne. Die Stute ist Gottes Gnade und die neun ausgeschiedenen ‚Äpfel' sind die neun Formen der Hingabe *(bhakti)*: Shravana (Hören), *Kirtan* (Lobsingen), Smarana (Erinnern), *Padasevana* (Verehrung der Füße des Herrn), *Arcana* (Anbeten), *Namaskāra* (Verneigen), Dāsya (Dienen), Sākhyabhāva (Freundschaft) und *Ātmanivedana* (Vertrauen in das Selbst). Das sind die neun Formen von *Bhakti*. Wenn eine von ihnen in vollem Glauben befolgt wird, ist Gott erfreut und offenbart sich im Heim des *Devotees*.

Alle spirituellen Übungen *(sādhana),* wie die Wiederholung des Namens *(japa),* Askese *(tapas), Yoga*-Übungen, das Studieren der Schriften und deren Erläuterung, sind völlig unnütz, wenn sie nicht von *Bhakti,* das heißt liebevoller Hingabe, begleitet sind. Die Kenntnis der *Veden,* der Ruhm, ein großer Weiser *(jnānin)* zu sein, oder auch nur formelles Anbeten sind nutzlos. Erforderlich ist volle Hingabe. Betrachte dich als Kaufmann oder Suchenden der Wahrheit und sei wie er eifrig bemüht, die neun Arten von *Bhakti* einzusammeln und zu pflegen, dann wirst du Ausgeglichenheit und inneren Frieden erlangen."

Als Patankar am nächsten Tag zu Baba ging, um ihn ehrerbietig zu begrüßen, fragte er ihn, ob er denn die neun „Pferdeäpfel" aufgesammelt habe. Daraufhin entgegnete jener, er sei ein armer Bursche und müsse zuerst Babas Gnade bekommen, dann könne er sie leicht sammeln. Baba segnete und tröstete ihn, dass er Frieden erhalten und es ihm wohlergehen werde. Als er dies hörte, war Patankar höchst erfreut und glücklich.

Der Anwalt aus Phandarpur

Wir schließen dieses Kapitel mit einer Geschichte, die Babas Allgegenwart verdeutlicht und wie er diese benutzte, um Menschen zu korrigieren und auf den rechten Pfad zu bringen.

Es kam einmal ein Anwalt aus Phandarpur nach Shirdi, ging zur *Masjid,* sah Sai Baba, fiel ihm zu Füßen und gab, ohne gefragt zu werden, *Dakshinā.* Er setzte sich in eine Ecke und war eifrig bemüht, das gerade stattfindende Gespräch mitanzuhören. Baba drehte sich zu ihm um und sagte: „Wie schlau die Menschen doch sind! Sie werfen sich vor den Füßen nieder und geben *Dakshinā,* aber innerlich schimpfen sie wie die Rohrspatzen. Ist das nicht wundervoll?" Die Kappe (Bemerkung) passte dem Anwalt und er musste sie tragen (hinnehmen). Niemand verstand die Bemerkung. Der Anwalt verstand sie, aber schwieg. Auf dem Wege zum *Wada* sagte der Anwalt zu Kakasaheb Dixit: „Was Baba eben erwähnt hat, war vollkommen richtig. Der Pfeil war auf mich gerichtet. Es war ein Hinweis für mich, dass ich mich nicht dazu hinreißen lassen solle, andere zu verunglimpfen oder über sie zu lästern. Der Amtsrichter (Herr Noolkar) von Phandarpur kam einmal nach Shirdi, um wieder gesund zu werden, und darüber wurde in Phandarpur diskutiert – wie es immer wieder überall vorkommt. Es wurde darüber gesprochen beziehungsweise diskutiert, ob die Krankheiten, an denen der Amtsrichter litt, überhaupt ohne Medizin geheilt werden könnten, indem er lediglich Sai Baba nachliefe, und ob es wohl für einen gebildeten Mann wie den Amtsrichter, recht wäre, zu solchen Methoden zu greifen. Der Amtsrichter wurde zur Rede gestellt, das heißt er und auch Sai Baba wurden kritisiert. Ich nahm ebenfalls an dieser Diskussion teil und nun zeigte mir Sai Baba die Unschicklichkeit meines Benehmens. Dieses ist kein Tadel für mich, sondern eine Gunst, ein Rat, damit ich mich nicht in Verleumdungen über andere verwickeln lasse und mich nicht unnötigerweise in anderer Leute Angelegenheiten einmische."

Shirdi liegt etwa 500 Kilometer von Phandarpur entfernt. Doch durch seine Allwissenheit wusste Sai Baba, was sich dort zugetragen hatte. Die dazwischen liegenden Orte, Flüsse, Wälder und Berge waren kein Hindernis. Er konnte in das Herz aller sehen oder darin lesen und nichts war vor ihm geheim oder verschleiert. Alles, ob nah oder fern, war für ihn offensichtlich und klar, so klar wie der helle Tag. Egal ob ein Mensch fern oder nah war, er konnte Babas allesdurchdringendem Blick nicht entkommen. Durch diesen Vorgang erhielt der Anwalt die Lektion, dass er nicht schlecht über andere reden noch sie unnötigerweise kritisieren sollte. Er wurde von seiner üblen Neigung vollkommen befreit und auf den rechten Pfad gebracht.

Obwohl die Geschichte von einem Anwalt handelt, geht sie doch alle an. Deshalb sollten sich alle diese Lektion zu Herzen nehmen und daraus Nutzen ziehen.

Sai Babas Größe und seine *Līlās* sind unergründlich und ebenso sein Leben, denn er ist die Verkörperung des höchsten *Brahman* (der Herrgott).

Verneige dich vor Shrī Sai – Friede sei mit allen

Kapitel XXII

Von Schlangenbissen geheilt: Balasaheb Mirikar, Bapusaheb Booty, Amir Shakkar und Hemadpant – Babas Meinung über das Töten von Schlangen

Wie meditiert man über Baba? Bisher ist niemand fähig gewesen, das Wesen oder die Form des Allmächtigen zu ergründen. Selbst die *Veden* und die tausendzüngige *Shesha* sind nicht fähig, es vollkommen zu beschreiben. Die *Devotees* können aber nicht anders als auf die Gestalt des Herrn zu schauen, denn sie wissen, dass Seine Füße allein sie glücklich machen. Sie kennen keine andere Methode, um das höchste Ziel des Lebens zu erreichen, als über die heiligen Füße zu meditieren. Nachfolgend schlägt Hemadpant einen leichten Weg der Hingabe und Meditation vor.

So wie in jedem Monat die vierzehn dunklen Nächte allmählich vergehen, vergeht auch das Mondlicht in gleichem Maße, und am Neumondtag sehen wir den Mond überhaupt nicht. Wenn dann die vierzehn hellen Nächte beginnen, wollen die Menschen den Mond unbedingt sehen. Am ersten Tag ist der Mond nicht zu sehen und auch am zweiten Tag ist er noch nicht klar erkennbar. Man schlägt den Leuten vor, den Mond durch zwei Zweige eines Baumes zu schauen. Wenn sie eifrig und konzentriert durch sie hindurchschauen, wird zu ihrer größten Freude die ferne, schmale Sichel des Mondes für sie sichtbar. Lasst uns diesem Beispiel folgen und versuchen, Babas Licht zu sehen. Seht euch Babas Haltung an! Wie schön sie ist! Er sitzt mit gekreuzten Beinen, das rechte Bein über das linke Knie gelegt. Die Finger seiner linken Hand sind über den rechten Fuß gespreizt. Die rechte große Zehe ist zwischen Zeige- und Mittelfinger zu sehen. Durch diese Haltung will Baba eigentlich sagen: „Wenn du mein Licht sehen willst, sei egolos und äußerst demütig und meditiere über meine Zehe durch die Öffnung zwischen den beiden Zweigen (Zeige- und Mittelfinger). Dann wirst du fähig sein, mein Licht zu sehen. Dies ist der leichteste Weg, Hingabe zu erlangen."

Jetzt wenden wir uns für einen Augenblick Babas Leben zu. Shirdi wurde ein Pilgerort, weil Baba dort lebte. Die Menschen begannen, aus allen Richtungen dorthin zu strömen, und alle, Arme und Reiche, zogen auf mehrfache Art und Weise aus diesem Aufenthalt Nutzen. Wer kann schon Babas grenzenlose Liebe beschreiben, sein wunderbares natürliches Wissen und sein allgegenwärtiges Sein? Gesegnet ist, wer davon einen oder alle diese Aspekte erleben konnte.

Umgeben von seinen *Devotees* hielt Baba manchmal lange Zeiten der Stille ein, die in gewisser Weise seine Dissertation über *Brahman* waren; zu anderen Zeiten war er die Verkörperung von Sein, Bewusstsein und Glückseligkeit. Manchmal sprach er in Parabeln, zu anderen Zeiten ließ er sich zu Witz und Humor hinreißen. Manchmal war er recht eindeutig und klar und dann wieder schien er wütend und aufgebracht zu sein. Manchmal erteilte er seine Lehre in wenigen Worten, wieder ein anderes Mal erläuterte er sie lang und breit. Oft war er sehr direkt. In dieser Weise gab er vielen Personen, entsprechend ihren Bedürfnissen, unterschiedliche Unterweisungen. Sein Leben war deshalb unergründlich und jenseits unseres Begriffsvermögens, jenseits unseres Intellektes und unserer Sprache.

Unser Sehnen, sein Antlitz zu schauen, mit ihm zu sprechen und von seinen *Līlās* zu hören, konnte nie befriedigt werden, dennoch waren wir von höchster Freude durchdrungen. Wir können die Regenschauer zählen, den Wind in einem Lederbeutel festhalten, aber wer kann schon Babas *Līlās* beurteilen oder ermessen?

Nun befassen wir uns mit einem seiner Aspekte, nämlich wie er die Schicksalsschläge seiner *Devotees* voraussah und sie zur rechten Zeit warnte.

Balasaheb Mirikar

Balasaheb Mirikar, der Sohn von Sirdar Kakasaheb Mirikar, war Finanzbeamter in Kopergaon. Er befand sich auf einer Dienstreise nach Chitali und hielt in Shirdi, um Sai Baba zu sehen. Als er zur *Masjid* ging, sich vor Baba niederwarf und die übliche Unterhaltung bezüglich Gesundheit und anderer Angelegenheiten begann, gab Baba folgende Warnung: „Kennst du unsere Dvarakamayi?" Weil Balasaheb das nicht verstand, schwieg er. Baba fuhr fort: „Unsere Dvarakamayi ist da, wo du sitzt. Sie wendet alle Gefahren und Sorgen der Kinder ab, die auf ihrem Schoß sitzen. Diese *Masjidmayi* (die Schutzgottheit der *Masjid)* ist voll Erbarmen. Sie ist die Mutter der einfachen *Devotees* und rettet sie aus allen Schwierigkeiten. Sobald eine Person auf ihrem Schoß sitzt, haben alle Sorgen ein Ende. Wer in ihrem Schatten ruht, erhält Glückseligkeit." Daraufhin gab Baba ihm *Udi* und legte ihm seine schützende Hand auf den Kopf. Als Balasaheb sich anschickte zu gehen, fügte Baba hinzu: „Kennst du ‚Lamba Bava', den langen Herrn, die Schlange?" Und dann schloss er die linke Faust, brachte sie zum rechten Ellbogen und bewegte dabei seinen rechten Arm, wie eine Schlange ihr Haupt bewegt, und sagte: „Er ist so furchterregend. Doch was kann er den Kindern von Dvarakamayi schon antun? Was kann eine Schlange schon tun, wenn Dvarakamayi sie beschützt?" Obwohl alle Anwesenden gerne die Bedeutung gewusst hätten und deren Anspielung auf Mirikar, hatte niemand den Mut, Baba zu fragen. Balasaheb verabschiedete sich von Baba und verließ dann mit Shama die *Masjid*. Baba rief Shama aber zurück und sagte ihm, er solle Balasaheb begleiten und den Ausflug nach Chitali genießen. Shama erzählte Balasaheb, dass er auf Babas Wunsch mit ihm reisen werde. Balasaheb antwortete ihm, er brauche nicht mitzukommen, weil es zu unbequem sei. Shama ging zurück zu Baba und sagte ihm dies. Baba antwortete: „In Ordnung, dann geh eben nicht. Wir haben es gut mit ihm gemeint. Was vom Schicksal vorgesehen ist, wird geschehen."

In der Zwischenzeit dachte Balasaheb noch einmal darüber nach. Er rief Shama zu sich und bat ihn, doch mitzukommen. Wieder ging Shama zu Baba, verabschiedete sich von ihm und fuhr mit Balasaheb in der Droschke fort. Sie erreichten Chitali um 9 Uhr abends und ließen sich im *Maruti*-Tempel nieder. Die Angestellten waren noch nicht da, so saßen sie ruhig im Tempel und plauderten. Balasaheb setzte sich auf eine Matte und las Zeitung. Sein *Uparani* war über seine Hüfte gebreitet und auf einem Teil davon lag unbeobachtet eine Schlange, die sich mit raschelndem Geräusch zu bewegen begann. Das hörte der Tempeldiener. Er brachte eine Laterne, erblickte die Schlange und schrie: „Schlange, Schlange." Balasaheb hatte Angst und begann zu zittern. Shama war auch erschrocken. Er und die anderen gingen geräuschlos fort und bewaffneten sich mit Stöcken und Knüppeln. Die Schlange bewegte sich langsam von der Hüfte weg und schlängelte davon. Sofort wurde sie totgeschlagen. So wurde das von Baba vorhergesagte Unglück abgewandt. Balasahebs Liebe zu Baba wurde dadurch vertieft.

Bapusaheb Booty

Ein großer Astrologe namens Nanasaheb Dengale sagte eines Tages zu Bapusaheb Booty, der sich gerade in Shirdi aufhielt: „Heute ist ein ungünstiger Tag für dich. Es besteht Lebensgefahr.“ Das beunruhigte Bapusaheb. Als sie wie gewöhnlich zur *Masjid* kamen, sagte Baba zu Bapusaheb: „Was sagt dieser Nana? Er sagt dir den Tod voraus? Nun, du brauchst dich nicht zu fürchten. Sag ihm tapfer ‚Lass uns sehen, wie der Tod tötet‘.“ Später am Abend ging Bapusaheb auf das „Örtchen“, um sich zu erleichtern, und erblickte dort eine Schlange. Sein Diener sah sie auch und hob einen Stein auf, um ihn auf sie zu werfen. Bapusaheb sagte ihm, er solle einen großen Stock holen; doch bevor der Diener mit dem Stock zurückkehrte, schlängelte sich die Schlange davon und war verschwunden. Bapusaheb erinnerte sich voller Freude an Babas Worte über Furchtlosigkeit.

Amir Shakkar

Amir Shakkar stammte aus dem Dorf Korale im Kopergaon-Distrikt. Er gehörte der Metzgerkaste an und arbeitete als Bevollmächtigter in Bandra, wo er wohlbekannt war. Er litt an Rheumatismus, und das verursachte ihm große Schmerzen. Dadurch wurde er an Gott erinnert. Er verließ sein Geschäft und fuhr nach Shirdi. Dort betete er zu Baba, ihn doch von seiner Krankheit zu erlösen. Baba brachte ihn im *Chavadi* unter. Das *Chavadi* war zu jener Zeit ein feuchter, ungesunder Platz und völlig ungeeignet für einen solchen Patienten. Jeder andere Platz im Dorf oder in Korale selbst wäre für Amir besser gewesen. Doch Babas Wort war der entscheidende Faktor und die Hauptmedizin.

Baba erlaubte ihm nicht, zur *Masjid* zu kommen, sondern verordnete ihm, nur im *Chavadi* zu bleiben, wo er große Vorzüge genoss. Jeden Morgen und Abend ging Baba am *Chavadi* vorbei und jeden zweiten Tag wurde er in einer Prozession zum *Chavadi* geleitet, wo er dann schlief. So hatte Amir sehr oft mühelos Kontakt zu Baba. Amir blieb für volle neun Monate im *Chavadi*. Aber dann entwickelte er einen Widerwillen gegen den Platz. Eines Nachts verließ er heimlich den Ort, kam nach Kopergaon und machte in einem Rasthaus *(dharmashālā)* Station. Dort sah er einen alten sterbenden Fakir, der ihn um Wasser bat. Amir holte es und gab es ihm. Sobald der Fakir es getrunken hatte, starb er. Amir saß in der Klemme. Er dachte, wenn er die Zuständigen des Rasthauses benachrichtigte, könnte er für den Tod verantwortlich gemacht werden, weil er als Erster und Einziger etwas darüber wusste. Er bedauerte, dass er Shirdi verlassen hatte, ohne sich von Baba zu verabschieden, und betete nun zu ihm. Dann beschloss er, nach Shirdi zurückzukehren, und lief noch in derselben Nacht los. Auf dem Weg murmelte er Babas Namen. Er erreichte Shirdi vor Tagesanbruch und wurde seine Sorgen los. Danach lebte er in völliger Übereinstimmung mit Babas Wünschen und Anordnungen im *Chavadi* und wurde geheilt.

Eines Nachts beobachtete Amir folgendes *Līlā*. Baba schrie um Mitternacht: „O Abdul, eine teuflische Kreatur schlägt gegen die Seite meines Bettes." Abdul kam mit einer Laterne und durchsuchte Babas Bett, fand aber nichts. Baba bat ihn, den ganzen Platz sorgfältiger abzusuchen und schlug mit seinem Stock auf den Boden. Amir dachte, dass Baba dort eine Schlange vermutete. Durch den engen Kontakt mit Baba konnte Amir die Bedeutung seiner Worte und Taten erkennen. Dann sah Baba, dass sich neben Amirs Kissen etwas bewegte. Er bat Abdul, die Stelle auszuleuchten, und sie erblickten eine zusammengerollte Schlange, die ihren Kopf auf- und abbewegte. Daraufhin wurde die Kreatur sofort getötet und Amir durch Babas rechtzeitige Warnung gerettet.

Hemadpant – Skorpion und Schlange

Gemäß Babas Empfehlung las Kakasaheb Dixit täglich aus den zwei

Werken von *Shrī Eknath Maharaj,* dem Bhagavat und dem Bhawartha Ramayana, vor.

Die Zuhörer waren alle wie gebannt, als einmal ein Teil aus dem *Ramayana* vorgelesen wurde, der sich damit befasste, wie *Hanuman* auf Anweisung seiner Mutter *Ramas* Größe prüfte. Hemadpant war unter den Zuhörern. Ein großer Skorpion – niemand wusste, woher er gekommen war – sprang auf Hemadpants rechte Schulter und blieb auf dem *Uparani* sitzen. Zuerst wurde er gar nicht bemerkt. Aber weil Gott jene beschützt, die darauf bedacht sind, seinen Geschichten zu lauschen, warf Hemadpant zufällig einen Blick über seine Schulter und sah den Skorpion. Es herrschte Stille, nichts bewegte sich. Es schien, als ob der Skorpion sich ebenfalls an der Vorlesung erfreute. Hemadpant nahm, mit der Gnade des Herrn und ohne die Versammlung zu stören, die beiden Enden seines *Uparani*, faltete sie zusammen und schloss den Skorpion darin ein. Er stand auf, ging hinaus und warf ihn in den Garten.

Ein anderes Mal saßen einige Personen auf der oberen Etage von Kakasahebs *Wada*. Es war kurz vor Einbruch der Nacht, als eine Schlange durch ein Loch im Fensterrahmen hereinkroch und sich aufrichtete. Man brachte ein Licht herein. Weil sie geblendet wurde, blieb sie still und bewegte nur ihren Kopf auf und ab. Mit Stöcken und Knüppeln versehen, stürzten einige Personen auf sie zu. Sie befand sich aber an einem unerreichbaren Platz, und so konnte man nicht auf sie einschlagen. Als die Schlange die Geräusche der Leute hörte, verschwand sie hastig durch dasselbe Loch. Daraufhin waren alle erleichtert.

Babas Meinung

Ein *Devotee* namens Muktaram meinte dann, es sei gut, dass die arme Kreatur entwichen sei. Hemadpant widersprach ihm und sagte, dass Schlangen besser getötet werden sollten. Es entstand eine heftige

Diskussion zwischen ihnen. Muktaram vertrat die Meinung, dass Schlangen und derlei Geschöpfe nicht getötet, und Hemadpant, dass sie getötet werden sollten. Da die Nacht hereinbrach, wurde die Diskussion beendet, ohne dass man zu einem Ergebnis kam.

Am nächsten Tage wurde die Frage Baba vorgetragen, der seine feste Meinung dazu folgendermaßen äußerte: „Gott lebt in allen Wesen und Geschöpfen, ob es sich nun um Schlangen oder Skorpione handelt. Er ist der große Drahtzieher der Welt und alle Wesen, Schlangen, Skorpione und so weiter, folgen seinem Befehl. Ohne dass er es will, kann niemand einem anderen etwas antun. Die Welt ist ganz auf Ihn angewiesen und niemand ist unabhängig. Deshalb sollten wir Mitgefühl haben und alle Geschöpfe lieben. Wir sollten alles abenteuerliche Kämpfen und Töten lassen und geduldig sein. Der Herrgott ist der Beschützer aller Wesen.“

Verneige dich vor Shrī Sai – Friede sei mit allen

Kapitel XXIII

Yoga und Zwiebeln – Shama vom Schlangenbiss geheilt – Übertretung der Choleraverordnung – Die Tortur von Guru-Bhakti

Tatsächlich transzendiert diese Seele *(jīva)* die drei Eigenschaften Reinheit *(sattva),* Leidenschaft *(rajas)* und Trägheit *(tamas).* Aber weil sie durch *Maya* getäuscht wird, vergisst sie ihre wahre Natur, die Sein-Bewusstsein-Glückseligkeit ist, und glaubt, dass sie der Handelnde und Genießende sei. So verwickelt sich der Mensch in endloses Elend und weiß nicht, wie er den Weg in die Befreiung finden kann. Die liebevolle Hingabe zu den Füßen des *Gurus* ist der einzige Weg zur Befreiung. Der große Spieler oder Schauspieler – Sai, der Herr – hat seine *Devotees* erfreut und sie in sein Selbst, sein Wesen, transformiert.

Aus bereits erwähnten Gründen sehen wir Sai Baba als eine Verkörperung Gottes an. Doch sagte er immer von sich, dass er ein gehorsamer Diener Gottes sei. Als Inkarnation zeigte er den Menschen den Weg, wie sie sich recht benehmen und die Pflichten ihres entsprechenden Standes *(varna)* in diesem Leben ausführen können. Weder eiferte er anderen in irgendeiner Weise nach, noch bat er sie, etwas für ihn zu tun. Für ihn, der Gott in allen beweglichen und unbeweglichen Dingen dieser Welt sah, war Demut das einzig Richtige. Es gab niemanden, den er unbeachtet ließ oder respektlos behandelte, denn er sah Gott in allen Wesen. Er sagte niemals „Ich bin Gott", sondern dass er sein demütiger Diener sei und unentwegt an Gott denke. Immer sagte er „Allah Malik" – Gott ist der alleinige Eigentümer.

Wir kennen die verschiedenen Wege der Heiligen nicht, noch wissen wir, wie sie sich verhalten, was sie tun, essen und so weiter. Wir wissen nur, dass sie sich durch Gottes Gnade in dieser Welt manifestieren, um die unwissenden und gebundenen Seelen zu befreien. Nur wenn ein Guthaben an Verdiensten auf unserem Konto ist, kommt der Wunsch oder das Interesse auf, den Geschichten und *Līlās* der Heiligen zu lauschen, sonst nicht.

Nun wenden wir uns den Geschichten dieses Kapitels zu.

Yoga und Zwiebeln

Ein *Yoga*-Schüler kam einmal mit Nanasaheb Chandorkar nach Shirdi. Er hatte alle Werke über *Yoga* studiert, einschließlich der *Yogasūtras* von *Patanjali,* es fehlte ihm aber die praktische Erfahrung. Er konnte sich nicht konzentrieren und nicht einmal für eine kurze Zeit Sammlung *(samādhi)* erlangen. Er glaubte, dass Baba ihm den Weg zu längerem *Samādhi* zeigen würde, wenn Er mit ihm zufrieden sei. Mit diesem Anliegen kam er nach Shirdi, und als er zur *Masjid* ging, sah er, wie Sai Baba Brot mit Zwiebeln aß. Als er das beobachtete, dachte er: „Wie kann dieser Mann, der trockenes Brot mit rohen Zwiebeln isst, meine Schwierigkeiten lösen und mir helfen?"

Sai Baba las seine Gedanken und sagte zu Nanasaheb: „O Nana, wer die Kraft hat, Zwiebeln zu verdauen, sollte sie essen und sonst niemand." Der *Yogi* war sehr erstaunt über diese Bemerkung und fiel dann in vollkommener Ergebenheit Baba zu Füßen. Mit reinem und offenem Gemüt sprach er von seinen Schwierigkeiten, und Baba zeigte ihm die Lösung für seine Probleme. Zufriedengestellt und glücklich verließ er Shirdi mit Babas heiliger Asche und Seinem vollen Segen.

Shama vom Schlangenbiss geheilt

Bevor Hemadpant die Geschichte beginnt, sagt er über die individuelle Seele *(jīva),* dass sie gut mit einem Papagei im Käfig verglichen werden kann. Beide sind gefangen, der eine im Körper, der andere im Käfig, und beide denken, dass ihr gegenwärtiger Zustand der Gefangenschaft gut für sie sei. Nur wenn ein Helfer, das heißt ein *Guru,* kommt, ihnen mit Gottes Gnade die Augen öffnet und sie aus ihrer Gefangenschaft befreit, wird ihr Blick für ein größeres und weiteres Leben frei. Im Vergleich dazu ist ihr vorheriges begrenztes Leben nichts.

Im vorigen Kapitel wurde aufgezeigt, wie Baba ein Unglück vorhergesehen hat, das Herrn Mirikar bevorstand, und ihn davor rettete. Nun wollen wir eine noch größere Geschichte mit dem Leser teilen.

Eines Tages wurde Shama von einer Giftschlange in den kleinen Finger gebissen. Das Gift verbreitete sich im Körper und der Schmerz war heftig. Shama dachte, dass er bald sterben werde. Seine Freunde wollten ihn zu Gott Viroba bringen, zu dem solche Fälle oft geschickt wurden. Aber Shama rannte zur *Masjid* zu seinem Viroba (Sai Baba). Als Baba ihn erblickte, begann er zu schimpfen und zu wettern. Er wurde wütend und sagte: „O du abscheulicher Bhaturdya (Priester), steig nicht hoch. Wehe dir, falls du es tust“, und brüllte dann weiter, „Weg! Geh weg! Komm herunter!“

Shama war höchst verwirrt und enttäuscht, als er Baba so rot vor Zorn sah. Er hatte immer geglaubt, die *Masjid* sei sein Zuhause und Sai Baba seine einzige Zuflucht. Doch wenn er so davongejagt wurde, wohin sollte er dann gehen? Er verlor alle Hoffnung und schwieg. Nach einer Weile wurde Baba normal und ruhig und Shama stand auf und setzte sich neben ihn. Da sagte Baba: „Hab keine Angst, mach dir nichts daraus. Der erbarmungsvolle Fakir wird dich retten. Geh und setz dich zu Hause ruhig hin. Geh nicht nach draußen. Glaube an mich und sei furchtlos und ohne Sorgen.“ So wurde er nach Hause geschickt. Baba ließ Tatya Patil und Kakasaheb Dixit sofort hinterhergehen, mit den Anweisungen, dass Shama essen solle, was er wolle und sich im Haus bewegen könne, sich aber auf gar keinen Fall hinlegen und schlafen solle. Es ist unnötig zu sagen, dass diese Anweisungen befolgt wurden und Shama in kurzer Zeit wiederhergestellt war.

Das Einzige, was wir in diesem Zusammenhang vermerken sollten, sind Babas Worte (oder das *Mantra* „Weg – Geh weg – Komm herunter"), die nicht an Shama gerichtet waren, wie es zuerst den Anschein hatte, sondern ein direkter Befehl an das Schlangengift, nicht hochzusteigen und durch Shamas Körper zu strömen. Baba musste nicht wie jene, welche die Kunst der *Mantras* beherrschen, irgendeine Zauberformel benutzen, noch benötigte er gesegneten Reis oder Wasser und so weiter. Allein seine Worte waren hochwirksam und retteten Shamas Leben.

Jeder, der diese Geschichte oder andere, ähnliche Geschichten hört, wird festen Glauben an die heiligen Füße von Sai Baba entwickeln. Der einzige Weg, den Ozean der *Maya* zu überqueren, ist das ständige Denken an Sais Füße im Herzen.

Übertretung der Choleraverordnung

In Shirdi wütete einmal eine heftige Choleraepidemie. Die Einwohner waren sehr verängstigt und brachen die Verbindung mit den Leuten, die außerhalb von Shirdi lebten, ab. Die fünf Dorfältesten, versammelten sich und erließen zwei Verordnungen, um die Epidemie unter Kontrolle zu bringen und ihr ein Ende zu bereiten.

Erstens: Es durfte kein Brennstoff-Karren ins Dorf kommen.

Zweitens: Es durfte keine Ziege geschlachtet werden.

Sollte irgendjemand diesen Bestimmungen nicht Folge leisten, würde ihm von den Dorfvorstehern und den Dorfältesten eine Strafe auferlegt. Baba wusste, dass dies alles purer Aberglaube war, und scherte sich deshalb nicht im Geringsten um die Cholera-Bestimmungen. Während die Verordnungen noch in Kraft waren, kam ein Brennstoff-Karren und wollte ins Dorf. Jeder wusste, dass Brennstoff im Dorf knapp war, dennoch fingen die Leute an, den Kutscher fortzujagen. Baba erfuhr davon und ging hin. Er bat den Kutscher, die Brennstoff-Karre zur *Masjid* zu fahren. Niemand wagte es, etwas gegen Babas Tun einzuwenden. Er wollte Brennstoff für sein Feuer *(dhuni)* und so kaufte er ihn. So wie ein Feuerpriester sein ganzes Leben lang das heilige Feuer am Brennen hält, so ließ Baba sein *Dhuni* immer – Tag und Nacht – brennen, und hierfür brauchte er den Brennstoff und lagerte er ihn auch.

Babas Heim, das heißt die *Masjid,* war frei und offen für alle. Sie hatte weder Schloss noch Riegel. Einige arme Leute nahmen etwas von dem Holz für sich mit, aber Baba schimpfte deshalb nicht. Baba sah, dass das ganze Universum vom Allmächtigen durchdrungen ist, und so hegte er gegenüber niemandem Feindschaft oder Abneigung. Obwohl er vollkommen bindungslos war, verhielt er sich wie ein gewöhnlicher Haushälter, um den Menschen ein Beispiel zu geben.

Die Tortur von Guru-Bhakti

Lasst uns nun sehen, wie Baba mit der zweiten Cholera-Verordnung umging. Während sie in Kraft war, brachte jemand eine Ziege zur *Masjid.* Sie war alt und schwach und ihr Leben ging zu Ende. Der Fakir Pir Mahomad von Malegaon alias Bade Baba befand sich zu der Zeit gerade in der Nähe. Sai Baba bat ihn, die Ziege mit einem Schlag zu töten und sie als Opfer darzubringen.

Dieser Bade Baba wurde von Baba sehr respektiert. Er saß immer an Babas rechter Seite. Nachdem dieser die Pfeife zuerst geraucht hatte, wurde sie Baba und dann an die anderen weitergegeben. Wenn zur Mittagszeit das Essen serviert wurde, rief Baba Bade Baba respektvoll zu sich und ließ ihn zu seiner rechten Seite Platz nehmen und erst dann begannen alle zu essen. Auch zahlte Baba ihm täglich 50 Rupien aus den angesammelten Geldgeschenken *(dakshinā)*. Wann immer er fortging, begleitete Baba ihn hundert Schritte. So war sein Verhältnis zu Baba. Doch als Baba ihn bat, die Ziege zu enthaupten, weigerte er sich glattweg und sagte: „Warum sollte sie unnötigerweise getötet werden?“ Daraufhin bat Baba Shama, sie zu töten. Der ging zu Radha-Krishna-Mai und holte ein Messer von ihr, das er vor Baba hinlegte. Als Radha-Krishna-Mai erfuhr, für welchen Zweck er das Messer geholt hatte, ließ sie es zurückbringen. Dann ging Shama wieder los, um ein anderes Messer zu holen, blieb aber im *Wada* und kehrte so bald nicht wieder zurück.

Nun kam die Reihe an Kakasaheb Dixit. Er war „gutes Gold“, ohne Zweifel, sollte aber geprüft werden. Baba sagte ihm, er solle ein Messer holen und die Ziege töten. Kakasaheb ging zu Sathes *Wada* und kehrte mit einem Messer zurück. Er war bereit, auf Babas Geheiß, die Ziege zu schlachten. In einer reinen Brahmanen-Familie geboren, hatte er noch nie in seinem Leben getötet. Obwohl er gegen jede gewalttätige Handlung war, nahm er dennoch allen Mut zusammen, um die Ziege zu töten. Alle Leute wunderten sich darüber. Bade Baba, ein Mohammedaner, weigerte sich, sie zu schlachten, doch dieser reine Brahmane machte sich bereit, es zu tun. Er zog seinen *Dhotar* fester, erhob mit einer halbkreisförmigen Bewegung seine Hand, schaute zu Baba und wartete auf sein endgültiges Zeichen. Baba sagte: „Woran denkst du? Los, schlag zu!“ Als er gerade zuschlagen wollte, sagte Baba: „Halt ein! Wie grausam bist du doch! Du bist ein Brahmane und tötest eine Ziege?“ Kakasaheb gehorchte; er legte das Messer aus der Hand und sagte zu Baba: „Dein nektargleiches Wort ist Gesetz für uns. Wir kennen keine andere Verordnung. Immer denken wir an dich, meditieren über deine Gestalt und gehorchen dir Tag und Nacht.

Weder wissen wir noch überlegen wir, ob es richtig oder falsch ist zu töten. Wir wollen die Dinge nicht logisch überdenken oder diskutieren. Das unbedingte und sofortige Befolgen der Befehle des *Gurus* ist unsere Pflicht und unser heiliges Gesetz *(dharma)*."

Daraufhin sagte Baba zu Kakasaheb, dass Er selbst das Opfern und Töten übernehmen werde. Es wurde entschieden, die Ziege nach Takkya, einem nahegelegenen Ort, zu bringen, wo sich Fakire aufhielten. Auf dem Wege dorthin fiel die Ziege tot um.

Hemadpant schließt das Kapitel mit einer Einteilung von Schülern. Er sagt, dass es drei Arten von Schülern gibt: die ersten oder besten, die zweiten oder durchschnittlichen und die dritten oder gewöhnlichen. Die besten Schüler sind jene, die erraten, was ihre *Gurus* wollen und es sofort ausführen und ihnen dienen, ohne auf Anweisungen zu warten. Die Durchschnittsschüler sind jene, welche die Anweisungen ihrer Meister unverzüglich und genau ausführen. Die dritte Art Schüler sind jene, die immer wieder die Ausführung der Anweisungen hinausschieben und bei jedem Schritt Fehler machen.

Die Schüler sollten festen Glauben haben, der von Intelligenz unterstützt wird, und wenn sie Geduld aufbringen, wird ihr spirituelles Ziel nicht fern sein. Atemkontrolle, *Hathayoga* oder andere schwierige Übungen sind nicht notwendig. Wenn die Schüler die soeben erwähnten Qualitäten haben, sind sie für weitere Instruktionen bereit. Dann erscheinen die Meister und führen sie weiter auf ihrem spirituellen Pfad zur Vollkommenheit.

Im nächsten Kapitel befassen wir uns mit Babas einzigartigem Witz und Humor.

Verneige dich vor Shrī Sai – Friede sei mit allen

Kapitel XXIV

Babas Witz und Humor – Chanak-Līlā – Hemadpant – Sudama – Anna Chinchanikar gegen Mavsibai

Zu sagen, dass wir es seien, die dieses oder jenes im nächsten oder in diesem Kapitel vortrügen, ist eine Art von Egoismus. Wenn wir nicht unser Ego zu Füßen des *Sadgurus* niederlegen, können wir in unserem Vorhaben nicht erfolgreich sein. Wenn wir uns von unserem Ego befreit haben, dann ist unser Erfolg sicher.

Durch die Verehrung von Sai Baba erreichen wir sowohl die weltlichen als auch die spirituellen Ziele, werden in unserer wahren Natur gefestigt und erhalten Frieden und Glück. Deshalb sollten alle, die um ihr Wohlergehen bemüht sind, respektvoll den *Līlās* oder Geschichten über Sai Baba lauschen und darüber meditieren. Tun sie das, dann werden sie leicht das Ziel ihres Lebens erreichen und Glückseligkeit erlangen.

Im Allgemeinen lieben alle Menschen Witz und Humor, mögen es aber nicht, wenn auf ihre Kosten Witze gemacht werden. Doch Babas Methode war recht eigenartig. Wenn sie von Gesten begleitet wurde, war sie für die Leute sehr interessant und aufschlussreich, und deshalb machten sie sich nichts daraus, wenn sie zur Zielscheibe seines Spotts wurden. Hemadpant gibt nachfolgend seinen eigenen Fall zum Besten.

Chanak-Līlā

In Shirdi wurde jeden Sonntag ein besonderer Markt abgehalten. Die Leute kamen aus den benachbarten Dörfern und errichteten auf offener Straße Marktbuden und Verkaufsstände, in denen sie ihre Waren und Erzeugnisse anboten. Jeden Nachmittag war die *Masjid* mehr oder weniger voll, aber sonntags war sie zum Ersticken voll.

An einem solchen Sonntag saß Hemadpant vor Baba, wusch dessen Beine und murmelte dabei den Namen Gottes. Shama saß zu Babas linker Seite und Vamanrao zu seiner rechten. Shriman Booty, Kakasaheb Dixit und andere waren auch anwesend. Plötzlich lachte Shama und sagte zu Annasaheb: „Schau mal, da scheinen sich einige Körner in deinem Ärmel verfangen zu haben“, dabei berührte er Annasahebs Ärmel und fand tatsächlich ein paar Körner. Hemadpant streckte seinen linken Unterarm aus, um zu sehen, was los war, als zur Überraschung aller einige Körner herunterrollten; die Leute, die dort saßen, sammelten sie auf. Dieser Vorfall gab Anlass zum Scherzen. Jeder wunderte sich und gab seinen Kommentar dazu, wie die Körner wohl in den Ärmel gekommen waren und sich darin so lange halten konnten. Auch Hemadpant konnte sich nicht erklären, wie sie da hineingekommen waren. Als niemand eine zufriedenstellende Erklärung in dieser Sache geben konnte, und sich alle über dieses Mysterium wunderten, sagte Baba Folgendes: „Dieser Bursche hat die schlechte Angewohnheit, alleine zu essen. Heute ist Markttag und er kam Körner kauend hierher. Ich weiß von dieser Angewohnheit und diese Körner sind der Beweis. Warum wundert ihr euch darüber?“ Hemadpant: „Baba, ich kann mich nicht erinnern, jemals etwas alleine gegessen zu haben. Weshalb unterstellst du mir dann diese schlechte Angewohnheit? Ich habe den Shirdi-Markt noch nie gesehen und bin auch heute nicht auf dem Markt gewesen. Wie konnte ich da Körner kaufen und wie könnte ich sie kauen, wenn ich sie nicht gekauft habe? Ich esse nie etwas, ohne es mit anderen, die in meiner Nähe sind, zu teilen.“ Baba: „Es ist wahr, dass du den Personen gibst, die in deiner Nähe sind. Doch wenn niemand in der Nähe ist, was können du oder ich da tun? Aber denkst du an mich, bevor du isst? Bin ich nicht immer bei dir? Bietest du mir denn etwas an, bevor du isst?“

Die Moral der Geschichte

Prägen wir uns sorgfältig ein, was Baba uns durch diesen Vorfall gelehrt hat. Er rät uns, dass wir erst an ihn denken sollen, bevor die Sinne, der Geist (mind) und der Intellekt zufriedengestellt werden. Wenn wir das tun, ist es so, als hätten wir ihm ein Opfer dargebracht. Die Sinne beschäftigen sich immer mit den Objekten der Welt. Doch wenn jene Dinge zuerst dem *Guru* dargebracht werden, wird die Bindung an sie ganz natürlich vergehen. In dieser Weise sollten alle Gedanken *(vritti)* in Bezug auf Wünsche, Zorn, Habsucht und so weiter zuerst auf den Guru ausgerichtet werden. Wer diese Übung befolgt, dem hilft der Herr, alle *Vrittis* zu vernichten. Wenn man vor dem Genuss einer Sache daran denkt, dass Baba gegenwärtig oder in der Nähe ist, kommt sofort die Frage auf, ob das, was man genießen möchte, gut ist oder nicht. Somit wird das Schlechte gemieden, verschwinden unsere lasterhaften Gewohnheiten und Fehler und bessert sich unser Charakter. Dann wird die Liebe zum *Guru* wachsen und das reine Wissen bricht hervor. Wenn dieses Wissen wächst, wird die Sklaverei des Körperbewusstseins (wir sind der Körper) aufgehoben, und unser Intellekt geht im reinen Bewusstsein auf. Damit erreichen wir den Zustand der Glückseligkeit und Zufriedenheit.

Es gibt keinen Unterschied zwischen dem *Guru* und Gott. Wer irgendeinen Unterschied zwischen ihnen sieht, sieht Gott nirgendwo. Lassen wir deshalb alle Vorstellungen von Unterschied beiseite und sehen den *Guru* und Gott als eins an. Wenn wir unserem *Guru,* wie erwähnt, dienen, wird der Herrgott gewiss erfreut sein, unseren Geist (mind) reinigen und uns Selbsterkenntnis schenken.

Um es kurz zu fassen: Wir sollten nichts mit unseren Sinnen und so weiter genießen, ohne zuerst an unseren *Guru* zu denken. Wenn der Geist (mind) auf diese Weise geschult ist, werden wir stets an Baba erinnert und unsere Meditation über ihn wird sich rasch weiterentwickeln. Mit Babas Gestalt immer vor unseren Augen sind Hingabe, Bindungslosigkeit und Befreiung unser. Wenn Babas Gestalt solchermaßen fest vor unserem inneren Auge verankert ist, dann vergessen wir Hunger, Durst und die Welt *(samsāra),* dann vergeht das Bewusstsein von weltlichen Freuden und erlangt unser Geist (mind) Frieden und Glück.

Sudamas Geschichte

Als das soeben Erwähnte erzählt wurde, erinnerte sich Hemadpant an eine ähnliche Geschichte von Sudama, die dasselbe Prinzip veranschaulicht, und deshalb wird sie hier wiedergegeben.

Krishna und sein älterer Bruder, Balarama, lebten mit einem anderen Schüler namens Sudama zusammen im *Aschram* ihres *Gurus Sandipani.* Einmal wurden *Krishna* und Balarama in den Wald geschickt, um Brennholz zu holen. *Sandipanis* Frau schickte Sudama zum selben Zweck in den Wald und gab ihm für alle drei einige geröstete Kichererbsen mit. Als *Krishna* Sudama im Wald traf, sagte er zu ihm: „Dada, ich möchte Wasser, ich bin durstig." Sudama entgegnete: „Wasser sollte nicht auf leeren Magen getrunken werden. Es ist besser, ein wenig zu ruhen." Er sagte nicht, dass er geröstete Kichererbsen bei sich habe und *Krishna* davon nehmen solle.

Krishna war müde, legte sich auf Sudamas Schoß zur Ruhe und fing an zu schnarchen. Als Sudama das bemerkte, nahm er die Körner heraus und begann zu essen. Plötzlich fragte *Krishna* ihn: „Dada, was isst du da? Woher kommt das Geräusch?“ Sudama erwiderte: „Was soll es denn zu essen geben? Ich friere vor Kälte und meine Zähne klappern. Ich kann nicht einmal aus dem *Vishnu-Sahasra-Nāman* deutlich rezitieren.“ Als der allwissende *Krishna* das hörte, sagte er: „Ich hatte gerade einen Traum, in dem ich einen Mann sah, der aß, was anderen gehörte, und als er darüber befragt wurde, erwiderte: ‚Welchen Staub sollte ich schon essen?‘, und damit meinte, dass er nichts zu essen habe. Der andere Mann sagte: ‚So sei es.‘ Dada, dies ist nur ein Traum. Ich weiß, dass du nichts ohne mich essen würdest. Unter dem Einfluss des Traumes habe ich dich gefragt, was du da isst.“ Hätte Sudama nur ein wenig über den Allwissenden *Krishna* und seine *Līlās* gewusst, hätte er sich nicht so verhalten. Deshalb musste er für das, was er tat, leiden. Obwohl er ein Kamerad von *Krishna* war, musste er sein späteres Leben in äußerster Armut verbringen. Doch als er *Krishna* später eine Handvoll gedörrten Reis opferte, den seine Frau durch ihre Arbeit verdient hatte, war *Krishna* froh und gab ihm eine goldene Stadt, an der er sich erfreuen konnte.

An diese Geschichte sollten sich all jene erinnern, welche die Gewohnheit haben, alleine zu essen und nicht mit anderen zu teilen. Die heiligen Schriften heben diese Lektion hervor und raten uns, die Dinge erst Gott zu opfern und sie dann zu genießen, nachdem er darauf verzichtet hat. Baba hat uns auf seine unnachahmliche und humorvolle Weise dieselbe Lektion erteilt.

Anna Chinchanikar gegen Mavsibai

Nun beschreibt Hemadpant einen anderen lustigen Vorfall, in dem Baba die Rolle eines Friedensstifters spielte. Es gab einen *Devotee* mit Namen Damodar Ghanashyama Babare alias Anna Chinchanikar. Er war einfach, rau und geradeheraus. Er kümmerte sich um niemanden, sprach immer direkt und erledigte alles sofort. Obwohl er äußerlich harsch und kompromisslos zu sein schien, war er doch gutmütig und arglos. Deshalb liebte Baba ihn.[6] Eines Tages, gegen Mittag, stand Anna über Baba gebeugt und wusch dessen linken Arm, so wie auch andere Baba auf ihre eigene Art und Weise dienten. Babas Arm ruhte auf der Lehne. An seiner rechten Seite war eine alte Witwe namens Venubai Koujalgi, die von Baba „Mutter" und von allen anderen „Mavsibai" genannt wurde. Diese Mavsibai war eine ältere Frau mit reinem Herzen. Sie hatte Babas Leib mit beiden Händen umfasst und massierte gerade heftigst seinen Bauch. Sie tat das so gewaltsam, dass sein Bauch an den Rücken gepresst wurde und Baba sich von einer Seite zur anderen bewegte. Annas Bewegungen waren ruhig, aber Mavsibais Kopf ging im Takt mit ihren heftigen Massagebewegungen auf und ab. Dabei geschah es, dass ihr Gesicht dem von Anna sehr nah kam. Da sie humorvoll veranlagt war, bemerkte sie: „Oh, dieser Anna ist ein schlimmer Bursche, er will mich küssen und schämt sich nicht einmal, obwohl ich so alt und grau bin." Diese Worte machten Anna wütend, er krempelte seine Ärmel hoch und sagte: „Du sagst, ich sei ein alter, schlimmer Bursche. Bin ich denn ein Dummkopf? Du hast einen Streit angefangen und zankst mit mir." Alle Leute, die anwesend waren, genossen dieses Gefecht zwischen den beiden. Baba, der beide gleich liebte, wollte sie beruhigen und regelte die Affäre sehr geschickt. Liebevoll sagte er: „O Anna, warum schreist du unnötigerweise Zeter und Mordio? Ich verstehe nicht, was für ein Schaden entsteht oder welche Ungehörigkeit dabei ist, wenn die Mutter geküsst wird." Als sie diese Worte von Baba hörten, waren beide zufriedengestellt. Alle Leute lachten fröhlich und freuten sich von ganzem Herzen über Babas Humor.

[6] Er hat seinen gesamten Besitz dem „Shirdi Sansthan of Shrī Sai Baba" vererbt.

Babas Besonderheit: Die Abhängigkeit von seinen Devotees

Baba erlaubte seinen *Devotees,* ihm in ihrer eigenen Art und Weise zu dienen, und mochte es nicht, wenn ein anderer sich einmischte. Einmal knetete dieselbe Mavsibai Babas Leib. Die anderen *Devotees,* welche die Heftigkeit und Kraft sahen, mit der sie das tat, waren nervös und besorgt. Sie sagten: „O Mutter, sei etwas rücksichtsvoller und zurückhaltender, sonst beschädigst du noch Babas Adern und Nerven." Baba stand sofort von seinem Platz auf und schlug mit seinem Stock auf den Boden. Er wurde wütend und seine Augen so rot wie glühende Holzkohle. Niemand traute sich, vor Baba zu stehen oder ihn anzuschauen. Dann nahm er das eine Ende des Stocks mit beiden Händen und presste es in seine Bauchhöhle; das andere Ende stemmte er an einen Pfosten und drückte dann seinen Bauch dagegen, indem er den Pfosten fest umschlungen hielt. Der Stock, der etwa zwei oder drei Fuß lang war, schien ganz in seinem Bauch zu verschwinden. Die Lcute befürchteten jeden Augenblick, dass der Bauch bersten würde; sie waren bestürzt und wussten nicht, was sie tun sollten; sie waren stumm vor Verwunderung und Furcht. Baba erlitt diese Tortur seiner *Devotees* wegen.

Die anderen hatten Mavsibai nur einen Hinweis geben wollen, gemäßigter in ihrem Vorgehen zu sein und Baba keine Unannehmlichkeiten oder Schmerzen zuzufügen. Sie taten es mit guter Absicht. Baba duldete nicht einmal dies. Sie waren überrascht, dass ihre gut gemeinten Absichten in dieser Katastrophe endeten und konnten einfach nur abwarten. Glücklicherweise kühlte Babas Zorn bald ab. Er ließ den Stock los und nahm seinen Platz wieder ein. Von da an nahmen sich die *Devotees* zu Herzen, dass sie sich nicht einmischen, sondern jedem erlauben sollten, Baba so zu dienen, wie er es wollte, da nur Baba den Wert des ihm dargebotenen Dienstes beurteilen konnte.

Verneige dich vor Shrī Sai – Friede sei mit allen

Kapitel XXV

Damu Anna Kasar aus Ahmednagar – Spekulationen – Amra-Līlā oder das Mango-Wunder

Wir beginnen dieses Kapitel mit einer vollkommenen Verbeugung vor Sai Baba, der ein Ozean des Erbarmens, die Inkarnation Gottes, das höchste *Brahman (parabrahman)* und der große Herr des *Yoga (yogeshvara)* ist. Heil sei Sai Baba, der das Kronjuwel der Heiligen ist, der Wohnsitz aller guten Dinge, unser liebes Selbst *(ātmarama)* und die vortreffliche Zuflucht der *Devotees*. In aller Ehrfurcht fallen wir vor ihm nieder, vor ihm, der Ziel und Zweck des Lebens erreicht hat.

Sai Baba ist stets voller Erbarmen. Was er von uns erwartet, ist Hingabe, die von ganzem Herzen kommt. Wenn ein *Devotee* festen Glauben und beständige Hingabe hat, werden seine Wünsche bald erfüllt. Als in Hemadpant der Wunsch aufkam, über Sai Babas Leben und *Līlās* zu schreiben, ließ Er es sofort durch ihn schreiben. Als er von Baba den Auftrag erhielt, Erinnerungen und Notizen festzuhalten, wurde Hemadpant inspiriert und sein Intellekt bekam Kraft und Mut, das Werk zu beginnen und zu beenden.

Hemadpant sagte, dass er nicht qualifiziert sei, das Werk zu schreiben, doch Babas Segen befähigte ihn, es zu vollenden. Somit gibt es also diese *Satcharita,* die eine Quelle ist oder ein Mondstein-Juwel *(somakant)*, aus dem Nektar in Form von Sai-*Līlās* hervorquillt, damit die Leser ihn nach Herzenslust trinken können.

Wann immer ein *Devotee* Sai Baba vollkommen hingegeben war, wurden Unglück und Gefahren von ihm abgewandt, und Baba kümmerte sich um sein Wohlergehen. Die folgende Geschichte von Damodar Savalaram Rasane Kasar aus Ahmednagar (heute Puna), alias Damu Anna, ist ein gutes Beispiel.

Damu Anna

Der Leser weiß, dass dieser Herr im sechsten Kapitel erwähnt wurde, und zwar in Zusammenhang mit dem *Ramanavamī*-Fest in Shirdi. Etwa 1895, als mit den *Ramanavamī*-Feierlichkeiten begonnen wurde, kam er nach Shirdi. Jedes Jahr spendete er eine dekorative Fahne. Ebenso speiste er die Armen und Fakire, die zum Fest dorthin kamen.

Seine Baumwollspekulation

Ein Freund von Damu Anna aus Bombay schrieb ihm, dass sie als Partner einige Baumwoll-Spekulationen machen sollten, die ihnen etwa 200.000 Rupien Gewinn einbringen würden. (Damu Anna gab in seiner Erklärung, die er um 1936 herum Herrn B. V. Narsimha *Swami* gegenüber machte, an, dass der Vorschlag zur Baumwoll-Spekulation in Bombay von einem Makler gekommen sei, der aber nicht Partner habe sein sollen, und dass er – Damu Anna – der einzige Spekulant habe sein sollen. Siehe Seite 75 in „Devotees Experiences", Teil II.)

Der Makler schrieb, dass das Geschäft gut sei und kein Risiko beinhalte und dass die Gelegenheit nicht versäumt werden solle. Damu Anna zögerte. Er konnte sich nicht sofort zu dieser Spekulation entschließen. Er dachte darüber nach und da er ein *Devotee* von Baba war, schrieb er einen detaillierten Brief mit allen Fakten an Shama und bat ihn, Baba aufzusuchen und seinen Rat in dieser Sache einzuholen.

Shama erhielt den Brief am nächsten Tag. Als er mittags damit zur *Masjid* ging und ihn Baba vorlegte, fragte Baba ihn, was es mit dem Papier auf sich habe. Er antwortete, dass Damu Anna aus Nagar seinen Rat suche. Baba sagte: „Was schreibt er und was plant er? Es scheint, als ob er nach den Sternen greifen wolle und mit dem, was Gott ihm gegeben hat, nicht zufrieden sei. Lies seinen Brief vor!" Shama sagte: „Der Brief enthält das, was du gerade eben erwähnt hast. O *Deva,* du sitzt ruhig und gelassen hier und beunruhigst die *Devotees,* und wenn sie unruhig werden, ziehst du sie hierher, einige persönlich, andere durch Briefe. Wenn du den Inhalt des Briefes kennst, warum bittest du mich dann, ihn vorzulesen?" Baba sagte: „Shama, lies ihn bitte vor. Ich rede aufs Geratewohl und wer glaubt mir schon?"

Daraufhin las Shama den Brief vor. Baba hörte aufmerksam zu und sagte mitfühlend: „Der Shet (Damu Anna) ist verrückt geworden. Schreib ihm als Antwort, dass es an nichts in seinem Haus fehlt, lass ihn zufrieden sein mit dem halben Laib Brot, den er jetzt hat, und er soll sich nicht um Hunderttausende kümmern."

Shama sandte die Antwort, auf die Damu Anna gespannt wartete. Nachdem er sie gelesen hatte, fand er, dass all seine Hoffnungen und Aussichten auf Hunderttausende von Rupien Gewinn zerschlagen waren. Er dachte, dass es ein Fehler gewesen sei, Baba zu Rate zu ziehen. Aber weil Shama in der Antwort angedeutet hatte, dass zwischen Sehen und Hören immer ein großer Unterschied bestehe und er deshalb persönlich nach Shirdi kommen solle, überlegte er, dass es ratsam sei, nach Shirdi zu reisen und Baba persönlich in dieser Sache zu befragen. Das tat er dann auch. Als er Baba sah, verneigte er sich ehrfürchtig vor ihm, setzte sich vor ihn und wusch Seine Füße. Er hatte nicht den Mut, Baba offen über die Spekulationen zu befragen, aber er dachte bei sich, dass es besser sei, Baba einen Teil des Geschäftes zukommen zu lassen, falls Er ihm in dieser Transaktion helfen würde.

Doch nichts konnte vor Baba geheimgehalten werden. Vergangenheit, Gegenwart und Zukunft waren für ihn so klar wie eine *Amalaka* in der Hand. Ein Kind möchte Süßigkeiten, aber die Mutter gibt ihm bittere Pillen. Baba – liebevolle Mutter, die er war – kannte die Gegenwart und Zukunft seiner *Devotees,* und indem er Damu Annas Gedanken las, sagte er offen zu ihm: „Bapu, ich will nicht in derlei weltliche Dinge verwickelt werden." Als er Babas Missbilligung sah, ließ Damu Anna das Unternehmen fallen.

Getreide-Handel

Dann dachte er daran, mit Getreide, Reis, Weizen und anderen Lebensmitteln zu handeln. Baba las auch diesen Gedanken und sagte zu ihm: „Du wirst für eine Rupie fünf *Seers* einkaufen und sieben *Seers* pro Rupie verkaufen." So ließ er auch dieses Geschäft fallen.

Einige Zeit lang stieg der Getreidepreis und Babas Voraussage schien sich nicht zu bewahrheiten. Doch nach ein paar Monaten gab es überall reichlich Regen und plötzlich fiel der Getreidepreis, und deshalb erlitten jene, die Getreide gelagert hatten, erhebliche Verluste. Damu Anna wurde vor diesem Schicksal bewahrt. Es ist unnötig zu sagen, dass die Baumwoll-Spekulation, die der Makler mit Hilfe eines anderen Kaufmannes leitete, ebenfalls ein Verlustgeschäft war und die Spekulanten ernsthafte Einbußen erlitten. Nachdem Damu erkannte, dass Baba ihn vor zwei erheblichen Verlusten in Baumwoll- und Getreidegeschäften bewahrt hatte, wurde sein Glaube an Baba stark und er blieb bis zu seinem Tod und darüber hinaus Sein treuer *Devotee.*

Amra-Līlā oder Mango-Wunder

Eines Tages kam ein Paket mit etwa 300 guten Mangos in Shirdi an. Es wurde von einem Finanzbeamten namens Rale von Goa aus über Shama an Baba geschickt. Als das Paket geöffnet wurde, befanden sich alle Mangos in bestem Zustand. Sie wurden in Shamas Obhut gegeben. Baba behielt vier Mangos zurück und legte sie in den Tontopf. Er sagte: „Diese vier Früchte sind für Damu Anna, lass sie dort liegen."

Dieser Damu Anna hatte zwei Frauen, aber keine Nachkommen. Er suchte viele Astrologen auf, studierte selbst bis zu einem gewissen Grad Astrologie und fand heraus, dass in seinem Horoskop ein ungünstiger Planet war und es daher in diesem Leben für ihn keinerlei Aussicht auf Nachkommenschaft gab. Doch sein Glaube an Baba war stark. Zwei Stunden nachdem das Mango-Paket angekommen war, traf Damu Anna in Shirdi ein, um Baba anzubeten. Baba sagte: „Obwohl andere Leute die Mangos haben wollen, sind sie für Damya (Damu Annas; Anmerkung des Übersetzers). Nur derjenige sollte die Mangos essen, dem sie gehören, selbst wenn er dabei stirbt." Als er diese Worte hörte, war Damu Anna zuerst schockiert, aber als Mhalsapati, ein bekannter Shirdi-*Devotee,* ihm erklärte, dass „Tod" bedeute, das kleine Selbst oder Ego sterben lassen, und dass es ein Segen sei, wenn dies zu Babas Füßen geschehe, sagte er, dass er die Früchte annehmen und essen werde. Doch Baba entgegnete ihm: „Iss sie nicht selbst, sondern gib sie deiner jüngeren Frau. Dieses Amra-*Līlā* (das Wunder der vier Mangos) wird sie mit vier Söhnen und vier Töchtern segnen." Babas Anweisung wurde ausgeführt und schließlich stellte man zu gegebener Zeit fest, dass Babas Worte und nicht die der Astrologen wahr geworden waren.

Während Baba im Körper lebte, hatten seine Worte große Wirksamkeit – doch Wunder über Wunder – selbst nach seinem Tod hörte dies nicht auf. Baba sagte: „Glaubt mir, obwohl ich sterbe, werden meine Knochen im Grab euch noch Hoffnung und Vertrauen geben. Nicht nur meine Person, sondern auch mein Grab wird mit jenen, die sich mir mit ganzem Herzen ergeben, sprechen und kommunizieren.

Seid nicht traurig, dass ich nicht bei euch sein werde. Ihr werdet meine Knochen sprechen und euer Wohlergehen erörtern hören. Aber denkt immer an mich, glaubt an mich mit Herz und Seele, das wird euch den meisten Segen bringen."

Gebet

Hemadpant schließt dieses Kapitel mit einem Gebet: „O Sai *Sadguru,* der wunscherfüllende Baum der *Devotees,* wir beten: Lass uns niemals deine Füße vergessen oder aus den Augen verlieren. Wir sind mit dem Ein und Aus (Geburt und Tod) in dieser Welt des Wandels geplagt worden; nun erlöse uns aus diesem Kreislauf. Bewahre uns davor, dass unsere Sinne sich auf äußere Dinge ausrichten, lass uns nach innen gerichtet sein und führe uns direkt zum *Atman.* Solange die nach außen gerichtete Neigung der Sinne und des Denkens nicht unter Kontrolle gebracht wird, besteht keine Aussicht auf Selbsterkenntnis. Weder Sohn noch Frau noch Freund werden am Ende von irgendeinem Nutzen sein. Nur du wirst uns Erlösung und Glück schenken. Zerstöre unsere Neigung zu Diskussionen und unsere anderen schlechten Angewohnheiten vollkommen, lass unsere Zunge die Leidenschaft entwickeln, deinen Namen zu singen. Vertreibe unsere Gedanken, gute und ungute, lass uns unsere Körper und Häuser vergessen und bereite unserem Egoismus ein Ende. Lass uns immer an deinen Namen denken und alles andere vergessen. Beseitige die Ruhelosigkeit unseres Geistes (mind) und lass ihn stetig und ruhig sein. Wenn du uns nur umfängst, wird die Dunkelheit der Nacht unserer Unwissenheit vergehen und wir werden glücklich in deinem Licht leben. Dass du uns den Nektar deiner *Līlās* trinken lässt und uns aus unserem Schlummer erweckt hast, geschieht aufgrund deiner Gnade und unserer angesammelten Verdienste aus vergangenen Leben."

In diesem Zusammenhang ist der folgende Auszug aus Damu

Annas oben erwähnten Aufzeichnungen es wert, genau gelesen zu werden:

„Als ich einmal mit vielen *Devotees* zu seinen Füßen saß, hatte ich zwei Fragen im Kopf, und Baba gab auf beide die Antworten.

Die erste Frage: So viele Menschen kommen zu Sai Baba. Ziehen sie alle Nutzen daraus? Hierauf antwortete er: ‚Schau einen Mangobaum in der Blütezeit an. Wenn alle Blüten Früchte hervorbringen würden, was für eine prächtige Ernte gäbe das. Aber tun sie das? Die meisten fallen durch Wind und so weiter herunter, entweder als Blüten oder als unreife Früchte. Nur wenige bleiben übrig.‘

Die zweite Frage betraf mich selbst: Falls Baba sterben würde, wie hoffnungslos verloren wäre ich und wie würde es mir dann gehen? Hierauf antwortete Baba, dass er mit mir sein werde, wann und wo immer ich an ihn dächte. Dieses Versprechen hat er vor 1918 gehalten und auch danach. Er ist immer noch bei mir. Er führt mich immer noch. Das war um 1910/1911, als meine Brüder sich von mir trennten, meine Schwester starb und es einen Diebstahl mit polizeilichen Nachforschungen gab, was mich alles sehr aus der Fassung brachte.

Der Tod meiner Schwester erschütterte mich sehr. Ich hatte keine Freude mehr am Leben und an Vergnügungen. Als ich zu Baba ging, beruhigte er mich mit seiner heiligen Lehre und ließ mich in Appa Kulkarnis Haus an einem *Pooran-Poli*-Essen teilnehmen und mich mit Sandelholzpaste einreiben.

Es gab einen Diebstahl in meinem Haus. Ein Freund, den ich dreißig Jahre lang kannte, stahl die Schmuckschatulle meiner Frau, in der sich auch der segenbringende Nasenring befand. Ich weinte vor Babas Foto. Am nächsten Tag kehrte der Mann mit dem Schmuckkasten zurück und bat um Vergebung."

Verneige dich vor Shrī Sai – Friede sei mit allen

Kapitel XXVI

Innere Verehrung – Geschichten von Bhakta Pant, Harishchandra Pitale und Gopal Ambadekar

Alles, was wir im Universum sehen, ist nichts anderes als das Spiel der *Maya* – der schöpferischen Kraft des Herrn. Diese Dinge existieren nicht wirklich. Was wirklich existiert, ist das wahre Absolute. Ebenso wie wir ein Seil oder eine Girlande in der Dunkelheit für eine Schlange halten, sehen wir das Phänomenale, das heißt die Dinge so, wie sie äußerlich erscheinen, und nicht das Göttliche, das allen sichtbaren Dingen zugrunde liegt. Nur der *Sadguru* befähigt uns, die Dinge in ihrem wahren Licht zu sehen. Lasst uns deshalb den *Sadguru* verehren, zu ihm beten und ihn bitten, uns die wahre Schau zu verleihen, die nichts anderes als Gottesschau ist.

Innere Verehrung

Hemadpant hat uns eine neue Form der Verehrung gegeben. Lasst uns, so sagte er, warmes Wasser in Form von Freudentränen benutzen, um die Füße des *Sadgurus* zu waschen; lasst uns seinen Körper mit der Sandelholz-Paste der reinen Liebe salben und mit dem Tuch wahren Glaubens bedecken, lasst uns ihm acht Lotosblüten in Form unserer acht *sattvischen* Gefühle opfern und Früchte in Form unserer konzentrierten Gedanken; lasst uns auf seinen Kopf *Bukka* in Form von Hingabe auftragen, den Gürtel in Form von Hingabe *(bhakti)* um seine Hüften binden und dann unseren Kopf auf seine Zehen legen.

Nachdem wir den *Sadguru* in dieser Weise mit Juwelen geschmückt haben, wollen wir ihm alles opfern und den Fächer der Hingabe schwenken, um die Hitze abzuwehren. Nach solch glückseliger Verehrung lasst uns so beten: Wende unsere Gedanken nach innen, gib uns die Kraft, zwischen dem Unwahren und dem Wahren zu unterscheiden, gib uns Gleichmut allen weltlichen Dingen gegenüber und befähige uns, Selbsterkenntnis zu erreichen. Wir übergeben uns dir mit Leib und Seele. Mach unsere Augen zu den deinen, so dass wir nie mehr Freud und Leid empfinden. Übernimm du die Kontrolle über unseren Körper und unser Denken und Fühlen und lass uns zu deinen Füßen Ruhe finden.

Nun wenden wir uns den Geschichten dieses Kapitels zu.

Bhakta Pant

Ein *Devotee* mit Namen Pant, der Schüler eines anderen *Sadgurus* war, hatte eines Tages das große Glück, nach Shirdi zu kommen. Er wollte eigentlich nicht nach Shirdi reisen, aber der Mensch denkt und Gott lenkt. Er reiste in einem Zug, in dem er viele Freunde und Verwandte traf, die nach Shirdi fuhren. Sie alle baten ihn, doch mitzukommen, und er konnte nicht nein sagen. Sie stiegen in Bombay aus und Pant in Virar. In Virar holte Pant sich von seinem *Sadguru* die Erlaubnis für die Reise und fuhr dann mit den anderen weiter nach Shirdi.

Sie erreichten den Ort am Morgen und gingen gegen 11 Uhr zur *Masjid*. Alle waren erfreut, als sie die Menge der *Devotees* erblickten, die sich zur Anbetung von Baba eingefunden hatte. Doch Pant bekam plötzlich einen Anfall und wurde ohnmächtig. Die Leute erschraken und versuchten ihr Bestes, ihn wieder zu Bewusstsein zu bringen. Durch Babas Gnade und mit Kannen voll Wasser, das sie ihm über den Kopf gossen, kam er wieder zu sich und setzte sich aufrecht hin, als ob er gerade vom Schlaf erwacht sei. Der allwissende Baba, der wusste, dass Pant der Schüler eines anderen *Gurus* war, sagte ihm, er solle sich nicht fürchten. Er bestätigte ihn in seinem Glauben an seinen *Guru,* indem er ihm folgendes sagte: „Komme was wolle, lass nicht los, sondern halte an deinem *Guru* fest, sei immer beständig und eins mit ihm.“ Pant erkannte sofort die Bedeutung dieser Bemerkung und wurde dadurch an seinen *Sadguru* erinnert. Diese Güte von Baba vergaß er sein Leben lang nicht.

Harishchandra Pitale

In Bombay gab es einen Herrn mit Namen Harishchandra Pitale. Er hatte einen Sohn, der an Epilepsie litt, und so suchte er viele allopathische und ayurvedische Ärzte auf, doch keiner konnte den Sohn heilen. Es gab nur noch einen Weg, nämlich sich an die Heiligen zu wenden. Im Kapitel XV wurde erwähnt, dass Das Ganu durch seine unnachahmlichen und hervorragenden *Kirtans* Babas Ruhm in der Gegend von Bombay verbreitete. Im Jahr 1910 hörte Herr Pitale einige dieser *Kirtans* und erfuhr auch von anderen, dass Baba durch Seine Berührung und Seinen bloßen Blick viele unheilbare Krankheiten heilte. Da entstand in ihm der Wunsch, Baba zu sehen. Er traf alle Vorbereitungen, nahm Geschenke und Körbe voller Früchte mit und reiste mit seiner Frau und seinen Kindern nach Shirdi. Er ging mit ihnen zur *Masjid,* warf sich vor Baba zu Boden und legte seinen kranken Sohn auf Babas Füße.

Kaum sah Baba das Kind, passierte ein Unglück. Der Sohn verdrehte die Augen und wurde ohnmächtig, Schaum trat aus seinem Mund und er war schweißnass. Es schien, als ob er seinen letzten

Atemzug täte. Die Eltern wurden sehr nervös und ängstlich, als sie das sahen. Der Junge hatte oft solche Anfälle, doch dieser Anfall schien länger zu dauern. Die Mutter weinte ununterbrochen. Sie fing an zu jammern und sagte, dass sie einer Person gleiche, die aus Angst vor Räubern in ein Haus renne, das dann über ihr zusammenbreche; oder einer Kuh, die aus Angst vor einem Tiger in die Hände eines Schlachters falle; oder einem von der Sonnenglut geplagten Reisenden, der unter einem Baum Zuflucht suche, der auf ihn falle; oder einem Frommen, der zu einer Andacht in den Tempel gehe, welcher dann über ihm zusammenbreche.

Daraufhin tröstete Baba sie mit folgenden Worten: „Jammere nicht so, warte ein wenig, hab Geduld. Bring den Jungen in deine Unterkunft. Er wird innerhalb einer halben Stunde wieder bei Sinnen sein." Sie taten, was Baba ihnen sagte, und stellten fest, dass seine Worte sich bewahrheiteten. Als man das *Wada* erreicht hatte, erholte sich der Junge, und die ganze Pitale-Familie war hocherfreut und all ihre Zweifel schwanden.

Herr Pitale ging mit seiner Frau zu Baba, verneigte sich ehrfurchtsvoll und voller Demut vor ihm und wusch seine Beine. Im Stillen dankte er Baba für seine Hilfe. Baba sagte lächelnd: „Sind nun all deine Gedanken zur Ruhe gekommen und deine Zweifel und Nöte beseitigt? Gott wird denjenigen beschützen, der Vertrauen und Geduld hat."

Herr Pitale war ein wohlhabender Mann. Er verteilte großzügig Süßigkeiten und gab Baba ausgezeichnete Früchte und Betelnüsse. Frau Pitale war eine sehr fromme Dame, schlicht, liebevoll und treu ergeben. Gewöhnlich saß sie in der Nähe des Pfeilers, schaute Baba intensiv an und Tränen der Freude rollten aus ihren Augen. Baba freute sich sehr an ihrem freundlichen und liebevollen Wesen. Wie die Götter, so sind auch Heilige immer von ihren *Devotees* abhängig, die sich ihnen hingeben und sie mit Herz und Seele anbeten.

Nachdem die Pitale-Familie einige glückliche Tage in Babas Gesellschaft verbracht hatte, kamen sie zur *Masjid,* um sich vor der Abreise von Baba zu verabschieden. Baba gab allen *Udi* und seinen Segen. Er rief Herrn Pitale nah zu sich und sagte ihm: „Bapu, ich habe dir bereits 2 Rupien gegeben, jetzt gebe ich dir noch 3 Rupien. Leg sie in deinen Schrein und halte davor Andacht. Das wird dir von Nutzen sein.“ Herr Pitale nahm die Rupien als *Prasad* an, verneigte sich wieder ehrfürchtig vor Baba und bat um Seinen Segen. Er konnte nicht verstehen, was Baba meinte, als Er sagte, er habe ihm früher schon einmal 2 Rupien gegeben, denn es war doch seine erste Reise nach Shirdi. Er war neugierig, dieses Geheimnis zu erfahren, doch Baba schwieg.

Als Herr Pitale wieder in Bombay war, erzählte er seiner alten Mutter alles, was in Shirdi geschehen war, auch von den geheimnisvollen 2 Rupien, die Baba ihm früher gegeben haben wollte. Die Mutter verstand das Geheimnis auch nicht, doch als sie darüber nachdachte, erinnerte sie sich an einen alten Vorfall, der das Geheimnis lüftete. Sie sagte zu ihrem Sohn: „Wie du jetzt mit deinem Sohn zu Baba gegangen bist, so tat es auch dein Vater mit dir, als er dich vor vielen Jahren mit nach Akkalkot nahm, um den *Darshan* des *Maharaj* zu haben. Jener *Maharaj* war auch ein Vollendeter *(siddha),* ein perfekter *Yogi,* allwissend und tolerant. Dein Vater war rein und fromm und sein Gebet wurde angenommen. Er gab deinem Vater 2 Rupien, die er im Schrein aufbewahren und anbeten sollte. Entsprechend betete dein Vater sie bis zu seinem Tod an. Aber danach wurde die Andacht vernachlässigt und die Rupien gingen verloren. Nach einigen Jahren verschwand auch die Erinnerung an die Rupien. Jetzt kam durch dein großes Glück der Akkalkotkar *Maharaj* in der Gestalt von Sai Baba zu dir, um dich an die Pflicht und Andacht zu erinnern und alle Gefahren von dir abzuwenden. Von jetzt an sei achtsam, lass alle Zweifel und schlechten Gedanken beiseite, folge dem Beispiel deiner Vorfahren und benimm dich gut. Führe die Anbetung der Familien-Gottheiten und der Rupien weiter fort. Würdige den Segen der Heiligen und sei stolz darauf. Sai Samarth hat gütigerweise in dir den Geist der Gottesliebe wiedererweckt, entwickle ihn zu deinem Wohl." Als er die Worte der Mutter vernahm, freute er sich sehr. Er war nun von Babas Allgegenwart und der Bedeutung seines *Darshans* überzeugt und wurde sehr achtsam in seinem Verhalten.

Herr Ambadekar

Herr Gopal Narayan Ambadekar aus Puna war ein *Devotee* von Baba. Er diente zehn Jahre als Steuereinnehmer im Thana-Distrikt und im Javhar-Staat und musste dann aufhören zu arbeiten. Er versuchte, eine andere Anstellung zu bekommen, blieb aber erfolglos. Weil ihn auch noch weitere Missgeschicke ereilten, verschlimmerte sich seine Situation immer mehr. Sieben Jahre vergingen so, obwohl er in jedem Jahr nach Shirdi reiste und Baba sein Leid vortrug. Im Jahr 1916 war seine Lage am schlimmsten, und er beschloss, sich in Shirdi das Leben zu nehmen.

Deshalb reiste er mit seiner Frau nach Shirdi und blieb zwei Monate dort. Eines Nachts, während er in einem Ochsenkarren vor Dixits *Wada* saß, beschloss er, sein Leben zu beenden und sich in einen nahegelegenen Brunnen zu stürzen. Doch Baba wollte es anders. Ein paar Schritte von dem Platz entfernt war ein Restaurant und der Besitzer, Herr Sagun, ein *Devotee* von Baba, kam heraus und sprach ihn barsch an: „Hast du jemals über das Leben dieses Akkalkotkar *Maharaj* gelesen?" Ambadekar nahm das Buch, das Sagun ihm gab, und begann darin zu lesen.

Zufällig, oder sagen wir glücklicherweise, stieß er auf eine Geschichte, die sich mit seinem Problem befasste. Zu Lebzeiten des

Akkalkotkar *Maharaj* litt einer seiner *Devotees* an einer unheilbaren Krankheit. Als er die Qual und den Schmerz nicht länger ertragen konnte, verzweifelte er, und um seinem Elend ein Ende zu machen, stürzte er sich eines Nachts in einen Brunnen. Sofort kam der *Maharaj,* holte ihn mit eigenen Händen heraus und gab ihm folgenden Rat: „Du musst die Früchte, die guten und die schlechten, deiner vergangenen Taten genießen und ertragen. Wenn du das nicht tust, wird dir auch ein Selbstmord nicht weiterhelfen. Du musst eine weitere Geburt auf dich nehmen und wieder leiden. Statt dich zu töten, leide lieber für eine Weile, löse so die Ansammlung der Früchte vergangener Taten auf, und sei damit ein für allemal erlöst."

Als er diese auf ihn zutreffende Geschichte las, die er im rechten Augenblick erhalten hatte, war Ambadekar sehr überrascht und berührt. Hätte er nicht durch diese Geschichte Babas Hinweis erhalten, würde es ihn nicht mehr geben. So erkannte er Babas Allgegenwart und Güte. Sein Glaube festigte sich, und er wurde ein getreuer *Devotee.*

Sein Vater war ein *Devotee* von Akkalkotkar *Maharaj* und Sai Baba wollte, dass er in dessen Fußstapfen trat und seine Hingabe zu ihm fortsetzte. Er erhielt Sai Babas Segen, und seine Zukunft besserte sich. Er studierte Astrologie, erlangte darin einige Fertigkeit und verbesserte damit sein Los. So konnte er genügend Geld verdienen und sein späteres Leben verbrachte er in Wohlstand und Wohlergehen.

Verneige dich vor Shrī Sai – Friede sei mit allen

Kapitel XXVII

Geweihte Bücher als Gnadengeschenk – Dixits Vision von Vitthal – Das Geheimnis der Gita (Gita Rahasya) – Herr und Frau Khaparde

Dieses Kapitel beschreibt, wie Baba seinen *Devotees* Gunst erwies, indem er ihnen religiöse Bücher gab, die er berührt und geweiht hatte, damit jene sie regelmäßig lesen.

Wenn ein Mensch ins Meer taucht, bringt es ihm ebenso viel Gutes, als hätte er in allen *Tīrthas* und heiligen Flüssen gebadet. Ähnlich ergeht es dem Menschen, der zu Füßen des *Sadgurus* Zuflucht nimmt. Er erhält den Verdienst aus der Verneigung vor der göttlichen Trinität – *Brahma*, *Vishnu* und *Mahesha (Shiva)* – und vor dem höchsten Absoluten *(parabrahman)*. Heil sei *Shrī* Sai, dem wunscherfüllenden Baum und Ozean des Wissens, der uns Selbsterkenntnis schenkt. O Sai, bewirke in uns Hochachtung für deine Geschichten. Lass die Leser und Zuhörer sie mit gleichem Genuss aufnehmen, wie der *Chatak* das Wasser aus der Wolke trinkt und glücklich wird. Während sie deinen Geschichten lauschen, lass sie und ihre Familien alle wahren Gefühle empfinden: lass ihren Körper schwitzen und lass ihre Augen voller Tränen sein; lass ihren Atem ruhig und ihren Geist (mind) gelassen sein; lass sie eine Gänsehaut bekommen, lass sie weinen, schluchzen und sich schütteln und lass ihre Feindschaften und Differenzen – große und kleine – vergehen. Wenn all dies geschieht, bedeutet es, dass sie beginnen, die Gnade des *Gurus* zu erleben. Wenn sich diese Gefühle in euch entwickeln, freut sich der *Guru* am meisten und wird euch sicherlich zum Ziel führen, nämlich zur Selbsterkenntnis.

Der beste Weg, sich von den Fesseln der Täuschung *(maya)* zu lösen, ist daher unsere vollkommene und rückhaltlose Hingabe an Baba. Die *Veden* können euch nicht über den Ozean der Illusion führen. Nur der *Sadguru* kann das und bringt euch dazu, den Herrn in allen Geschöpfen zu sehen.

Geweihte Bücher als Gnadengeschenk

Babas unterschiedliche Methoden der Unterweisung wurden bereits in den vorhergehenden Kapiteln beschrieben. Hier werden wir uns nun mit einem dieser Aspekte befassen.

Manche *Devotees* hatten die Angewohnheit, Baba religiöse Bücher zu bringen, die sie besonders studieren wollten und die sie wieder in Empfang nahmen, nachdem er sie berührt und gesegnet hatte. Wenn sie täglich diese Bücher lasen, spürten sie, dass Baba bei ihnen war.

Einmal kam Kaka Mahajani mit einer Ausgabe von *Eknaths* Bhagvat nach Shirdi. Shama nahm das Buch, um es in der *Masjid* zu lesen. Baba nahm es ihm ab und nachdem er hier und da einige Seiten umgeblättert hatte, gab er es ihm zurück und sagte, er solle es behalten. Shama antwortete, dass es Kaka gehöre und er es ihm wieder zurückgeben müsse. „Nein, nein", erwiderte Baba, „da ich es dir gegeben habe, behältst du es besser in sicherer Verwahrung. Es wird dir nützlich sein." So wurden Shama viele Bücher anvertraut. Kaka Mahajani brachte nach ein paar Tagen ein neues Exemplar und legte es Baba in die Hände. Daraufhin gab Baba es als göttliches Geschenk *(prasad)* zurück und riet ihm, es gut zu bewahren. Er versicherte ihm, dass es ihm hilfreich sein werde. Kaka nahm es mit einer Verneigung an sich.

Shama und „Vishnu-Sahasranāman“

Shama war ein sehr enger *Devotee* von Baba, und Baba wollte ihm in einer besonderen Weise seine Gunst erweisen, indem er ihm das Buch *Vishnu-Sahasranāman* als *Prasad* gab. Das geschah auf folgende Weise.

Einmal kam ein *Ramadasi,* ein Anhänger des heiligen *Ramadas,* nach Shirdi und blieb einige Zeit lang dort. Seine tägliche Routine bestand darin, dass er frühmorgens aufstand, sein Gesicht wusch, badete, heilige Asche auf seinen Körper auftrug, safranfarbene Kleidung anzog und voller Glauben in den Büchern *Vishnu-Sahasranāman* und *Adhyatmaramayana* las. Diese Werke las er sehr oft.

Nach ein paar Tagen wollte Baba Shama mit dem *Vishnu-Sahasranāman* segnen und ihn darin einweihen. Er rief daher den *Ramadasi* zu sich und sagte ihm, dass er an starken Magenschmerzen leide und die Schmerzen nicht aufhörten, wenn er nicht *Senna*-Pulver einnähme. Er bat ihn, zum Markt zu gehen und die Arznei zu holen. Der *Ramadasi* hörte mit seiner Lesung auf und ging zum Markt. Baba stand von seinem Sitz auf, begab sich zum Platz des *Ramadasi* und nahm das Buch *Vishnu-Sahasranāman* an sich. Als er wieder an seinem Platz war, sagte er zu Shama: „O Shama, dieses Buch ist sehr wertvoll und wirksam. Deshalb gebe ich es dir. Lies es. Einmal litt ich unter starkem Herzklopfen und mein Leben war in Gefahr. In dieser kritischen Zeit drückte ich das Buch an mein Herz. Welche Erleichterung gab es mir da, Shama! Ich dachte, dass Allah selbst herabkam und mich rettete. Deshalb gebe ich es dir. Lies es langsam, Zeile für Zeile. Lies wenigstens einen Namen täglich, und es wird dir gut tun.“ Shama entgegnete, dass er es nicht haben wolle und sein Besitzer, der *Ramadasi,* ein verrückter, starrsinniger und reizbarer Bursche sei und gewiss einen Streit mit ihm anfangen werde, außerdem sei er ein einfacher Landmann und könne die *Sanskrit*-Buchstaben des Buches nicht richtig lesen. Shama glaubte, dass Baba damit den *Ramadasi* gegen ihn aufbringen wolle. Er hatte nicht die geringste Ahnung, was Baba für ihn empfand. Baba hatte die Absicht, Shama dieses Geschmeide in der Form des *Vishnu-Sahasranāman* um den Hals zu legen, weil er ein enger *Devotee* war. Er wollte Shama, obwohl er ein einfacher Dörfler war, damit aus dem Elend der weltlichen Existenz retten.

Die Wirkung des Namens Gottes ist wohlbekannt. Er bewahrt uns vor allen Sünden und schlechten Neigungen und befreit uns aus dem Kreislauf von Geburt und Tod. Es gibt keine leichtere Übung *(sādhana)* als diese. Das Wiederholen des Namens Gottes ist der beste Weg zur Läuterung unseres Geistes (mind). Es bedarf keiner besonderen Dinge und keiner Einschränkungen. Es ist so leicht und so wirkungsvoll. Baba wollte, dass Shama dieses *Sādhana* ausübte, obwohl es ihn nicht danach verlangte. Deshalb zwang Baba ihm das Buch auf.

Es wird auch berichtet, dass vor langer Zeit *Eknath Maharaj* seinem armen Brahmanen-Nachbarn diese *Vishnu-Sahasranāman* in ähnlicher Weise aufzwang und ihn dadurch rettete. Baba drängte dieses Buch seinem Shama auf, weil das Studium dieses heiligen Werkes ein weiter, offener Weg ist, um den Geist zu reinigen.

Der *Ramadasi* kehrte bald mit dem *Senna*-Pulver zurück. Anna Chinchanikar, der gerade zugegen war, wollte die Rolle des *Narada* (des himmlischen *Rishis,* der wohlbekannt dafür war, zwischen Göttern und Dämonen Streit zu stiften) spielen und berichtete ihm, was geschehen war. Sofort geriet der *Ramadasi* in Wut und fiel über Shama her. Er behauptete, dass Shama es gewesen sei, der Baba veranlasst habe, ihn unter dem Vorwand von Magenschmerzen fortzuschicken, um Medizin zu holen, damit er das Buch bekomme. Er beschimpfte und beleidigte Shama und sagte, wenn er das Buch nicht zurückgebe, werde er ihm den Kopf einschlagen. Shama protestierte ruhig dagegen, doch vergeblich. Dann sprach Baba sanft zu ihm: „O *Ramadasi,* was ist los mit dir? Warum bist du so aufgebracht? Ist Shama nicht unser Junge? Warum beschimpfst du ihn unnötigerweise? Wie kommt es, dass du so streitsüchtig bist? Kannst du denn keine sanften und liebevollen Worte sprechen? Täglich liest du diese heiligen Bücher und trotzdem ist dein Geist (mind) noch unrein und deine Leidenschaft immer noch nicht unter Kontrolle. Was für eine Sorte von *Ramadasi* bist du doch! Dir sollten doch eigentlich alle Dinge gleichgültig sein. Ist es nicht sonderbar, dass du dieses Buch so stark begehrst? Ein wahrer *Ramadasi* sollte nicht Mamata (Bindung), sondern Samata (Gleichmut) allem gegenüber haben. Es ist nur ein Buch und du streitest mit Shama! Geh und setz dich auf deinen Platz! Bücher können in großen Mengen für Geld gekauft werden, aber Menschen nicht. Denk gut nach! Welchen Wert hat dein Buch? Shama hatte nichts damit zu tun. Ich selbst habe es an mich genommen und ihm gegeben. Du kennst es auswendig. Ich dachte, Shama könnte es lesen und davon profitieren, deshalb habe ich es ihm gegeben." Wie süß waren diese Worte von Baba! Sanft, gütig und nektargleich! Ihre Wirkung war wunderbar. Der *Ramadasi* beruhigte sich und sagte zu Shama, dass er die *Panch-Ratni Gita* dafür haben wolle. Shama freute sich sehr und sagte: „Warum nur eine? Ich werde dir zehn dafür geben." So schloss man am Ende einen Kompromiss.

Hier fragt man sich: Weshalb sollte der *Ramadasi* nach der *Panch-Ratni-Gita* verlangen, ein Buch über eine Gottheit, an der er nie Interesse gehabt hatte? Weshalb sollte er, der täglich vor Baba in der *Masjid* religiöse Bücher las, vor ihm mit Shama streiten? Wir wissen nicht, wem wir Vorwürfe machen sollen. Wir können nur sagen: Hätte diese Prozedur nicht stattgefunden, wäre Shama die Wichtigkeit dieser Sache, nämlich die Wirksamkeit des Namens Gottes und das Studium der *Vishnu-Sahasranāman* nicht klar geworden.

Dadurch erkennen wir, dass Babas Methode des Lehrens und

Einweihens einzigartig war. In diesem Fall studierte Shama das Buch nach und nach und meisterte es in einem solchen Maße, dass er fähig war, Professor G. G. Narke vom „College of Engineering" in Puna dessen Inhalt zu erklären. Professor Narke war ein Schwiegersohn von Shriman Booty und ein Baba-*Devotee*.

Vitthal-Vision

Eines Tages, als Kakasaheb Dixit nach dem morgendlichen Bad in seinem *Wada* in Shirdi meditierte, hatte er eine Vision von *Vitthal*. Als er später zu Baba ging, fragte dieser ihn: „Ist *Vitthal* Patil gekommen? Hast du ihn gesehen? Er ist sehr schwer zu fassen, halt ihn fest, sonst entwischt er dir und läuft davon." Am Nachmittag kam ein Händler mit 20 bis 25 Bildern von *Vitthal* aus Pandharpur, die er zum Verkauf anbot. Herr Dixit war überrascht, dass die Gestalt von *Vitthal,* die er in der Vision gesehen hatte, genau mit der auf dem Bild übereinstimmte; außerdem wurde er an Babas Worte erinnert. Deshalb kaufte er bereitwillig ein Bild und stellte es in seinem Schrein zur Anbetung auf.

Gita Rahasya

Baba liebte jene, die *Brahmavidyā* (Metaphysik) studierten und ermutigte sie darin.

Hier ein Beispiel: Bapusaheb Jog erhielt einmal ein Paket mit der Post. Es enthielt eine Ausgabe des Buches „Gita Rahasya" von Lokamanya Tilak. Mit diesem Paket unter dem Arm kam er zur *Masjid* und fiel Baba zu Füßen; dabei fiel auch das Paket vor Babas Füße. Baba erkundigte sich, was das sei. Es wurde an Ort und Stelle geöffnet und das Buch in Babas Hand gelegt. Er blätterte einige Minuten darin herum, nahm eine Rupie aus seiner Tasche, legte sie auf das Buch, gab es Jog zurück und sagte zu ihm: „Lies es vollständig durch und es wird dir von Nutzen sein."

Herr und Frau Khaparde

Wir schließen dieses Kapitel mit einer Beschreibung der Khapardes. Dadasaheb Khaparde kam einmal mit seiner Familie nach Shirdi und lebte einige Monate dort.[7] Dadasaheb war kein gewöhnlicher Mann. Er war der reichste und bekannteste Anwalt von Amraoti (Berar) und Mitglied des Staatsrates in Delhi. Er war sehr intelligent und ein hervorragender Redner. Dennoch traute er sich nicht, vor Baba den Mund aufzumachen. Die meisten *Devotees* sprachen und argumentierten hin und wieder mit Baba; aber nur drei, nämlich Khaparde, Noolkar und Booty, blieben immer still. Sie waren bescheiden, demütig und von sanfter Natur. Dadasaheb, der fähig war, anderen die *Pancadashi* (eine wohlbekannte *Sanskrit*-Abhandlung des berühmten *Vidyāranya* über *Advaita*-Philosophie) ausführlich zu erläutern, sagte kein einziges Wort, wenn er sich vor Baba in der *Masjid* befand. So belesen und gelehrt auch jemand in den *Veden* sein mag, er verblasst vor jenem, der Gott erkannt hat und eins mit ihm geworden ist. Gelehrsamkeit ist nichts gemessen an Selbsterkenntnis.

Dadasaheb blieb vier Monate in Shirdi, aber seine Frau sieben Monate. Beide waren hocherfreut über ihren Shirdi-Aufenthalt. Frau Khaparde war gläubig und ergeben und liebte Baba sehr. Jeden Mittag brachte sie selbst *Naivedya* zur *Masjid,* und nachdem Baba die Speise angenommen hatte, ging sie zurück in ihre Unterkunft und nahm ihre Mahlzeit zu sich.

Als Baba ihre beständige und unerschütterliche Hingabe sah, wollte er sie den anderen vorführen. Eines Mittags brachte sie eine Mahlzeit zur *Masjid,* die aus *Sanza, Puris,* Reis, Suppe, süßem Milchreis *(kheer)* und verschiedenen anderen Beilagen bestand.

[7] Das Tagebuch seines Aufenthaltes wurde im „Sai Leela Magazine", Band I, in Englisch, veröffentlicht

Baba, der für gewöhnlich stundenlang wartete, stand sofort auf, ging zu seinem Essplatz, wickelte das Dargebrachte aus und aß begeistert von den Speisen. Shama fragte ihn: „Warum so parteiisch? Anderer Leute Speisen schiebst du fort und denkst noch nicht einmal daran, sie anzuschauen; diese nimmst du demonstrativ zu dir und lässt sie dir schmecken. Warum ist die Speise dieser Frau so süß? Das ist ein Problem für uns." Daraufhin erklärte Baba: „Dieses Essen ist in der Tat außergewöhnlich. In einem früheren Leben war diese Dame die fette Kuh eines Kaufmannes, die viel Milch gab. Dann verschwand sie und wurde in die Familie eines Gärtners geboren, danach in eine *Kshatriya*-Familie und heiratete einen Kaufmann. Hiernach wurde sie in eine Brahmanen-Familie geboren. Nach langer, langer Zeit habe ich sie wiedergesehen. Lasst mich einige süße Bissen der Liebe von ihrem Essen zu mir nehmen." Nachdem er das gesagt hatte, tat er sich wieder gütlich an ihrer Speise, wusch sich dann Mund und Hände, rülpste ein paarmal als Zeichen der Zufriedenheit und nahm wieder seinen Platz ein. Frau Khaparde verneigte sich vor ihm und begann, seine Beine zu waschen. Er sprach mit ihr und massierte ihre Arme, die seine Beine wuschen. Als Shama diesen gegenseitigen Dienst sah, fing er an zu scherzen und sagte: „Wie schön ist das! Es ist ein wundervoller Anblick, Gott und seinen Jünger einander dienen zu sehen." Baba bat sie, nachdem er so erfreut über ihren aufrichtigen Dienst war, in einer tiefen und faszinierenden Stimme, jetzt und immer „Rājarama, Rājarama" zu singen und sagte noch: „Wenn du das tust, wirst du dein Lebensziel erreichen. Dein Geist (mind) wird Frieden erlangen und du wirst in großem Maße Nutzen daraus ziehen."

Personen, die nicht mit spirituellen Angelegenheiten vertraut sind, mag das wie eine Affäre erscheinen, doch in Wirklichkeit war dem nicht so. Es war ein Fall von – technisch ausgedrückt – „Shakti-Pat", das heißt Übertragung von Kraft durch den *Guru* an den Schüler.

Wie überzeugend und wirksam waren doch Babas Worte! Sie drangen sofort in ihr Herz ein und blieben dort.

Dieser Fall veranschaulicht die Art des Verhältnisses, das zwischen dem *Guru* und Schüler bestehen sollte. Beide sollten einander lieben und dienen, als seien sie eins. Es gibt keinerlei Unterschied zwischen ihnen. Beide sind eins, und der Eine kann nicht ohne den Anderen leben.

Wenn der Schüler seinen Kopf auf die Füße des *Gurus* legt, ist das lediglich eine grobstoffliche oder äußere Sichtweise; in Wirklichkeit und innerlich sind sie beide ein und derselbe. Wer irgendeinen Unterschied zwischen ihnen sieht, ist noch unreif und nicht vollkommen.

Verneige dich vor Shrī Sai – Friede sei mit allen

Kapitel XXVIII

„Spatzen“, die nach Shirdi gezogen wurden

Lakhamichand – Die Burhanpore Dame – Megha

Sai ist unendlich und unbegrenzt. Er lebt in allen Wesen, von den Ameisen und Insekten bis hin zu Gott *Brahma*. Er durchdringt alles. Sai war sowohl im Wissen über die *Veden* als auch in der Wissenschaft der Selbsterkenntnis gut bewandert. In beiden erfahren, war er bestens geeignet, der *Sadguru* zu sein. Wer nicht fähig ist, die Schüler zu erwecken und ihnen Selbsterkenntnis zu ermöglichen, ist es nicht wert, *„Sadguru“* genannt zu werden, mag er auch noch so gelehrt sein. Der Vater verhilft zur Geburt des Körpers, und dem Leben folgt unweigerlich der Tod. Doch der *Sadguru* bereitet beidem – Leben und Tod – ein Ende und deshalb ist er freundlicher und erbarmungsvoller als irgendein anderer Mensch.

Sai Baba sagte oft, dass er seinen Menschen *(Devotee)* – und sei dieser in noch so weiter Ferne – wie einen Spatzen mit einem Faden an den Füßen nach Shirdi ziehe. Dieses Kapitel beschreibt die Geschichten dreier solcher „Spatzen“.

Lala Lakhamichand

Dieser Herr arbeitete zuerst als Büroangestellter bei der *Shrī* Venkateshwar Press in Bombay, dann bei der Eisenbahn und später in der Firma der Herren Ralli Brothers & Co. Im Jahr 1910 kam er in Kontakt mit Baba. Ein oder zwei Monate vor Weihnachten sah er im Traum in Santacruz, einem Vorort von Bombay, einen alten Mann mit Bart, der von seinen *Devotees* umgeben war. Einige Tage später ging er zu seinem Freund, Herrn Dattatreya Manjunath Bijur, um Das Ganus *Kirtans* zu lauschen. Das Ganu stellte immer ein Bild von Baba vor die Zuhörer, während er die *Kirtans* vortrug. Lakhamichand war überrascht, als er sah, dass die Gesichtszüge des alten Mannes aus seinem Traum mit jenen auf dem Bild genau übereinstimmten. So kam er zu dem Schluss, dass der alte Mann, den er in seinem Traum gesehen hatte, Sai Baba war. Dieses Bild, Das Ganus *Kirtans* und das Leben des Heiligen *Tukaram,* welches Das Ganu besang, machten einen tiefen Eindruck auf ihn, und er beschloss, nach Shirdi zu reisen. Es ist stets die Erfahrung der *Bhaktas,* dass Gott ihnen immer bei der Suche nach dem *Sadguru* und bei anderen spirituellen Bemühungen hilft. Am selben Abend, um 8 Uhr, klopfte ein Freund namens Shankar Rao an seine Tür und fragte ihn, ob er ihn nach Shirdi begleiten wolle. Seine Freude kannte keine Grenzen, und er beschloss sofort, das zu tun. Er lieh sich 15 Rupien von seinem Vetter, traf die nötigen Vorbereitungen und reiste nach Shirdi. Im Zug sang er mit seinem Freund, Shankar Rao, einige *Bhajans*. Sie erkundigten sich bei vier Mohammedanern, die auf der Rückreise zu ihrem Wohnort in der Nähe von Shirdi waren, nach Baba. Alle erzählten ihnen, dass Sai Baba ein großer Heiliger sei, der seit vielen Jahren in Shirdi lebe. Als sie Kopergaon erreichten, wollte er ein paar gute Guaven kaufen, um sie Baba zu opfern, doch war er so verzaubert von der Landschaft und der Aussicht dort, dass er es vergaß. Kurz vor Shirdi wurde er an die Guaven erinnert. Genau in dem Augenblick sah er eine alte Frau mit einem Korb voller Guaven auf dem Kopf hinter ihrer Droschke herlaufen. Die Droschke wurde angehalten und er kaufte voller Freude einige ausgesuchte Früchte. Die Frau aber sagte: „Nimm den ganzen Rest und bring sie Baba an meiner Stelle."

Die Tatsache, dass er vorgehabt hatte, Guaven zu kaufen und es vergessen hatte, das Zusammentreffen mit der alten Frau und ihre Hingabe zu Baba – all dies war eine Überraschung für die beiden Freunde, und Lakhamichand dachte bei sich, dass die alte Frau wohl eine Verwandte des alten Mannes aus seinem Traum sei. Sie fuhren weiter und erreichten Shirdi. Als sie die Flaggen vor der *Masjid* erblickten, salutierten sie. Mit *Pūjā*-Utensilien gingen sie zur *Masjid* und beteten Baba in aller Form an. Lakhamichand war sehr bewegt und äußerst glücklich, Baba zu sehen. Er war von Babas Füßen so entzückt wie eine Biene von einer süß duftenden Lotosblüte. Dann sprach Baba Folgendes: „Schlauer Bursche! Unterwegs singt er *Bhajans* und erkundigt sich bei anderen Leuten. Warum andere fragen? Wir sollten alles mit unseren eigenen Augen sehen. Worin besteht die Notwendigkeit, andere zu fragen? Denk nur selbst nach, ob dein Traum wahr ist oder nicht. War es nötig, für den *Darshan* eine Anleihe bei einem Verwandten zu machen? Ist der Herzenswunsch jetzt zufriedengestellt?"

Als Lakhamichand diese Worte vernahm, war er bass erstaunt über Babas Allwissen. Er konnte sich nicht vorstellen, wie Baba von allem wusste, was auf der Reise von seinem Haus bis nach Shirdi geschehen war.

Das Wichtigste an dieser Sache ist, dass Baba es nicht mochte, wenn die Leute Schulden machten, um seinen *Darshan* zu haben, um Urlaub zu machen oder eine Pilgerreise zu unternehmen.

Sanza

Als Lakhamichand zu Mittag aß, bekam er von einem *Devotee* Weizenpudding *(sanza)* als *Prasad*. Er freute sich darüber. Am nächsten Tag erwartete er ihn wieder, erhielt aber nichts. Er war begierig, ihn noch einmal zu bekommen. Nach drei Tagen, zur Zeit des Mittags-*Arati,* fragte Bapusaheb Jog Baba, was er als Opferspeise *(naivedya)* bringen solle. Baba sagte ihm, er solle *Sanza* bringen. Daraufhin brachten die *Devotees* zwei große Töpfe voll *Sanza*. Lakhamichand war sehr hungrig, außerdem hatte er Rückenschmerzen. Baba sagte zu ihm: „Es ist gut, dass du hungrig bist, nimm *Sanza* gegen deinen Hunger und etwas Medizin für die Schmerzen in deinem Rücken." Wieder war er bass erstaunt, dass Baba seine Gedanken lesen konnte und sie aussprach. Wie allwissend er doch war!

Der böse Blick

Lakhamichand wurde eines Nachts Zeuge einer Prozession zum *Chavadi*. Weil Baba stark hustete, dachte er, dass Sein Leiden auf einen bösen Blick zurückzuführen sei. Als Lakhamichand am nächsten Morgen zur *Masjid* ging, sagte Baba zu Shama: „Gestern Abend habe ich gehustet. Ist irgendein böser Blick dafür verantwortlich? Ich glaube, dass mich der böse Blick von jemandem erwischt hat, und deshalb leide ich." In diesem Fall sprach Baba aus, was Lakhamichand dachte.

Als er diese Beweise von Babas Allwissenheit und seine Güte gegenüber den *Devotees* sah, fiel er ihm zu Füßen und sagte: „Ich bin voller Freude durch deinen *Darshan*. Sei mir allzeit gut und gnädig und beschütze mich immer. Du bist für mich der einzige Gott in dieser Welt, lass meinen Geist (mind) ewig versunken sein in deine *Bhajans* und in deine Füße, lass deine Gnade mich vor dem Elend der Welt beschützen und lass mich immer deinen Namen singen und glücklich sein."

Er erhielt Babas *Udi* und Segen, kehrte hocherfreut und zufrieden mit seinem Freund nach Hause zurück und sang unterwegs von Babas Herrlichkeit. Danach blieb er ein überzeugter *Devotee* von Baba und sandte ihm Blumengirlanden, Kampher und *Dakshinā* mit jedem, der aus seinem Bekanntenkreis nach Shirdi reiste.

Die Burhanpore-Dame

Jetzt wenden wir uns einem weiteren „Spatzen"[8] zu. Eine Frau aus Burhanpore sah im Traum Sai Baba an ihre Tür kommen und um *Kichadi* für sein Mittagessen betteln. Als sie erwachte, fand sie aber niemanden an ihrer Tür. Doch sie war sehr erfreut über die Vision und erzählte allen davon, auch ihrem Mann. Eines Tages wurde ihr Mann, der bei der Post angestellt war, nach Akola versetzt. Beide waren fromm und beschlossen, nach Shirdi zu fahren. An einem passenden Tag machten sie sich auf die Reise. Nach einem kurzen Aufenthalt in Gomati Tirth, das auf dem Wege lag, erreichten sie Shirdi. Sie blieben zwei Monate lang dort. Jeden Tag gingen sie zur *Masjid,* beteten Baba in aller Form an und verbrachten eine glückliche Zeit.

Sie hatten vor, Baba *Kichadi* als *Naivedya* darzubringen, doch in den ersten 14 Tagen ihres Aufenthaltes konnte das irgendwie nicht ausgeführt werden. Der Frau passte diese Verzögerung gar nicht. Am 15. Tag ging sie mittags mit ihrem *Kichadi* zur *Masjid*. Dort musste sie erfahren, dass Baba und seine Gäste schon zu Mittag aßen und der Vorhang zu war. Doch die Frau konnte nicht warten, sie zog den Vorhang beiseite und trat ein.

Es klingt seltsam, aber Baba schien an jenem Tag besonderen Appetit auf *Kichadi* zu haben und wollte dieses als erstes essen. Als die Frau mit dem Gericht hereinkam, war Baba entzückt und begann,

8 Babas Wort für *„Devotee"*

das *Kichadi* Bissen für Bissen zu verspeisen. Die Leute staunten, als sie sahen, mit welchem Ernst Baba bei der Sache war. Diejenigen, welche die Geschichte vom *Kichadi* hörten, waren von Babas außergewöhnlicher Liebe zu seinen *Devotees* überzeugt.

Megha

Jetzt kommen wir zu einem dritten und größeren „Spatzen". Megha aus Viramgaon war ein einfacher, ungebildeter Brahmanen-Koch des Herrn Rao Bahadur H. V. Sathe. Er war ein *Shiva-Devotee* und rezitierte ständig das fünfsilbige *Mantra „Namah Shivaya"*. Er kannte weder die Morgengebete *(sandhyā)* noch deren Haupt-*Mantra,* das *Gāyatrī.* Herr Sathe interessierte sich für ihn und ließ ihn die Morgengebete und das *Gāyatrī* lehren. Sathe erzählte ihm, dass Sai Baba von Shirdi die Verkörperung des Gottes *Shiva* sei und ließ ihn nach Shirdi reisen. Am Broach-Bahnhof hörte er, dass Sai Baba ein Muslim sei. Sein schlichtes orthodoxes Gemüt wurde sehr beunruhigt bei der Vorstellung, sich vor einem Muslim zu verneigen. Er kehrte zurück und bat seinen Herrn, ihn nicht dorthin zu schicken. Sathe hingegen bestand darauf, dass er gehen solle. Er gab ihm ein Einführungsschreiben für seinen Schwiegervater, Ganesh Damodar alias Dada Kelkar in Shirdi mit, worin er diesen bat, Megha Baba vorzustellen. Als Megha Shirdi erreichte und zur *Masjid* ging, wurde Baba wütend und erlaubte ihm nicht einzutreten. „Werft diesen Halunken hinaus", brüllte er und sagte dann zu ihm: „Du bist ein Brahmane von hoher Kaste und ich bin ein niederer Muslim. Du wirst aus deiner Kaste ausgestoßen, wenn du hierher kommst, also verschwinde." Als er das hörte, begann Megha zu zittern. Wie konnte Baba wissen, was in seinem Inneren vor sich ging. Megha blieb einige Tage dort und diente Baba auf seine Weise, war aber nicht überzeugt. Dann ging er nach Hause zurück, begab sich anschließend nach Tryambak im Nasik-Distrikt, blieb dort eineinhalb Jahre und kam dann wieder nach Shirdi. Dieses Mal war es ihm aufgrund der Fürsprache von Dada Kelkar erlaubt, die *Masjid* zu betreten und in Shirdi zu bleiben. Sai Baba half Megha nicht äußerlich, sondern innerlich, das heißt mental, und das Ergebnis war, dass er sich beträchtlich wandelte und großen Nutzen daraus zog. Daraufhin begann Megha in Baba eine Inkarnation von *Shiva* zu sehen. Um eine Andacht für *Shiva* zu halten, sind *Bela*-Blätter erforderlich und Megha ging jeden Tag kilometerweit, um sie zu holen und damit seinen *Shiva* (Baba) zu verehren. Es war seine Gewohnheit, vor allen Göttern im Dorf Andacht zu halten und anschließend in die *Masjid* zu gehen. Er begrüßte Baba ehrfürchtig, hielt seine Andacht, badete Babas Füße und trank anschließend das Wasser *(tīrth)*.

Einmal geschah es, dass er zur *Masjid* kam, ohne vorher Gott Khandoba angebetet zu haben, weil das Tor des Tempels geschlossen war. Baba akzeptierte seine Andacht nicht und schickte ihn mit den Worten fort, dass das Tor nun offen sei. Megha ging und fand das Tor geöffnet vor. Er hielt vor der Gottheit seine Andacht, ging dann zu Baba zurück und hielt wie gewohnt seine Andacht vor ihm.

Ganges-Bad

An einem *Makarasamkrānti*-Tag wollte Megha Babas Körper mit Sandelholz-Paste einreiben und mit Ganges-Wasser waschen. Baba war zuerst nicht willens, sich dieser Prozedur zu unterziehen, doch nach Meghas wiederholten Bitten stimmte er schließlich zu. Megha musste eine Entfernung von insgesamt 25 Kilometern zurücklegen, um das heilige Wasser aus dem Gomati-Fluss zu holen. Er brachte das Wasser, traf alle Vorbereitungen für das Bad am Mittag und bat Baba, sich dafür bereitzumachen. Baba ersuchte ihn, von diesem Bad verschont zu bleiben, denn als Fakir mache er sich nichts aus

Ganges-Wasser. Aber Megha hörte nicht auf ihn. Er wusste, dass *Shiva* Gefallen an einem Bad mit Ganges-Wasser hatte und er seinem *Shiva* (Baba) das Bad an diesem besonders günstigen Tag geben musste. So gab Baba schließlich nach, kam herunter und setzte sich auf eine Holzplanke. Er streckte seinen Kopf vor und sagte: „O Megha, tu mir wenigstens diesen Gefallen: der Kopf ist der wichtigste Körperteil, deshalb schütte das Wasser nur über den Kopf – das ist so gut wie ein Vollbad." „In Ordnung", sagte Megha, hob den Wassertopf hoch und schüttete das Wasser über Babas Kopf. Doch während er dies tat, wurde er so sehr von Liebe überwältigt, dass er ausrief „Hare Ganga!" (O Göttin Ganga!) – und den Topf über Babas ganzen Körper schüttete. Er stellte den Topf beiseite und sah Baba an; aber zu seiner größten Überraschung stellte er fest, dass nur Babas Kopf nass geworden, doch sein Körper trocken geblieben war.

Dreizack und Pindi

Megha hielt an zwei Plätzen Andacht für Baba – in der *Masjid* vor Babas Gestalt und im *Wada* vor Babas großem Bild, das Nanasaheb Chandorkar gespendet hatte. Das tat er zwölf Monate lang. Um seine Hingabe zu würdigen und seinen Glauben zu festigen, gab Baba ihm dann eine Vision. Frühmorgens, als Megha erwachte, aber noch mit geschlossenen Augen im Bett lag, sah er ganz klar Babas Gestalt. Baba, der wusste, dass er wach war, warf Akshata, mit *Kumkum* rot gefärbte Reiskörner, und sagte: „Megha, zeichne einen Dreizack *(Shivas* Symbol)", und verschwand. Bei Babas Worten öffnete er sofort die Augen, sah aber keinen Baba, sondern nur Reiskörner, die hier und dort verstreut lagen. Daraufhin ging er zu Baba, erzählte ihm von der Vision und bat um Erlaubnis, einen Dreizack zu zeichnen. Baba sagte: „Hast du meine Worte nicht gehört? Ich sagte dir doch, du sollest einen Dreizack zeichnen! Es war keine Vision, sondern eine direkte

Anweisung; meine Worte sind immer voller Bedeutung und niemals hohl." Megha sagte: „Ich dachte, du hättest mich aufgeweckt, aber alle Türen waren verschlossen, deshalb habe ich geglaubt, es sei eine Vision gewesen." Baba entgegnete: „Ich benötige keine Tür um einzutreten. Ich habe weder Gestalt noch Form. Ich bin immer überall und führe als Drahtzieher alle Handlungen des Menschen aus, der mir vertraut und in mir aufgeht."

Megha kehrte zum *Wada* zurück und zeichnete in der Nähe von Babas Bild einen roten Dreizack an die Wand. Am folgenden Tag kam ein *Ramadasi* aus Puna, begrüßte Baba ehrfurchtsvoll und brachte ihm ein *Pindi (Linga, Shivas* Symbol) dar. Zu der Zeit erschien auch Megha dort. Baba sagte zu Megha: „Schau her, *Shankara* ist gekommen, bete ihn jetzt an." Megha war erstaunt, dass dem Dreizack sofort ein *Pindi* folgte. Auch Kakasaheb Dixit sah ein *Pindi* vor seinem inneren Auge, als er nach dem Bad mit einem Handtuch um den Kopf im *Wada* stand und an Baba dachte. Während er sich noch darüber wunderte, kam Megha herein und zeigte ihm das *Pindi,* das er von Baba geschenkt bekommen hatte. Dixit war glücklich, als er sah, dass es genau mit dem *Pindi* übereinstimmte, das er einige Minuten zuvor in der Vision erblickt hatte.

Wenige Tage nachdem der Dreizack fertiggezeichnet war, stellte Baba das *Pindi* in der Nähe des Bildes auf, das Megha zur Anbetung diente. Megha liebte die rituelle Anbetung von *Shiva,* und Baba festigte seinen Glauben darin, indem er es so einrichtete, dass ein Dreizack gezeichnet und ein *Pindi* aufgestellt wurde.

Megha starb nach vielen Jahren ununterbrochenen Dienens für Baba. Regelmäßig hielt er die Andacht und führte das Mittags- und Abend-*Arati* in der *Masjid* durch. Baba strich mit seinen Händen über den Leichnam und sagte: „Er war mein wahrer *Devotee.*" Baba ordnete an, dass das übliche Begräbnis-Mahl auf seine eigenen Kosten an die Brahmanen gegeben werden sollte. Dieser Auftrag wurde von Kakasaheb Dixit ausgeführt.

Verneige dich vor Shrī Sai – Friede sei mit allen

Kapitel XXIX

Die Geschichten von der Bhajan-Gruppe aus Madras, den Tendulkars (Vater und Sohn), Dr. Captain Hate und Waman Narvekar

Die Bhajan-Gruppe aus Madras

Es war im Jahr 1916, als eine *Bhajan*-Gruppe aus Madras – die Gruppe des *Ramadasi* Panth – eine Pilgerreise zur heiligen Stadt Benares unternahm. Die Gruppe bestand aus einem Mann, seiner Frau, der Tochter und der Schwägerin. Bedauerlicherweise wurden ihre Namen nicht genannt. Unterwegs hörten sie, dass in Shirdi ein großer Heiliger mit Namen Sai Baba lebte. Dieser, so hieß es, sei ruhig, gelassen und sehr großzügig. Er verteile täglich Geld an seine *Devotees* und an Menschen, die dorthin kämen und ihre Kunstfertigkeiten vorführten. Baba sammelte täglich eine Menge Geld in Form von *Dakshinā* ein. Aus diesem Bestand gab er Amani, einem drei Jahre alten Mädchen, Tochter des *Devotee* Kondaji, jeden Tag eine Rupie, einigen anderen 2 bis 5 Rupien; Jamali, die Mutter von Amani, erhielt 6 Rupien und andere *Devotees* zehn bis 20, ja sogar 50 Rupien, gerade so, wie es ihm gefiel.

Als die Leute aus Madras davon erfuhren, kamen sie nach Shirdi und blieben dort. Zwar trugen sie sehr schön *Bhajans* vor und sangen wunderschöne Lieder, innerlich aber verlangte es sie nach Geld. Drei von ihnen waren voller Habgier, doch die Dame, welche die Gruppe leitete, war von ganz anderer Art. Sie empfand Respekt und Liebe für Baba. Einmal geschah es während des Mittags-*Arati,* dass Baba, der sehr erfreut über ihren Glauben und ihre Hingabe war, ihr in Form einer Vision den *Darshan* ihrer geliebten Gottheit gab. Baba erschien ihr als *Sitanatha,* während die anderen den üblichen *Sainatha* sahen. Sie war tief berührt, als sie ihre geliebte Gottheit schaute. Tränen rannen ihr aus den Augen und sie klatschte voller Freude in die Hände. Die Leute wunderten sich über ihre freudige Stimmung, konnten aber deren Grund nicht erraten.

Am späten Nachmittag enthüllte sie alles ihrem Mann. Sie erzählte ihm, wie sie *Shrī Rama* in Sai Baba gesehen habe. Er aber dachte, dass sie sehr einfach und fromm war und das Ganze nur eine Halluzination gewesen sein könne. Er machte sich über sie lustig und sagte, es sei nicht möglich, dass sie alleine *Rama* gesehen hätte, während alle anderen Sai Baba gesehen hätten. Sie nahm ihm die Bemerkung nicht übel, weil sie ohnehin das Glück hatte, hin und wieder *Ramas Darshan* zu erhalten, wenn ihr Geist (mind) ruhig, gelassen und frei von Habsucht war.

Die wunderbare Vision

So vergingen die Tage und eines Nachts hatte der Ehemann eine wunderbare Vision im Traum. Er befand sich in einer großen Stadt, die Polizei hatte ihn gefangengenommen, seine Hände mit einem Strick zusammengebunden und ihn in einen Käfig gesperrt. Während die Polizisten den Strick fester zogen, sah er Sai Baba draußen in der Nähe des Käfigs ruhig dastehen. Als er Sai Baba so nah sah, sagte er in klagendem Ton: „Nachdem ich von deinem Ruhm erfahren habe, bin ich zu deinen Füßen gekommen. Warum sollte mich ein Unglück treffen, wenn du persönlich hier stehst?" Baba sagte: „Du musst die

Konsequenzen deiner Taten erleiden." Er sagte daraufhin: „Ich habe nichts in diesem Leben getan, das mir solches Missgeschick bescheren könnte." Aber Baba antwortete: „Wenn nicht in diesem Leben, dann musst du in einem anderen Leben Sünde begangen haben." Er erwiderte: „Ich weiß nichts aus meinen vergangenen Leben. Aber angenommen, ich hätte eine Sünde begangen, weshalb sollte sie nicht in deiner Gegenwart verbrannt und zerstört werden, wie es mit trockenem Gras geschieht, wenn es mit Feuer in Berührung kommt?" Baba entgegnete: „Glaubst du das wirklich?" Er: „Ja." Daraufhin bat Baba ihn, die Augen zu schließen. Kaum hatte er sie geschlossen, als er ein lautes Geräusch hörte, so als ob etwas fiele, und als er die Augen wieder öffnete, war er frei und der Polizist lag blutend am Boden. Erschrocken schaute er zu Baba, der zu ihm sagte: „Nun bist du erst richtig gefangen. Die Beamten werden jetzt erscheinen und dich einsperren." Da bat er: „Es gibt keinen anderen Rctter außer dir, so rette mich doch!" Baba sagte noch einmal, er solle die Augen schließen. Er tat es und als er sie wieder öffnete, sah er, dass er frei war und Baba an seiner Seite stand. Sofort fiel er Baba zu Füßen. Baba fragte ihn daraufhin: „Gibt es irgendeinen Unterschied zwischen dieser Verneigung *(namaskāra)* und deinen früheren? Denk gut nach und dann antworte." Er sagte: „Da ist ein großer Unterschied. Meine früheren Verneigungen wurden mit der Absicht getan, Geld von dir zu bekommen, doch die jetzige Verneigung gilt dir als Gott. Außerdem dachte ich früher ärgerlich, dass du, der du Mohammedaner bist, uns Hindus verdirbst." Baba sagte: „Glaubst du nicht auch an mohammedanische Götter?" Er sagte: „Nein." Baba entgegnete: „Hast du nicht ein *Panja* in deinem Haus? Und hältst du nicht dafür eine Andacht am Tabut, das heißt am *Moharum*-Fest? Es gibt auch noch eine andere Gottheit mit Namen Kadbibi, die du bei Hochzeiten und anderen Festen versuchst günstig zu stimmen und zu beschwichtigen, nicht wahr?" Er gab all dies zu. Baba fragte: „Was willst du denn noch?“ Da kam der Wunsch in ihm auf, den *Darshan* seines *Gurus Ramadas* zu erhalten. Baba bat ihn, sich umzudrehen und zu schauen. Als er sich umdrehte, siehe, da stand *Ramadas* vor ihm. Als er ihm zu Füßen fallen wollte, war *Ramadas* verschwunden. Daraufhin fragte er Baba neugierig: „Du siehst alt aus. Weißt du, wie alt du bist?“ Baba: „Was! Du sagst, ich sei alt? Lass uns ein Wettrennen machen und du wirst sehen.“ Während er das sagte, begann Baba zu rennen und er folgte ihm. Baba verschwand im Staub, den er während des Laufens aufwirbelte – und der Mann erwachte. Er dachte ernsthaft über die Traumvision nach. Seine innere Haltung hatte sich vollkommen verändert und er erkannte Babas Größe. Hiernach hörte seine Neigung auf, alles an sich zu reißen; ebenso vergingen seine Zweifel und echte Hingabe zu Babas Füßen kam in ihm auf. Die Vision war nur ein Traum gewesen, doch die Fragen und Antworten darin waren höchst bedeutsam und interessant.

Am nächsten Morgen, als alle Leute zum *Arati* in der *Masjid* versammelt waren, gab Baba ihm Süßigkeiten im Wert von 2 Rupien als *Prasad,* außerdem noch 2 Rupien aus seiner Tasche und segnete ihn. Er ließ ihn noch einige Tage länger bleiben und gab ihm mit den Worten „Allah (Gott) wird dir die Fülle geben und dir nur Gutes widerfahren lassen“ seinen Segen. Er bekam kein weiteres Geld mehr, aber er erhielt etwas weit Besseres, nämlich Babas Segen.

Später erhielt die Gesellschaft viel Geld, ihre Pilgerreise war erfolgreich und sie brauchten keinerlei Mühen und Unannehmlichkeiten zu erleiden. Alle kehrten gesund und munter nach Hause zurück und dachten an Babas Worte, seinen Segen und die Glückseligkeit, die sie durch seine Gnade erlebt hatten.

Diese Geschichte veranschaulicht eine der Methoden, die Baba anwandte – und die er jetzt noch anwendet –, um seine *Devotees* zu verändern und zu verbessern.

Die Tendulkars (Vater und Sohn)

In Bandra, einem Vorort von Bombay, lebte eine Familie, die Baba ergeben war. Frau Savitribai Tendulkar hatte ein Buch in der *Marathi*-Sprache herausgegeben, mit dem Titel *„Shrī* Sainath Bhajan Mala“, das 800 Verse und Kapitel enthält und Babas *Līlās* beschreibt. Es ist ein lesenswertes Buch für jene, die an Baba interessiert sind.

Der Sohn, Babu Tendulkar, studierte Tag und Nacht sehr fleißig und wollte sein medizinisches Examen machen. Er suchte einige Astrologen auf. Sie untersuchten sein Horoskop und sagten ihm, dass die Sterne in diesem Jahr ungünstig seien und er erst im nächsten Jahr die Prüfung machen solle, dann werde er sicherlich erfolgreich sein. Das bedrückte ihn und machte ihn unruhig.

Ein paar Tage später reiste seine Mutter nach Shirdi, um Baba zu sehen. Unter anderem erwähnte sie die bedrückte und verdrießliche Stimmung ihres Sohnes, der in ein paar Tagen zum Examen erscheinen sollte. Als Baba das hörte, sagte er zu ihr: „Sag deinem Sohn, er solle an mich glauben, Horoskope und Voraussagen von Astrologen und Handlesern beiseite lassen und mit seinem Studium fortfahren. Lass ihn mit ruhigem Geist (mind) sein Examen machen. Er wird es mit Sicherheit dieses Jahr bestehen. Bitte ihn, mir zu vertrauen und sich nicht beirren zu lassen.“ Die Mutter kehrte nach Hause zurück und überbrachte ihrem Sohn Babas Botschaft. Daraufhin studierte er eifrig und erschien zu gegebener Zeit zum Examen. In der schriftlichen Prüfung war er gut, doch wurde er von Zweifeln geplagt, ob er auch genügend Punkte erhalten würde, um zu bestehen. Deshalb machte er sich nicht die Mühe, zum mündlichen Examen zu erscheinen. Aber der Prüfer suchte ihn. Er ließ durch einen Kommilitonen ausrichten, dass er die schriftliche Prüfung bestanden habe und zur mündlichen Prüfung erscheinen solle. Ermutigt kam er zum mündlichen Examen und war auch hier erfolgreich. So bestand er durch Babas

Gnade das Examen, obwohl die Sterne ungünstig für ihn standen.

Hier muss erwähnt werden, dass wir Zweifeln und Schwierigkeiten nur ausgesetzt werden, damit wir uns bewegen und unser Glaube gefestigt werden kann. Wir werden sozusagen getestet. Wenn wir uns nur fest an Baba halten und voller Glauben mit unseren Bemühungen fortfahren, werden all unsere Mühen letztlich von Erfolg gekrönt sein.

Der Vater dieses Jungen, Ragunathrao, war in einer ausländischen Handelsfirma in Bombay beschäftigt. Als er älter wurde, war er nicht mehr in der Lage, seine Arbeit richtig auszuführen; er musste Urlaub nehmen, um sich zu erholen. Aber sein Zustand besserte sich nicht, und so musste über eine Verlängerung des Urlaubs oder die Beendigung seiner Dienstzeit entschieden werden. Weil er ein alter, verlässlicher Angestellter war, beschloss der Geschäftsführer, ihn in Pension zu schicken, und nun stand die Höhe seiner Pension zur Debatte. Er verdiente 150 Rupien monatlich und seine Pension, das heißt die Hälfte des Monatsgehaltes, würde nicht ausreichen, um die Ausgaben der Familie zu decken. Deshalb waren alle sehr besorgt. 15 Tage vor der endgültigen Festsetzung des Pensionsbetrages erschien Baba Frau Tendulkar im Traum und sagte: „Ich wünsche, dass 100 Rupien an Rente gezahlt werden sollen. Seid ihr damit zufrieden?“ Sie antwortete: „Baba, warum fragst du mich das? Wir vertrauen dir vollkommen.“ Obwohl Baba 100 Rupien gesagt hatte, wurden ihm, als besonderer Fall, 10 Rupien mehr gegeben, nämlich 110. Solch wunderbare Liebe und Fürsorge bewies Baba seinen *Devotees* gegenüber.

Captain Hate

Captain Hate, der in Bikaner lebte, war ein großer *Devotee* von Baba. Einmal erschien Baba ihm im Traum und sagte: „Hast du mich vergessen?“ Hate erfasste sofort Babas Füße und erwiderte: „Wenn ein Kind seine Mutter vergisst, wie kann es da gerettet werden?“ Dann ging er in den Garten, pflückte frische Walpapadi-Bohnen, arrangierte *Shidha* und *Dakshinā* und wollte das alles gerade Baba opfern, als er erwachte und erkannte, dass das Ganze ein Traum gewesen war. Da beschloss er, Baba diese Sachen nach Shirdi zu senden. Als er einige Tage später nach Gwalior kam, schickte er einem Freund 12 Rupien per Geldanweisung; er erteilte ihm den Auftrag, dass 2 Rupien zum Kauf von Zutaten für *Shidha* und Walpapadi seien und diese dann zusammen mit 10 Rupien Baba als *Dakshinā* dargebracht werden sollten. Der Freund reiste nach Shirdi und kaufte die erwähnten Sachen, nur Walpapadi war nicht zu bekommen. Nach kurzer Zeit erschien eine Frau mit einem Korb auf dem Kopf, der eigenartigerweise dieses Gemüse enthielt, und er kaufte es. Dann wurde alles zusammen im Namen von Captain Hate Baba dargebracht. Am nächsten Tag bereitete Herr Nimonkar die *Naivedya*-Speise (Reis und Walpapadi) zu, die dann Baba geopfert wurde. Alle waren überrascht, als sie sahen, dass Baba während des Essens das Walpapadi-Gemüse aß, aber Reis und andere Speisen nicht anrührte. Hates Freude war grenzenlos, als sein Freund ihm dieses erzählte.

Geweihte Münzen

Ein anderes Mal wollte Captain Hate eine durch Babas Berührung geweihte Rupien-Münze in seinem Haus haben. Er traf einen Freund, der gerade nach Shirdi reisen wollte. Durch ihn sandte Hate seine Rupie zu Baba. In Shirdi angekommen, gab der Freund – nach der üblichen, ehrfürchtigen Begrüßung – zuerst sein *Dakshinā,* das Baba einsteckte. Dann gab er Hates Rupie, die Baba in die Hand nahm und anstarrte. Er hielt sie vor sich, schnipste sie mit dem rechten Daumen in die Luft und spielte damit. Nach einer Weile sagte er zu Hates Freund: „Gib dies dem Eigentümer zusammen mit *Udi-Prasad* zurück und sag ihm, dass ich nichts von ihm haben will, und er möge in Ruhe und Zufriedenheit leben.“ Der Freund kehrte nach Gwalior zurück, händigte Hate die geweihte Rupie aus und erzählte ihm alles, was sich in Shirdi zugetragen hatte. Wieder war Hate hocherfreut und erkannte, dass Baba stets zu guten Gedanken ermutigte, und so wie er es sich innigst gewünscht hatte, erfüllte Baba seinen Wunsch.

Waman Narvekar

Hier nun eine andere Geschichte. Ein Herr namens Waman Narvekar liebte Baba sehr. Er brachte eines Tages eine Rupie. Auf der Vorderseite dieser Rupie waren die Figuren von *Rama, Lakshmana* und *Sita* eingraviert und auf der Rückseite die Figur von *Hanuman* mit gefalteten Händen. Er übergab sie Baba in der Hoffnung, dass er sie durch seine Berührung weihen und ihm zusammen mit *Udi* zurückgeben würde. Doch Baba steckte sie sofort in seine Tasche. Daraufhin sprach Shama mit Baba über Wamanraos Absicht und bat ihn, die Münze zurückzugeben. Doch Baba sagte in Gegenwart von Wamanrao: „Weshalb sollte sie ihm zurückgegeben werden. Wir sollten sie behalten. Wenn er dafür 25 Rupien gibt, erhält er sie zurück.“ Wamanrao sammelte 25 Rupien für diese Münze und legte sie vor Baba hin. Daraufhin sagte Baba: „Der Wert jener Rupie geht weit über 25 Rupien hinaus. Shama, nimm diese Rupie. Sie soll bei uns bleiben. Leg sie auf deinen Altar und bete sie an.“

Niemand hatte den Mut, Baba zu fragen, weshalb er dies tat. Er allein weiß, was für jeden am besten und geeignetesten ist.

Verneige dich vor Shrī Sai – Friede sei mit allen

Kapitel XXX

Kakaji Vaidya aus Vani – Punjabi Ramalal aus Bombay

In diesem Kapitel werden die Geschichten von zwei weiteren *Devotees* wiedergegeben, die Baba nach Shirdi gezogen hatte.

Verneigt euch vor dem freundlichen und liebevollen Sai, der ein Schatzhaus des Erbarmens ist. Schon durch seinen *Darshan* zerstört er die Angst der *Devotees* vor dieser Welt des Wandels, und ihr Elend ist vorbei. Obwohl formlos, war er aufgrund der Hingabe seiner *Devotees* verpflichtet, eine Gestalt anzunehmen. Die Mission der Heiligen ist es, den Gläubigen Erlösung, das heißt Selbsterkenntnis, zu geben. Für Sai, das Oberhaupt aller Heiligen, ist diese Mission unvermeidlich. Wer zu seinen Füßen Zuflucht sucht, dessen Sünde wird getilgt, und der spirituelle Fortschritt ist gewiss. Brahmanen, die an seine Füße denken, kommen von heiligen Orten zu ihm, um heilige Schriften zu lesen und in seiner Gegenwart das *Gāyatrī-Mantra* zu rezitieren. Wir, die wir schwach und ohne Verdienste sind, wissen nicht, was Hingabe *(bhakti)* ist. Wir wissen aber soviel, dass Sai uns niemals verlassen wird, auch wenn alle anderen uns verlassen. Wer auch immer seine Gunst erhält, bekommt enorme Kraft und Wissen und kann zwischen dem Unwahren und Wahren unterscheiden.

Sai kennt alle Wünsche seiner *Devotees* und erfüllt sie, wofür sie ihm dankbar sind. So rufen wir ihn an und fallen ehrfürchtig vor ihm nieder. Möge er all unsere Fehler vergessen und uns von allen Sorgen befreien. Wer von Not und Elend überwältigt in dieser Weise an Sai denkt und zu ihm betet, dessen Geist (mind) wird durch seine Gnade beruhigt und findet Frieden.

Hemadpant sagt, dass dieser Sai, der Ozean des Erbarmens, ihn auserwählt hat, und das Ergebnis hiervon ist das vorliegende Werk, die *Sai Satcharita*. Welche Qualifikationen hätte er wohl sonst, dieses Unternehmen in Angriff zu nehmen? Aber weil Sai alle Verantwortung übernahm, spürte Hemadpant weder Belastung noch irgendeine Sorge. Wenn das kraftvolle Licht des Wissens seine Sprache und seinen Schreibstift inspirierte, weshalb sollte er dann irgendeinen Zweifel hegen oder Sorgen haben! Sai ließ ihn aufgrund seiner Verdienste in vergangenen Leben den Dienst in Form dieses Buches vollbringen. Deshalb betrachtet er sich als vom Glück gesegnet.

Die folgende Geschichte ist nicht nur eine Erzählung, sondern reiner Nektar. Wer ihn zu sich nimmt, wird Sais Größe und Allgegenwart erkennen. Wer argumentieren und kritisieren will, sollte sich nicht um diese Geschichten kümmern. Was hier gewünscht wird, sind unbegrenzte Liebe und Hingabe, und nicht Diskussionen. Gelehrte, ergebene und gläubige Menschen oder solche, die sich als Diener der Heiligen betrachten, werden diese Geschichten lieben und schätzen, andere werden sie für Fabeln halten. Die glücklichen *Devotees* von Sai werden die Sai-*Līlās* als den *Kalpataru,* den wunscherfüllenden Baum, ansehen. Diesen Nektar der Sai-*Līlās* in sich aufzunehmen, wird den Unwissenden Erlösung bringen, den Haushältern Zufriedenheit und *Sādhana* für die spirituellen Aspiranten sein.

Jetzt kommen wir zur eigentlichen Geschichte dieses Kapitels.

Kakaji Vaidya

In Vani, im Nasik-Distrikt, lebte ein Mann mit Namen Kakaji Vaidya, der dort der Priester der Göttin Sapta-Shringi war. Er wurde so von widrigen Umständen und Unglücksfällen erschüttert, dass er den inneren Frieden verlor und sehr ruhelos wurde. In diesem Zustand ging er eines Abends in den Tempel der Göttin und betete aus tiefster Seele zu ihr, ihn doch von seinen Sorgen zu befreien. Die Göttin hatte Freude an seiner Hingabe und erschien ihm in derselben Nacht im Traum. Sie sagte zu ihm: „Geh zu Baba und dein Geist (mind) wird ruhig und gelassen werden." Kakaji wollte unbedingt von ihr wissen, wer dieser Baba sei, doch bevor er eine Erklärung bekommen konnte, erwachte er.

Er dachte darüber nach, wer dieser Baba sein könne, von dem die Göttin gesprochen hatte. Nach einer Weile kam er zu dem Schluss, dass dieser Baba Tryambakeshwar *(Shiva)* sein könne. So pilgerte er zu dem heiligen Ort Tryambak im Nasik-Distrikt und blieb zehn Tage dort. In dieser Zeit stand er jeden Morgen früh auf, nahm ein Bad, rezitierte die *Rudra*-Hymnen und führte das *Abhisheka* und andere religiöse Riten aus. Dennoch blieb er so ruhelos wie zuvor. Er kehrte nach Hause zurück, rief wieder die Göttin an, und in der Nacht erschien sie ihm im Traum und sagte: „Weshalb bist du unnötigerweise nach Tryambakeshwar gefahren? Ich meinte mit Baba *Shrī* Sai Samarth von Shirdi."

Kakaji fragte sich nun: „Wie und wann soll ich nach Shirdi fahren? Und wie Baba sehen?" Wenn jemand wirklich ernsthaft einen Heiligen schauen möchte, dann erfüllt nicht nur der Heilige, sondern auch Gott seinen Wunsch. Tatsächlich sind der Heilige und Gott ein und derselbe. Es gibt nicht den geringsten Unterschied zwischen ihnen. Wenn aber jemand denkt, er könne einen Heiligen aus eigenem Antrieb aufsuchen, so ist das nicht möglich. Wenn der Heilige es nicht will, ist niemand in der Lage, ihn zu schauen. Selbst das Blatt am Baum wird sich nicht ohne seinen Befehl bewegen. Je intensiver ein Mensch sich wünscht, einen Heiligen zu schauen, je ergebener und gläubiger er ist, desto schneller und wirkungsvoller wird sein Herzenswunsch erfüllt.

Wer jemanden einlädt, bereitet auch alles für den Empfang des Gastes vor. So geschah es auch im Fall von Kakaji.

Shamas Gelübde

Während Kakaji noch über sein Vorhaben, nach Shirdi zu reisen, nachdachte, kam ein Gast zu ihm, um ihn nach Shirdi mitzunehmen. Es war kein anderer als Shama, Babas enger und intimer *Devotee*. Wie Shama zu diesem Zeitpunkt nach Vani kam, werden wir jetzt sehen.

Als kleiner Junge war Shama ernsthaft krank und seine Mutter hatte ihrer Familiengöttin Sapta-Shringi in Vani geschworen, dass sie den Sohn bringen und ihr zu Füßen legen werde, wenn er gesund würde.

Nach einigen Jahren litt die Mutter sehr unter Ringwürmern in ihren Brüsten. Zu dieser Zeit machte sie ihrer Gottheit einen weiteren Schwur, nämlich, ihr zwei silberne Brüste zu opfern, falls sie wieder gesund würde. Diese beiden Gelübde blieben unerfüllt. Als sie im Sterben lag, rief sie ihren Sohn Shama zu sich und erzählte ihm von den Gelübden. Er versprach ihr, diese zu erfüllen, und sie tat ihren letzten Atemzug.

Shama vergaß nach einiger Zeit diese Gelübde und so vergingen dreißig Jahre. Ungefähr um diese Zeit kam ein berühmter Astrologe nach Shirdi und blieb einen Monat lang dort. Seine Voraussagen in Shriman Bootys Fall und anderen bewahrheiteten sich und alle waren zufrieden. Shamas jüngerer Bruder, Bapaji, suchte ihn auch auf. Der Astrologe berichtete ihm von den Gelübden seiner Mutter, die sein älterer Bruder an ihrem Sterbebett zu erfüllen versprochen hatte, die aber immer noch nicht erfüllt worden waren. Deshalb war die Göttin verstimmt und machte ihnen Probleme. Bapaji erzählte dies seinem Bruder Shama, der so an die unerfüllten Gelübde erinnert wurde. Shama glaubte, dass jede weitere Verzögerung gefährlich sein könne, und ließ von einem Goldschmied zwei silberne Brüste anfertigen. Damit ging er zur *Masjid,* fiel Baba zu Füßen und brachte ihm die zwei silbernen Brüste dar. Er bat ihn, sie anzunehmen und ihn von den Gelübden zu befreien, da Er doch für ihn die Göttin Sapta-Shringi sei. Baba bestand jedoch darauf, dass er selbst zum Sapta-Shringi-Tempel gehen und sie persönlich zu Füßen der Göttin darbringen solle. So pilgerte er mit Babas Erlaubnis und Seiner heiligen Asche nach Vani. Auf der Suche nach dem Priester kam er zum Haus von Kakaji. Kakaji wollte unbedingt Baba besuchen und Shama kam genau zum richtigen Zeitpunkt zu ihm. Welch wunderbarer Zufall!

Kakaji fragte ihn, wer er sei und woher er komme, und als er erfuhr, dass er aus Shirdi kam, umarmte er ihn auf der Stelle, so sehr war er von Liebe überwältigt. Dann sprachen sie über Sai-*Līlās,* und nachdem Shama die Rituale zur Erfüllung der Gelübde beendet hatte, fuhren sie gemeinsam nach Shirdi. Dort angekommen, ging Kakaji zur *Masjid* und fiel Baba zu Füßen. Er hatte Tränen in den Augen und sein Gemüt wurde ruhig. Wie die Göttin ihm in seiner Vision versprochen hatte, verlor sein Geist beim Anblick von Baba alle Ruhelosigkeit und er wurde gelassen. Kakaji dachte bei sich: „Welch wundervolle Kraft ist das doch. Baba sagte nichts, es gab keine Fragen, keine Antworten, es wurde kein Segen erteilt – der bloße *Darshan* führte zu solchem Glück. Die Unruhe meines Gemütes verschwand bei seinem bloßen Anblick und reine Freude überkam mich. Das nennt man ‚die Größe des *Darshans*'." Sein Blick hing an Sais Füßen, und er konnte kein Wort hervorbringen. Wenn er von Babas *Līlās* hörte, war seine

Freude grenzenlos. Er gab sich Baba vollkommen hin, vergaß Kummer und Sorgen und genoss ungetrübtes Glück. Zwölf Tage lang lebte er glücklich in Shirdi, dann nahm er Abschied, erhielt Babas *Udi* und Segen und kehrte nach Hause zurück.

Khushalchand aus Rahata

Es heißt, dass die Träume, die man in den frühen Morgenstunden hat, sich im Wachzustand generell bewahrheiten. Das mag wohl so sein, aber in Bezug auf Babas Träume gibt es keine Zeitbeschränkung. Hier ein Beispiel: Baba sagte eines Nachmittags zu Kakasaheb Dixit, er solle nach Rahata gehen und Khushalchand nach Shirdi holen, da Er ihn lange nicht gesehen habe. So nahm Kakasaheb eine Droschke und reiste nach Rahata. Er suchte Khushalchand auf und überbrachte ihm Babas Botschaft. Khushalchand war überrascht, als er das hörte, und sagte, dass Baba ihm während seines Mittagsschlafs im Traum erschienen sei und ihn gebeten habe, sofort nach Shirdi zu kommen, und dass er das gerne tue. Weil er aber kein eigenes Pferd in der Nähe hatte, schickte er seinen Sohn zu Baba, um ihn zu informieren, und als dieser gerade außerhalb der Dorfgrenze war, erschien Dixits Droschke. Dixit erzählte ihm, dass er extra geschickt worden sei, um ihn abzuholen. Daraufhin fuhren Khushalchand und Dixit in der Droschke nach Shirdi. Khushalchand sah Baba und alle freuten sich. Dieses *Līlā* von Baba berührte Khushalchand tief.

Punjabi Ramalal aus Bombay

Einmal hatte ein Punjabi Brahmane aus Bombay namens Ramalal einen Traum, in dem Baba erschien und ihn bat, nach Shirdi zu kommen. Baba war ihm als Heiliger erschienen, den er nicht kannte. Er wollte ihn aufsuchen, hatte aber seine Adresse nicht und wusste nicht, was er tun sollte. Wer jemanden zum Interview ruft, trifft auch die nötigen Vorbereitungen hierzu. So geschah es auch in diesem Fall.

Als Ramalal am selben Nachmittag durch die Straßen spazierte, sah er in einem Laden ein Bild von Baba. Die Gesichtszüge des Heiligen, den er im Traum gesehen hatte, stimmten genau mit denen des Heiligen auf dem Bild überein. Er erkundigte sich und erfuhr, dass es ein Bild von Sai Baba aus Shirdi sei.

Bald darauf reiste er nach Shirdi und blieb dort bis zu seinem Tod. In dieser Weise holte Baba seine *Devotees* nach Shirdi zum *Darshan* und erfüllte ihre Wünsche, sowohl ihre materiellen als auch spirituellen.

Verneige dich vor Shrī Sai – Friede sei mit allen

Kapitel XXXI

In Babas Gegenwart starben: Samnyasin Vijayanand, Balaram Mankar, Noolkar, Megha und ein Tiger

Der letzte Wunsch oder Gedanke, den ein Mensch in seiner Todesstunde hat, bestimmt den Verlauf seines nächsten Lebens. *Shrī Krishna* sagt in der *Gita* (Kapitel 8, Vers 5 bis 6): „Wer an mich in seinem letzten Augenblick denkt, kommt wahrlich zu mir, und wer zu der Zeit an etwas Anderes denkt, der geht dorthin."

Wir können nicht sicher sein, dass wir in unserem letzten Augenblick einen besonders guten Gedanken hegen, denn meistens werden wir aus vielerlei Gründen verängstigt sein und uns sehr fürchten. Deshalb ist ständige Übung notwendig, um zu jeder Zeit oder im letzten Augenblick unser Gemüt auf jeden gewünschten guten Gedanken ausrichten zu können. Alle Heiligen empfehlen uns daher, an Gott zu denken und seinen Namen ständig zu wiederholen, so dass wir nicht durcheinander geraten, wenn die Zeit des Abschieds kommt. Die *Devotees* ihrerseits geben sich vollkommen den Heiligen hin, im vollen Glauben, dass die allwissenden Heiligen ihnen in ihren letzten Momenten helfen und sie führen werden. Einige solcher Fälle werden hier erzählt.

Vijayanand

Ein *Samnyasin* aus Madras mit Namen Vijayanand begab sich auf eine Pilgerreise zum Manasasarovar-See. Als er von Babas Ruhm erfuhr, hielt er unterwegs in Shirdi an. Dort traf er den *Swami* Somadevaji aus Hardwar und erkundigte sich bei ihm nach Einzelheiten über den Weg zum Manasasarovar. Der *Swami* erzählte ihm, dass der Sarovar 750 Kilometer oberhalb von Gangotri gelegen sei, und beschrieb die Schwierigkeiten der Reise, dass es nämlich viel Schnee gebe, außerdem alle 50 Koss (circa 240 Kilometer; Anmerkung des Übersetzers) einen Wechsel der Dialekte sowie die argwöhnische Art der Leute aus Tibet, die den Pilgern auf dem Wege viele Probleme bereiteten.

Als der *Samnyasin* das hörte, war er niedergeschlagen und gab die Reise auf. Er ging zu Baba und fiel ihm zu Füßen. Baba wurde wütend und sagte: „Jagt diesen unnützen *Samnyasin* hinaus. Seine Gesellschaft ist nutzlos." Der *Samnyasin* kannte Babas Wesen nicht. Er fühlte sich unbehaglich, blieb aber sitzen und beobachtete, was vor sich ging. Der Morgen-*Darbar* fand gerade statt und die *Masjid* war überfüllt. Baba wurde auf unterschiedliche Weise angebetet. Einige wuschen seine Füße, andere tranken nach Herzenslust das heilige Wasser *(tīrtha),* das während des Badens von seiner Zehe rann, wieder andere benetzten damit ihre Augen, manche trugen Sandelholzpaste auf seinen Körper auf und wiederum andere Duftwasser. Alle vergaßen dabei die Unterschiede zwischen Kasten und Glaubensrichtungen. Obwohl Baba auf Vijayanand wütend war, war dieser von Zuneigung zu Baba erfüllt und mochte den Platz nicht verlassen.

Er war zwei Tage in Shirdi, als er einen Brief aus Madras erhielt, in dem stand, dass seine Mutter ernsthaft erkrankt sei. Er war sehr niedergeschlagen und wollte bei seiner Mutter sein, jedoch konnte er nicht ohne Babas Erlaubnis fortgehen. So ging er mit dem Brief in der Hand zu Baba und bat um dessen Erlaubnis, nach Hause zurückkehren zu dürfen. Der allwissende Baba kannte die Zukunft und sagte zu ihm: „Wenn du deine Mutter so liebst, warum hast du dann *Samnyāsa* genommen? Zuneigung oder Bindung passen nicht zu einer ockerfarbenen Robe. Geh und setz dich ruhig in deine Unterkunft. Warte geduldig ein paar Tage. Es gibt viele Räuber im *Wada,* verschließe deine Türen und sei auf der Hut, sonst werden die Diebe alles forttragen. Reichtum und Wohlstand sind vorübergehend und der Körper ist Verfall und Tod unterworfen. Da du das weißt, tu deine Pflicht und gib alle Bindungen an die Dinge dieser und der nächsten Welt auf. Wer so handelt und sich Gottes Füßen hingibt, wird von aller Mühe frei und erlangt Glückseligkeit. Der Herr eilt zu demjenigen, der mit Liebe und Zuneigung an ihn denkt und über ihn meditiert, und hilft ihm. Dein Guthaben an Verdiensten aus früheren Leben ist beträchtlich, deshalb bist du hierher gekommen. Nun achte gut auf das, was ich sage, und erkenne das Ende deines Lebens. Nachdem du wunschlos geworden bist, fang morgen mit dem Studium des *Bhagavatam* an. Führe gewissenhaft drei Lesungen *(saptāha)* durch. Der Herr wird zufrieden mit dir sein und all deine Sorgen vernichten. Deine Illusionen werden vergehen und du wirst Frieden erlangen." Baba verschrieb dieses Mittel, weil er das Ende nahen sah. Er ließ ihn auch das Ramavijaya lesen, das den Gott des Todes erfreut.

Am nächsten Morgen, nachdem Vijayanand sein Bad genommen und andere reinigende Rituale durchgeführt hatte, begann er in einem abgelegenen Teil des Gartens am *Lendi* mit dem Lesen des Bhagavat. Er beendete zwei Lesungen und fühlte sich danach sehr erschöpft. Er kehrte zum *Wada* zurück und blieb zwei Tage in seiner Unterkunft. Am dritten Tag tat er seinen letzten Atemzug auf dem Schoß des Fakirs Baba.

Aus einem guten Grund bat Baba die Leute, den Körper einen Tag lang aufzubewahren. Später kam die Polizei, stellte genaue

Nachforschungen an und gab dann die Erlaubnis zur Beseitigung des Körpers. Er wurde mit den gebührenden Ritualen an einem geeigneten Platz beerdigt. In dieser Weise half Baba dem *Samnyasin* und ließ ihn Glück *(sadgati)* finden.

Balaram Mankar

Balaram Mankar war ein Familienvater und *Devotee* von Baba. Als seine Frau starb, war er sehr bedrückt. Er übergab seinen Haushalt an den Sohn, verließ sein Heim und kam nach Shirdi, um bei Baba zu leben. Baba war über seine Hingabe erfreut und wollte sein Leben zum Guten wenden. Er gab ihm 12 Rupien und bat ihn, nach Macchindragada im Satara-Distrikt zu fahren und dort zu leben. Mankar mochte zuerst nicht gehen, weil er dann nicht in Babas Nähe sein konnte. Aber Baba überzeugte ihn davon, dass er ihm damit ein gutes Leben bereiten werde, und bat ihn, dreimal täglich auf der Macchindra-Festung zu meditieren. Er glaubte an Babas Worte und begab sich dorthin. Er war von der schönen Aussicht, dem reinen Wasser, der gesunden Luft und der Umgebung des Ortes hocherfreut und begann, die von Baba vorgeschlagenen Meditationen gewissenhaft auszuüben.

Nach einigen Tagen erhielt er eine Offenbarung. *Bhaktas* haben normalerweise Offenbarungen in ihren *Samādhi*- oder Trancezuständen, doch in Mankars Fall war es so, dass er sie erhielt, als er aus dem Trancezustand zurück in sein normales Bewusstsein kam. Baba erschien ihm in Person. Mankar sah ihn nicht nur, sondern er fragte ihn auch, weshalb er hierher geschickt worden sei. Baba erwiderte: „In Shirdi sind dir viele Gedanken und Ideen durch den Kopf gegangen und ich habe dich hierher geschickt, um dein unstetes Denken zur Ruhe zu bringen. Du dachtest, ich sei nur in Shirdi mit diesem Körper aus den fünf Elementen und dreieinhalb *Cubits* groß. Jetzt schau und entscheide selbst, ob die Person, die du jetzt hier siehst, dieselbe ist, die du in Shirdi gesehen hast. Aus eben diesem Grund habe ich dich hierher geschickt."

Nach diesem Ereignis verließ Mankar die Festung und begab sich nach Bandra, seinem Geburtsort. Er wollte mit dem Zug von Puna nach Dadar reisen, doch als er eine Fahrkarte kaufen wollte, musste er feststellen, dass es eine lange Schlange vor dem Schalter gab. Er hätte lange warten müssen, um eine Fahrkarte zu bekommen. Plötzlich erschien ein Bauer mit einem Lendenschurz bekleidet und einem Kambali über seiner Schulter und sprach ihn an: „Wohin gehst du?" „Nach Dadar", antwortete Mankar. Der Bauer erwiderte: „Bitte, nimm meine Fahrkarte nach Dadar. Ich habe hier etwas Wichtiges zu tun und fahre nicht dorthin." Mankar freute sich sehr darüber und während er das Geld aus der Tasche holte, verschwand der Bauer in der Menge. Mankar versuchte, ihn in dem Gewühl zu finden, doch vergebens. Er wartete auf ihn bis zur Abfahrt des Zuges, fand aber keine Spur von ihm. Das war die zweite Offenbarung, die Mankar auf eigenartige Weise erhielt.

Nachdem Mankar seinen Heimatort besucht hatte, kehrte er nach Shirdi zurück, lebte zu Babas Füßen und befolgte stets seine Gebote und seinen Rat. Zum Schluss hatte er das große Glück, diese Welt in Babas Gegenwart und mit seinem Segen zu verlassen.

Tatyasaheb Noolkar

Hemadpant schreibt keine Einzelheiten bezüglich Tatyasaheb Noolkar, außer der bloßen Erwähnung der Tatsache, dass er seinen Geist in Shirdi aufgab. Eine kurze Zusammenfassung seines Falles, die im „Sai Leela Magazine" erschienen ist, wird nachfolgend wiedergegeben.

Tatyasaheb war im Jahr 1909 Bezirksrichter in Pandharpur und Nanasaheb Chandorkar dort zur selben Zeit Finanzbeamter. Beide trafen sich des Öfteren und sprachen miteinander. Tatyasaheb glaubte nicht an Heilige, während Nanasaheb sie liebte. Nanasaheb erzählte ihm oft von Sai Babas *Līlās* und drängte ihn immer wieder, nach Shirdi zu reisen und Babas *Darshan* zu haben. Schließlich stimmte Tatyasaheb zu, aber unter zwei Bedingungen: Er musste erstens einen Brahmanenkoch zur Verfügung haben und zweitens gute Nagpur-Orangen als Geschenk für Baba. Beide Bedingungen wurden auf besondere Weise erfüllt.

Ein Brahmane, der Arbeit suchte, kam zu Nanasaheb, der ihn zu Tatyasaheb schickte. Tatyasaheb erhielt von einem unbekannten Absender ein Obstpaket mit einhundert wunderschönen Orangen.

Da die Bedingungen erfüllt waren, musste Tatyasaheb nach Shirdi reisen. Zuerst war Baba ziemlich wütend auf ihn. Aber im Laufe der Zeit hatte Tatyasaheb erstaunliche Erlebnisse, die ihn davon überzeugten, dass Baba die Inkarnation Gottes war. Er war verliebt in Baba und blieb bis zu seinem Tod bei ihm. Als sein Ende nahte, las man ihm aus heiligen Büchern vor und in der letzten Stunde gab man ihm Babas *Padatīrtha* zu trinken.

„Oh! Tatya ist uns vorausgegangen. Er wird nicht wiedergeboren“, sagte Baba, als er von Tatyasahebs Tod erfuhr.

Megha

Die Geschichte von Megha wurde bereits in Kapitel 28 beschrieben. Als Megha starb, nahmen alle Dorfbewohner an der Beerdigungsprozession teil. Auch Baba ging mit und warf Blumen auf Meghas Körper. Nachdem die Bestattungsfeierlichkeiten beendet waren, weinte Baba und schien wie ein normaler Sterblicher von Kummer und Leid überwältigt. Er bedeckte Meghas Körper mit Blumen, weinte wie ein naher Verwandter und kehrte dann zur *Masjid* zurück.

Es gab viele Heilige, die Menschen zur Erlösung führten. Babas

Größe ist jedoch einzigartig. Selbst ein Tiger kam einmal zu Babas Füßen, um gerettet zu werden. Diese Geschichte wird jetzt erzählt.

Der Tiger

Sieben Tage vor Babas Tod geschah etwas Wunderbares in Shirdi. Vor der *Masjid* hielt ein Karren, auf dem ein Tiger mit Eisenketten festgebunden war. Sein furchterregendes Gesicht war nach hinten gewandt. Er hatte Schmerzen und machte einen gequälten Eindruck. Drei Derwische zogen mit dem Tiger von Ort zu Ort, stellten ihn zur Schau und verdienten sich so ihren Lebensunterhalt. Um ihn nun von der Krankheit zu heilen, probierten sie alle möglichen Heilmittel aus. Aber alles war umsonst. Schließlich hörten sie von Babas Ruhm und kamen mit dem Tiger zu ihm. Sie holten ihn mitsamt den Ketten vom Wagen herunter und ließen ihn am Eingang stehen. Natürlich sah er wild aus, außerdem war er krank und deshalb sehr unruhig. Die Leute starrten ihn voller Furcht und Verwunderung an, während die Derwische in die *Masjid* gingen und Baba alles über den Tiger erzählten. Mit Babas Zustimmung brachten sie ihn dann in den Hof. Als er sich den Stufen näherte, war er von Babas Glanz ergriffen und senkte den Kopf. Doch nachdem sie einander angeschaut hatten, ging der Tiger auf die Treppe und sah Baba voller Zuneigung an. Dann schlug er mit der Quaste seines Schwanzes dreimal auf den Boden und fiel tot um. Als die Derwische ihn dort liegen sahen, waren sie zuerst sehr niedergeschlagen und besorgt. Nach tieferem Nachdenken kamen sie aber zu dem Schluss, dass das Tier ja krank und seinem Ende nahe gewesen war und dass es sehr verdienstvoll war, in Babas Gegenwart, zu seinen Füßen, zu sterben. Das Tier war ihr Schuldner und als die Schuld beglichen war, wurde es frei und beendete sein Dasein zu Babas Füßen.

Welches Geschöpf auch immer seinen Kopf vor den Füßen der

Heiligen niederbeugt, ist gerettet. Wie könnte es solch ein glückliches Ende geben, wenn nicht eine Ansammlung von Verdiensten auf dem Konto war?

Verneige dich vor Shrī Sai – Friede sei mit allen

Kapitel XXXII

Auf der Suche nach dem Guru und Gott – Frau Gokhales Fasten

In diesem Kapitel erzählt Hemadpant zweierlei: Erstens, wie Baba seinen *Guru* im Wald traf und durch ihn Gott fand, und zweitens, wie Baba Frau Gokhale, die drei Tage lang fasten wollte, Weizenfladen *(pooran poli)* essen ließ.

Zu Beginn beschreibt Hemadpant die sichtbare Welt *(samsāra)* anhand der Allegorie des Ashvattha-Baumes, dessen Wurzeln gemäß der Darstellung in der *Bhagavadgita* oben sind und die Zweige unten. Die Zweige, die sich nach unten und oben ausbreiten, werden durch die drei Grundeigenschaften *(guna)* genährt. Die Knospen sind die Sinnesobjekte. Seine Wurzeln, die zu Handlungen führen, dehnen sich nach unten aus, in die Welt der Menschen. Seine Form kann in dieser Welt nicht erkannt werden, ebenso wenig sein Ende, sein Anfang oder seine Basis. Nachdem man die starken Wurzeln des Ashvattha-Baums mit der scharfen Waffe der Bindungslosigkeit durchtrennt hat, sollte man den jenseitigen Pfad suchen, von dem es keine Wiederkehr gibt.

Auf diesem Pfad ist die Hilfe eines guten Führers unbedingt notwendig. Wie gelehrt ein Mensch auch sein mag und wie tief sein Studium der *Veden* und der *Vedanta*-Philosophie auch gehen mag, er kann doch sein Ziel nicht sicher erreichen. Wenn aber der Führer da ist, um ihm zu helfen und ihm den richtigen Weg zu zeigen, kann er die Fallen und wilden Tiere, die er auf der Reise antrifft, meiden, und alles wird glatt gehen.

Babas Erlebnis in dieser Sache und die Geschichte, die er von sich selbst erzählte, sind wirklich wundervoll. Wenn man dieser Geschichte seine ganze Aufmerksamkeit widmet, führt sie zu Glauben, Hingabe und Befreiung.

Die Suche

„Einmal studierten wir zu viert religiöse Schriften und andere Bücher. Mit diesem Wissen begannen wir die Natur des *Brahman* zu diskutieren. Einer von uns sagte, dass wir das kleine Selbst durch das göttliche Selbst erhöhen und nicht von anderen abhängig sein sollten. Hierzu bemerkte ein anderer, dass derjenige gesegnet sei, der seinen Geist unter Kontrolle habe, und dass wir von Gedanken und Vorstellungen frei sein sollten, ohne die es die Welt nicht gäbe. Der Dritte sagte, dass die Welt der Erscheinungen sich ständig verändere, doch das Formlose ewig sei; deshalb sollten wir zwischen dem Unwahren und dem Wahren unterscheiden. Der Vierte (Baba selbst) betonte, dass Buchwissen allein wertlos sei und fügte hinzu: ‚Lasst uns die uns zugewiesene Pflicht tun und unseren Körper und unser Denken sowie die fünf Lebenshauche *(prāna)* dem *Guru* zu Füßen legen, das heißt uns ihm zu ergeben. Der *Guru* ist Gott, allesdurchdringend. Um zu dieser Überzeugung zu kommen, ist ein starker, grenzenloser Glaube nötig.‘

Während wir in dieser Weise diskutierten, fingen wir belesenen Männer an, auf der Suche nach Gott den Wald zu durchstreifen. Drei von uns wollten sich allein auf ihren Intellekt verlassen und so auf die Suche gehen. Auf dem Weg trafen wir einen Händler *(vanjari),* der uns fragte: ‚Es ist jetzt heiß; wohin und wie weit geht ihr?‘ Wir gaben ihm eine doppeldeutige und ausweichende Antwort. Er war betroffen, als er uns so ziellos umherstreifen sah und sagte: ‚Ohne den Wald genau zu kennen, solltet ihr nicht ziel- und planlos umherwandern. Wenn ihr durch Wälder und Dschungel wandern wollt, solltet ihr einen Führer mitnehmen. Weshalb müht ihr euch unnötigerweise in dieser heißen Mittagssonne ab? Ihr braucht mir das Geheimnis eurer Suche nicht preiszugeben, aber ihr könnt euch trotzdem setzen, Brot essen, Wasser trinken, euch ausruhen und dann weitergehen. Seid immer geduldig.‘

Obwohl er so sanft sprach, beachteten wir sein Anerbieten nicht und marschierten weiter. Wir glaubten, unabhängige Männer zu sein, welche die Hilfe anderer nicht brauchten. Der Wald war groß und ohne Pfade, die Bäume darin waren so dicht und groß gewachsen, dass die Sonnenstrahlen nicht hindurchkamen. So verliefen wir uns und wanderten lange umher. Schließlich gelangten wir, durch reines Glück, zu dem Platz zurück, von dem wir ausgegangen waren. Wieder trafen wir den *Vanjari,* der sagte: ‚Weil ihr euch auf eure eigene Schlauheit verlassen habt, seid ihr vom Weg abgekommen. Wir brauchen immer einen Führer, der uns den richtigen Weg weist – in kleinen wie in großen Angelegenheiten. Mit leerem Magen kann keine Suche erfolgreich durchgeführt werden. Ohne Gottes Willen begegnet uns niemand auf dem Weg. Lehnt angebotene Speisen nicht ab, ein zubereitetes Mahl sollte nicht abgewiesen werden. Wenn Brot und andere Speisen angeboten werden, so sind das besondere Zeichen des Erfolgs.‘ Als er dies sagte, bot er uns noch einmal eine Speise an und bat uns, ruhig und geduldig zu sein. Wieder war uns seine Gastfreundschaft nicht recht; deshalb lehnten wir sein Angebot ab.

Die drei wollten, ohne sich zu erkundigen und Nahrung zu sich zu nehmen, weiterziehen. So starrsinnig waren sie. Ich war hungrig und durstig und tief berührt von der außergewöhnlichen Liebe des *Vanjaris.*

Wir glaubten sehr gelehrt zu sein, doch waren uns Mitleid und Freundlichkeit fremd. Der *Vanjari* war recht ungebildet und gehörte einer niederen Kaste an, aber er hatte Liebe in seinem Herzen und bot uns Brot an. Wer andere so uneigennützig liebt, ist wirklich erleuchtet; und ich dachte, seine Gastfreundschaft anzunehmen sei der beste Anfang, um Wissen zu erlangen. So nahm ich das Brot voller Respekt an, aß es und trank Wasser. Dann erschien plötzlich der *Guru* und stand vor mir. ‚Worum ging es hier gerade?', fragte er, und ich erzählte ihm alles, was geschehen war. Er sprach: ‚Möchtest du mit mir kommen? Ich werde dir zeigen, was du willst. Doch allein derjenige, der an das glaubt, was ich sage, wird erfolgreich sein.' Die anderen waren nicht einverstanden damit und verließen ihn. Ich aber verneigte mich ehrfürchtig vor ihm und nahm sein Anerbieten. an. Er führte mich zu einem Brunnen, band meine Füße mit einem Seil fest und hängte mich, Kopf nach unten, Füße nach oben, an einen Baum, der am Brunnen stand. Ich hing drei Fuß hoch über dem Wasser, das ich nicht mit meinen Händen erreichen, also auch nicht in meinen Mund bringen konnte. So ließ er mich hängen und ging fort; niemand wusste wohin. Nach vier bis fünf Stunden kehrte er zurück, befreite mich schnell und fragte, wie es mir gehe. ‚Ich war in höchster Glückseligkeit. Wie kann ein Dummkopf wie ich die Freude beschreiben, die ich erfahren habe?', erwiderte ich. Der *Guru* war sehr zufrieden mit mir, als er meine Antwort vernahm, zog mich an sich, strich mit seiner Hand über meinen Körper und behielt mich bei sich. Er kümmerte sich so zärtlich um mich wie eine Vogelmutter sich um ihre Jungen kümmert. Er nahm mich in seine Schule. Wie schön war das! Dort vergaß ich meine Eltern, all meine Bindungen wurden aufgelöst und meine Befreiung war ein Leichtes. Ich hätte ihm um den Hals fallen und ihn immer nur anschauen können. Wäre sein Bild nicht in meinen Augen fest verankert, wollte ich lieber blind sein. So war die Schule!

Wer sie einmal betrat, kehrte niemals mit leeren Händen zurück. Mein *Guru* wurde mein Ein und Alles, mein Zuhause und mein Besitz, Mutter und Vater, alles. All meine Sinne konzentrierten sich in meinen Augen, meine ganze Wahrnehmung war auf ihn ausgerichtet. So war mein *Guru* der einzige Gegenstand meiner Meditation und es gab nichts anderes mehr. Während ich über ihn meditierte, waren mein Geist (mind) und Intellekt wie betäubt, und ich musste ganz einfach ruhig sein und mich in Stille vor ihm verneigen[9].

Es gibt andere Schulen, in denen man wieder etwas ganz anderes beobachten kann. Die Schüler gehen dorthin, um Wissen zu erhalten und investieren ihr Geld, ihre Zeit und Mühe, doch am Ende werden sie es bereuen. Dort prahlt der *Guru* mit seinem geheimen Wissen. Er stellt seine Heiligkeit zur Schau, doch er hat kein sanftes Herz. Er redet viel und besingt seine eigene Herrlichkeit, doch seine Worte sind nicht überzeugend und berühren nicht das Herz der Schüler.

[9] Wir glauben, dass die Beschreibung der Kopfüber-Position am Brunnen für vier bis fünf Stunden nicht zu wörtlich genommen werden sollte. Niemand kann sich wohlfühlen und glückselig sein, wenn er so viele Stunden mit den Füßen an einem Seil mit dem Kopf nach unten und den Füßen nach oben über einem Brunnen hängt. Im Gegenteil, es könnte zur Tortur werden. Dieses scheint vielmehr eine bildliche Beschreibung der Trance oder des *Samādhi*-Zustandes zu sein. Es gibt zwei Arten von Bewusstsein: sinnlich einerseits und spirituell andererseits. Wenn unsere Sinne und unser Geist (mind), die von Gott mit einer nach außen gerichteten Tendenz geschaffen sind, auf ihre Gegenstände treffen, erleben wir das sinnliche Bewusstsein, in dem wir Freude oder Schmerz empfinden, rein oder gemischt, aber keine höchste Glückseligkeit. Wenn aber die Sinne und das Denken von den Gegenständen zurückgezogen werden, haben wir das andere, das spirituelle Bewusstsein, in dem wir ungetrübte Freude und unbeschreibliche Seligkeit empfinden. Die Worte „Ich war in höchster Glückseligkeit" und „Wie kann ich die Freude beschreiben, die ich erfahren habe?" bedeuten somit, dass der *Guru* ihn in eine Trance versetzt hatte und ihn über beziehungsweise fern der ruhelosen Wasser der Sinne und des Geistes hielt.

Und Selbsterkenntnis hat er keineswegs. Wie können solche Schulen den Schülern von irgendeinem Nutzen sein?

Der oben erwähnte *Guru* war von ganz anderer Art. Durch seine Gnade blitzte Erkenntnis ohne Mühe oder Studium von selbst in mir auf. Ich musste gar nicht suchen und dennoch wurde mir alles klar wie helles Tageslicht. Allein der *Guru* weiß, wie ‚Hängen mit dem Kopf nach unten, Füßen nach oben' Glück bereiten kann!"

Unter den erwähnten jungen Männern war einer ein Ritualist, der lediglich wusste, wie er gewisse Riten einhalten und andere vermeiden musste. Der zweite war ein *Jnānin,* der vom Stolz des Wissens aufgebläht war, und der dritte war ein *Bhakta,* der sich vollkommen Gott ergab und glaubte, dass Gott der alleinige Handelnde sei. Als sie diskutierten und argumentierten, kam die Frage nach Gott auf. Sie verließen sich auf ihr eigenes Wissen und gingen auf die Suche nach ihm. Sai, die verkörperte Unterscheidungskraft und Leidenschaftslosigkeit, war einer von den Vieren. Da er selbst *Brahman* verkörperte, mögen manche die Frage aufwerfen: „Weshalb war er unter ihnen und handelte so töricht?" Er tat dies für das allgemeine Wohl und um den Leuten ein Beispiel zu geben. Obwohl er selbst eine göttliche Verkörperung war, respektierte er einen niederen *Vanjari,* indem er im festen Glauben „Nahrung ist Gott" dessen Speise annahm. Somit zeigte er auf, dass jene litten, die das gastfreundliche Angebot des *Vanjaris* ablehnten, und dass es unmöglich ist, *Jnāna,* das höchste Wissen, ohne einen *Guru* zu erhalten.

Die *Taittiriya-Upanischad* ermahnt uns, Mutter, Vater und Lehrer zu ehren und die heiligen Schriften zu studieren, das heißt sie zu lernen und zu lehren. So können wir unseren Geist läutern. Erst wenn diese Reinigung stattgefunden hat, ist Selbsterkenntnis möglich. Weder die Sinne noch das Denken noch der Intellekt können das Selbst erkennen. Beweismittel wie Wahrnehmung und Schlussfolgerung werden uns in dieser Sache nicht weiterhelfen. Was zählt, ist die

Gnade des *Gurus*. Die Lebensziele wie Rechtschaffenheit *(dharma),* Wohlstand *(artha)* und Wunsch *(kāma)* sind durch unsere Bemühung erreichbar, aber das vierte Ziel, die Befreiung *(moksha),* kann nur mit Hilfe des *Gurus* erlangt werden.

Am Hof von *Shrī* Sai erschienen viele Persönlichkeiten und spielten ihre Rolle. Astrologen kamen und machten ihre Voraussagen, Prinzen, Edelleute, gewöhnliche und arme Menschen, *Samnyasins, Yogis,* Sänger und andere kamen zum *Darshan*. Selbst ein *Mahat* erschien, erwies seine Ehrerbietung und sagte, dass dieser Sai Mai-Baap, das heißt die wahren Eltern sei, der unseren Kreislauf von Geburt und Tod beende.

So viele andere Personen wie Jongleure, Gondhalis (Sänger religiöser Lieder), Blinde und Lahme, Tänzer und andere Spieler kamen und wurden entsprechend empfangen. Zu seiner eigenen Zeit erschien auch der *Vanjari* und spielte die ihm zugeteilte Rolle.

Nun kommen wir zur nächsten Geschichte.

Frau Gokhales Fasten

Baba fastete selbst nie, noch erlaubte er es anderen. Wer fastet, dessen Geist (mind) ist niemals entspannt. Wie kann er so sein höchstes Lebensziel erreichen? Gott wird nicht mit einem leeren Magen erreicht; zuerst muss der Hunger gestillt werden. Wenn nicht durch Nahrung Feuchtigkeit im Magen erzeugt wird, wie sollten unsere Augen dann Gott schauen? Wie sollten wir dann seine Herrlichkeit und Größe beschreiben? Mit welchen Ohren sollten wir von seiner Herrlichkeit hören? Kurz: Nur wenn all unsere Organe richtig ernährt werden und gesund sind, können wir Hingabe empfinden und spirituelle Disziplinen praktizieren, um Gott zu erreichen. Deshalb sind weder Fasten noch übermäßiges Essen gut. Maßhalten im Essen ist für Körper und Geist wirklich gesund.

Frau Gokhale kam nach Shirdi und ging mit einem Empfehlungsschreiben von Frau Kashibai Kanitkar, die Baba ergeben war, zu Dada Kelkar. Sie kam mit dem Entschluss zu Baba, zu seinen Füßen zu sitzen und drei Tage lang zu fasten. Am Tag zuvor hatte Baba zu Dada Kelkar gesagt, dass er seinen Kindern nicht erlauben werde, während des Frühlingsfestes *(shimga)* zu hungern. Warum war er wohl da, wenn sie hungern sollten?

Am nächsten Tag, als die Frau zusammen mit Dadar Kelkar kam und sich zu Babas Füßen setzte, sagte Baba sofort zu ihr: „Ist es notwendig zu fasten? Geh zu Dadabhats Haus, bereite *Pooran Poli* zu, gib es seinen Kindern zu essen und iss selbst auch davon." Das Fest hatte angefangen. Frau Kelkar hatte gerade ihre Menses[10], und es war niemand in Dadabhats Haus, um zu kochen. So kam Babas Rat gerade rechtzeitig. Frau Gokhale musste also zu Dadabhats Haus gehen und die Speise zubereiten, wie es ihr aufgetragen worden war. Sie kochte an diesem Tag, verteilte das Essen an die anderen und nahm selbst auch davon. Welch eine schöne Geschichte und wie lehrreich ist sie obendrein!

Babas Sircar

Baba erzählte die folgende Geschichte aus seiner Jugendzeit: „Als Junge war ich einmal auf der Suche nach einem Broterwerb und ging nach Beedgaum. Dort bekam ich eine Arbeit in einer Stickerei. Ich arbeitete hart, scheute keine Mühe und der Arbeitgeber war sehr zufrieden mit mir. Drei Jungen arbeiteten unter meiner Aufsicht; der erste bekam 50, der zweite 100 und der dritte 150 Rupien. Ich erhielt das Zweifache dieses gesamten Betrages ausgezahlt, nämlich

[10] In Indien ist es einer Frau während ihrer Menses nicht erlaubt, Tempel und ähnlich heilige Stätten zu betreten (Anmerkung des Übersetzers).

600 Rupien. Als der Arbeitgeber meine Findigkeit bemerkte, schloss er mich in sein Herz, lobte mich und ehrte mich, indem er mir neue Kleidung schenkte, einschließlich eines Turbans. Ich benutzte diese Kleidung nicht, weil ich dachte, dass alles, was ein Mensch geben kann, nicht von Dauer und stets unvollkommen ist. Aber was mein Sircar (Gott) gibt, hält bis zum Ende aller Zeiten. Kein Geschenk irgendeines Menschen kann mit seinem Geschenk verglichen werden. Mein Sircar sagt: ‚Nimm, nimm!', aber alle kommen zu Sai und sagen ‚Gib, gib!' Niemand beachtet aufmerksam die Bedeutung dessen, was ich sage. Der Schatz meines Sircars (spiritueller Reichtum) ist die Fülle, der Überfluss. Ich sage: ‚Grabt diesen Schatz aus und nehmt Karrenladungen davon mit. Der gesegnete Sohn einer wahren Mutter sollte sich dieses Reichtums bedienen.' Die Fähigkeit meines Fakirs, das *Līlā* meines *Bhagavans* und das Können meines Sircars sind recht einzigartig. Und ich? Was ist mit mir? Der Körper vermischt sich mit Erde, der Atem mit Luft. Diese Zeit kommt nicht wieder. Egal wo ich gehe oder sitze, die hartnäckige Täuschung *(maya)* stört mich sehr; trotzdem bin ich stets besorgt um meine Leute. Wer immer sich irgendwie spirituell betätigt, wird die Frucht seiner Bemühung ernten, und wer meiner Worte gedenkt, wird unschätzbares Glück erlangen."

Verneige dich vor Shrī Sai – Friede sei mit allen

Kapitel XXXIII

Skorpionstich und Fälle von Pest geheilt – Das Jamner-Wunder – Narayanraos Krankheit – Balabuva Sutar – Appasaheb Kulkarni – Haribhau Karnik

Im letzten Kapitel haben wir die Größe des *Gurus* beschrieben, in diesem werden wir die Großartigkeit der heiligen Asche *(udi)* schildern. Beide sind jedoch miteinander verbunden. Die großartige Bedeutung des *Udi* ist auf Babas Größe zurückzuführen.

Verneigen wir uns jetzt vor den großen Heiligen. Ihre gütigen Blicke zerstören Berge von Sünden und bereiten allen bösen Anlagen unseres Charakters ein Ende. Ihre zwanglosen Gespräche sind für uns gute Lehren und bringen uns unvergängliches Glück. Ihr Geist (mind) kennt keinen Unterschied wie zum Beispiel: „Dies ist unseres und das ist eures." Solche Unterscheidung ist ihrem Geist fremd. Wir können niemals das begleichen, was sie uns geben, weder in diesem noch in vielen zukünftigen Leben.

Udi

Es ist wohlbekannt, dass Baba von allen *Dakshinā* nahm, und von dem so gesammelten Betrag viel für wohltätige Zwecke ausgab. Mit dem verbleibenden Geld kaufte er Brennstoff für das Feuer, das er immer brennen ließ. Die Asche aus diesem Feuer wurde *„Udi“* genannt und Baba verteilte sie großzügig an die *Devotees,* die Shirdi verließen.

Was lehrte nun Baba, beziehungsweise worauf wies er durch dieses *Udi* hin? Baba lehrte dadurch, dass alle sichtbaren Phänomene in diesem Universum vorübergehend sind. Unser Körper, der aus den fünf Elementen zusammengesetzt ist, wird – wenn das Spiel aus ist – zerfallen und zu Asche reduziert. Um die *Devotees* an diese Tatsache zu erinnern, dass ihr Körper zu Asche wird, gab Baba ihnen *Udi.* Außerdem lehrte er sie durch *Udi,* dass *Brahman* die einzige Wirklichkeit ist, dass das Universum vergänglich ist und dass niemand in dieser Welt, sei es Sohn, Vater oder Mutter, wirklich unser eigen genannt werden kann. Wir kommen alleine auf diese Welt und müssen sie alleine wieder verlassen.

Man hat festgestellt, dass *Udi* viele körperliche und geistige Krankheiten geheilt hat. Baba wollte aber durch *Udi* und *Dakshinā* den *Devotees* die Unterscheidung zwischen dem Unwirklichen und Wirklichen nahe bringen und somit die Loslösung vom Unwirklichen fördern. *Udi* lehrte uns Unterscheidung und *Dakshinā* Loslösung. Bevor wir uns dies nicht zu eigen gemacht haben, ist es unmöglich, den Ozean der weltlichen Existenz zu überqueren. Deshalb bat Baba um *Dakshinā,* und wenn die *Devotees* sich verabschiedeten, gab er *Udi* als *Prasad,* rieb etwas davon auf die Stirn der *Devotees* und legte seine segnende Hand auf ihren Kopf.

Wenn Baba in vergnügter Stimmung war, sang er fröhlich. Ein Lied handelte von *Udi* und Baba sang in sehr klaren, sanften Tönen: „O geliebter *Rama,* komm, komm und bring Säcke voller *Udi* mit!“

Soviel über die spirituelle Bedeutung von *Udi.* Es hatte auch eine materielle Bedeutung, weil es nämlich Gesundheit, Wohlstand, Sorgenfreiheit und viele andere, weltliche Errungenschaften brachte.

Somit half *Udi* uns, beide Ziele zu erlangen, sowohl das materielle als auch das spirituelle. Nun beginnen wir mit den Geschichten über *Udi*.

Der Skorpionstich

Narayan Motiram Jani aus Nasik war ein *Devotee* von Baba. Er diente einem anderen Baba-*Devotee* mit Namen Ramachandra Vaman Modak. Einmal reiste er mit seiner Mutter nach Shirdi, um Baba zu sehen. Baba sagte der Mutter, dass ihr Sohn nicht mehr dienen, sondern sich selbstständig machen solle. Einige Tage später kündigte Narayan Jani seinen Dienst und eröffnete eine Pension mit Namen „Anandashram“, die erfolgreich war.

Ein Freund von Narayan wurde einmal von einem Skorpion gestochen und hatte starke und unerträgliche Schmerzen. In solchen Fällen ist *Udi* höchst wirksam, wenn man es auf die schmerzende Stelle gibt. Narayan suchte nach *Udi,* fand aber keines. Dann stellte er sich vor Babas Bild und rief Baba um Hilfe an, rezitierte Seinen Namen, nahm etwas von der Asche des Räucherstäbchens, das vor Babas Bild brannte und stellte sich vor, es sei Babas *Udi.* Er tat es auf die schmerzende Stelle um den Einstich herum. Kaum hatte er seinen Finger fortgenommen, verschwand der Schmerz. Die beiden Freunde waren tief bewegt und erfreut.

Ein Fall von Beulenpest

Ein *Devotee* aus Bandra hörte, dass seine Tochter, die in einem anderen Ort lebte, an Beulenpest litt. Er hatte kein *Udi* bei sich und so sandte er Nanasaheb Chandorkar eine Nachricht, damit dieser welches schickte. Nanasaheb erhielt die Botschaft auf einer Straße in der Nähe des Thana-Bahnhofes, als er mit seiner Frau nach Kalyan reisen wollte. Zu der Zeit hatte er aber kein *Udi* bei sich. Da nahm er ein wenig Erde vom Weg, meditierte über Sai Baba, rief ihn zu Hilfe und trug es auf die Stirn seiner Frau auf. Als der *Devotee* seine Tochter aufsuchte, hörte er mit Erstaunen und voller Freude, dass es ihr nach drei Tagen Leiden ab dem Augenblick, in dem Nanasaheb in der Nähe des Thana-Bahnhofes Baba um Hilfe anrief, besser ging.

Das Jamner-Wunder

Um 1904 oder 1905 war Nanasaheb Chandorkar Finanzbeamter in der im Khandesh-Distrikt gelegenen Stadt Jamner, die mehr als 150 Kilometer von Shirdi entfernt liegt. Seine Tochter Mainatai erwartete ein Kind und stand kurz vor der Entbindung. Es war ein sehr schwieriger Fall, und sie hatte schon seit zwei, drei Tagen Wehen. Nanasaheb versuchte alle Heilmittel, aber nichts half. Dann dachte er an Baba und rief ihn um Hilfe an.

Dort in Shirdi wollte zu der Zeit Ramgirbuva, den Baba „Bapugirbuva" nannte, zu seinem Geburtsort in Khandesh reisen. Baba rief ihn zu sich und sagte ihm, er solle auf seinem Weg nach Hause in Jamner halten und sich ein wenig ausruhen. Ramgirbuva sagte, dass er nur 2 Rupien bei sich habe; dieser Betrag reiche kaum für die Reisekosten bis Jalgaon und er könne nicht eine Strecke von etwa 50 Kilometern, von Jalgaon bis Jamner, laufen. Baba versicherte ihm, dass er sich keine Sorgen machen solle, da alles für ihn arrangiert werde.

Baba bat daraufhin Shama, ein wohlbekanntes *Arati* aufzuschreiben, das von Madhav Adkar komponiert wurde (eine Übersetzung hiervon steht am Ende dieses Werkes). Eine Kopie dieses *Arati* und *Udi* solle er Ramgirbuva geben, damit dieser es an Nanasaheb weitergeben könne. Ramgirbuva vertraute auf Babas Worte, verließ Shirdi und erreichte Jalgaon gegen 2:45 Uhr morgens. Er hatte nur noch 50 *Paisa* übrig und befand sich in einer schwierigen Lage. Zu seiner großen Erleichterung hörte er jemanden ausrufen: „Wer ist Bapugirbuva aus Shirdi?“ Er ging zu dem Mann und sagte, dass er Bapugirbuva sei. Daraufhin erklärte der Mann ihm, dass er von Nanasaheb gesandt worden sei. Er nahm ihn mit zu einer hervorragenden Droschke mit zwei guten Pferden davor, und sie fuhren los. Die Pferde liefen schnell und am frühen Morgen erreichten sie einen kleinen Bach, an dem der Kutscher die Pferde trinken ließ. Nanasahebs Bediensteter bot Ramgirbuva etwas zu essen an. Ramgirbuva glaubte, dass der Bedienstete aufgrund seines Vollbarts und seiner Kleidung ein Muslim sei, und so war er nicht bereit, irgendeine Erfrischung von ihm anzunehmen. Aber der Bedienstete sagte ihm, dass er ein Hindu sei, ein *Kshatriya* aus Garhwal, dass Nanasaheb diese Erfrischungen geschickt habe und er sie ohne Weiteres annehmen könne. Dann aßen beide die Erfrischungen und setzten ihre Reise fort.

Sie erreichten Jamner bei Einbruch der Dämmerung. Ramgirbuva stieg aus dem Wagen, um dem Ruf der Natur zu folgen (Wasser zu lassen), kehrte nach ein paar Minuten zurück und war sprachlos, als er keine Droschke mehr vorfand, keinen Kutscher und keinen Bediensteten. Er ging ins Büro des Finanzbeamten und erfuhr, dass dieser zu Hause sei. Er ging zu Nanasahebs Haus, meldete sich selbst an und gab Nanasaheb Babas *Udi* und das *Arati*.

Zu dieser Zeit befand sich Mainatai in einem ernsten Zustand und alle waren in tiefer Sorge um sie. Nanasaheb rief seine Frau und sagte ihr, sie solle der Tochter *Udi* mit Wasser vermischt zu trinken geben und Babas *Arati* singen. Er dachte bei sich, dass Babas Hilfe höchst gelegen kam. Nach ein paar Minuten traf die Nachricht ein, dass die Entbindung sicher überstanden und die Krise vorüber war.

Als Ramgirbuva Nanasaheb für Pferdewagen, Diener und Erfrischungen dankte, war Nanasaheb ganz erstaunt, denn er hatte niemanden zum Bahnhof geschickt und wusste gar nicht, dass jemand aus Shirdi kommen sollte.

Herr B. V. Deo aus Thana, ein pensionierter Finanzbeamter, zog bei Bapurao Chandorkar, dem Sohn von Nanasaheb, und bei Ramgirbuva aus Shirdi Erkundigungen über dieses Geschehen ein und schrieb dann einen ausführlichen Artikel – teils als Prosa, teils als Gedicht – im „Sai Leela Magazine“ (Band 13, Nummer 11 bis 13). Bruder B. V. Narasimhaswami hatte ebenfalls die Darstellungen von Mainatai (Nummer V, Seite 14), Bapusaheb Chandorkar (Nummer XX, Seite 50) und Ramgirbuva (Nummer XXVII, Seite 83) vom 1. Juni 1936 aufgeschrieben und sie in seinem Buch „Devotees' Experiences“, Teil 3, veröffentlicht. Folgendes wird aus Ramgirbuvas Erzählung zitiert:

„Eines Tages rief Baba mich zu sich und gab mir ein Päckchen *Udi* und eine Kopie seines *Arati*. Zu dieser Zeit musste ich gerade nach Khandesh. Baba wies mich an, nach Jamner zu reisen und Nanasaheb Chandorkar *Arati* und heilige Asche zu bringen. Ich sagte Baba, dass ich nur 2 Rupien hätte, und fragte ihn, wie ich wohl per Zug von Kopergaon nach Jalgaon kommen solle und weiter mit Pferdewagen von Jalgaon nach Jamner. Baba entgegnete: ‚Gott wird's geben.‘ Das war an einem Freitag, und ich trat die Reise sofort an. Ich erreichte Manmad um 19:30 Uhr und Jalgaon um 2:45 Uhr nachts. Zu der Zeit waren Pest-Verordnungen in Kraft und ich hatte große Schwierigkeiten. Ich musste herausfinden, wie ich nach Jamner kommen konnte. Gegen 3 Uhr früh kam ein Diener in Stiefeln, Turban und auch sonst gut gekleidet und geleitete mich zu einer Droschke, in der er mich mitnahm. Mir war angst und bange. Unterwegs nahm ich im Dorf Bhaghoor einige Erfrischungen zu mir. Am frühen Morgen erreichten wir Jamner und ich folgte einem Ruf der Natur. Als ich zurückkam, waren Droschke, Diener und Kutscher verschwunden (Seite 83).“

Narayanrao

Bhakta Narayanrao (der Name und Vorname des Vaters werden nicht angegeben) hatte das große Glück, Baba zweimal zu dessen Lebzeiten zu sehen. Drei Jahre nach Babas Tod wollte er nach Shirdi reisen, doch es ging nicht. Nach Babas *Mahāsamādhi* wurde er krank und litt sehr. Die gewöhnlichen Heilmittel brachten ihm keine Erleichterung, und so meditierte er Tag und Nacht über Baba. Eines Nachts hatte er eine Vision in seinem Traum. Baba kam durch einen Keller und tröstete ihn mit den Worten: „Sorg dich nicht, ab morgen wird es dir besser gehen und innerhalb einer Woche wirst du wieder auf den Beinen sein." Narayanrao wurde innerhalb der Zeit, die in der Vision genannt worden war, vollkommen gesund. Betrachten wir nun folgenden Punkt: Lebte Baba, weil er im Körper war, oder war er tot, weil er ihn verlassen hatte? Nein, Baba ist immer lebendig, denn er transzendiert Leben und Tod. Wer ihn jemals von ganzem Herzen liebte, erhält von ihm zu jeder Zeit und an jedem Ort Antwort. Er ist immer an unserer Seite und wird jede Form annehmen und dem ergebenen *Devotee* erscheinen, um ihn zufriedenzustellen.

Appasaheb Kulkarni

Im Jahr 1917 kam die Chance für Appasaheb Kulkarni. Er war nach Thana versetzt worden und begann, das ihm von Balasaheb Bhate geschenkte Bild von Baba anzubeten. Er führte die Andacht mit tiefem Ernst aus. Täglich reichte er Baba auf dem Bild Blumen, Sandelholzpaste und *Naivedya* dar und sehnte sich innigst danach, Baba zu sehen.

In diesem Zusammenhang sei bemerkt, dass eine aufrichtige Betrachtung von Babas Bild einem persönlichen *Darshan* entspricht. Die folgende Geschichte illustriert diese Feststellung.

Balabuva Sutar

Balabuva Sutar, ein Heiliger aus Bombay, kam im Jahr 1917 zum ersten Mal nach Shirdi. Wegen seiner Frömmigkeit, Hingabe und seiner *Bhajans* wurde er der „Moderne *Tukaram*" genannt. Als er sich vor Baba verneigte, sagte Baba: „Ich kenne diesen Mann seit vier Jahren." Balabuva wunderte sich und dachte, wie das wohl sein könne, da es doch sein erster Besuch in Shirdi sei. Er dachte ernsthaft darüber nach und dann fiel ihm ein, dass er sich vor vier Jahren in Bombay vor Babas Bild ehrfürchtig niedergeworfen hatte. So war er von Babas Worten und deren Bedeutung überzeugt. Er dachte bei sich: „Wie allwissend und allgegenwärtig sind doch die Heiligen und wie gütig sind sie ihren *Devotees* gegenüber! Ich habe mich nur vor seinem Foto verneigt und schon wurde das von Baba zur Kenntnis genommen. Zur rechten Zeit ließ er mich erkennen, dass es einem persönlichen *Darshan* gleichkommt, sein Foto zu sehen."

Appasaheb Kulkarni

Kommen wir zurück zu Appasahebs Geschichte. Als er in Thana lebte, musste er einmal nach Bhivandi reisen und wurde nicht vor Ablauf einer Woche zurückerwartet. Am dritten Tag seiner Abwesenheit geschah etwas Wunderbares. Am Nachmittag kam ein Fakir zu Appasahebs Haus. Seine Gesichtszüge glichen genau denen Babas auf dem Foto. Frau Kulkarni und die Kinder fragten ihn, ob er Sai Baba von Shirdi sei. Er sagte: „Nein", aber dass er dessen gehorsamer Diener und auf seine Anweisung hin gekommen sei, um sich nach dem Wohlergehen der Familie zu erkundigen. Dann bat er um *Dakshinā*. Die Dame gab ihm eine Rupie, und er reichte ihr ein kleines Päckchen *Udi*. Er sagte ihr, dass sie dieses zusammen mit dem Foto auf ihrem Altar zur Anbetung aufbewahren solle. Danach verließ er das Haus und ging fort.

Nun hört von dem wunderbaren Sai-*Līlā:* Appasaheb konnte seine Reise nicht fortsetzen, weil sein Pferd in Bhivandi erkrankt war. Am selben Nachmittag kehrte er nach Hause zurück, und seine Frau berichtete ihm von dem Besuch des Fakirs. Er war sehr niedergeschlagen, weil er nicht den *Darshan* des Fakirs bekommen hatte, auch gefiel es ihm nicht, dass nur eine Rupie *Dakshinā* gegeben worden war. Wäre er dabei gewesen, hätte er nicht weniger als 10 Rupien gezahlt. Ohne vorher zu essen, machte er sich sofort auf die Suche nach dem Fakir. Er schaute in der Moschee und an anderen Plätzen nach ihm, aber seine Suche war vergeblich. Dann kehrte er nach Hause zurück und aß etwas. Der Leser möge sich hier an Babas Lehre erinnern (Kapitel 32), dass die Suche nach Gott nicht mit leerem Magen unternommen werden sollte. Appasaheb erhielt hierdurch seine Lehre.

Nach dem Essen ging er mit Herrn Chitre, einem Freund, spazieren. Als sie eine Weile gegangen waren, sahen sie einen Mann, der ihnen rasch entgegenkam. Appasaheb glaubte, dass es der Fakir sein müsse, der gegen Mittag bei ihm zu Hause gewesen war, weil er genauso aussah wie Baba auf dem Foto. Der Fakir streckte auch sofort seine Hand aus und verlangte *Dakshinā*. Appasaheb gab ihm eine Rupie. Er bat wieder und wieder, und so gab ihm Appasaheb zwei weitere Rupien. Doch er war immer noch nicht zufrieden. Daraufhin borgte Appasaheb sich 3 Rupien von Herrn Chitre und gab sie dem Fakir, der aber noch mehr wollte. Appasaheb bat ihn, mit nach Hause zu kommen. So gingen sie gemeinsam zu Appasahebs Haus, der ihm dort wieder 3 Rupien gab. Zusammen waren es jetzt 9 Rupien, aber immer noch war der Fakir nicht zufrieden und forderte mehr. Appasaheb sagte ihm, dass er einen 10-Rupien-Schein habe. Der Fakir wollte diesen haben und nahm ihn an sich, gab die 9 Rupien in Münzen zurück und ging fort. Appasaheb hatte gesagt, dass er 10 Rupien bezahlt haben würde, und diese Summe nahm der

Fakir nun von ihm. 9 Rupien wurden ihm zurückgegeben, geheiligt durch Babas Berührung.

Die Zahl neun ist bedeutungsvoll. Sie steht für die neun Arten der Hingabe (siehe Kapitel 21). In diesem Zusammenhang sei auch darauf hingewiesen, dass Baba im letzten Augenblick Seines Lebens Laxmibai Shinde 9 Rupien gab.

Appasaheb untersuchte das *Udi*-Päckchen und fand darin ein paar Blütenblätter und gefärbte Reiskörner (akshata). Als er einige Zeit später bei Baba in Shirdi war, erhielt er auch noch ein Haar von ihm. Er legte das *Udi*-Päckchen und das Haar in einen Talisman, trug es immer an seinem Arm und erkannte die Kraft des *Udis*.

Obwohl er sehr klug war, erhielt er für seine Arbeit zunächst nur 40 Rupien Lohn, aber nachdem er Babas Haar und *Udi* bei sich trug, erhielt er viele Male 40 Rupien; auch bekam er viel Macht und Einfluss. Zusammen mit diesem vergänglichen Gewinn machte auch seine spirituelle Entwicklung rasche Fortschritte.

Wer also vom Glück begünstigt ist und Babas *Udi* erhält, sollte es nach dem Bad auf die Stirn auftragen und etwas *Udi* mit Wasser vermischt als heiliges *Tīrtha* einnehmen.

Haribhau Karnik

Im Jahr 1917 kam Haribhau Karnik aus Dahanu im Thana-Distrikt am *Gurupūrnima*-Tag nach Shirdi und betete Baba in aller Form an. Er spendete Kleidung und *Dakshinā,* und nachdem er durch Shama von Baba Abschied genommen hatte, ging er die Stufen der *Masjid* hinunter. Da dachte er, dass er Baba noch eine Rupie opfern solle, und war gerade dabei, die Stufen wieder hinaufzugehen, als Shama ihm durch Zeichen zu verstehen gab, dass er Babas Erlaubnis habe, zu gehen, und deshalb auch gehen und nicht zurückkehren solle. So fuhr er nach Hause. Auf seinem Weg ging er in Nasik zum Tempel des Kala

Rama, um *Darshan* zu haben. Der Heilige Narsing *Maharaj,* der immer nur an der großen Tür im Eingang des Tempels zu sitzen pflegte, verließ seine Anhänger, kam zu Haribhau, nahm ihn beim Handgelenk und sagte: „Gib mir eine Rupie." Karnik war überrascht; er gab die Rupie höchst bereitwillig und dachte, dass Sai Baba ihm auf diese Weise die Rupie abverlangte, die er ihm eigentlich hatte geben wollen.

Diese Geschichte veranschaulicht die Tatsache, dass alle Heiligen eins sind und zusammenarbeiten.

Verneige dich vor Shrī Sai – Friede sei mit allen

Kapitel XXXIV

Die großartige Bedeutung von Udi – Fortsetzung

Der Neffe des Arztes – Dr. Pillay – Shamas Schwägerin – Das Mädchen aus dem Iran – Der Herr aus Harda – Die Dame aus Bombay

Dieses Kapitel befasst sich ebenfalls mit der großartigen Bedeutung von *Udi* und beschreibt Fälle, in denen das Auftragen von *Udi* äußerst wirksam war.

Der Neffe des Arztes

In Malegaon im Nasik-Distrikt lebte ein voll ausgebildeter Arzt. Sein Neffe litt an einem unheilbaren tuberkulösen Knochen-Abszess. Der Doktor und seine Brüder, die ebenfalls Mediziner waren, versuchten alle Arten von Heilmitteln. Selbst eine Operation wurde durchgeführt, aber nichts brachte Linderung, und das Leiden des kleinen Jungen nahm kein Ende.

Freunde und Verwandte rieten den Eltern des Jungen, göttliche Hilfe zu erbitten, und empfahlen ihnen, es mit Sai Baba zu versuchen, der dafür bekannt war, durch seinen bloßen Blick solch unheilbare Fälle zu heilen. Deshalb reisten die Eltern nach Shirdi. Sie fielen vor Baba nieder, legten den Jungen zu seinen Füßen und flehten ihn demütig und respektvoll an, ihren Sohn zu retten. Voller Erbarmen tröstete Baba sie, indem er sagte: „Jene, die in dieser *Masjid* Zuflucht suchen, sollen nie an etwas leiden, weder in diesem Leben noch bis zum Ende der Zeit. Seid jetzt unbesorgt! Tragt *Udi* auf den Abszess auf, und innerhalb einer Woche wird der Junge gesund sein. Glaubt an Gott. Dieses ist keine *Masjid* sondern Dvaravati (Krishnas *Dvaraka;* Anmerkung des Übersetzers). Wer hier eintritt, wird schon bald Gesundheit und Glück erhalten und sein Leiden wird zu Ende gehen." Der Knabe wurde vor Baba hingesetzt, der seine Hände auf die befallene Stelle legte und den Knaben liebevoll anschaute. Der Patient freute sich und nach dem Auftragen von *Udi* begann er sich zu erholen. Nach einigen Tagen ging es ihm gut. So verließen die Eltern mit ihrem Sohn Shirdi und waren Baba für die Heilung dankbar, die durch das Auftragen von *Udi* und Babas gütige Blicke erfolgt war.

Der Doktor und Onkel des Jungen war erstaunt, als er davon erfuhr, und wollte Baba auf seiner Geschäftsreise nach Bombay aufsuchen. Doch in Malegaon und Manmad erzählte ihm jemand etwas Nachteiliges über Baba und vergiftete damit seine Ohren. Deshalb ließ er die Idee einer Reise nach Shirdi fallen und fuhr direkt nach Bombay. Er wollte den Rest seines Urlaubs in Alibag verbringen, doch in Bombay hörte er drei Nächte hintereinander eine Stimme rufen: „Immer noch glaubst du mir nicht?" Da änderte der Doktor seine Meinung und beschloss, nach Shirdi zu reisen.

In Bombay musste er einen Patienten mit einer ansteckenden Krankheit und hohem Fieber behandeln, aber das Fieber ließ nicht so schnell nach. So dachte er, dass seine Shirdi-Reise wohl aufgeschoben werden müsse, aber in Gedanken machte er noch einen Test: „Wenn der Patient heute gesund wird, fahre ich morgen nach Shirdi." Oh Wunder! Während er dieses dachte, fiel das Fieber und die Temperatur wurde normal. Daraufhin fuhr er gemäß seines Entschlusses nach Shirdi, erhielt Babas *Darshan* und fiel vor ihm nieder. Baba gab ihm so schöne Erfahrungen, dass er sein *Devotee* wurde.

Er blieb vier Tage dort und kehrte dann mit Babas *Udi* und Segen nach Hause zurück. Innerhalb von 14 Tagen wurde er befördert und nach Bijapur versetzt. Der Fall seines Neffen gab ihm die Gelegenheit, Baba zu sehen, und dieser Besuch weckte in ihm die unerschütterliche Liebe zu den Füßen des Heiligen.

Dr. Pillay

Dr. Pillay war ein enger *Devotee* von Baba. Baba mochte ihn sehr gern und nannte ihn „Bhau“ (Bruder). Von Zeit zu Zeit sprach Baba mit ihm; Er fragte ihn in allen Angelegenheiten um Rat und wollte ihn immer an Seiner Seite haben.

Dieser Dr. Pillay litt einmal sehr an Guineawürmern. Er sagte zu Kakasaheb Dixit: „Der Schmerz ist ganz fürchterlich und unerträglich. Ich wäre lieber tot. Ich weiß, dieser Schmerz ist da, um vergangenes *Karma* wieder gutzumachen; aber geh bitte zu Baba und sag ihm, er möge den Schmerz fortnehmen und das Ausarbeiten meines *Karmas* auf zehn weitere Leben übertragen.“ Herr Dixit ging zu Baba und trug die Bitte vor. Baba war sehr bewegt und sagte zu Dixit: „Sag ihm, er solle sich nicht fürchten. Warum sollte er weitere zehn Leben leiden? In zehn Tagen kann er die Leiden und Konsequenzen seines früheren *Karmas* abarbeiten. Wenn ich hier bin, um ihm weltliches und spirituelles Wohlergehen zu geben, weshalb sollte er da um den Tod bitten? Lass ihn auf dem Rücken von jemandem hierher bringen und wir beenden seine Leiden ein für alle Mal.“

Der Doktor wurde gebracht und an Babas rechte Seite gesetzt. Baba gab ihm seine Nackenrolle und sagte: „Leg dich ruhig hierhin und entspann dich. Das wahre Heilmittel besteht darin, dass das Ergebnis vergangener Taten erlitten und überwunden werden muss.

Unser *Karma* ist der Grund unseres Glücks wie auch unserer Sorgen, deshalb erdulde alles, was dir widerfährt. Allah ist der alleinige Geber und Beschützer. Denk immer an ihn. Er wird sich um dich kümmern. Gib dich seinen Füßen hin, mit Leib und Seele, mit allem, was du hast, das heißt vollkommen, und dann schau, was er tut.“ Dr. Pillay entgegnete, dass Nanasaheb einen Verband um das Bein gewickelt habe, er aber keine Erleichterung finde. „Nana ist ein Dummkopf“, sagte Baba, „nimm den Verband ab, sonst stirbst du. Eine Krähe kommt jetzt und wird an dir picken, danach wird es dir besser gehen.“

Während der Unterhaltung erschien Abdul, der immer die *Masjid* säuberte und die Öllämpchen in Ordnung hielt. Als er seiner Arbeit nachging, trat er mit seinem Fuß aus Versehen auf Dr. Pillays ausgestrecktes Bein. Das Bein war sehr geschwollen und als Abduls Fuß darauf trat, wurden alle sieben Guineawürmer auf einmal herausgedrückt. Der Schmerz war unerträglich und Dr. Pillay schrie laut auf. Nach einiger Zeit beruhigte er sich und begann abwechselnd zu singen und zu weinen. Baba bemerkte: „Seht, unserem Bhau geht es jetzt gut und er singt.“ Pillay erkundigte sich, wann denn die Krähe komme und picke. Baba sagte: „Hast du die Krähe nicht gesehen? Sie wird nicht wiederkommen. Abdul war die Krähe. Jetzt geh und ruh dich im *Wada* aus. Es wird dir bald besser gehen.“

Durch das Auftragen von *Udi* und die Einnahme desselben mit Wasser wurde die Krankheit, wie von Baba vorausgesagt, in zehn Tagen vollkommen geheilt.

Shamas Schwägerin

Bapaji, der jüngere Bruder von Shama, lebte in der Nähe des Sawul-Brunnens. Seine Frau wurde einmal von der Beulenpest befallen. Sie hatte hohes Fieber und zwei Beulen in der Leistengegend. Bapaji eilte zu Shama in Shirdi und bat ihn, zu kommen und zu helfen. Shama hatte Angst, doch ging er zu Baba, wie es seine Gewohnheit war, fiel vor ihm nieder und rief ihn um Hilfe an. Er bat ihn, den Fall zu heilen und fragte um Erlaubnis, zum Haus seines Bruders gehen zu dürfen. Baba sagte: „Geh nicht zu dieser späten Stunde (abends) dorthin! Schick ihr *Udi!* Weshalb kümmerst du dich um Fieber und Beulen? Gott ist unser Vater und Meister. Es wird ihr rasch besser gehen. Geh nicht jetzt, sondern morgen früh und komm sofort zurück!"

Shama hatte volles Vertrauen in Babas *Udi* und gab es Bapaji. Es wurde auf die Beulen aufgetragen und etwas davon mit Wasser vermischt der Patientin zum Trinken gegeben. Kaum hatte sie es eingenommen, begann die Patientin stark zu schwitzen, das Fieber ging zurück und sie schlief ein. Am nächsten Morgen war Bapaji überrascht, seine Frau wohlauf und erholt zu sehen, ohne Fieber und ohne Beulen. Als Shama mit Babas Erlaubnis morgens dort erschien, war er ebenfalls erstaunt, sie an der Feuerstelle vorzufinden, wo sie Tee zubereitete. Er erkundigte sich bei seinem Bruder und erfuhr, dass Babas *Udi* sie in einer Nacht vollkommen geheilt hatte. Daraufhin erkannte Shama die Bedeutung von Babas Worten: „Geh morgen früh und komm sofort zurück!"

Nachdem Shama Tee getrunken hatte, kehrte er zur *Masjid* zurück. Er begrüßte Baba ehrfürchtig und sagte: „*Deva,* was ist denn das für ein Spiel? Erst entfachst du einen Sturm und machst uns unruhig und dann lässt du ihn abflauen und beruhigst uns." Baba entgegnete: „Wie du siehst, ist der Pfad des Handelns geheimnisvoll. Ich tue nichts, und trotzdem macht man mich für das verantwortlich, was aufgrund des Schicksals geschehen muss. Ich bin nur der Zeuge. Der Herr ist der alleinige Handelnde und Inspirierende. Er ist auch höchst erbarmungsvoll. Ich bin weder Gott noch Herr – ich bin sein gehorsamer Diener und denke oft an ihn. Wer seinen Egoismus ablegt, ihm dankt und vollkommen vertraut, wird von seinen Fesseln erlöst und erlangt Befreiung."

Die Tochter eines Iraners

Nun lest über die Erfahrung eines Herrn aus dem Iran. Seine junge Tochter hatte jede Stunde Anfälle. Wenn der Schüttelkrampf auftrat, konnte sie nicht mehr sprechen, ihre Glieder verkrampften sich und sie fiel besinnungslos zu Boden. Kein Heilmittel brachte ihr Erleichterung. Einige Freunde empfahlen dem Vater Babas *Udi,* das er sich von Kakasaheb Dixit in Vile Parle, einem Vorort von Bombay, holen sollte. Der Herr aus dem Iran bekam das *Udi* und gab es der Tochter täglich mit Wasser vermischt zu trinken. Zu Beginn kamen die Schüttelkrämpfe, die sonst stündlich auftraten, nur noch alle sieben Stunden und nach ein paar Tagen wurde die Tochter vollkommen gesund.

Der alte Herr aus Harda

Ein alter Herr aus Harda litt an einem Nierenstein. Gewöhnlich werden solche Steine durch eine Operation entfernt und die Leute rieten ihm dazu. Aber er war alt und schwach, hatte keine Willenskraft und mochte nicht daran denken, sich einer Operation zu unterziehen. Sein Leiden sollte bald auf eine andere Weise beendet werden.

Es geschah, dass der Verwalter jener Stadt gerade zu dieser Zeit dort erschien. Er war ein *Devotee* von Baba und hatte immer *Udi* bei sich. Durch die Empfehlung einiger Freunde erhielt der Sohn des alten Mannes etwas *Udi.* Er vermischte es mit Wasser und gab es seinem Vater zu trinken. Innerhalb von fünf Minuten ging der Stein auf natürliche Weise ab und der alte Mann wurde gesund.

Die Dame aus Bombay

Eine Frau der Kayastha-Prabhu-Kaste in Bombay litt jedes Mal furchtbare Schmerzen während der Entbindungen. Sie fürchtete sich sehr, wenn sie schwanger wurde, und wusste nicht, was sie tun sollte.

Herr Rama-Maruti aus Kalyan, ein *Devotee* von Baba, empfahl ihrem Mann, sie nach Shirdi zu bringen, um schmerzfrei entbinden zu können.

Als sie das nächste Mal schwanger wurde, reisten sie und ihr Mann nach Shirdi. Sie blieben einige Monate dort, beteten Baba an und erfreuten sich aller Vorteile seiner Gesellschaft. Als die Stunde der Entbindung kam, gab es, wie üblich, eine Behinderung am Gebärmutterausgang. Die Wehen waren äußerst schmerzhaft. Sie wusste nicht, was sie tun sollte, und begann zu Baba zu beten und ihn um Hilfe zu bitten. Inzwischen erschienen einige Nachbarsfrauen und gaben ihr, nachdem sie Baba um Hilfe angerufen hatten, eine *Udi*-Mixtur zu trinken. Nach fünf Minuten hatte die Frau ohne Gefahr und schmerzlos entbunden. Gemäß seinem Schicksal wurde das Kind tot geboren. Aber die Mutter, die nun ohne Furcht und Schmerz war, dankte Baba für die gefahrlose Entbindung und war ihm für immer dankbar.

Verneige dich vor Shrī Sai – Friede sei mit allen

Kapitel XXXV

Geprüft und für fehlerlos befunden

Kaka Mahajanis Freund und Chef – Ein Fall von Schlaflosigkeit – Bala Patil Newaskar

Auch dieses Kapitel befasst sich mit der Bedeutung und Wirksamkeit des *Udi*. Es wird ebenfalls von zwei Fällen berichtet, in denen man Baba prüfte und für fehlerlos befand.

In spirituellen Angelegenheiten oder Bemühungen ist Sektiererei die größte Behinderung unseres Fortschritts. Diejenigen, die an einen formlosen Gott glauben, sagen, es sei eine Illusion, zu glauben, Gott habe eine Form, und Heilige seien normale Menschen. Warum sollten sich also die Leute vor den Heiligen verneigen und *Dakshinā* geben? Leute aus anderen Sekten erheben auch Einwände und sagen: „Weshalb sollten sie sich verneigen, anderen Heiligen Treue schwören und ihren *Sadguru* verlassen?" Ähnliche Bedenken hörte man früher in Bezug auf Sai Baba und tut das auch heute noch. Manche sagten, dass Baba von ihnen *Dakshinā* verlangt habe, wenn sie nach Shirdi gekommen seien. Ist es recht, dass Heilige in dieser Weise Geld einsammeln? Wenn sie es tun, wo ist da ihre Heiligkeit? Aber es gibt viele Fälle, in denen Menschen nach Shirdi kamen, um verächtliche

Bemerkungen zu machen, und schließlich dort blieben, um zu beten. Zwei solcher Fälle werden nachfolgend erzählt.

Kaka Mahajanis Freund

Ein Freund von Kaka Mahajani war ein Verehrer des formlosen Gottes und gegen die Anbetung von Götterbildern. Aus Neugierde stimmte er zu, mit Kaka Mahajani nach Shirdi zu reisen, und zwar unter zwei Bedingungen, nämlich, dass er sich weder vor Baba verneigen noch ihm irgendeine *Dakshinā* geben werde. Kaka nahm die Bedingungen an, und so verließen beide am Samstagabend Bombay und erreichten Shirdi am nächsten Morgen. In dem Augenblick, als sie ihre Füße auf die Stufen der *Masjid* setzten, begrüßte Baba Kakas Freund, den er aus geringer Entfernung anschaute, mit folgenden süßen Worten: „Oh willkommen, Sir." Er äußerte diese Worte in einer recht sonderbaren Weise, die genau dem Ton des Vaters seines Freundes ähnelte. Das erinnerte den Freund an seinen verstorbenen Vater und ließ ihn vor Freude erschauern. Welch eine bezaubernde Kraft der Ton hatte! Erstaunt sagte er: „Dies ist ohne Zweifel die Stimme meines Vaters." Er stand sofort auf, vergaß seinen Entschluss und legte seinen Kopf auf Babas Füße. Baba bat zweimal um *Dakshinā,* einmal am Morgen und noch einmal am Nachmittag zur Zeit ihrer Abreise. Aber er fragte nur Kaka danach und nicht dessen Freund. Letzterer wisperte Kaka zu: „Baba verlangte zweimal *Dakshinā* von dir. Ich bin bei dir, warum schließt er mich aus?" „Frag Baba selbst", war Kakas Antwort. Baba erkundigte sich bei Kaka, was denn sein Freund flüstere. Daraufhin fragte der Freund Baba selbst, ob er *Dakshinā* zahlen solle. Baba antwortete: „Du hattest nicht vor zu zahlen, deswegen wurdest du nicht darum gebeten. Aber wenn du jetzt zahlen möchtest, kannst du das tun." Der Freund gab 17 Rupien *Dakshinā,* den gleichen Betrag, den Kaka gegeben hatte.

Dann richtete Baba folgende Worte an ihn: „Vernichte die Mauer, den Unterschied zwischen uns, so dass wir uns von Angesicht zu Angesicht begegnen können“, und dann erlaubte Er ihm zu gehen. Obwohl der Himmel bewölkt war und es Anzeichen für ein Unwetter gab, versprach Baba ihnen eine sichere Reise, und beide kamen gut in Bombay an. Als er (sein Freund) sein Haus erreichte und die Tür öffnete, sah er zwei Spatzen tot am Boden liegen und ein dritter flog gerade davon. Er dachte bei sich, wenn er das Fenster offengelassen hätte, würden die beiden Spatzen noch leben. Dann überlegte er aber, dass es wohl ihr Schicksal gewesen sei und dass Baba ihn so bald zurückgeschickt habe, damit der dritte Spatz gerettet würde.

Kaka Mahajanis Chef

Kaka war Manager der Firma von Thakkar Dharamsey Jethabhai, einem Rechtsanwalt aus Bombay. Chef und Manager waren einander wohlgesonnen. Herr Thakkar wusste, dass Kaka oft nach Shirdi fuhr, dort einige Tage blieb und, wenn Baba ihm die Erlaubnis gab, zurückkehrte. Aus Neugier und um Baba zu prüfen, entschloss sich Herr Thakkar in den *Holi*-Ferien mit Kaka zusammen nach Shirdi zu reisen. Da Kakas Rückkehr ungewiss war, nahm er einen anderen Mann als Begleitung mit. Die drei Herren machten sich auf die Reise, und Kaka kaufte unterwegs Rosinen, um sie Baba zu geben. Sie erreichten Shirdi zur rechten Zeit und gingen zum *Darshan* in die *Masjid*. Babasaheb Tarkhad war dort und Herr Thakkar fragte ihn, weshalb er denn hierher komme. „Zum *Darshan*“, antwortete Tarkhad. Herr Thakkar erkundigte sich, ob sich hier Wunder ereigneten. Tharkad erwiderte, dass er nicht gekommen sei, um Wunder zu schauen, sondern dass hier die ernsthaften Absichten der *Devotees* zufriedengestellt würden. Kaka fiel ehrfürchtig vor Baba nieder und brachte ihm die Rosinen dar. Baba gab Anweisung, sie zu verteilen.

Herr Thakkar bekam ein paar davon. Er wollte die Rosinen aber nicht, weil sein Arzt ihm geraten hatte, sie nicht ungewaschen zu essen. So saß er in der Klemme. Er mochte sie weder essen noch zurückweisen. Der Form halber tat er sie in den Mund, wusste aber nicht, was er mit den Kernen machen sollte. Er konnte sie schlecht auf den Boden der *Masjid* spucken, und so steckte er sie notgedrungen in die Tasche. Dann dachte er bei sich, wenn Baba ein Heiliger sei, müsse er doch von seinem Widerwillen gegen Rosinen wissen und dürfe sie ihm nicht aufzwingen. Als ihm diese Gedanken durch den Kopf gingen, gab Baba ihm noch ein paar Rosinen. Er konnte sie nicht essen und behielt sie in der Hand. Doch Baba bat ihn, sie aufzuessen. Er gehorchte und merkte zu seiner Überraschung, dass sie keine Kerne hatten. Er wollte Wunder sehen und hier war eines. Nun wusste er, dass Baba seine Gedanken las und auf Wunsch Rosinen mit Kernen in kernlose Rosinen verwandelt hatte. Welch wundervolle Kraft! Um weiter zu prüfen, fragte er Tarkhad, der neben ihm saß und auch Rosinen erhalten hatte: „Welche Sorte von getrockneten Weintrauben hast du bekommen?“ Er antwortete: „Die Sorte mit Kernen.“ Herr Thakkar war noch erstaunter, als er dies hörte. Thakkar wollte seinen wachsenden Glauben bestätigt wissen und dachte bei sich: „Wenn Baba ein wahrer Heiliger ist, sollte er die Rosinen jetzt zuerst Kaka geben.“ Baba wusste auch von diesen Gedanken und ordnete an, dass Kaka als nächster Rosinen erhalten solle. Diese Beweise reichten Thakkar.

Shama stellte Herrn Thakkar als Kakas Chef vor, worauf Baba sagte: „Wie könnte er sein Chef sein? Er hat einen ganz anderen Chef.“ Kaka schätzte diese Antwort sehr. Thakkar vergaß seinen anfänglichen Entschluss, erwies Baba seine Ehrerbietung und kehrte zum *Wada* zurück.

Nach dem Mittags-*Arati* gingen sie alle zur *Masjid,* um sich von Baba zu verabschieden. Shama sprach für sie und Baba sagte: „Es gab einen Herrn mit einem höchst unruhigen Gemüt. Er hatte Gesundheit und Reichtum und war frei von körperlichen und geistigen Leiden, aber er nahm unnötige Sorgen und Belastungen auf sich, wanderte hierhin und dorthin und verlor so seinen Frieden. Manchmal ließ er die Lasten fallen und dann wieder nahm er sie von Neuem auf. Sein Gemüt kannte keine Beständigkeit. Ich sah diesen Zustand, hatte Mitleid mit ihm und sagte: ‚Nun bleib mit deinem Glauben an einem Platz. Warum so herumstreunen? Bleib bei einem!'" Sofort erkannte Thakkar, dass dies eine exakte Beschreibung seines eigenen Falls war. Er wünschte sich, dass Kaka mit ihm zurückkehrte, doch niemand erwartete, dass Kaka die Erlaubnis erhalten würde, Shirdi so bald wieder zu verlassen. Auch diesen Gedanken las Baba und erlaubte Kaka, mit seinem Chef zurückzukehren. Thakkar erhielt einmal mehr den Beweis von Babas Fähigkeit, die Gedanken eines anderen zu lesen.

Baba bat Kaka dann um 15 Rupien *Dakshinā,* die er auch erhielt. Er sagte zu Kaka: „Wenn ich von einem Menschen eine Rupie *Dakshinā* annehme, muss ich ihm das Zehnfache zurückgeben. Ich nehme niemals etwas umsonst an. Ich bitte auch niemals wahllos jemanden, sondern nur denjenigen, den der Fakir (mein *Guru)* mir zeigt. Nur wenn jemand dem Fakir etwas schuldet, wird von ihm Geld angenommen. Der Spender gibt, das heißt sät den Samen, um in Zukunft eine reiche Ernte zu bekommen. Reichtum sollte das Mittel sein, um *Dharma* zu fördern. Es ist Verschwendung, wenn Geld nur zum persönlichen Vergnügen verwendet wird. Wenn du vorher nichts gegeben hast, kannst du jetzt nichts erhalten. Also ist Geben der beste Weg, um zu empfangen. Das Spenden von *Dakshinā* stärkt Entsagung *(vairāgya)* und damit auch Hingabe *(bhakti)* und Weisheit *(jnāna)*. Gib etwas, und du empfängst das Zehnfache."

Als er diese Worte vernahm, gab Herr Thakkar Baba 15 Rupien. Er hatte seinen Entschluss, das nicht zu tun, völlig vergessen. Er dachte, dass es doch gut gewesen sei, nach Shirdi zu kommen, da sich all seine Zweifel aufgelöst hätten und er so viel lernen könne.

Babas Fähigkeit, solche Fälle zu behandeln, war einzigartig, und obwohl er äußerlich all dies tat, war er doch vollkommen losgelöst davon. Ob ihn jemand ehrfürchtig begrüßte oder nicht, ob ihm jemand *Dakshinā* gab oder nicht, es war ihm gleich. Es gab niemanden, den er nicht respektierte. Er empfand keine Freude, wenn ihn jemand anbetete, noch tat es ihm weh, wenn er missachtet wurde. Er transzendierte die Gegensätze wie Freude und Schmerz und so weiter.

Ein Fall von Schlaflosigkeit

Ein Herr der Kayastha-Prabhu-Kaste aus Bandra litt sei Langem an Schlaflosigkeit. Sobald er sich zum Schlafen niederlegte, erschien ihm sein verstorbener Vater im Traum und beleidigte und beschimpfte ihn aufs Heftigste. Das raubte ihm den Schlaf und ließ ihn die ganze Nacht unruhig sein. Jede Nacht ging das so, und er wusste nicht, was er tun sollte.

Eines Tages suchte er deshalb einen *Devotee* von Baba auf und dieser empfahl ihm *Udi* als einziges ihm bekanntes, unfehlbares Heilmittel. So gab er ihm *Udi* und riet ihm, bevor er zu Bett gehe, etwas davon auf die Stirn zu reiben und das *Udi*-Päckchen unter sein Kopfkissen zu legen. Er probierte dieses Mittel aus und war höchst erstaunt und erfreut, dass ein gesunder Schlaf die Folge war und keinerlei Störungen mehr auftraten. Dieses Heilmittel wandte er weiterhin an und dachte dabei immer an Sai. Dann erhielt er ein Bild von Sai Baba und hängte es in der Nähe seines Kopfkissens an die Wand. Von nun an betete er täglich vor dem Bild und an jedem Donnerstag opferte er eine Blumengirlande, *Naivedya* und so weiter. So ging es ihm gut und er vergaß seine vergangenen Schwierigkeiten.

Balaji Patil Newaskar

Dieser Mann war ein großer *Devotee* von Baba und leistete ausgezeichnete uneigennützige Dienste. Jeden Tag fegte er alle Wege und Straßen in Shirdi, durch die Baba auf seinem täglichen Gang kam. Diese Arbeit wurde nach ihm von Radha-Krishna-Mai genauso gut ausgeführt und später dann von Abdoola. Jedes Jahr, wenn Balaji sein Getreide erntete, brachte er die gesamte Ernte zu Baba. Was immer Baba ihm davon gab, nahm er an und versorgte damit seine Familie. So machte er es viele Jahre, und nach seinem Tod fuhr sein Sohn damit fort.

Die Kraft und Wirkung von Udi

Einmal geschah es, dass an Balajis Todestag Gäste eingeladen waren und ein Abendessen für sie zubereitet wurde. Doch zur Essenszeit stellte sich heraus, dass dreimal mehr Personen erschienen als eingeladen waren. Frau Newaskar war in Not. Sie dachte, dass das Essen nicht für alle anwesenden Personen reiche, und wenn es zu knapp ausfiele, die Ehre der Familie darunter leide. Ihre Schwiegermutter tröstete sie und sagte: „Hab keine Angst, es ist nicht unsere, sondern Sais Speise. Gib etwas *Udi* in jeden Topf, bedecke ihn mit einem Tuch und dann serviere daraus. Sai wird uns vor Schande bewahren." Sie tat, wie ihr geraten wurde, und zur Überraschung und Freude aller reichte das Essen nicht nur für alle Anwesenden, sondern es blieb sogar noch etwas übrig.

„Wie die Entschlossenheit – so das Ergebnis", wurde durch diesen Fall bewiesen.[11]

[11] Ein ähnlicher Fall wurde mir von meinem Freund, Herrn B. A. Chougule, einem Ersten Bezirksrichter und großen *Devotee* von Baba, berichtet. Im Februar 1943 gab es in Karjat im Ahmednagar Distrikt ein *Pūjā*-Fest mit einem öffentlichen Abendessen. Zu diesem Fest erschienen etwa fünfmal soviele Menschen wie eingeladen waren, und sie wurden alle verköstigt. Zum Erstaunen aller stellte man fest, dass durch Babas Gnade alle genug zu essen hatten.

Sai erscheint als Schlange

Raghu Patil aus Shirdi begab sich einmal zu Balaji Patil in Newase. Am Abend sah er, wie eine Schlange zischend in den Kuhstall schlängelte. Das Vieh hatte Angst und wurde unruhig. Die Hausbewohner fürchteten sich, doch Balaji glaubte, dass Sai es sei, der in seinem Haus als Schlange erschien. Ohne sich im Geringsten zu fürchten, holte er eine Tasse Milch, stellte sie vor die Schlange hin und sagte: „Baba, warum zischst du und machst solch einen Lärm? Willst du uns etwa Angst machen? Nimm diese Tasse Milch, trink sie und sei ruhig." Während er das sagte, setzte er sich gelassen in ihre Nähe.

Die anderen Personen fürchteten sich und wussten nicht, was sie tun sollten. Doch nach kurzer Zeit verschwand die Schlange von selbst und niemand wusste wohin. Obwohl man den ganzen Kuhstall durchsuchte, wurde sie nicht gefunden.[12]

Balaji hatte zwei Frauen und einige Kinder und sie reisten manchmal alle zusammen nach Shirdi, um Babas *Darshan* zu haben. Baba kaufte dann Saris und andere Kleidungsstücke und gab sie ihnen mit seinem Segen.

Verneige dich vor Shrī Sai – Friede sei mit allen

12 Ein ähnlicher Vorfall, in dem Baba als Schlange erschien, wurde im „Sai Sudha" (Band III, Nummer 7 bis 8, Januar 1943, Seite 26) veröffentlicht. Es geschah in Coimbatore (Südindien) am Donnerstag, dem 7. Januar 1943, um halb vier nachmittags. Dort hörte die Schlange den *Bhajans* zu, erhielt Blumen und Milch und wurde von Tausenden von Menschen gesehen; sie ließ sich auch fotografieren. Für das Foto wurde Babas Bild neben die Schlange gestellt und das Foto wurde sehr gut. In der erwähnten Ausgabe der „Sai Sudha" können die Leser weitere Einzelheiten erfahren, auch bezüglich des Fotos und so weiter

Kapitel XXXVI

Die wunderbaren Geschichten von zwei Herren aus Goa und Frau Aurangabadkar

Zwei Herren

Einmal kamen zwei Herren aus Goa zu Baba und fielen vor ihm nieder. Obwohl sie zusammen gekommen waren, wollte Baba nur von einem von ihnen 15 Rupien *Dakshinā,* die dieser auch bereitwillig gab. Der andere Herr bot freiwillig 35 Rupien an. Diese Summe wurde zum Erstaunen aller von Baba abgelehnt. Shama, der dabei war, fragte Baba: „Was soll das? Beide sind zusammen gekommen. Du nimmst von dem einen *Dakshinā* an und von dem anderen, der sie dir freiwillig anbietet, lehnst du sie ab. Weshalb machst du diesen Unterschied?“ Baba antwortete: „Shama, du weißt gar nichts, Ich nehme von niemandem etwas. Die *Masjidmayi* verlangt die Schulden, der Spender bezahlt sie und wird frei. Habe ich etwa ein Heim, Besitz oder Familie, um die ich mich kümmern muss? Ich benötige nichts. Ich bin immer frei. Schulden, Feindschaft und Mord müssen wieder gutgemacht werden, dem kann man nicht entrinnen.“ Dann fuhr Baba in seiner charakteristischen Weise fort: „Zuerst war er arm und gab seinem Gott das Versprechen, ihm das erste Monatsgehalt zu spenden, wenn er eine Anstellung bekäme. Er erhielt eine Anstellung, bei der das Gehalt monatlich 15 Rupien betrug. Regelmäßig wurde er befördert und bekam monatlich 30, 60, 100, 200 und schließlich 700 Rupien Gehalt. Aber bei all seinem Wohlstand vergaß er ganz und gar sein Versprechen. Die Kraft seines *Karmas* hat ihn hierhergetrieben, und ich habe ihm den versprochenen Betrag als *Dakshinā* abverlangt.

Hier eine andere Geschichte. Auf einem Spaziergang am Meer kam ich zu einem riesigen Wohnhaus und setzte mich dort auf die Veranda. Der Eigentümer, ein Brahmane, bereitete mir einen angenehmen Empfang und bot mir ein üppiges Mahl an. Später zeigte er mir einen sauberen und ordentlichen Platz in der Nähe eines Schranks, wo ich schlafen konnte.

Während ich fest schlief, entfernte der Mann eine Stein-Platte, durchstieß die Wand, kam herein und entwendete alles Geld aus meiner Tasche. Als ich erwachte, sah ich, dass mir 30.000 Rupien gestohlen worden waren. Ich war äußerst bekümmert und weinte und jammerte. Es waren alles Geldscheine und ich glaubte, der Brahmane habe sie gestohlen. Ich verlor jedes Interesse an Essen und Trinken, saß zwei Wochen auf der Veranda und trauerte über meinen Verlust. Nach diesen zwei Wochen kam ein Fakir vorbei, der mich weinen sah und sich nach dem Grund meiner Trauer erkundigte. Ich erzählte ihm alles. Er sagte: ‚Wenn du tust, was ich dir sage, wirst du dein Geld zurückerhalten. Geh zu einem Fakir, ich werde dir sagen, wo du ihn findest. Ergib dich ihm, er wird dir helfen, dein Geld wiederzubekommen. Inzwischen enthalte dich deiner Lieblingsspeise, bis du dein Geld zurückbekommen hast.‘ Ich folgte dem Rat des Fakirs und bekam mein Geld wieder.

Dann verließ ich das Haus und ging zum Meer. Dort lag ein Dampfschiff, aber ich konnte nicht an Bord, weil es zu voll war. Ein freundlicher Angestellter setzte sich für mich ein, und ich kam glücklicherweise doch noch mit. Es brachte mich zu einem anderen Ufer, wo ich einen Zug bestieg und zur *Masjidmayi* kam."

Die Geschichte war zu Ende und Baba bat Shama, sich um die Gäste und deren Bewirtung zu kümmern. Daraufhin nahm Shama sie mit zu sich nach Hause und gab ihnen zu essen. Während des Abendessens sagte Shama zu den Gästen, dass Babas Geschichte ziemlich mysteriös sei. Er sei weder am Meer gewesen, noch habe er 30.000 Rupien in seinem Besitz, noch sei er gereist, noch habe er irgendwelches Geld verloren und könne daher auch keines wiederfinden. Er erkundigte sich, ob sie die Geschichte und deren Bedeutung erfasst hätten. Die Gäste aber waren tief berührt und vergossen Tränen. Mit gebrochener Stimme sagten sie, dass Baba allgegenwärtig sei, unendlich, das Eine *(Parabrahman)* ohne ein Zweites. „Die Geschichte, die er erzählt hat, ist ganz genau unsere Geschichte, die bereits geschehen ist. Es ist ein großes Wunder, dass er davon wusste! Wir werden alle Einzelheiten nach dem Essen berichten."

Dann, nach der Mahlzeit, während sie Betelblätter kauten, begannen die Gäste ihre Geschichte zu erzählen. Einer von ihnen sagte: „Mein Geburtsort liegt in den Bergen. Ich fuhr nach Goa und nahm dort eine Arbeit an, um meinen Lebensunterhalt zu verdienen. Ich hatte Gott *Datta* versprochen, ihm mein erstes Monatsgehalt zu weihen, wenn ich eine Arbeit bekäme. Durch seine Gnade erhielt ich dann eine Anstellung mit 15 Rupien Gehalt und wurde befördert, wie von Baba beschrieben. Ich hatte tatsächlich mein Versprechen vergessen. Baba hat mich gerade in dieser Weise daran erinnert und von mir die 15 Rupien verlangt. Es ist nicht *Dakshinā,* wie man vermuten mag, sondern die Begleichung einer alten Schuld und die Erfüllung des lang vergessenen Versprechens."

In der Tat bettelte Baba wirklich niemals um Geld, noch erlaubte er seinen *Bhaktas* zu betteln. Geld sah er als eine Gefahr an oder als

Hindernis für den spirituellen Fortschritt. Er erlaubte nicht, dass seine *Devotees* in diese Falle gingen. Bhagat Mhalsapati ist ein Beispiel dafür. Er war sehr arm und konnte sich kaum ernähren. Baba erlaubte ihm nie, Geld zu verdienen noch gab er ihm jemals etwas von dem eingenommenen *Dakshinā*. Einmal gab ein freundlicher und großzügiger Kaufmann namens Hansraj Mhalsapati in Babas Gegenwart eine große Summe Geld, doch Baba erlaubte ihm nicht, sie anzunehmen.

Dann begann der zweite Gast seine Erzählung: „Mein Koch, ein Brahmane, diente mir 35 Jahre lang treu und ergeben. Unglücklicherweise geriet er in schlechte Gesellschaft und seine Einstellung veränderte sich. Er stahl mir mein Vermögen. Während wir alle schliefen, entfernte er eine Stein-Platte von der Wand, wo mein Schrank stand, kam herein und raubte mein gesamtes Vermögen, das aus Banknoten bestand. Wie Baba den genauen Betrag nennen konnte, weiß ich nicht. Ich weinte Tag und Nacht. Alle Nachforschungen, die ich anstellte, waren ohne Erfolg, und so verbrachte ich vierzehn Tage in großer Sorge. Als ich einmal traurig und niedergeschlagen auf der Veranda saß, bemerkte ein vorübergehender Fakir meinen Zustand und erkundigte sich nach dem Grund. Ich erzählte ihm alles. Daraufhin sagte er mir, dass ein Heiliger mit Namen Sai Baba in Shirdi in der Gemeinde Kopergaon lebe. Er empfahl mir, dem Heiligen das Versprechen zu geben, mich der Speise, die ich am liebsten mag, zu enthalten und ihm in Gedanken zu sagen: ‚Ich enthalte mich dieser Speisen, bis ich deinen *Darshan* bekomme.‘ Ich gab das Versprechen, hörte auf, Reis zu essen, und sagte zu Baba: ‚Baba, ich werde ihn erst wieder essen, wenn ich meinen Besitz wiederentdeckt habe und deinen *Darshan* hatte.‘

So vergingen 15 Tage. Der Brahmane kam von selbst zu mir, gab mir mein Geld zurück, entschuldigte sich und sagte: ‚Ich muss verrückt gewesen sein, dass ich so gehandelt habe. Jetzt lege ich meinen Kopf auf eure Füße und bitte um Vergebung.‘ Also endete alles gut.

Der Fakir, der mich angesprochen und mir geholfen hatte, wurde nicht mehr gesehen. In meinem Geist entstand der intensive Wunsch, Sai Baba, den mir der Fakir genannt hatte, zu schauen. Ich vermutete, dass der Fakir, der den ganzen Weg bis zu meinem Haus gekommen war, Sai Baba selbst war. Würde er, der zu mir kam und mir half, das verlorengegangene Geld wiederzubekommen, jemals an 35 Rupien interessiert sein? Im Gegenteil, er versucht immer sein Bestes, uns auf dem Pfad des spirituellen Fortschritts voranzuführen, ohne von uns irgendetwas dafür zu erwarten. Ich war überglücklich, als ich meinen gestohlenen Besitz wiederbekam, und da ich verblendet war, vergaß ich mein Versprechen ganz und gar.

In Colaba sah ich eines Nachts Sai Baba im Traum. Das erinnerte mich an meine versprochene Reise nach Shirdi. Ich fuhr nach Goa, wollte einen Dampfer nach Bombay nehmen und mich von dort aus nach Shirdi begeben. Als ich aber zum Hafen kam, erfuhr ich, dass das Schiff überfüllt war und es keinen Platz mehr gab. Der Kapitän gab mir keine Erlaubnis, doch durch die Fürsprache eines mir unbekannten Angestellten erhielt ich die Erlaubnis, den Dampfer zu besteigen, der mich nach Bombay brachte. Von dort kam ich per Zug hierher.

Ich glaube ganz sicher, dass Baba allgegenwärtig und allwissend ist. Was sind wir und wo ist unser Zuhause? Welch großes Glück haben wir, dass Baba uns das Geld zurückgebracht und uns zu sich geholt hat! Leute von Shirdi, ihr müsst unendlich besser und glücklicher dran sein als wir, denn Baba hat so viele Jahre unter euch gelebt, mit euch gesprochen, gespielt und gelacht. Eure Ansammlung an guten Taten muss unendlich sein, denn sie hat Baba nach Shirdi gebracht. Sai ist unser *Datta*. Er hat mich veranlasst, das Versprechen einzulösen, er gab mir einen Platz auf dem Dampfer und brachte mich hierher. So hat er seine Allwissenheit und Allmacht bewiesen."

Frau Aurangabadkar

Eine Dame aus Sholapur, die Frau von Sakharam Aurangabadkar, hatte 27 Jahre lang keinen Nachwuchs. Um ein Kind zu bekommen, legte sie vor Göttinnen und Göttern verschiedene Gelübde ab, die aber erfolglos blieben. So verlor sie fast alle Hoffnung. Als letzter Versuch ging sie mit ihrem Stiefsohn Vishwanath nach Shirdi, blieb dort zwei Monate und diente Baba.

Wann immer sie zur *Masjid* ging, war es dort voll und Baba von *Devotees* umgeben. Sie wollte Baba alleine sehen, ihm zu Füßen fallen, ihm ihr Herz öffnen und um ein Kind bitten. Sie fand aber keine passende Gelegenheit. Schließlich bat sie Shama, sich für sie bei Baba einzusetzen, wenn dieser allein war. Shama sagte ihr, dass Babas *Darbar* offen sei, trotzdem wollte er es für sie versuchen, und fügte hinzu, dass der Herr sie segnen möge. Er bat sie, mit Kokosnuss und Räucherstäbchen im offenen Hof zu warten und zu Babas Essenszeit bereit zu sein. Wenn er ihr dann ein Zeichen gebe, solle sie heraufkommen.

Eines Tages, nach dem Abendessen, als Shama Babas nasse Hände mit einem Handtuch abtrocknete und dieser Shama in die Wange kniff, gab Shama vor, ärgerlich zu sein und sagte: *„Deva,* ist es richtig von dir, mich so zu kneifen? Wir wollen solch einen verschmitzten Gott nicht, der uns kneift. Sind wir etwa von dir abhängig? Ist dies das Ergebnis unserer Vertrautheit?“ Baba erwiderte: „O Shama, 72 Generationen lang warst du mit mir zusammen und ich habe dich bis jetzt noch nicht gekniffen, und nun wehrst du dich gegen meine Berührung.“ Shama: „Wir wollen einen Gott, der uns immer Küsse gibt und Süßigkeiten. Wir wollen keinen Respekt von dir oder Himmel, Luftballons und so weiter. Lass unseren Glauben an deine Füße immer hellwach sein.“ Baba: „Ja, dafür bin ich in der Tat gekommen. Ich habe dich genährt und gepflegte und empfinde Liebe und Zuneigung für dich.“ Danach stand Baba auf und nahm seinen Sitz ein. Shama gab der Frau ein

Zeichen. Sie kam herauf, verneigte sich und übergab Kokosnuss und Räucherstäbchen. Baba schüttelte die Kokosnuss, die trocken war. Der Kern darin rollte hin und her und klapperte. Baba sagte: „Shama, sie rollt, sieh nach, was es bedeutet." Shama: „Die Frau betet darum, dass so ähnlich ein Kind in ihrem Leib rollen und heranwachsen möge. So gib ihr die Kokosnuss mit deinem Segen." Baba: „Wird denn die Kokosnuss ihr ein Kind geben? Wie dumm die Menschen doch sind, sich solche Dinge einzubilden." Shama: „Ich kenne die Kraft seines Wortes und Segens. Dein Wort wird ihr mehrere, ja, eine ganze Menge, Kinder geben. Du redest nur herum und gibst keinen rechten Segen."

Das Gespräch ging eine Weile so weiter. Baba gab wiederholt die Anordnung, die Kokosnuss zu zerbrechen, und Shama setzte sich dafür ein, dass der Frau die ganze Frucht geschenkt werde. Schließlich gab Baba nach und sagte: „Sie wird ein Kind bekommen." „Wann?", fragte Shama. „In zwölf Monaten", war die Antwort. Hierauf wurde die Kokosnuss in zwei Hälften aufgeschlagen, eine wurde von den beiden aufgegessen und die andere der Frau gegeben.

Dann ging Shama zu der Frau und sagte: „Gnädige Frau, sie sind Zeugin meiner Worte. Wenn sie nicht innerhalb von zwölf Monaten ein Kind bekommen, werde ich eine Kokosnuss gegen den Kopf dieses Gottes schlagen und ihn aus der *Masjid* vertreiben. Ich werde mich nicht mehr Madhav nennen, wenn das nicht eintrifft. Sie werden bald erkennen, was ich sage."

Innerhalb eines Jahres bekam sie einen Sohn, der im Alter von fünf Monaten zu Baba gebracht wurde. Mann und Frau fielen beide vor Baba nieder und der dankbare Vater, Herr Aurangabadkar, zahlte eine Summe von 500 Rupien, die für den Bau eines Stalls für Babas Pferd Shyāmakarna verwendet wurde.

Verneige dich vor Shrī Sai – Friede sei mit allen

Kapitel XXXVII

Die Chavadi-Prozession

Nach einigen einleitenden Beobachtungen bezüglich verschiedener Punkte des *Vedanta* beschreibt Hemadpant in diesem Kapitel die *Chavadi*-Prozession.

Gesegnet ist Sais Leben, gesegnet ist seine tägliche Routine. Seine Wege und Taten sind unbeschreiblich. Manchmal war er trunken vor göttlicher Glückseligkeit und zu anderer Zeit zufrieden im Wissen um das Selbst. Während er so manches Mal recht beschäftigt war, blieb er dennoch unberührt davon. Obwohl er manchmal ziemlich untätig schien, war er dennoch nicht faul oder döste vor sich hin. Stets blieb er in seinem eigenen Selbst versunken. Er war still wie die ruhende See, tief und unergründlich. Wer kann schon sein rätselhaftes Wesen beschreiben? Männer sah er als Brüder und Frauen als Schwestern und Mütter an. Er war ein vollkommen und ewig Eheloser, wie jeder weiß. Möge das Wissen, das wir in seiner Gesellschaft erhalten haben, nicht verlorengehen. Lasst uns ihm immer mit völliger Hingabe zu seinen Füßen dienen. Lasst uns ihn, Gott, in allen Wesen sehen, und lasst uns seinen Namen immer lieben.

Chavadi-Prozession

Babas Schlafraum wurde bereits beschrieben. Eine Nacht verbrachte er in der *Masjid* und die nächste im *Chavadi*. Dieses abwechselnde Schlafen in den beiden Gebäuden fand bis zu Babas *Mahāsamādhi* statt.

Am 10. Dezember 1909 begannen die *Devotees* mit der regelmäßigen Anbetung von Baba im *Chavadi*. Mit seiner Gnade werden wir dies jetzt beschreiben.

Als die Zeit kam, zu der Baba sich gewöhnlich ins *Chavadi* zurückzog, versammelten sich die Menschen im offenen Hof vor der *Masjid* und sangen einige Stunden lang *Bhajans*. Hinter ihnen stand eine wunderschöne Sänfte, rechts davon eine *Tulsi*-Pflanze und vor ihnen saß Baba. Dazwischen waren Männer und Frauen, die *Bhajans* liebten und schon recht früh zum Singen erschienen waren. Einige spielten Musikinstrumente wie Tal, Chiplis und Kartal, Mridang, Khanjiri und Ghol und leiteten die *Bhajans*.

Sai Baba war der Magnet, der alle *Devotees* an sich zog. Draußen machten einige ihre Fackeln fertig, andere schmückten die Sänfte und wieder andere hatten schöne Stöcke in der Hand und grüßten Baba mit Heil-Rufen. Die Ecke des Gebäudes war mit Flaggen geschmückt. Rund um die *Masjid* verbreiteten Reihen von Öllämpchen Licht. Draußen stand Babas Pferd Shyāmakarna, aufs Prächtigste geschmückt.

Als alles fertig war, kam Tatya Patil mit einer Gruppe von Männern zu Baba und bat ihn, er möge sich bereithalten. Tatya hatte ein sehr enges Verhältnis zu Baba und nannte ihn „Mama“, das heißt Onkel mütterlicherseits. Baba saß in seinem üblichen *Kafni* still an seinem Platz bis Tatya kam, seinen Arm unter Babas schob und ihm half aufzustehen. Dann nahm Baba seinen Stock unter den Arm, Pfeife und Tabak in die Hand, legte ein Tuch um seine Schulter und war bereit zu gehen. Tatya hängte ihm nun einen goldbestickten, wunderschönen Schal um. Hierauf schob Baba mit seiner rechten Zehe das Bündel Brennholz, das hinter ihm lag, ein wenig ins Feuer, mit seiner rechten Hand löschte er die brennende Lampe aus und bewegte sich dann in Richtung *Chavadi.* In diesem Augenblick erklangen alle möglichen Musikinstrumente. Feuerwerkskörper versprühten ihre bunten Farben. Männer und Frauen gingen los, riefen Babas Namen und sangen *Bhajans,* begleitet von Mridanga und *Vīnā.* Einige tanzten vor Freude und andere trugen Flaggen und Fähnchen. In dem Augenblick, in dem Baba auf der Treppe erschien, kündigte eine uniformierte Eskorte sein Erscheinen an. Rechts und links von Baba standen Leute mit Fächern *(chamar)* und wedelten ihm Luft zu. Auf dem Weg waren Tücher ausgebreitet, auf denen Baba ging, von seinen *Devotees* gestützt. Tatya Patil hielt seine linke Hand und Mhalsapati seine rechte; Bapusaheb Jog hielt den Schirm über seinen Kopf. In dieser Weise ging Baba zum *Chavadi* hinüber. Shyāmakarna, das prächtig geschmückte rotbraune Pferd, führte die Prozession an, ihm folgten alle Träger, Musikanten, Sänger und die Menge der *Devotees.* Hari-Nama, der Name des Herrn, erhob sich, von Musik begleitet, zum Himmel empor, ebenso Sais Name. So erreichte die Prozession die Straßenecke und alle Leute dieser Gesellschaft waren erfreut und entzückt.

An der Ecke angekommen, blieb Baba in Richtung *Chavadi* stehen und strahlte in einem eigentümlichen Glanz. Es schien, als ob Babas Antlitz Licht ausstrahlte, gleich der Herrlichkeit der aufgehenden Sonne. Baba stand ganz konzentriert da und blickte gen Norden, als ob er jemanden riefe. Alle Instrumente spielten und Baba bewegte seinen rechten Arm eine Weile auf und ab. In diesem Augenblick trat Kakasaheb Dixit mit einem silbernen Tablett vor, auf dem Blumen lagen, die mit rotem Pulver bestreut waren und die er hin und wieder auf Baba warf. Die Musikinstrumente gaben in diesem Augenblick ihr Bestes und Babas Gesicht strahlte noch mehr Glanz und Schönheit aus. Die Leute konnten sich an seinem Strahlen nicht sattsehen. Worte können die Szene und den Glanz, die Pracht und die Herrlichkeit dieses Ereignisses nicht beschreiben. Manchmal fing Mhalsapati an zu tanzen und schien von einer Gottheit besessen, und alle Anwesenden staunten, dass Babas Konzentration nicht im Geringsten gestört war.

Mit einer Laterne in der Hand gingen Tatya Patil an Babas linker und Bhagat Mhalsapati an seiner rechten Seite und hielten den Saum von Babas Gewand. Welch wundervolle Prozession und welch Ausdruck von Hingabe! Um das zu sehen, fanden sich Arme und Reiche, Männer und Frauen ein. Baba ging sehr langsam. Die *Devotees* folgten auf beiden Seiten mit Liebe und Hingabe. In dieser freudigen Stimmung, welche die ganze Atmosphäre des Ortes durchdrang, erreichte die Prozession das *Chavadi*.

Diese Szene und Tage sind vorüber. Niemand kann sie heute oder in Zukunft schauen, dennoch wird uns die Szene, wenn wir sie uns vor Augen führen und an sie denken, Trost und Frieden geben.

Das Innere des *Chavadi* war mit weißen Tüchern ausgekleidet und mit Spiegeln und vielen verschiedenen Lampen geschmückt. Als die Prozession das *Chavadi* erreichte, ging Tatya voraus, breitete ein Sitzkissen aus, legte eine Nackenrolle dazu, ließ Baba sich dort hinsetzen und legte ihm einen guten Umgang um die Schultern. Die *Devotees* beteten ihn dann auf verschiedene Weisen an. Sie setzten ihm eine Krone mit einem Federbusch auf den Kopf, legten ihm Girlanden aus Blumen und Ketten aus Edelsteinen um den Hals, zeichneten mit einer Moschusmischung vertikale Linien und einen Punkt auf seine Stirn, so wie es *Vaishnava-Devotees* tun, und starrten ihn dann nach Herzenslust lange, lange an. Hin und wieder wechselten sie seine Kopfbedeckung; sie hielten diese erst über den Kopf, weil sie fürchteten, dass Baba sie fortwerfen würde. Aber Baba kannte die Herzen aller und fügte sich geduldig und ohne jeden Einwand all ihren Methoden der Anbetung. Er sah mit diesem Schmuck ausgesprochen schön aus.

Nanasaheb Nimonkar hielt den Schirm mit den hübschen Anhängern, die sich im Kreis bewegten, Bapusaheb Jog wusch Babas Füße in einer silbernen Schale, weihte ihm Wasser *(arghya)* und betete ihn in aller Form an. Sie rieben seine Arme mit Sandelholzpaste ein und boten ihm Betelblätter an. Baba saß auf dem Sitzkissen, während die anderen standen oder ihm zu Füßen fielen. Die *Devotees* wedelten ihm auf beiden Seiten mit Fächern Kühlung zu. Shama bereitete dann die Pfeife vor und gab sie an Tatya Patil weiter, der sie zum Glühen brachte, indem er einen tiefen Zug tat; danach gab er sie Baba. Wenn Baba geraucht hatte, wurde die Pfeife an Bhagat Mhalsapati weitergegeben und dann an alle anderen in der Runde. Gesegnet war die leblose Pfeife. Sie musste erst so viele Bußtorturen durchlaufen, vom Töpfer geformt, in der Sonne getrocknet und im Feuer gebrannt werden, und dann hatte sie das große Glück, mit Babas Hand in Berührung zu kommen und von ihm geküsst zu werden.

Danach legten ihm *Devotees* Blumengirlanden um den Hals und gaben ihm Duftessenzen und Blumensträuße. Baba, der die Verkörperung der Leidenschaftslosigkeit war, machte sich nicht das Geringste aus all diesen Juwelen, Blumengirlanden und anderen Dekorationen, doch aus lauter Liebe zu seinen *Devotees* erlaubte er ihnen, was sie wollten, so dass sie ihre Freude hatten.

Schließlich schwenkte Bapusaheb Jog in aller gebührenden Form die *Arati*-Flamme um Baba und die Musikinstrumente spielten ihre besonderen Weisen. Als das *Arati* vorbei war, verneigten die *Devotees* sich, einer nach dem anderen, vor Baba, verabschiedeten sich von ihm und gingen nach Hause. Als Tatya Patil vor ihm stand und ihm

Pfeife, Duftessenz und Rosenwasser reichte, sagte Baba liebevoll zu ihm: „Behüte mich, geh, wenn du willst, aber kehre manchmal des Nachts zurück und erkundige dich nach mir.“ Tatya versprach es ihm, verließ das *Chavadi* und ging nach Hause. Daraufhin machte Baba seinen Schlafplatz selbst zurecht. Er machte sein Bett, indem er 50 oder 60 weiße gefaltete *Dhotis* aufeinander legte und begab sich dann zur Ruhe.

Wir werden jetzt auch ruhen und dieses Kapitel mit der Bitte an die Leser schließen, sich täglich an Sai Baba und seine *Chavadi*-Prozession zu erinnern, bevor sie zu Bett gehen.

Verneige dich vor Shrī Sai – Friede sei mit allen

Kapitel XXXVIII

Babas Kochtopf – Missachtung eines Schreins – Kala oder Eintopf – Eine Tasse Buttermilch

Im vorigen Kapitel haben wir Babas *Chavadi*-Prozession beschrieben. In diesem Kapitel befassen wir uns mit Babas Kochtopf und einigen anderen Themen.

O segensreicher *Sadguru* Sai, wir verneigen uns vor dir, der du der ganzen Welt Glück und den *Devotees* Wohlergehen gebracht hast, der du die Leiden derjenigen aufgelöst hast, die zu deinen Füßen Zuflucht gesucht haben. Du bist sehr großzügig und der Beschützer der *Bhaktas,* die sich dir vollkommen ergeben haben. Du hast dich in dieser Welt verkörpert, um den Menschen zu helfen und ihnen Gutes zu tun. Das formlose, reine Selbst wurde in die Form von *Brahma,* dem Schöpfergott, gegossen, und daraus ging das Kronjuwel der Heiligen – Sai – hervor. Dieser Sai ist *Ātmarama* – Gott selbst. Er ist der Sitz der vollkommenen göttlichen Glückseligkeit. Nachdem er alle Ziele des Lebens erreicht hatte, machte er seine *Devotees* wunschlos und frei.

Babas Kochtopf

In unseren Schriften werden für verschiedene Zeitalter unterschiedliche spirituelle Übungen vorgeschrieben. Askese *(tapas)* wird für das *Kritayuga,* Wissen *(jnāna)* für das *Tretāyuga,* Opfer *(yajna)* für das *Dvāparayuga* und Nächstenliebe *(dāna)* für das gegenwärtige *Kaliyuga* empfohlen. Von allen Formen der Wohltätigkeit ist die Nahrungsspende die allerbeste. Wir fühlen uns sehr gestört, wenn wir mittags nichts zu essen bekommen. Andere Wesen fühlen ähnlich unter ähnlichen Umständen. Wer dies weiß und den Hungrigen und Armen Nahrung gibt, ist der beste Spender und der wohltätigste Mensch. In der *Taittiriya-Upanischad* heißt es: „Nahrung ist Gott." Durch Nahrung werden alle Geschöpfe geboren. Wenn sie geboren sind, leben sie von Nahrung und wenn sie sterben, gehen sie wieder in Nahrung ein.

Wenn ein ungeladener Gast zu Mittag an unsere Tür kommt, ist es unsere Pflicht, ihn gut zu empfangen und ihm Nahrung zu geben. Bei anderen Arten von Wohltätigkeit wie dem Verteilen von Geld, Gütern oder Kleidung und so weiter ist kritisches Urteilsvermögen erforderlich, aber bezüglich der Nahrung sind solche Überlegungen nicht nötig. Kommt irgendeine Person während der Mittagszeit an unsere Tür, dann sollte sie unverzüglich verköstigt werden. Falls Behinderte, Blinde und Kranke kommen, so sollte ihnen zuerst gegeben werden und erst danach den anderen, gesunden Personen und unseren Anverwandten. Es ist verdienstvoller, die erstgenannten Personen zu speisen. Andere Arten der Wohltätigkeit sind so unvollkommen ohne diese Nahrungsspende, wie die Sterne ohne den Mond, eine Halskette ohne Anhänger, eine Krone ohne Spitze, ein Teich ohne Lotos, ein *Bhajan* ohne Liebe, eine verheiratete Frau ohne *Kumkum*-Zeichen, Singen ohne melodiöse Stimme oder Buttermilch ohne Salz. Ebenso wie *Varan* alle anderen Gerichte übertrifft, so ist die Nahrungsgabe die verdienstvollste Art der Wohltätigkeit.

Jetzt lasst uns sehen, wie Baba Nahrung zubereitete und sie an andere verteilte. Es wurde bereits erwähnt, dass Baba sehr wenig Nahrung für sich selbst benötigte, und das Wenige, das er wollte, wurde bei einigen wenigen Haushalten erbettelt.

Doch wenn er es sich in den Kopf gesetzt hatte, an alle Nahrung zu verteilen, übernahm er sämtliche Vorbereitungen selbst, und zwar vom Anfang bis zum Ende. Er war von niemandem abhängig und bemühte auch niemanden in dieser Angelegenheit. Zuerst ging er zum Markt und kaufte alle Sachen ein, wie Korn, Mehl, Gewürze und so weiter und bezahlte bar. Das Mahlen besorgte er ebenfalls selbst. Im offenen Hof der *Masjid* baute er eine große Feuerstelle auf und nachdem er ein Feuer entfacht hatte, setzte er einen Kochtopf mit der nötigen Menge Wasser auf. Es gab zwei verschiedene Töpfe, einen kleinen und einen großen. Der erste fasste Nahrung für fünfzig Menschen, der zweite für einhundert Menschen. Manchmal kochte er süßen Reis und ein anderes Mal gebratenen Reis mit Fleisch. Manchmal gab er in die kochende Suppe kleine Bällchen, die aus Weizenbrot gemacht wurden. Die Gewürze mahlte er auf einer Steinplatte und gab das Pulver in den Kochtopf. Er bemühte sich, die Gerichte sehr schmackhaft zu machen. Er bereitete Haferschleim *(ambil)* zu, indem er Hafermehl in Wasser kochte, später Buttermilch zufügte und dann beides zusammen aufkochte. Der Reis und die Suppe wurden an alle gleichmäßig verteilt.

Um zu sehen, ob die Speise gar war, krempelte Baba den Ärmel seines *Kafnis* hoch und tauchte seinen nackten Arm, ohne die geringste Angst, in den Kessel mit der kochenden Speise und rührte das Ganze um. Es gab weder eine Spur von Verbrennung auf seinem Arm, noch Furcht in seinem Gesicht.

Nachdem das Essen fertig gekocht war, brachte Baba die Töpfe in die *Masjid* und ließ sie von dem Muslimpriester gebührend weihen. Zuerst schickte er einen Teil der Speise als *Prasad* zu Mhalsapati und Tatya Patil und dann verteilte er den verbleibenden Inhalt eigenhändig an alle armen und hilflosen Menschen, die sich nach Herzenslust daran gütlich taten. Jene Menschen, welche die von Baba zubereitete und verteilte Speise empfingen, müssen wirklich gesegnet und glücklich gewesen sein.

Hier mag jemand Zweifel haben und fragen: „Hat Baba vegetarische und nicht-vegetarische Speise als *Prasad* an all seine *Devotees* gegeben?“ Die Antwort ist klar und einfach: Diejenigen, die es gewohnt waren, nicht-vegetarische Kost zu sich zu nehmen, bekamen aus dem Kochtopf Nahrung als *Prasad,* und denjenigen, die nicht daran gewöhnt waren, wurde nicht einmal erlaubt, sie zu berühren. Er weckte in seinen *Devotees* niemals den Wunsch nach nicht-vegetarischer Kost. Es gibt ein bekanntes Prinzip, das besagt, wenn ein *Guru* selbst irgendetwas als *Prasad* ausgibt und der Schüler darüber nachdenkt und zweifelt, ob es annehmbar ist oder nicht, dieser verdammt ist. Um zu sehen, ob die Schüler dieses Prinzip aufgenommen hatten, testete Baba seine Schüler manchmal. Zum Beispiel gab er Dada Kelkar an einem *Ekādashī*-Tag ein paar Rupien und bat ihn, persönlich nach Korhala zu gehen und dort Fleisch zu kaufen. Dieser Dadar Kelkar war ein orthodoxer Brahmane und lebte strikt nach den Regeln. Er wusste, dass es nicht genügte, einem *Sadguru* Wohlstand, Korn und Kleidung zu opfern, sondern dass unbedingter Gehorsam ihm gegenüber und sofortiges Ausführen seiner Anordnung die wahre *Dakshinā* war, die ihm am meisten gefiel. Deshalb machte sich Dada Kelkar auf den Weg, Fleisch einzukaufen. Baba rief ihn zurück und sagte: „Geh nicht selbst, sondern schick jemand anderen.“ Daraufhin sandte Dada seinen eigenen Diener, Pandu. Als Baba diesen fortgehen sah, sagte er zu Dada, er solle ihn zurückrufen und strich diesen Programmpunkt.

Bei einer anderen Gelegenheit bat Baba Dada, er möge nachsehen, wie das salzige Lammgericht geraten sei. Dada entgegnete beiläufig und förmlich, dass es in Ordnung sei. Dann sagte Baba zu ihm: „Du hast es weder mit deinen Augen gesehen, noch mit deiner Zunge gekostet. Wie kannst du dann sagen, dass es gut sei? Nimm nur den Deckel hoch und sieh nach.“ Während Baba dies sagte, nahm er Dadas Arm, steckte ihn in den Topf und fügte noch hinzu: „Nimm deinen Arm heraus, nimm einen Schöpflöffel und gib etwas auf den Teller, ohne dich um deine Konventionen zu kümmern und ohne ein großes Geschrei zu machen.“ Wenn eine Welle von echter Liebe im Gemüt einer Mutter aufsteigt, kneift sie ihr Kind, und wenn es dann anfängt zu weinen und zu schreien, drückt sie es an ihre Brust. In einer ähnlich mütterlichen Weise kniff Baba Dada Kelkar. In Wirklichkeit wird kein Heiliger oder *Guru* jemals seinen orthodoxen Schüler zwingen, verbotene Nahrung zu essen und sich somit zu verunreinigen.

Die Sache mit dem Kochtopf ging bis zum Jahr 1910 so weiter, danach hörte Baba damit auf. Wie schon erwähnt, verbreitete Das Ganu mit seinen *Kirtans* Babas Ruhm in der Gegend von Bombay. Die Leute aus diesem Teil des Landes begannen nach Shirdi zu strömen, das innerhalb kurzer Zeit zu einem Pilgerort wurde. Die *Devotees* brachten alle möglichen Geschenke und verschiedene Gerichte als *Naivedya* mit. Die Menge an *Naivedya,* das sie Baba opferten, war so groß, dass Fakire und arme Leute sich nach Herzenslust sattessen konnten und immer noch etwas übrig blieb.

Bevor wir uns damit befassen, wie das *Naivedya* verteilt wurde, werden wir die Geschichte von Nanasaheb Chandorkar wiedergeben, die Babas Wertschätzung und Respekt für örtliche Schreine und Gottheiten demonstriert.

Missachtung eines Schreins

Aufgrund eigener Schlussfolgerungen behaupteten einige Leute, dass

Sai ein Brahmane sei, und andere sagten, er sei ein Muslim. In Wirklichkeit gehörte er keiner Religionsrichtung an. Niemand wusste genau, wann und in welcher Gemeinde er geboren worden war und wer seine Eltern waren. Wie konnte er da ein Muslim oder Brahmane sein? Wenn er ein Muslim war, wie könnte er dann das Feuer in der *Masjid* immer brennen lassen? Wie könnte es da eine *Tulsi*-Pflanze geben? Wie könnte er das Blasen des Muschelhorns und das Läuten der Glocken erlauben oder das Spielen von Musikinstrumenten? Wie könnte er dort die verschiedenen Formen von Hindu-Anbetung erlauben? Wäre er ein Muslim, würde er dann Ohren durchstechen oder aus seiner Tasche Geld gegeben haben, um Hindu-Tempel reparieren zu lassen? Im Gegenteil, er ließ nicht die geringste Respektlosigkeit gegenüber Hindu-Schreinen und Gottheiten zu.

Einmal kam Nanasaheb Chandorkar mit dem *„Sadhu“*-Ehemann der Schwägerin seiner Frau, Herrn Biniwalle, nach Shirdi. Sie gingen zur *Masjid,* saßen dann bei Baba und redeten miteinander. Baba wurde plötzlich ärgerlich auf Nanasaheb und sagte: „Du bist schon so lange in meiner Gesellschaft, wie kannst du dich dann so benehmen?“ Nanasaheb verstand zuerst gar nichts und bat Baba demütig, zu erklären, was er meine. Baba fragte ihn, wann er nach Kopergaon und wie er von dort nach Shirdi gekommen sei. Sofort erkannte Nansaheb seinen Fehler. Normalerweise betete er auf seinem Weg nach Shirdi vor dem Schrein der Gottheit *Datta* am Ufer des Godavaris bei Kopergaon. Doch dieses Mal hielt er, um eine Verzögerung zu verhindern, seinen Verwandten, der ein *Datta-Bhakta* war, davon ab, zu diesem Schrein zu gehen, und fuhr direkt nach Shirdi. All dies beichtete er Baba und erzählte ihm, dass ein großer Dorn in seinen Fuß geraten sei, als er im Godavari gebadet habe, und dass ihm dieser viele Schmerz bereite. Baba sagte, dass dies eine kleine Strafe gewesen sei, und ermahnte ihn, in Zukunft achtsamer zu sein.

Kala oder Eintopf

Zurück zur Verteilung von *Naivedya*. Wenn das *Arati* vorbei war und Baba alle Leute mit *Udi* und Segen fortgeschickt hatte, ging er hinein und setzte sich zum Essen hinter einen Vorhang, mit dem Rücken zur Nische. Zu Babas Seiten saß je eine Reihe *Devotees*. Diejenigen, die *Naivedya* mitgebracht hatten, reichten ihre Teller mit den verschiedenen Gerichten wie zum Beispiel *Puris,* Mande*, Pooran Poli, Basundi, Sanza,* feinen Reis und so weiter hinein und warteten dann draußen auf das von Baba geweihte *Prasad*.

Alle Speisen wurden zu einem Eintopf verarbeitet und vor Baba gestellt. Er brachte alles Gott dar und segnete es dann. Anschließend wurde es an die draußen wartenden Menschen verteilt; der Rest wurde der Gesellschaft drinnen, in deren Mitte Baba saß, serviert. Dann aßen die *Devotees* nach Herzenslust. Baba hatte Shama und Nanasaheb Nimonkar beauftragt, täglich allen Menschen, die drinnen saßen, die geheiligte Speise zu servieren und sich um ihre Bedürfnisse zu kümmern. Das taten sie sehr achtsam und bereitwillig. Jeder Bissen dieser Nahrung nährte sie und schenkte ihnen obendrein Zufriedenheit. Es war ein solch wunderbares, herrliches und geheiligtes Essen! Immer besonders und immer heilig!

Eine Tasse Buttermilch

Einmal hatte Hemadpant sich in dieser Gesellschaft sattgegessen und Baba bot ihm noch eine Tasse Buttermilch an. Er war erfreut über den weißen Inhalt, fürchtete aber, dass in seinem Magen kein Platz mehr dafür war. Dennoch nahm er einen Schluck, und sie schmeckte sehr gut. Als Baba sein Zögern bemerkte, sagte er: „Trink nur alles, du wirst hiernach eine solche Gelegenheit nicht wiederbekommen.“ Daraufhin leerte er die Tasse; und später erkannte er, wie prophetisch die Worte waren, denn Baba verstarb sehr bald.

Nun, liebe Leser, sind wir Hemadpant zu Dank verpflichtet. Er trank die Tasse Buttermilch – aber uns hat er mit reichlich Nektar versorgt und zwar in der Form von Babas *Līlās*. Lasst uns von diesem Nektar Tasse um Tasse trinken und zufrieden und glücklich sein.

Verneige dich vor Shrī Sai – Friede sei mit allen

Kapitel XXXIX & L

Babas Sanskrit-Kenntnisse

Seine Auslegung eines Verses aus der Gita – Bau des Samādhi-Mandirs

Dieses Kapitel 39 befasst sich mit Babas Auslegung eines Verses aus der *Bhagavadgita*. Weil manche Leute glaubten, Baba könne kein *Sanskrit* und die Auslegung stamme von Nanasaheb Chandorkar, schrieb Hemadpant ein weiteres Kapitel, nämlich Kapitel 50, in dem dieser Einwand widerlegt wird. Da Kapitel 50 dasselbe Thema behandelt, ist es hier eingefügt.

Gesegnet ist Shirdi und gesegnet ist Dvarakamayi, wo *Shrī* Sai bis zu seinem *Mahāsamādhi* lebte und wirkte. Gesegnet sind die Menschen in Shirdi, denen er wohlgesonnen war und zu denen er aus einer solch großen Entfernung kam. Shirdi war zuerst ein kleines Dorf, erhielt aber durch Baba große Bedeutung und wurde ein *„Tīrtha"*, ein heiliger Pilgerort.

Gleichermaßen gesegnet sind die Frauen aus Shirdi mit ihrem vollen und absoluten Glauben an Sai Baba. Sie sangen von Babas Herrlichkeit, während sie badeten, Korn mahlten oder andere Hausarbeiten verrichteten. Gesegnet ist ihre Liebe, mit der sie süße Lieder sangen, die sowohl das Gemüt der Sängerinnen als auch das der Zuhörer beruhigten.

Babas Auslegung

Niemand glaubte, dass Baba *Sanskrit*-Kenntnisse besaß. Eines Tages überraschte er alle, als er Nanasaheb Chandorkar eine gute Auslegung eines Verses aus der *Gita* gab. Eine kurze Zusammenfassung hierüber wurde von Herrn B.V. Deo, einem pensionierten Finanzbeamten, geschrieben und in der *Marathi*-Sprache im „Sai Leela Magazine", Ausgabe IV, Sphuta Vishaya, Seite 563, veröffentlicht. In „Sai Babas Charters and Sayings", Seite 61, und in „The wondrous Saint Sai Baba", Seite 36, beide von Bruder B. V. Narsimhaswami, wurden ebenfalls kurze Berichte hiervon veröffentlicht. Auch hat Herr B. V. Deo eine englische Version gegeben, und zwar in seiner Darstellung vom 27. September 1936, veröffentlicht in „Devotees' Experiences, Part III", Seite 66, von dem erwähnten *Swami*. Da Herr Deo die Informationen aus erster Hand hatte, nämlich von Nanasaheb selbst, geben wir nachfolgend seine Version wieder.

Nanasaheb Chandorkar war ein guter *Vedanta*-Student. Er hatte die *Gita* samt Kommentaren gelesen und brüstete sich mit all seinem Wissen. Er glaubte, dass Baba weder etwas darüber wusste noch *Sanskrit* konnte. Eines Tages piekste Baba dann in seine Aufgeblasenheit. Es war in jenen Tagen, bevor die Mengen sich um Baba scharten und Baba in der *Masjid* noch Einzelgespräche mit *Devotees* führte.

Nana saß bei Baba und massierte seine Beine, dabei murmelte er etwas vor sich hin.

Baba: „Nana, was murmelst du da?"

Nana: „Ich rezitiere einen Vers in *Sanskrit*."

Baba: „Welchen Vers?"

Nana: „Aus der *Bhagavadgita*."

Baba: „Sag ihn laut."

Nana rezitierte daraufhin Vers 34 aus dem 4. Kapitel der *Bhagavadgita*, der wie folgt lautet:

Tadviddhi Pranipatena Pariprashnena Sevaya,
Upadekshyanti Te Jnanam Jnaninastattwadarshinah.

Baba: „Nana, verstehst du das?"

Nana: „Ja."

Baba: „Dann sag es mir."

Nana: „Es bedeutet dieses: Sashtanga-*Namaskārā* machen, das heißt dem *Guru* zu Füßen fallen, den *Guru* befragen, ihm dienen und lernen, was *Jnāna* ist. Dann werden jene *Jnānins,* welche die wahre Kenntnis vom *Sadāvāstu (brahman)* erlangt haben, euch in dieser Weisheit unterweisen."

Baba: „Ich will nicht diese Art von zusammengefasstem Sinn des ganzen Verses. Nenne mir die grammatikalische Kraft und Bedeutung jedes einzelnen Wortes."

Daraufhin erklärte Nana alles Wort für Wort.

Baba: „Nana, genügt es, wenn man dem *Guru* nur zu Füßen fällt?"

Nana: „Ich kenne keine andere Bedeutung für das Wort ‚Pranipāta' als ‚zu Füßen fallen'."

Baba: „Was ist ‚Pariprashna'?"

Nana: „Fragen stellen."

Baba: „Was bedeutet ‚Prashna'?"

Nana: „Dasselbe, nämlich ‚fragen'."

Baba: „Wenn ‚Pariprashna' dasselbe bedeutet wie ‚Prashna', warum fügte *Vyasa* die Vorsilbe ‚pari' davor? War *Vyasa* nicht ganz richtig im Kopf?"

Nana: „Ich kenne keine andere Bedeutung für das Wort ‚Pariprashna'."

Baba: *„Seva* – welche Art von *‚Seva'* ist gemeint?"

Nana: „Das, was wir immer tun."

Baba: „Genügt es, diesen Dienst zu tun?"

Nana: „Ich weiß nicht, was das Wort *‚Seva'* sonst noch zu bedeuten hat."

Baba: „In der nächsten Zeile ‚upadekshyanti te jnānam' – kannst du es auch mit einem anderen Wort anstelle von *‚Jnānam'*, Wissen, lesen?"

Nana: „Ja."

Baba: „Welches Wort?"

Nana: *„Ajnānam,* Nichtwissen."

Baba: „Wenn du dieses Wort anstelle von *Jnāna* nimmst, ergibt der Vers dann einen Sinn?"

Nana: „Nein. *Shankaras* Kommentar gibt keine Erklärung dafür."

Baba: „Es macht nichts, wenn er es nicht tut. Gibt es irgendeinen Einwand, das Wort *‚Ajnāna'* zu benutzen, wenn es einen besseren Sinn macht?"

Nana: „Ich weiß nicht, wie ich es deuten soll, wenn *‚Ajnāna'* eingesetzt wird."

Baba: „Warum verwies *Krishna Arjuna* an die Weisen, die *Jnānins* oder Tattvadarshis, um sich ihnen zu Füßen zu werfen, sie zu befragen und ihnen zu dienen? War *Krishna* nicht selbst ein Tattvadarshi, ja, in der Tat die Verkörperung von *Jnāna?"*

Nana: „Ja, das war er. Aber ich verstehe nicht, warum er *Arjuna* an die *Jnānins* verwies."

Baba: „Hast du das nicht verstanden?"

Nana war gedemütigt. Sein Stolz hatte einen Knacks bekommen. Dann begann Baba zu erklären:

„Erstens: Es genügt nicht, nur vor den Weisen *(jnānin)* niederzufallen. Wir müssen dem *Sadguru* vollkommen ergeben sein.

Zweitens: Nur Fragen zu stellen, ist nicht genug. Die Frage darf nicht mit einem unlauteren Motiv oder einer unlauteren Haltung oder mit der Absicht, dem *Guru* eine Falle zu stellen, und Fehler in der Antwort zu finden oder aus purer Neugier gestellt werden. Sie muss ernsthaft sein und mit der Einstellung vorgebracht werden, Befreiung *(moksha)* oder spirituellen Fortschritt zu erlangen.

Drittens: Es ist kein *Seva,* wenn man glaubt die Freiheit zu haben, zu dienen oder dies abzulehnen. *Seva* muss mit dem Gefühl ausgeführt werden, dass man nicht der Herr des Körpers ist, sondern dass der Körper dem *Guru* gehört und allein dazu da ist, Ihm zu dienen. Wenn das getan wird, zeigt dir der *Sadguru* die Weisheit, von der in dem vorigen Vers die Rede ist."

Nana verstand nicht, was damit gemeint war, dass ein *Guru Ajnāna* lehre.

Baba: „Wie wird *Jnāna Ppadesh*, das heißt das Vermitteln von Erkenntnis bewirkt? Die Vernichtung von *Ajnāna* ist *Jnāna* (Vers-Ovi-1396, *Jnaneshwaris* Kommentar zur *Gita* 18 bis 66, besagt: ‚Das Entfernen der Unwissenheit geschieht so, o *Arjuna:* Wenn Traum und Schlaf vergehen, bist du du Selbst. So ist es.' Ebenfalls heißt es in Ovi-83 zur *Gita* 5 bis 16: ‚Ist *Jnāna* irgendetwas anderes als die Vernichtung von *Ajnāna?')* Wenn Dunkelheit vergeht, ist Licht da. Wenn Dualität *(dvaita)* vernichtet wird, dann wird Nicht-Dualität *(advaita)* erlangt. Wann immer wir von der Vernichtung von *Dvaita* reden, sprechen wir von *Advaita*. Wenn wir von der Vertreibung von Dunkelheit reden, sprechen wir von Licht. Wenn wir den nicht-dualen Zustand erkennen wollen, muss das Gefühl der Dualität in uns entfernt werden. Das ist die Verwirklichung des *Advaita*-Zustandes. Wer kann schon aus dem Dualitätsbewusstsein heraus über Nicht-Dualität reden? Täte man dies, wie könnte man dann jenen Zustand der Nicht-Dualität erkennen und verwirklichen?

Nochmals, der Schüler ist ebenso wie der *Sadguru* tatsächlich eine

Verkörperung von Weisheit *(jnāna)*. Der Unterschied zwischen beiden liegt in der Einstellung, dem hohen Maß an Erkenntnis, der erstaunlichen übermenschlichen Natur, den unvergleichlichen Fähigkeiten und den göttlichen Kräften. Der *Sadguru* ist ohne Eigenschaften *(nirguna)*, er ist Sein-Bewusstsein-Glückseligkeit *(sat-cit-ānanda)*. Er hat tatsächlich eine menschliche Gestalt angenommen, um die Menschheit und die Welt zu erheben. Doch seine wahre *Nirguna*-Natur wird dadurch nicht im Geringsten beeinträchtigt. Seine Natur oder Realität, seine göttliche Kraft und Weisheit bleiben unvermindert. Der Schüler ist die gleiche Verkörperung, doch ist sie durch die Auswirkung der Neigungen *(samskāra)* aus unzähligen Leben in Form von Unwissenheit überlagert, welche die Erkenntnis verhindert, dass er reines Bewusstsein ist. Siehe auch *Bhagavadgita,* Kapitel 5 bis 15, in dem es heißt, dass er glaubt: ‚Ich bin ein *Jīva,* ein unbedeutendes und armseliges Geschöpf.' Der *Guru* muss diese Formen der Unwissenheit mit der Wurzel entfernen und *Upadesha* – Belehrung – geben. In Hunderten von Leben erteilt der *Guru* dem Schüler, der seit endlosen Generationen von der Vorstellung verblendet ist, er sei ein unbedeutendes und armseliges Geschöpf, die Lehre: ‚Du bist Gott. Du bist mächtig und reich.' Dann beginnt er langsam zu erkennen, dass er wirklich Gott ist. Die ständige Verblendung, unter der sich der Schüler in dem Glauben abmüht, er sei der Körper, ein Geschöpf *(jīva)* oder Individuum, und Gott *(paramātman)* und die Welt seien verschieden von ihm, ist ein aus unzähligen früheren Leben vererbter Irrtum. Die Taten, die der Mensch in dieser Verblendung ausführt, verursachen all seine Freuden und Leiden. Um diese Verblendung, diesen Irrtum, diese Wurzel der Unwissenheit zu entfernen, muss er mit der Nachforschung beginnen. Wie ist die Unwissenheit entstanden? Wo ist sie? Und ihm dieses zu zeigen, wird ‚Unterweisung durch den *Guru*' genannt.

Beispiele von Unwissenheit sind:

Erstens: Ich bin ein Geschöpf *(jīva)*.

Zweitens: Der Körper ist die Seele (ich bin der Körper).

Drittens: Gott, die Welt und *Jīva* sind verschieden voneinander.

Viertens: Ich bin nicht Gott.

Fünftens: Nicht erkennen, dass der Körper nicht die Seele ist.

Sechstens: Nicht erkennen, dass Gott, Welt und *Jīva* eins sind.

Bevor dem Schüler diese Irrtümer nicht aufgezeigt werden, kann er nicht lernen, was Gott, *Jīva,* Welt und Körper sind und in welcher Beziehung sie zueinander stehen, ob sie verschieden voneinander sind oder ein und dasselbe. Den Schüler dieses zu lehren und seine Unwissenheit zu vernichten, ist die Unterweisung in *Jnāna* oder *Ajnāna*. Weshalb sollte dem *Jīva,* der die Verkörperung des Wissens *(jnānamūrti)* ist, *Jnāna* vermittelt werden? *Upadesha* wird lediglich gegeben, um ihn auf seinen Irrtum hinzuweisen und seine Unwissenheit zu vernichten."

Baba fügte noch hinzu: „Pranipāta bedeutet Ergebenheit, Ergebenheit muss Körper, Geist (mind) und Besitz miteinschließen. Außerdem, warum sollte *Krishna Arjuna* an andere *Jnānins* verweisen? Der *Sadbhakta* sieht alles als *Vāsudeva* an (*Gita* 7 bis 19) – das heißt jeder *Guru* wird für den *Devotee* zu *Krishna* und der *Guru* sieht den Schüler als *Vāsudeva* an – *Krishna* behandelt beide als seinen Atem *(prāna)* und sein Selbst *(atman) (Bhagavadgita* 7 bis 18, *Jnanadevs* Kommentar). Weil *Shrī Krishna* weiß, dass es solche *Bhaktas* und *Gurus* gibt, verweist er *Arjuna* an sie, damit deren Größe zunehmen und bekannt werden möge."

Der Bau des Samādhi-Mandirs

Baba sprach niemals über die Dinge, die er vollbringen wollte, noch machte er irgendein Aufheben davon, doch arrangierte er die Umstände und Umgebung so geschickt, dass die Leute über die langsam, aber sicher erlangten Ergebnisse erstaunt waren. Der Bau des *Samādhi-Mandirs* ist ein Beispiel hierfür.

Shriman Bapusaheb Booty, der bekannte Multimillionär aus Nagpur, war des Öfteren mit seiner Familie in Shirdi. Eines Tages kam ihm die Idee, dass er eigentlich sein eigenes Haus dort haben sollte. Kurze Zeit danach, als er in Dixits *Wada* schlief, hatte er eine Vision. Baba erschien ihm im Traum und beauftragte ihn, für sich selbst ein *Wada* mit Tempel zu bauen. Shama, der auch in Dixits *Wada* schlief, hatte eine ähnliche Vision. Als Bapusaheb erwachte, sah er Shama weinen, und fragte ihn, warum er denn weine. Shama erwiderte, dass Baba im Traum zu ihm gekommen sei und eindeutig anordnet habe: „Baue das *Wada* mit dem Tempel. Ich werde die Wünsche aller erfüllen.“ Und er fuhr fort: „Als ich Babas süße und liebevolle Worte vernahm, wurde ich von Gefühlen überwältigt, mein Hals war wie zugeschnürt, meine Augen wurden feucht und ich fing an zu weinen.“

Bapusaheb war erstaunt, dass ihre beiden Visionen übereinstimmten. Da er ein reicher und fähiger Mann war, beschloss er, dort ein *Wada* zu bauen und zeichnete mit Shama zusammen einen Entwurf, den auch Kakasaheb Dixit für gut befand. Als der Entwurf Baba vorgelegt wurde, stimmte Er sofort zu. Dann wurde mit den Bauarbeiten begonnen. Unter Shamas Aufsicht wurden der Keller und das Erdgeschoss sowie der Brunnen fertiggestellt. Auf seinem Weg zum *Lendi* und zurück schlug Baba noch einige Verbesserungen vor. Die weitere Arbeit wurde Bapusaheb Jog anvertraut. Während der Arbeiten kam Bapusaheb Booty plötzlich die Idee, dass es einen offenen Raum oder eine Plattform geben sollte, in dessen Mitte ein Standbild von Muralīdhara *(Krishna* mit Flöte) aufgestellt werden sollte. Er bat Shama, Baba diese Idee mitzuteilen und seine Zustimmung dafür einzuholen. Shama fragte Baba danach, als dieser gerade dort vorbeikam. Baba gab seine Zustimmung und sagte: „Wenn der Tempel fertig ist, werde ich dort sein und bleiben.“ Und indem er auf das *Wada* starrte, fügte er hinzu: „Wenn das *Wada* fertig ist, werden wir es selbst benutzen; wir werden dort leben, uns bewegen und spielen, einander umarmen und sehr glücklich sein.“ Dann fragte Shama Baba, ob jetzt die günstige Zeit sei, mit den Arbeiten für den zentralen Altarraum zu beginnen. Baba bejahte dies. Daraufhin zerbrach Shama eine Kokosnuss, und es wurde mit den Arbeiten begonnen. Das Werk wurde planmäßig fertiggestellt. Ebenso wurde der Auftrag erteilt, eine gute Muralīdhara-Figur anzufertigen. Doch bevor diese fertiggestellt war, geschah etwas Unvorhergesehenes. Baba wurde ernsthaft krank und war kurz davor, den Körper zu verlassen. Bapusaheb war sehr traurig und deprimiert und dachte bei sich: Falls Baba stirbt, würde sein *Wada* nicht von der heiligen Berührung durch Babas Füße gesegnet und all sein Geld, ungefähr 100.000 Rupien, wäre verschwendet. Doch die Worte: „Legt mich in das *Wada* und lasst mich dort“, die aus Babas Mund kamen, kurz bevor er starb, trösteten nicht nur Bapusaheb, sondern auch alle anderen.

Zu gegebener Zeit wurde Babas heiliger Körper im Mittelschrein, der für Muralīdhara vorgesehen war, beigesetzt. Baba wurde selbst Muralīdhara und das *Wada* wurde Sai Babas *Samādhi-Mandir*. Sein wunderbares Leben ist unergründlich. Gesegnet und glücklich ist Bapusaheb Booty, in dessen *Wada* Babas heiliger und reiner Körper liegt.

Verneige dich vor Shrī Sai – Friede sei mit allen

Kapitel XL

Geschichten über Baba

Babas Teilnahme an Frau Deos Udyapan-Zeremonie in Gestalt eines Samnyasin, der mit zwei weiteren Personen erschien (das Trio) – Sai kommt in Form seines Bildes zu Hemadpant ins Haus

In diesem Kapitel geben wir zwei Geschichten wieder: Erstens, wie Baba an der *Udyapan*-Zeremonie teilnahm, die von Herrn B. V. Deos Mutter in dessen Haus in Dahanu organisiert wurde, und zweitens, wie Baba am abendlichen Festmahl in Hemadpants Haus in Bandra teilnahm.

Gesegnet ist *Shrī* Sai Samarth, der seine *Devotees* sowohl in weltlichen als auch in spirituellen Angelegenheiten unterweist und sie glücklich macht, indem er ihnen hilft, das Ziel ihres Lebens zu erreichen. Dieser Sai überträgt seine Kraft auf sie, indem er seine Hand auf ihren Kopf legt, er vernichtet dadurch das Gefühl des Getrenntseins und lässt sie das Unerreichbare erreichen. Er umarmt die *Devotees,* die sich ohne ein Gefühl von Dualität vor ihm niederwerfen. Er wird eins mit ihnen wie das Meer mit den Flüssen in der Regenzeit und gibt ihnen seine Kraft und Position. Daraus ergibt sich, dass ihm derjenige, der die *Līlās* von Gottes *Bhaktas* besingt, ebenso lieb oder noch lieber ist, wie derjenige, der nur von Gottes *Līlās* singt.

Frau Deos Udyapan-Zeremonie

Herr B. V. Deo war Finanzbeamter in Dahanu im Thana-Distrikt. Seine Mutter hatte etwa 30 Gelübde eingehalten und es wurde deshalb eine Abschlusszeremonie *(udyapan)* veranstaltet, zu der die Speisung von einhundert bis zweihundert Brahmanen gehörte. Herr Deo legte einen Termin fest und schrieb einen Brief an Bapusaheb Jog, in dem er ihn ersuchte, an seiner Stelle Sai Baba zu bitten, an dem Essen teilzunehmen, weil die Zeremonie ohne Seine Gegenwart nicht gebührend durchgeführt werden könne.

Bapusaheb las Baba den Brief vor. Baba nahm diese Einladung aus einem reinen Herzen sorgfältig zur Kenntnis und sagte: „Ich denke immer an denjenigen, der meiner gedenkt. Ich benötige keine Transportmittel wie Wagen, Droschke, Zug oder Flugzeug. Ich eile zu demjenigen, der mich liebevoll ruft, und manifestiere mich für ihn. Sende ihm ein freundliches Antwortschreiben und teil ihm mit, dass wir zu dritt, ich, du und eine dritte Person, kommen und teilnehmen werden." Herr Jog informierte Herrn Deo über das, was Baba ihm gesagt hatte. Herr Deo war sehr erfreut, doch wusste er, dass Baba niemals persönlich an irgendeinen Ort ging, außer nach Rahata, Rui und Nimgaon. Er dachte aber auch, dass für Baba nichts unmöglich sei, weil Er allesdurchdringend war und plötzlich in irgendeiner Gestalt, die Ihm gefiel, kommen und Seine Worte somit wahr machen konnte.

Einige Zeit vor diesem Ereignis erschien ein *Samnyasin* in bengalischer Kleidung und gab vor, zum Schutz der Kühe zu arbeiten. Er ging zum Bahnhofsvorsteher in Dahanu, um Spenden zu sammeln; dieser sagte ihm, er solle in die Stadt zum Finanzbeamten gehen und mit dessen Hilfe Gelder einsammeln. Zufällig erschien Herr Deo gerade zu diesem Zeitpunkt. Der Bahnhofsvorsteher stellte ihm den *Samnyasin* vor und beide saßen dann auf dem Bahnsteig und redeten miteinander. Herr Deo erzählte dem *Samnyasin,* dass der bedeutende Bürger Rao Saheb Narottam Shetti bereits eine Spendenliste für andere Wohltätigkeitszwecke in Umlauf gebracht habe und es daher nicht gut sei, eine weitere Spendenliste zu beginnen. Er solle besser nach zwei bis vier Monaten noch einmal wiederkommen. Als der *Samnyasin* das hörte, verließ er den Ort.

Nach einem Monat kam der *Samnyasin* in einer Droschke und hielt etwa gegen 10 Uhr morgens vor Herrn Deos Haus. Herr Deo dachte, er käme wegen der Spenden. Als der *Samnyasin* ihn mit den Vorbereitungen für die Zeremonie beschäftigt sah, sagte er, er komme nicht des Geldes wegen sondern zum Essen. Herr Deo entgegnete: „Schön, das freut mich. Sei willkommen, das Haus gehört dir." Der *Samnyasin* fügte hinzu: „Es sind noch zwei junge Männer mit mir gekommen." Herr Deo: „Gut, bring sie mit." Es waren noch zwei Stunden bis zum Mittagessen und Herr Deo erkundigte sich, wo er sie denn abholen lassen solle. Der *Samnyasin* erwiderte, das sei nicht nötig, da er selbst zur angegebenen Zeit kommen werde. Herr Deo bat ihn daraufhin, gegen 12 Uhr zu kommen. Genau um 12 Uhr mittags erschien das Trio und nahm an der Gesellschaft teil. Nachdem es gegessen hatte, ging es wieder fort.

Als die Zeremonie vorüber war, schrieb Deo einen Brief an Bapusaheb Jog, in dem er sich beklagte, dass Baba sein Versprechen nicht eingehalten habe. Jog ging mit dem Brief zu Baba, doch bevor dieser geöffnet wurde, sprach Baba: „Ah, er sagt, dass ich ihm versprochen hätte zu kommen, aber das Versprechen nicht eingehalten hätte. Teil ihm mit, dass ich bei seinem Essen dabei gewesen bin, er mich aber nicht erkannt hat. Weshalb hat er mich dann überhaupt gerufen? Berichte ihm, dass er gedacht hat, der *Samnyasin* sei gekommen, um nach der Geldspende zu fragen. Ich habe ihm seinen Zweifel darüber nicht genommen. Aber hatte ich nicht gesagt, dass ich mit zwei weiteren Personen kommen würde? Und ist das Trio nicht zur rechten Zeit erschienen, um an dem Essen teilzunehmen? Um mein Wort zu halten, würde ich mein Leben opfern, ich werde niemals wortbrüchig." Diese Antwort erfreute Jogs Herz, und er gab jeden Satz an Deo weiter.

Als Herr Deo den Brief las, brach er in Freudentränen aus. Aber er nahm sich gedanklich ins Gebet, dass er Baba fälschlicherweise beschuldigt hatte. Er staunte, wie er durch das erste Zusammentreffen mit dem *Samnyasin,* der wegen einer Geldspende zu ihm gekommen war, getäuscht wurde und wie er ebenfalls die Bedeutung der Worte des *Samnyasin,* dass er noch mit zwei weiteren Personen zum Essen komme, nicht erkannt hatte.

Diese Geschichte macht deutlich, dass der *Sadguru* dafür sorgt, dass alle religiösen Veranstaltungen in den Häusern der *Devotees* vorschriftsmäßig ausgeführt werden, wenn sie sich ihm vollkommen ergeben haben.

Hemadpants Holi-Abendessen

Nun folgt eine weitere Geschichte, die zeigt, wie Baba in der Form seines Bildes erschien und den Wunsch seines *Devotees* erfüllte.

Im Jahr 1917, an einem Vollmondmorgen, hatte Hemadpant eine Vision. Baba erschien ihm im Traum in Gestalt eines gutgekleideten *Samnyasin,* weckte ihn auf und sagte, dass er an diesem Tag zu ihm zum Essen kommen werde. Das Wecken war ein Teil des Traumes. Als er völlig wach war, sah er weder Sai noch einen *Samnyasin.* Doch als er den Traum überdachte, erinnerte er sich an jedes Wort, das der *Samnyasin* geäußert hatte. Obwohl er mit Baba seit sieben Jahren in

Kontakt war und immer über ihn meditierte, erwartete er niemals, dass Baba zu ihm nach Hause zum Essen kommen würde. Er war jedoch sehr erfreut über Babas Worte und ging zu seiner Frau, um ihr zu sagen, dass ein *Samnyasin* als Gast zum Essen kommen werde und dass sie etwas mehr Reis zubereiten solle. Es war gerade *Holi*-Tag. Sie erkundigte sich, wer der Gast sei und woher er komme. Um sie nicht in die Irre zu führen und kein Missverständnis aufkommen zu lassen, sagte er ihr die Wahrheit und erzählte ihr von dem Traum. Zweifelnd fragte sie, ob es wohl möglich sei, dass Baba von Shirdi nach Bandra käme und auf all die guten Speisen dort verzichtete, um ihre grobe Nahrung zu sich zu nehmen. Hemadpant versicherte ihr, dass Baba möglicherweise nicht persönlich erscheinen, sondern dass er wohl in der Gestalt eines Gastes am Essen teilnehmen werde und dass sie nichts verlören, wenn sie etwas mehr Reis zubereitete.

Daraufhin wurde das Essen gekocht, das zum Mittag fertig war. Die *Holi*-Andacht wurde zelebriert und die Blätter, die als Teller dienten, wurden ausgebreitet und mit Ornamenten *(rangoli)* verziert. Es wurden zwei Reihen gebildet, mit einem zentralen Platz dazwischen, der für den Gast bestimmt war. Alle Mitglieder der Familie, Söhne, Enkel, Töchter, Schwiegersöhne und so weiter, kamen, nahmen ihre Plätze ein, und dann wurden die verschiedenen Gerichte hingestellt. Währenddessen schaute jeder nach dem Gast aus, doch niemand erschien und es war schon nach zwölf. So wurde die Tür geschlossen und verriegelt. Dann wurde *Ghee* serviert. Es war das Zeichen, mit dem Essen zu beginnen. Die formellen Opfer an Vaishvādeva (Feuer) und *Naivedya* für *Shrī Krishna* waren bereits beendet. Man wollte gerade mit dem Essen beginnen, als auf der Treppe deutlich Schritte hörbar wurden. Hemadpant stand sofort auf, öffnete die Tür und erblickte zwei Herren, Ali Mahomed und Moulana Ismu Mujavar. Die beiden entschuldigten sich bei Hemadpant, als sie sahen, dass man gerade mit dem Essen beginnen wollte, und baten ihn, die Störung zu verzeihen. Sie sagten: „Du hast deinen Platz verlassen und bist zu uns gekommen, die anderen warten auf dich, so nimm bitte dieses hier in Empfang; ich werde dir später, wenn es dir passt, die ganze wunderbare Geschichte erzählen." Dabei holte er ein in altes Zeitungspapier gewickeltes Paket unter dem Arm hervor und legte es auf den Tisch. Hemadpant öffnete das Paket und sah zu seinem größten Erstaunen ein großes, schönes Bild von Sai Baba. Er war tief berührt und Tränen strömten ihm aus den Augen und er bekam am ganzen Körper eine Gänsehaut. Er verbeugte sich und legte seinen Kopf auf Babas Füße im Bild.

Er dachte, dass Baba ihn durch dieses Wunder oder *Līlā* gesegnet habe. Aus Neugier fragte er Ali Mahomed, woher er dieses Bild habe. Ali sagte, dass er es in einem Laden erstanden habe, dass er später alle Einzelheiten darüber erzählen werde und dass Hemadpant jetzt zu den anderen gehen solle, da sie alle auf ihn warteten. Hemadpant bedankte sich bei ihm, verabschiedete sich von den beiden und ging zurück ins Esszimmer. Das Bild wurde auf den Platz in der Mitte gestellt, der für den Gast reserviert war, und man brachte ihm das gebührende *Naivedya* dar. Daraufhin wurde mit dem Essen begonnen. Alle freuten sich über die schöne Gestalt auf dem Bild und staunten über das ganze Geschehen.

So hatte Sai Baba sein Wort gehalten, das er in Hemadpants Traum gegeben hatte. Die Geschichte des Bildes mit allen Einzelheiten, wie Ali Mahomed es erstanden hatte, weshalb er es kaufte und es Hemadpant gab, ist dem nächsten Kapitel vorbehalten.

Verneige dich vor Shrī Sai – Friede sei mit allen

Kapitel XLI

Die Geschichten vom Bild, vom Lumpenstehlen und vom Lesen im Buch Jnaneshwari

Wie im letzten Kapitel erwähnt, befassen wir uns jetzt mit der Geschichte des Bildes. Neun Jahre nach diesem Ereignis sah Ali Mahomed Hemadpant wieder und erzählte ihm die folgende Geschichte.

Eines Tages, als er in den Straßen von Bombay umherwanderte, kaufte er das Bild von einem Straßenhändler, ließ es rahmen und hängte es an eine Wand in seinem Haus in Bandra, einem Vorort von Bombay. Da er Baba liebte, nahm er täglich *Darshan* vor Babas Bild. Drei Monate bevor er das Bild Hemadpant gab, litt er an einem Abszess an seinem Bein. Er wurde operiert und erholte sich davon im Haus seines Schwagers, Herrn Noor-Mahomed Peerbhoy, in Bombay.

Drei Monate lang war also sein Haus in Bandra verschlossen und niemand lebte dort. Nur die Bilder der berühmten Heiligen Baba Abdul Rahiman, Moulanasaheb Mahomed Hussain, Sai Baba, Baba Tajudin und einiger anderer Heiliger befanden sich dort. Das Rad der Zeit verschonte nicht einmal diese. Er lag krank und leidend in Bombay. Aber weshalb sollten die Bilder dort in Bandra leiden? Es schien, als ob auch sie dem Kommen und Gehen (Geburt und Tod) unterlägen. Alle Bilder wurden vom Schicksal heimgesucht, doch bis jetzt konnte mir niemand erklären, wie Sai Babas Bild davon verschont geblieben war. Das beweist Sais Allgegenwart und seine unergründliche Kraft.

Vor vielen Jahren hatte Ali ein Bild des heiligen Baba Abdul Rahiman von Mahomed Hussain Thariyatopan bekommen. Er gab es seinem Schwager, Noor-Mahomed Peerbhoy, und dort lag es acht Jahre lang in der Schublade eines Tisches. Als Noor Mahomed es später wiederfand, brachte er es zu einem Fotografen und ließ Abzüge in Lebensgröße davon machen. Die Kopien verteilte er an seine Verwandten und Freunde, auch Ali Mahomed erhielt eine davon, die er in seinem Haus in Bandra an die Wand hängte. Noor-Mahomed war ein Schüler des Heiligen Abdul Rahiman. Als er das Bild seinem *Guru* während eines *Darbars* gab, wurde dieser wütend, verprügelte ihn und trieb ihn hinaus. Er war sehr traurig und deprimiert. Nun hatte er soviel Geld dafür ausgegeben, dachte er, und rief auch noch das Missfallen seines *Gurus* und dessen Ärger hervor. Weil seinem *Guru* die Bildanbetung missfiel, nahm er das vergrößerte Bild mit zum Apollo-Hafen, fuhr mit einem gemieteten Boot aufs Meer und warf es ins Wasser. Auch bat er seine Freunde und Verwandten um Rückgabe der Kopien, und nachdem er alle sechs zurückerhalten hatte, ließ er sie von einem Fischer in Bandra ins Meer werfen.

Zu dieser Zeit war Ali Mahomed im Hause seines Schwagers. Man sagte ihm, dass sein Leiden aufhöre, wenn er die Bilder der Heiligen ins Meer werfen ließe. Als Ali das vernahm, schickte er seinen Manager nach Bandra und ließ ihn alle Heiligenbilder aus seinem Haus entfernen und ins Meer werfen.

Nach drei Monaten kehrte Ali nach Hause zurück und war erstaunt, das Bild von Baba wie eh und je an der Wand hängen zu sehen. Er verstand nicht, wieso sein Manager alle Bilder entfernt hatte bis auf dieses eine. Sofort nahm er es von der Wand und legte es in seinen

Schrank, weil er fürchtete, dass sein Schwager es vernichtete, wenn er es sähe. Während er darüber nachdachte, wie er sich von dem Bild trennen könnte und wer es erhalten sollte und gut beschützen würde, schlug ihm Sai Baba sozusagen selbst vor, dass er Moulana Ismu Mujavar aufsuchen und sich an dessen Rat halten solle. Er traf Moulana und erzählte ihm alles. Nach reiflicher Überlegung entschlossen sich beide, das Bild Annasaheb (Hemadpant) zu schenken, der es gut beschützen würde. Daraufhin gingen beide zu Hemadpant und übergaben ihm das Bild zur rechten Zeit.

Diese Geschichte zeigt, dass Baba Vergangenheit, Gegenwart und Zukunft kannte und wie geschickt er die Fäden zog und die Wünsche seiner *Devotees* erfüllte.

Die nun folgende Geschichte macht deutlich, dass Baba jene Personen besonders liebte, die wahres Interesse an spirituellen Angelegenheiten hatten, und dass er all ihre Schwierigkeiten beseitigte und sie glücklich machte.

Lumpen stehlen und Jnaneshwari lesen

Herr B. V. Deo wollte seit langem das Buch *Jnaneshwari* und andere heilige Schriften lesen. Er konnte zwar täglich ein Kapitel aus der *Bhagavadgita* und Texte aus anderen Büchern lesen, aber jedes Mal, wenn er das *Jnaneshwari* zur Hand nahm, hatte er Schwierigkeiten, und es war ihm nicht möglich, es zu lesen.

Er nahm drei Monate Urlaub, reiste nach Shirdi und dann weiter zur Erholung in sein Heim in Poud. Dort las er andere Bücher, aber jedes Mal wenn er das *Jnaneshwari* öffnete, kamen böse oder ablenkende Gedanken in ihm auf, die ihn vom Lesen abhielten. Er versuchte alles, war aber nicht fähig, auch nur ein paar Sätze aus diesem Buch ohne Mühe zu lesen. Er wünschte sich, Baba möge in ihm Liebe für das Buch aufkommen lassen und ihm sagen, er solle es lesen. Erst dann, so beschloss er, würde er damit beginnen und nicht eher.

Im Februar 1914 reiste Deo mit seiner Familie nach Shirdi. Dort fragte ihn Jog, ob er denn täglich das *Jnaneshwari* lese. Deo antwortete ihm, dass er es gerne lesen wolle, aber erfolglos sei und erst weitermachen würde, wenn Baba ihm den Auftrag dazu gebe. Jog gab ihm den Rat, Baba ein Exemplar des Buches zu geben und mit dem Lesen zu beginnen, nachdem er es von ihm gesegnet zurückerhalten habe. Deo entgegnete ihm, dass er nicht so vorgehen wolle, da Baba doch sein Herz kenne. Würde er nicht von seinem Wunsch wissen und ihn zufriedenstellen mit der klaren Anweisung, es zu lesen? Deo ging daraufhin zu Baba und spendete eine Rupie als *Dakshinā*. Baba forderte 20 Rupien, und er gab sie ihm.

Am Abend traf Deo Herrn Balakram und erkundigte sich bei ihm, wie er sich Babas Gnade und Segen gesichert habe. Balakram sagte, dass er ihm alles am nächsten Tag nach dem *Arati* erzählen werde. Als Deo am nächsten Tag zum *Darshan* ging, bat Baba um 20 Rupien, die er auch bereitwillig gab. Weil die *Masjid* überfüllt war, ging Deo zur Seite und setzte sich in eine Ecke. Aber Baba forderte ihn auf, sich ruhig näher zu ihm zu setzen.

Nachdem das Mittags-*Arati* vorüber war und die Leute gegangen waren, traf Deo Balakram wieder und erkundigte sich nach dessen Geschichte, was Baba ihm erzählt habe und wie ihm Meditation gelehrt worden sei. Balakram wollte gerade antworten, als Baba den leprakranken *Devotee* Chandru beauftragte, Deo zu holen. Baba fragte Deo, mit wem und was er da geredet habe. Er antwortete, dass er mit Balakram gesprochen und durch ihn von Babas Ruhm gehört habe. Daraufhin forderte Baba noch einmal 25 Rupien *Dakshinā*. Deo gab sie gern. Baba nahm ihn dann mit hinein, setzte sich in die Nähe des Pfostens und griff ihn an, indem er sagte: „Du hast ohne mein Wissen meine Lumpen gestohlen." Deo verneinte jegliche Kenntnis von den

Lumpen, doch Baba bat ihn, danach zu suchen. Er suchte, fand aber keine. Da wurde Baba ärgerlich und sagte: „Es ist niemand hier, du bist der einzige Dieb. So grauhaarig und alt wie du bist, bist du zum Stehlen hierher gekommen." Danach verlor Baba die Beherrschung, wurde furchtbar zornig und schimpfte ihn nach allen Regeln der Kunst aus. Deo blieb still, beobachtete nur und dachte bei sich, dass er womöglich auch noch Schläge bekäme. Aber nach etwa einer Stunde sagte Baba zu ihm, er solle zum *Wada* gehen. Er ging also zum *Wada* und erzählte Jog und Balakram, was vorgefallen war.

Am Nachmittag ließ Baba alle zu sich rufen, auch Deo, und sagte, dass seine Worte dem alten Mann (Deo) wehgetan haben mochten, aber weil er doch den Diebstahl begangen habe, habe er nicht schweigen können. Dann wollte Baba wiederum 12 Rupien haben. Deo sammelte den Betrag ein, zahlte und fiel vor Baba nieder. Daraufhin sagte Baba zu ihm: „Lies täglich im ‚Pothi' *(Jnaneshwari)*. Geh nun! Setz dich ins *Wada,* lies täglich regelmäßig etwas und dann erkläre allen anderen mit Liebe und Hingabe, was du gelesen hast. Ich sitze hier und bin bereit, dir das goldbestickte kostbare Tuch zu geben. Warum gehst du dann zu anderen, um Lumpen zu stehlen? Und weshalb solltest du dir das Stehlen angewöhnen?"

Deo war hocherfreut über Babas Worte, denn er hatte ihm gesagt, er solle das Buch *Jnaneshwari* lesen. Jetzt hatte er bekommen, was er wollte, und würde von nun an das Buch mühelos lesen können. Wieder fiel er vor Baba nieder und sagte, dass er sich Ihm ergeben habe und wie ein Kind behandelt werden solle und dass Er ihm beim Lesen helfen möge. Da erkannte er, was Baba mit „Lumpen stehlen" gemeint hatte. Wonach er Balakram gefragt hatte, waren „die Lumpen", und Baba gefiel sein Verhalten nicht, denn Er war ja bereit, jede Frage zu beantworten und wollte deshalb nicht, dass dieser andere befragte und vergebliche Nachforschungen anstellte. Deshalb hatte Er ihn angegriffen und beschimpft. Deo fand, dass Er ihn nicht wirklich „angegriffen und beschimpft" habe, sondern ihn lehrte, dass Er bereit sei, seine Wünsche zu erfüllen und es nicht nötig sei, andere zu befragen. Deo betrachtete diese Beschimpfungen als Blumen und nahm sie als Segen an; er reiste glücklich und zufrieden nach Hause zurück.

Die Geschichte ist hier noch nicht zu Ende. Baba beließ es nicht nur bei der Anordnung zu lesen, sondern ging innerhalb eines Jahres zu Deo und erkundigte sich nach seinem Fortschritt. Am 2. April 1914, einem Donnerstag, gab Baba ihm morgens eine Traum-Vision. Er saß im oberen Stockwerk und fragte ihn, ob er das „Pothi" *(Jnaneshwari)* verstehe. „Nein", antwortete Deo. Baba: „Wann wirst du es denn verstehen?" Deo brach in Tränen aus und sagte: „Bevor du mir nicht deine Gnade schenkst, ist das Lesen lediglich eine Plage und das Verstehen noch schwieriger." Baba: „Du liest es zu hastig. Lies es vor mir, in meiner Gegenwart." Deo: „Was soll ich lesen?" Baba: „Lies *Adhyātma* (über Spiritualität)." Deo ging das Buch holen, da erwachte er und öffnete die Augen. Wir überlassen es dem Leser, sich vorzustellen, welche unaussprechliche Freude und Glückseligkeit Deo nach dieser Vision empfand.

Verneige dich vor Shrī Sai – Friede sei mit allen

Kapitel XLII

Baba geht von uns (Teil 1)

Die vorherige Ankündigung – Abwendung von Ramachandra Dada Patils und Tatya Kote Patils Tod – Wohltätigkeit für Laxmibai Shinde – Der letzte Augenblick

Die Geschichten des letzten Kapitels haben gezeigt, dass das Licht der Gnade des *Gurus* unsere Angst vor dem weltlichen Dasein beseitigt, den Pfad zur Befreiung öffnet und unser Elend in Glück wandelt. Wenn wir immer an die Füße des *Sadgurus* denken, haben unsere Mühen ein Ende, verliert der Tod seinen Stachel und wird das Elend dieser weltlichen Existenz ausgelöscht. Deshalb sollten all jene, die auf ihr Wohlergehen bedacht sind, aufmerksam diesen Geschichten von Sai Samarth lauschen, um ihren Geist (mind) zu läutern.

Die vorherige Ankündigung

Die Leser haben bisher die Geschichten über Babas Leben erfahren. Nun werden wir über Babas Ableben berichten.

Am 28. September 1918 hatte Baba einen leichten Fieberanfall. Das Fieber dauerte zwei oder drei Tage an, danach hörte er auf zu essen und wurde immer schwächer. Am 17. Tag, nämlich am Dienstag, den 15. Oktober 1918, verließ Baba gegen 2:30 Uhr nachmittags seine sterbliche Hülle (siehe Professor G. G. Narkes Brief an Dadasaheb Khaparde vom 5. November 1918, der im „Sai Leela Magazine", erster Jahrgang, Seite 78, veröffentlicht wurde).

Zwei Jahre zuvor, 1916, machte Baba eine Andeutung über seinen Tod, doch zu dieser Zeit verstand sie niemand. Es geschah wie folgt: Als die Leute am Abend des *Vijayādashamī*-Tages vom *Seemollanghan* (Überschreiten der Grenze) zurückkamen, bekam Baba einen schrecklichen Wutanfall. Er riss seine Kopfbedeckung, sein Gewand und seinen Lendenschurz von sich, zerriss sie und warf alles vor sich ins Feuer. Durch diese Opfergabe genährt, brannte das Feuer lichterloh und Baba erstrahlte noch heller. Er stand da, splitternackt, mit brennend roten Augen und schrie: „Ihr Burschen, jetzt schaut und entscheidet endlich, ob ich ein Muslim oder ein Hindu bin." Alle zitterten vor Angst und niemand wagte es, sich ihm zu nähern.

Nach einer Weile ging Bhagoji Shinde, der leprakranke *Devotee,* mutig zu Baba, wickelte erfolgreich einen Lendenschurz um seine Hüfte und sagte: „Baba, was soll das alles? Heute ist *Seemollanghan.*" Doch Baba schlug mit seinem Stock auf den Boden und sagte: „Dies ist mein Überschreiten der Grenze, mein *Seemollanghan.*" Baba beruhigte sich nicht so bald und die Menschen bezweifelten schon, ob die *Chavadi*-Prozession an jenem Abend überhaupt stattfände. Nach einer Stunde wurde Baba wieder ruhig, bekleidete sich wie üblich und nahm an der *Chavadi*-Prozession teil.

Durch diesen Vorfall ließ Baba wissen, dass *Dasara* die richtige Zeit für ihn war, die Grenze des Lebens zu überschreiten. Aber damals verstand niemand diesen Hinweis. Es gab auch noch ein weiteres Zeichen im Hinblick auf seinen Tod, und zwar wie folgt.

Das Abwenden von Ramachandra und Tatya Patils Tod

Kurze Zeit danach wurde Ramachandra Dada Patil ernsthaft krank und litt sehr. Alle Heilmittel probierte er aus, aber nichts half, und so wartete er auf den letzten Augenblick. Eines Nachts stand Baba plötzlich um Mitternacht in der Nähe seines Kopfkissens. Patil umfasste Seine Füße und sagte: „Ich habe alle Hoffnung aufgegeben, bitte sag mir klar und eindeutig, wann ich sterbe." Der barmherzige Baba sagte: „Mach dir keine Sorgen, dein Hinrichtungsbefehl (hundi) ist zurückgezogen worden und es wird dir bald besser gehen. Doch ich fürchte um Tatya Patil. Er wird am *Vijayādashamī*-Tag 1918 sterben. Gib dies niemandem preis, auch ihm nicht, denn er würde sich schrecklich ängstigen."

Ramachandra Dada ging es bald besser, aber er machte sich Sorgen um Tatya, denn er wusste, dass Babas Wort unfehlbar war und Tatya innerhalb von zwei Jahren seinen letzten Atemzug tun würde. Er hielt diesen Hinweis geheim und sagte es niemandem außer Bala Shimpi, einem Schneider. Nur diese beiden Personen machten sich um Tatyas Leben Sorgen.

Ramachandra Dada konnte das Bett bald verlassen und war wieder auf den Beinen. Die Zeit verging schnell und der von Baba genannte Tag rückte näher. Wie Baba vorausgesagt hatte, erkrankte Tatya, er wurde bettlägerig und konnte nicht mehr zu Babas *Darshan* kommen. Baba lag ebenfalls mit Fieber darnieder. Tatya vertraute Baba vollkommen und Baba Gott *Hari,* der Sein Beschützer war. Tatyas Krankheit verschlimmerte sich und er konnte sich nicht mehr rühren, doch er dachte ständig an Baba. Babas Gesundheitszustand verschlimmerte sich ebenfalls. Der vorausgesagte Tag, nämlich *Vijayādashamī*, stand bevor und Ramachandra Dada und Bala Shimpi bangten schrecklich um Tatya. Sie zitterten und schwitzten vor Angst und dachten, dass Tatyas Ende nahe sei. *Vijayādashamī* begann und

Tatyas Puls schlug nur noch sehr langsam. Man nahm an, dass er in Kürze sterben würde. Doch es geschah etwas Seltsames. Tatya blieb am Leben, sein Tod wurde abgewendet und an seiner Stelle verließ Baba seine sterbliche Hülle. Es schien, als ob ein Austausch stattgefunden hätte. Die Leute sagten, dass Baba sein Leben für Tatya aufgegeben habe. Warum tat er dies? Er allein weiß es, denn seine Wege sind unergründlich.

Dadurch, dass Baba Tatyas Namen anstelle seines Namens setzte, schien Baba einen Hinweis auf sein eigenes Ableben gegeben zu haben.

Am 16. Oktober morgens erschien Baba Das Ganu in Phandarpur im Traum und sagte zu ihm: „Die *Masjid* ist zusammengebrochen, alle Ölhändler und Lebensmittelhändler haben sich viel über mich lustig gemacht, also verlasse ich den Ort. Deshalb bin ich gekommen, um dich zu informieren. Bitte eile schnell dorthin und bedecke mich mit Blumen." Das Ganu erhielt auch durch Briefe die Nachricht aus Shirdi. So ging er mit seinen Schülern nach Shirdi, begann mit *Kirtans* und sang den Namen des Herrn den ganzen Tag vor Babas *Samādhi*. Er band eine schöne Girlande aus Blumen, die mit dem Namen Gottes geschmückt war, und legte sie auf Babas *Samādhi*. Anschließend verteilte er in Babas Namen großzügig Nahrung an alle.

Wohltätigkeit für Laxmibai Shinde

Dasara oder *Vijayādashamī* wird von allen Hindus als eine ganz besonders günstige Zeit angesehen, und es war angemessen, dass Baba diese Zeit für sein „Überschreiten der Grenzlinie" wählte. Obwohl er einige Tage vorher krank gewesen war, war er sich innerlich stets seiner Selbst bewusst. Kurz vor dem letzten Augenblick sah er besser aus und setzte sich ohne Hilfe anderer aufrecht hin, und die Leute dachten, dass die Gefahr vorüber sei. Er wusste aber, dass er bald gehen würde und deshalb wollte er Laxmibai Shinde etwas Gutes tun und ihr Geld geben.

Diese Laxmibai Shinde war eine gute und wohlhabende Frau. Sie arbeitete Tag und Nacht in der *Masjid*. Außer Bhagat Mhalsapati, Tatya und Laxmibai war es niemandem erlaubt, nachts die *Masjid* zu betreten. Eines Abends, während Baba mit Tatya in der *Masjid* saß, kam Laxmibai und begrüßte Baba ehrfürchtig. Baba sagte zu ihr: „O Laxmibai, ich bin sehr hungrig." Schon eilte sie davon und sagte noch: „Baba, warte ein wenig, ich komme sofort mit Brot zurück." Sie kehrte mit Brot und Gemüse zurück und legte es vor Baba hin. Er hob es auf und gab es einem Hund. Da fragte ihn Laxmibai: „Baba, was soll das denn! Ich bin in Eile losgelaufen, um für dich das Brot mit eigenen Händen zuzubereiten, und du wirfst es dem Hund hin, ohne auch nur einen Bissen davon zu nehmen. Du hast mir unnötigerweise Mühe bereitet." Baba antwortete: „Warum sorgst du dich umsonst? Den Hunger des Hundes zu stillen, ist dasselbe, wie meinen Hunger zu stillen. Der Hund hat eine Seele. Die Geschöpfe mögen verschieden sein, aber Hunger ist allen gemeinsam, auch wenn manche sprechen und andere stumm sind. Wisse, dass derjenige, der die Hungrigen speist, in Wahrheit mich mit Nahrung versorgt. Betrachte dies als grundsätzliche Wahrheit." Es war eine gewöhnliche Begebenheit, aber Baba veranschaulichte hierdurch eine große spirituelle Wahrheit und wies auf deren praktische Anwendung im täglichen Leben hin, ohne die Gefühle anderer zu verletzen.

Von da an brachte Laxmibai ihm täglich voller Liebe und Hingabe Brot und Milch. Baba nahm beides und aß es mit aller Wertschätzung. Er nahm einen Teil davon zu sich und schickte das, was übrigblieb, durch Laxmibai zu Radha-Krishna-Mai, die immer Babas übriggebliebenen *Prasad* genoss.

Diese Brot-Geschichte sollte nicht für eine Abschweifung gehalten werden, denn sie zeigt wie Sai Baba alle Geschöpfe durchdringt und sie transzendiert. Er ist allgegenwärtig, ohne Geburt, ohne Tod, unsterblich.

Kurz bevor Baba seinen Körper verließ, dachte er an Laxmibais selbstlosen Dienst. Wie könnte er sie vergessen? Er steckte die Hand in seine Tasche und gab ihr erst 5 und dann 4 Rupien, insgesamt 9 Rupien. Diese Zahl neun steht symbolisch für die neun Arten der Hingabe, die in Kapitel 21 beschrieben wurden; es könnte aber auch *Dakshinā* gewesen sein, das zur Zeit des *Seemollanghan* geopfert wird.

Laxmibai war eine wohlhabende Frau und brauchte wirklich kein Geld. Baba könnte auch ihre Aufmerksamkeit auf die neun Eigenschaften eines guten Schülers gerichtet haben, wie sie im 6. Vers, Kapitel 10, Zeile 11 des Bhagvat erwähnt werden. Dort werden im ersten und zweiten Reimpaar erst fünf und dann vier Eigenschaften aufgezählt. Baba hielt die Reihenfolge ein und gab erst 5 und dann 4 Rupien, insgesamt 9 Rupien. Nicht nur 9, sondern viele Male 9 Rupien gingen durch Laxmibais Hände, doch dieses Geschenk der Neun wird sie immer in Erinnerung behalten haben.

Da Baba so aufmerksam und bewusst war, traf er in seinem letzten Augenblick auch andere Vorkehrungen. Um nicht in die Liebe und Zuneigung für seine *Devotees* verwickelt zu werden, schickte er sie fort. Kakasaheb Dixit, Bapusaheb Booty und andere warteten, um Baba besorgt, in der *Masjid,* doch er sagte ihnen, sie sollten zum *Wada* gehen und nach dem Essen zurückkehren. Sie mochten Baba zwar nicht verlassen, konnten sich aber auch seinen Anweisungen nicht widersetzen. So gingen sie schweren Herzens und mit zögernden Schritten zum *Wada*. Sie wussten, dass Babas Zustand sehr ernst war und sie ihn nicht vergessen konnten. Sie saßen beim Essen, doch ihre Gedanken und Gefühle waren woanders, sie waren bei Baba.

Bevor sie fertig waren, kam die Nachricht, dass Baba seine sterbliche Hülle verlassen hatte. Sie ließen alles stehen und liegen, rannten zur *Masjid* und sahen wie Baba am Ende auf Bayajis Schoß ruhte. Er fiel weder auf den Boden, noch lag er auf seinem Bett, sondern saß still auf seinem Platz und verließ seine sterbliche Hülle, während er mit eigenen Händen Almosen gab.

Die Heiligen kommen mit einer bestimmten Mission in die Welt und gehen wieder, so still und leicht wie sie gekommen sind, wenn diese erfüllt ist.

Verneige dich vor Shrī Sai – Friede sei mit allen

Kapitel XLIII & XLIV

Babas Tod (Teil 2)

Vorbereitung – Samādhi-Mandir – Zerbrechen des Ziegelsteines – 72 Stunden Samādhi – Jogs Samnyās – Babas nektargleiche Worte

Die Kapitel 43 und 44 haben die Geschichte von Babas Tod fortgesetzt und wurden deshalb zusammengefasst.

Es ist allgemeiner Brauch unter den Hindus, dem Sterbenden aus einer guten religiösen Schrift vorzulesen. Die tiefere Bedeutung liegt darin, dass sein Geist von weltlichen Dingen zurückgezogen und auf spirituelle Themen ausgerichtet wird, damit der künftige Fortschritt natürlich und leicht vollzogen werden kann.

Jeder kennt die Geschichte von König *Parikshit,* der von dem Sohn des Brahmanen-*Rishis* verflucht wurde und nach einer Woche sterben sollte, und wie der große Seher *Shuka* ihm dann in jener Woche das berühmte *Bhagavatapurana* erläuterte. Diese Sitte wird auch heute noch eingehalten, und den Sterbenden wird aus der *Bhagavadgita,* dem *Bhagavatam* und anderen heilige Schriften vorgelesen.

Baba, eine Verkörperung Gottes, brauchte diese Hilfe nicht. Aber um den Menschen ein Beispiel zu geben, folgte er dem Brauch. Als er wusste, dass er bald sterben würde, gab er Herrn Vaze Anordnung, ihm die Ramavijaya vorzulesen. Herr Vaze las das Buch einmal in einer Woche. Dann bat Baba ihn, es Tag und Nacht vorzulesen und er beendete die zweite Lesung in drei Tagen. So vergingen elf Tage. Dann las er es noch einmal drei Tage lang und war erschöpft. So ließ Baba ihn gehen und blieb selbst still. Er blieb in seinem Selbst versunken und wartete auf den letzten Augenblick.

Zwei oder drei Tage vorher hatte Baba seine morgendlichen Spaziergänge und Bettelgänge eingestellt und saß in der *Masjid.* Er war bis zum Schluss bewusst und riet den *Devotees,* nicht den Mut zu verlieren. Niemanden ließ er die genaue Zeit seines Ablebens wissen. Kakasaheb Dixit und Shriman Booty aßen täglich in der *Masjid* mit ihm zu Mittag.

Aber am 15. Oktober nach dem *Arati,* bat er sie, zum Essen nach Hause zu gehen. Dennoch blieben einige dort, wie zum Beispiel Laxmibai Shinde, Bhagoji Shinde, Bayaji, Laxman Bala Shimpi und Nanasaheb Nimonkar. Shama saß auf den Stufen. Nachdem Baba Laxmibai Shinde 9 Rupien gegeben hatte, sagte er, dass er sich dort (in der *Masjid)* nicht wohlfühle und von Booty zum Stein-*Wada* gebracht werden wolle, wo es ihm besser gehen würde. Während er diese letzten Worte äußerte, lehnte er sich an Bayajis Körper und tat seinen letzten Atemzug.

Bhagoji merkte, dass er aufgehört hatte zu atmen, und sagte es sofort Nanasaheb Nimonkar, der unten saß. Nanasaheb brachte etwas Wasser und schüttete es in Babas Mund. Es kam wieder heraus. Dann schrie er laut: „O *Deva.*“ Baba öffnete nur eben seine Augen und sagte in einem tiefen Ton „Ah“. Doch es war bald offenkundig, dass Baba seinen Körper für immer verlassen hatte.

Die Nachricht von Babas Tod verbreitete sich wie ein Lauffeuer im Dorf Shirdi. Alle Leute, Männer, Frauen und Kinder, rannten zur *Masjid* und fingen an, diesen Verlust auf unterschiedliche Art und

Weise zu betrauern. Einige weinten laut, andere wälzten sich auf der Straße und wieder andere fielen besinnungslos zu Boden. Tränen rannen aus aller Augen und jeder wurde von Trauer überwältigt.

Dann kam die Frage auf, was mit Babas Körper geschehen sollte. Einige Mohammedaner sagten, der Körper solle an einem offenen Platz bestattet und darüber ein Grabmal errichtet werden. Selbst Khushalchand und Amir Shakkar teilten diese Meinung. Aber Ramachandra Patil, der Dorfbeamte, sagte mit fester und entschlossener Stimme zu den Dorfbewohnern: „Euer Vorhaben ist für uns nicht akzeptabel. Babas Körper sollte nirgendwo anders als im *Wada* beigesetzt werden." Die Leute waren in diesem Punkt geteilter Meinung, und es wurde 36 Stunden lang darüber diskutiert.

Am Mittwochmorgen erschien Baba Laxman Mama Joshi im Traum, zog ihn mit seiner Hand zu sich heran und sagte: „Steh bald auf. Bapusaheb denkt, dass ich tot sei und deshalb kommt er nicht. Halte du die Andacht und führe das Morgen-*Arati* durch." Laxman Mama war der Dorf-Astrologe und Shamas Onkel mütterlicherseits. Er war ein orthodoxer Brahmane. Jeden Morgen hielt er zuerst die Andacht für Baba und dann für alle Dorf-Gottheiten. Er hatte vollen Glauben an Baba. Nach der Vision kam er mit allen Utensilien für die Andacht, kümmerte sich nicht um die Einwände der Mohammedaner, hielt die Andacht und das Morgen-*Arati* mit den gebührenden Formalitäten und ging fort. Mittags kam Bapusaheb Jog mit allen anderen und führte, wie üblich, die Zeremonie des Mittags-*Arati* durch.

Nachdem nun die Leute Babas Worten den nötigen Respekt gezollt hatten, beschloss man, Babas Körper im *Wada* zu bestatten. Sie fingen an, im mittleren Teil zu graben. Am Dienstagabend kam der Inspektor aus Rahata und ebenso Leute aus anderen Orten. Alle waren mit dem Vorhaben einverstanden.

Am nächsten Morgen kamen Amirbhai aus Bombay und ein Beamter aus Kopergaon, und die Menschen schienen wieder geteilter Meinung zu sein. Manche bestanden darauf, Seinen Körper im offenen Feld zu begraben. Der Beamte führte eine allgemeine Volksbefragung durch, und es stellte sich heraus, dass es zweimal soviel Stimmen für den Vorschlag der Beisetzung im *Wada* gab. Er wollte jedoch die Sache dem Magistrat vortragen, und Kakasaheb Dixit machte sich bereit, selbst nach Ahmednagar zu fahren. In der Zwischenzeit hatten die Leute – durch Babas Inspiration – ihre Meinung geändert und alle waren einstimmig für die Beisetzung im *Wada*.

Am Mittwochabend wurde Babas Körper in einer Prozession zum *Wada* getragen und mit allen gebührenden Formalitäten im mittleren Teil begraben, und zwar an dem Platz, der für Muralidhara *(Krishna)* vorgesehen gewesen war. Baba wurde Muralidhara und das *Wada* wurde zum Tempel und heiligen Schrein, zu dem seither so viele *Devotees* pilgern, um Ruhe und Frieden zu finden. Alle Beisetzungsfeierlichkeiten wurden ordnungsgemäß von Balasaheb Bhate und Upasani, einem großen *Devotee* von Baba, durchgeführt.

An dieser Stelle mag noch erwähnt werden, dass Babas Körper nicht steif wurde, obwohl er 36 Stunden lang aufgebahrt war. Dies wurde von Prof. Narke beobachtet. Alle Körperteile waren beweglich und sein *Kafni* konnte ohne Schwierigkeiten ausgezogen werden.

Zerbrechen des Ziegelsteins

Einige Tage vor Babas Tod kündigte ein verhängnisvolles Zeichen das Ereignis an. In der *Masjid* gab es einen alten Ziegelstein, auf den Baba seinen Arm stützte oder auf dem er saß. Nachts lehnte er sich beim Sitzen dagegen. Das ging viele Jahre so. Eines Tages fegte ein Junge in Babas Abwesenheit den Boden. Er hob den Ziegelstein auf, der ihm aber unglücklicherweise aus der Hand glitt, zu Boden fiel und in zwei Stücke zerbrach.

Als Baba davon erfuhr, trauerte er um den Verlust und weinte: „Es ist nicht der Ziegelstein, sondern mein Schicksal, das in Stücke zerbrochen ist. Er war mein Begleiter, ein Leben lang. Mit ihm habe ich immer über das Selbst meditiert, er war mir so lieb wie mein Leben. Heute hat er mich verlassen."

Hier mag manch einer die Frage aufwerfen: „Weshalb sollte Baba für ein lebloses Ding wie diesen Ziegelstein solchen Kummer äußern?" Hierzu erklärt Hemadpant, dass Heilige in dieser Welt mit der ausdrücklichen Mission inkarnieren, die armen und hilflosen Menschen zu retten. Wenn sie einen Körper annehmen, unter die Leute gehen und mit ihnen leben, so handeln sie wie diese, das heißt äußerlich gesehen lachen, spielen und weinen sie wie alle anderen Menschen, aber innerlich sind sie ihren Pflichten und ihrer Mission gegenüber hellwach.

72 Stunden Samādhi

32 Jahre vorher, das heißt 1886, machte Baba einen Versuch, die „Grenze" zu überschreiten. An einem Vollmondtag hatte Baba einen schweren Asthma-Anfall. Um ihn zu überwinden, beschloss er, sein *Prāna* ganz hochzuziehen und in *Samādhi* zu gehen. Er sagte zu Bhagat Mhalsapati: „Beschütze meinen Körper drei Tage lang. Wenn ich zurückkehre, ist es in Ordnung, wenn nicht, dann begrabt meinen Leichnam dort im freien Gelände und stellt zwei Flaggen als Zeichen auf." Er zeigte in die Richtung. Als er das gesagt hatte, fiel er um. Das war gegen 10 Uhr abends. Sein Atem hörte auf und ebenso sein Puls. Es schien, als ob seine Lebenskraft den Körper verlassen hätte. Alle, einschließlich der Dorfbewohner, kamen und wollten die Todesursache untersuchen und den Körper an dem Platz, auf den Baba gezeigt

hatte, beerdigen. Doch Mhalsapati verhinderte dies; er saß drei Tage lang mit Babas Körper auf dem Schoß und behütete ihn. Nach drei Tagen gab Baba dann gegen 3 Uhr morgens ein Lebenszeichen von sich. Sein Atem setzte wieder ein, der Bauch bewegte sich, seine Augen öffneten sich, er streckte seine Glieder und kam wieder zu Bewusstsein.

Anhand dieser und anderer Erzählungen mögen die Leser beurteilen, ob Sai Baba dieser dreieinhalb *Cubits* große Körper war, in dem er einige Jahre lebte und den er später verließ, oder ob er das innewohnende Selbst war. Der Körper, der aus den fünf Elementen besteht, ist vergänglich und vorübergehend, doch das Selbst darin, die absolute Realität, ist unsterblich und ewig. Dieses reine Sein, Bewusstsein oder *Brahman,* der Regierende und der Lenker der Sinne und des Geistes (mind) – das ist Sai. Das durchdringt alles im Universum und es gibt keinen Raum ohne Es. Um seine Mission zu erfüllen, nahm er den Körper an, und nachdem sie erfüllt war, verließ er den Körper, den begrenzten Aspekt, und nahm wieder seinen unendlichen Aspekt an. Sai lebt ewig. Sein Ableben ist nur äußerlich, doch in Wirklichkeit durchdringt er alle lebendigen und leblosen Dinge und ist deren innerer Lenker und Herrscher. Dies konnte von vielen Menschen erfahren werden, die sich ihm vollkommen ergaben und ihn von ganzem Herzen anbeteten. So wird es selbst heute noch erlebt.

Heute ist es uns nicht mehr möglich, Babas Gestalt zu sehen, aber wenn wir nach Shirdi reisen, so werden wir sein schönes lebensgroßes Portrait vorfinden, das die *Masjid* ziert. Es ist das Gemälde von Shamrao Jaykar, einem berühmten Künstler und bekannten *Devotee* von Baba. Dieses Gemälde kann einem Betrachter mit Vorstellungskraft und Ergebenheit noch heute die Zufriedenheit von Babas *Darshans* geben.

Obwohl Baba jetzt keinen Körper mehr hat, ist er doch in Shirdi und überall gegenwärtig und kümmert sich um das Wohlergehen der *Devotees,* so wie er es zuvor tat, als er noch verkörpert war. Heilige wie Baba sterben nie, denn sie sind in Wirklichkeit Gott selbst, auch wenn sie wie Menschen aussehen.

Bapusaheb Jogs Entsagung

Hemadpant schließt dieses Kapitel mit einer Erzählung über Jogs Entsagung *(samnyās)*. Sakharam Hari, alias Bapusaheb Jog, war der Onkel des berühmten *Varkari* Vishnubuva Jog aus Puna. Er hatte keine Nachkommen. Nach seiner Pensionierung vom Regierungsdienst im Jahr 1909 zog er nach Shirdi und lebte dort mit seiner Frau. Beide liebten Baba und sie verbrachten ihre ganze Zeit damit, ihn anzubeten und ihm zu dienen.

Nach Meghas Tod führte Bapusaheb täglich – bis zu Babas *Mahāsamādhi* – die *Arati*-Zeremonie in der *Masjid* und im *Chavadi* durch. Er hatte auch die Aufgabe, den Bewohnern von Sathes *Wada Jnaneshwari* und *Eknaths* Bhagvat vorzulesen und zu erläutern. So diente er Baba viele Jahre lang und eines Tages fragte er Ihn: „Ich habe dir so lange gedient, aber mein Geist ist immer noch nicht ruhig und gelassen. Wie kommt es, dass mein Kontakt mit Heiligen mich nicht weitergebracht hat? Wann wirst du mich segnen?“ Als Baba das Gebet des *Devotees* vernahm, erwiderte er: „Zu gegebener Zeit werden deine schlechten Taten (deren Frucht oder Ergebnis) vernichtet sein, deine Verdienste und Mängel zu Asche reduziert und ich werde dich als gesegnet betrachten, wenn du alle Bindungen aufgibst, Wollust und Geschmackssinn besiegst und alle Hindernisse überwindest, Gott von ganzem Herzen dienst und dich aufs Betteln verlegst, das heißt *Samnyāsa* annimmst.“ Nach einiger Zeit wurden Babas Worte wahr. Seine Frau starb vor ihm und weil er keine andere Bindung hatte, wurde er frei und nahm *Samnyāsa* an. Vor seinem Tod verwirklichte er das Ziel seines Lebens.

Babas nektargleiche Worte

Der gütige und erbarmungsvolle Sai Baba sprach in der *Masjid* oft die folgenden süßen Worte: „Wer mich über alles liebt, sieht mich immer. Wer mich nicht hat, für den ist die ganze Welt trostlos. Wer immer nur meine Geschichten erzählt, ununterbrochen über mich meditiert und immer meinen Namen singt, wer sich mir völlig ergibt und immer meiner gedenkt, dem fühle ich mich verpflichtet und ich werde seine Schuld begleichen, indem ich ihm Erlösung (Selbsterkenntnis) schenke. Ich bin von dem abhängig, der an mich denkt und sich nach mir verzehrt, der keinen Bissen zu sich nimmt, ohne ihn mir zuerst darzubringen. Wer so zu mir kommt, wird eins mit mir, wie ein Fluss das Meer erreicht und darin aufgeht. Deshalb solltet ihr euch mir, der in eurem Herzen wohnt, ergeben und zwar ohne die geringste Spur von Stolz und Egoismus."

Wer ist dieses „Mir"?

Sai Baba hat viele Male ausführlich erklärt, wer dieses „Mir" (oder „Ich") ist. Er sagte: „Auf der Suche nach mir braucht ihr nicht weit zu reisen oder irgendwohin zu gehen. Abgesehen von eurem Namen und eurer Gestalt gibt es in euch – wie auch in allen Wesen – ein Wissen vom Sein oder ein Bewusstsein vom Sein. Das bin ich. Wenn ihr das wisst, erfahrt ihr mich in euch selbst wie auch in allen anderen Wesen. Wenn ihr dies in die Praxis umsetzt, werdet ihr die Allgegenwart erkennen und somit die Einheit mit mir erreichen."

Hemadpant verneigt sich daher vor dem Leser und bittet ihn demütig und liebevoll, alle Gottheiten, Heiligen und *Devotees* zu lieben und zu achten. Hat Baba nicht oft gesagt: „Wer an anderen etwas auszusetzen hat und sie kritisiert, trifft mich im Herzen und verletzt mich. Doch wer leidet und es erträgt, erfreut mich am meisten." Baba durchdringt somit alle Wesen und Geschöpfe und umgibt sie von allen Seiten. Er ist voller Liebe für alle Wesen. Solcher Nektar, solch reines, glückbringendes Ambrosia, strömte immer von Babas Lippen. Hemadpant kommt daher zu dem Schluss: Jene, die liebevoll von Babas Ruhm singen, und jene, die voll Hingabe zuhören, werden alle eins mit Sai.

Verneige dich vor Shrī Sai – Friede sei mit allen

Kapitel XLV

Kakasahebs Zweifel und Anandraos Vision – Die Holzplanke; Babas Bettgestell, und nicht Bhagats

In den letzten drei Kapiteln haben wir über Babas Ableben geschrieben. Seine physische oder begrenzte Gestalt ist zweifellos unserem Blick verlorengegangen, aber die unendliche und spirituelle Form – Babas Geist (spirit) – lebt ewig. Bis jetzt haben wir uns in aller Ausführlichkeit mit den *Līlās* beschäftigt, die zu seinen Lebzeiten geschahen. Nach seinem Tod gab es weitere *Līlās* und sie finden selbst heute noch statt. Das zeigt deutlich, dass Baba ewig lebt und seinen *Devotees* wie früher hilft. Die Menschen, die zu Babas Lebzeiten mit ihm Kontakt hatten, waren in der Tat glücklich zu schätzen. Wenn aber einer von ihnen nicht Leidenschaftslosigkeit gegenüber den Dingen und Freuden dieser Welt entwickelte und seinen Geist (mind) nicht auf den Herrn ausrichtete, so war es sein Pech. Damals war uneingeschränkte Hingabe zu Baba gewünscht; und das gilt auch heute noch. All unsere Sinne, unsere Sinnesorgane und unser Geist sollten bei der Anbetung von Baba zusammenarbeiten und ihm dienen. Es bringt nichts, wenn man einige Sinnesorgane zur Anbetung nutzt und zulässt, dass andere abgelenkt werden. Will man beten und meditieren, so muss man es mit ganzem Verstand und ganzer Seele tun.

Die Liebe, die eine keusche Frau für ihren Ehemann hegt, wird manchmal mit der Liebe verglichen, die ein Schüler für seinen Meister hat. Und dennoch ist erstere Art der Liebe weit geringer einzuschätzen als Letztere, die unvergleichlich ist. Niemand, sei es nun Vater, Mutter, Bruder oder irgendein anderer Verwandter, kommt uns zu Hilfe, wenn wir das Ziel des Lebens – Selbsterkenntnis – ereichen wollen. Wir müssen den Pfad der Selbsterkenntnis selbst entdecken und ihn dann gehen. Wir müssen zwischen Unwirklichem und Wirklichem unterscheiden, die Dinge und Vergnügungen dieser und der nächsten Welt aufgeben, Sinne und Geist (mind) unter Kontrolle bringen und nur nach Befreiung streben. Statt von anderen Menschen abhängig zu sein, sollten wir vollen Glauben in uns selbst haben. Wenn wir beginnen, Unterscheidungskraft anzuwenden, werden wir erkennen, dass die Welt vergänglich und unwirklich ist. Dann lässt unsere Leidenschaft für weltliche Dinge nach und wir erreichen schließlich Leidenschaftslosigkeit oder Gleichmut. Wenn wir darum wissen, dass Gott *(brahman)* die alleinige Wirklichkeit ist, unser *Guru* kein anderer ist als Er, und dass *Brahman* das scheinbare Universum transzendiert und umgibt, beginnen wir, Es in allen Geschöpfen anzubeten. Beten wir *Brahman* oder den *Guru* in dieser Weise von ganzem Herzen an, werden wir eins mit ihm und erlangen Selbsterkenntnis.

Kurz: Die ständige Wiederholung des Namens des *Gurus* und das Meditieren über ihn befähigen uns, ihn in allen Wesen zu sehen; und das bringt uns ewige Glückseligkeit. Die folgende Geschichte veranschaulicht dies.

Kakasahebs Zweifel und Anandraos Vision

Es ist wohlbekannt, dass Kakasaheb Dixit von Baba den Auftrag bekommen hatte, täglich aus zwei Werken von *Shrī Eknath* vorzulesen:

dem Bhagavat und dem Bhavartha Ramayan. Kakasaheb las sie zu Babas Lebzeiten täglich vor und tat dies auch nach Babas Tod. Eines Morgens las Kakasaheb aus *Eknaths* Bhagvat im Haus von Kaka Mahajani in Choupati, Bombay. Madhavrao Deshpande, alias Shama, und Kaka Mahajani waren auch dort und hörten aufmerksam zu, als der zweite Vers des zweiten Kapitels gelesen wurde. Darin erläuterten die neun *Siddhas* der *Rishabha*-Familie – Kavi, Hari, Antariksha, Prabuddha, Pippalayam, Avirhotra, Drumil, Chamas und Karabhajan – König *Janaka* ausführlich die Prinzipien des Bhagvatdharma. König *Janaka* stellte allen neun *Siddhas* höchst bedeutsame Fragen und jeder beantwortete sie zufriedenstellend. Kavi erklärte, was Bhagvatdharma ist, Hari die Eigenschaften eines *Devotees,* Antariksha was *Maya* ist, Prabuddha wie *Maya* zu überwinden ist, Pippalayam was *Parabrahman* ist, Avirhotra was *Karma* ist; Drumil erläuterte die Inkarnationen Gottes und deren Taten, Chamas wie es einem Nicht-*Devotee* nach dem Tod ergeht, Karabhajan die unterschiedlichen Arten der Anbetung Gottes in den verschiedenen Zeitaltern. Der Kern aller Darlegungen war, dass in diesem *Kaliyuga* ständiges Denken an die Füße des Herrn oder des *Gurus* das einzige Mittel ist, um Befreiung zu erlangen.

Als die Lesung beendet war, sagte Kakasaheb in mutlosem, niedergeschlagenem Ton zu Madhavrao und anderen: „Wie wunderbar ist der Vortrag der neun *Siddhas* über Hingabe *(bhakti).* Wie schwierig ist es aber, sie in die Praxis umzusetzen! Die *Siddhas* waren vollkommen. Aber ist es für Dummköpfe wie uns überhaupt möglich, die von ihnen beschriebene Hingabe zu erreichen? Wir schaffen es selbst nach mehreren Leben nicht. Wie können wir da Erlösung erfahren? Es scheint, dass es keine Hoffnung für uns gibt."

Madhavrao gefiel Kakasahebs pessimistische Haltung nicht. Er sagte: „Wie schade, dass jemand aufgrund von viel Glück ein solches

Juwel *(Guru)* wie Baba bekommen hat und doch so abwertend drauflos jammert. Wenn er unerschütterlichen Glauben an Baba hat, warum sollte er dann beunruhigt sein? Die Hingabe der *Siddhas* mag stark und kraftvoll sein, aber ist unsere Hingabe nicht auch liebevoll und zärtlich? Und hat Baba uns nicht zuverlässig versichert, dass die ständige Erinnerung und das Singen des Namens von *Hari* und des *Gurus* Erlösung verleiht? Wo bleibt da noch Anlass zu Angst und Sorge?"

Kakasaheb war mit Madhavraos Erklärung nicht zufrieden. Er blieb den ganzen Tag über sorgenvoll und unruhig und brütete darüber nach, wie wohl die kraftvolle Hingabe der *Siddhas* zu erreichen sei. Am nächsten Morgen ereignete sich folgendes Wunder:

Zur Zeit der Lesung des Bhagavat kam Herr Anandrao Pakhade. Er suchte Madhavrao, setzte sich neben ihn und flüsterte ihm etwas zu. Mit leiser Stimme erzählte er von seiner Traumvision. Weil das Flüstern die Lesung störte, hörte Kakasaheb mit dem Vorlesen auf und fragte Madhavrao, was denn los sei. Madhavrao sagte: „Gestern hast du deine Zweifel ausgedrückt und hier ist nun die Erklärung dafür. Lass dir von Herrn Pakhades Vision erzählen, die Baba ihm gegeben hat, und in der Er die Eigenschaften der ‚rettenden' Hingabe erklärte und zeigte, dass Hingabe in Form einer Verneigung zu den Füßen oder Anbetung der Füße des *Gurus* ausreichend ist." Alle wollten von der Vision hören, besonders Kakasaheb. Auf ihrer aller Vorschlag hin erzählte Herr Pakhade wie folgt:

„Ich stand bis zur Hüfte im Meer. Dort sah ich plötzlich Sai Baba. Er saß auf einem schönen Thron, der mit Diamanten besetzt war. Seine Füße waren im Wasser. Ich war sehr erfreut und zufrieden, Babas Gestalt zu sehen. Die Vision war so realistisch, dass ich gar nicht daran dachte, es könne ein Traum sein. Eigenartigerweise stand Madhavrao auch dort. Voller Gefühl sagte er zu mir: ‚Anandrao, falle

Baba zu Füßen.' Ich erwiderte: ,Ich möchte es ja gerne tun, aber seine Füße sind im Wasser, wie kann ich da meinen Kopf darauf legen? Ich bin hilflos.' Als er das hörte, sagte er zu Baba: ,O *Deva*, nimm deine Füße aus dem Wasser!' Baba nahm sofort seine Füße heraus und ich ergriff sie unverzüglich und verneigte mich. Baba segnete mich und sagte: ,Geh jetzt, es wird dir wohl ergehen, es gibt keinen Grund für Furcht und Sorge.' Er fügte noch hinzu: ,Gib meinem Shama noch einen *Dhotar* mit Seidenborte. Das wird dir von Nutzen sein'."

Gemäß Babas Anordnung brachte Herr Pakhade den *Dhotar* und bat Kakasaheb, diesen Madhavrao zu geben. Letzterer lehnte die Annahme ab und sagte, bevor Baba nicht einen Hinweis oder eine Andeutung gebe, würde er den *Dhotar* nicht annehmen. Nach einigem Hin- und Her beschloss Kakasaheb, das Los entscheiden zu lassen. Es war seine ständige Gewohnheit, in allen Zweifelsfällen das Los entscheiden zu lassen und dann bei der Entscheidung zu bleiben, die der aufgenommene Zettel zeigte. In diesem besonderen Falle wurden zwei Zettel vor Babas Bild gelegt, auf dem einen stand „annehmen" und auf dem anderen „ablehnen". Ein Kind wurde gebeten, einen Zettel zu ziehen. Es war der Zettel, auf dem „annehmen" stand, und der *Dhotar* wurde Madhavrao übergeben, der ihn nun akzeptierte. Auf diese Weise waren sowohl Anandrao als auch Madhavrao zufriedengestellt und Kakasahebs Problem war gelöst.

Die Geschichte ermahnt uns, den Worten anderer Heiliger Respekt zu zollen, aber gleichzeitig volles Vertrauen zu unserer Mutter, das heißt unserem *Guru,* zu haben und seinen Anweisungen zu folgen, denn er weiß besser als jeder andere, was für uns gut ist.

Graviert folgende Worte von Baba in euer Herz: „Es gibt unzählige Heilige in dieser Welt aber ,unser Vater', der *Guru,* ist der wahre Vater. Andere mögen viel Gutes sagen, doch sollten wir niemals die Worte unseres *Gurus* vergessen. Kurz: Liebt euren *Guru* von ganzem

Herzen, ergebt euch ihm vollkommen und werft euch ehrerbietig vor ihm nieder – dann werdet ihr sehen, dass es für euch kein Meer der weltlichen Existenz zu überqueren gibt, so wie es keine Dunkelheit für die Sonne gibt."

Die Holzplanke: Babas Bettgestell, und nicht Bhagats

In seinen frühen Tagen schlief Baba auf einer Holzplanke, die vier *Cubits* lang und nur eine Spanne breit war. An allen vier Ecken brannten irdene Lämpchen. Später brach Baba die Planke in Stücke und warf sie fort (siehe Kapitel X). Baba beschrieb einmal Kakasaheb die Größe und Bedeutung dieser Planke. Als Kakasaheb das hörte, sagte er zu Baba: „Wenn du immer noch die Holzplanke liebst, werde ich wieder eine in der *Masjid* aufhängen, damit du bequem schlafen kannst." Baba erwiderte: „ Ich mag nicht oben schlafen und Mhalsapati unten auf dem Boden lassen." Daraufhin sagte Kakasaheb: „Ich werde auch Mhalsapati eine Planke geben." Baba sagte: „Wie kann er auf der Planke schlafen? Es ist nicht leicht, oben auf der Planke zu schlafen. Das kann nur einer mit vielen guten Eigenschaften. Wer mit ‚weit geöffneten Augen' schlafen kann, schafft das. Wenn ich schlafen gehe, bitte ich Mhalsapati oft, an meiner Seite zu sitzen, seine Hand auf mein Herz zu legen und dort das ‚Singen des Namens Gottes' zu beobachten und mich aufzuwecken, wenn er merkt, dass ich einschlafe. Aber er kann nicht einmal das, er wird selbst schläfrig und sein Kopf fällt nach vorne. Wenn ich seine Hand so schwer wie einen Stein auf meinem Herzen spüre und ausrufe ‚o Bhagat', bewegt er sich und öffnet die Augen. Wie kann er, der nicht einmal gut auf dem Boden sitzen und schlafen kann, dessen Haltung nicht beständig ist und der ein Sklave des Schlafes ist, hoch oben auf einer Planke schlafen?"

Bei vielen anderen Gelegenheiten sagte Baba aus Liebe zu seinen

Devotees: „Was unser ist – ob gut oder schlecht – ist mit uns, und was eines anderen ist, ist mit ihm.“

Verneige dich vor Shrī Sai – Friede sei mit allen

Kapitel XLVI

Babas Reise nach Gaya – Die Geschichte von den Ziegen

Dieses Kapitel beschreibt Shamas Reise nach Kashi, Prayag und Gaya und wie Baba, in Form Seines Portraits, schon vor ihm dort war. Ebenfalls werden Babas Erinnerungen an das vergangene Leben zweier Ziegen beschrieben.

Gesegnet, o Sai, sind deine Füße, gesegnet ist die ständige Erinnerung an dich und gesegnet ist dein *Darshan,* der uns aus der Fessel des *Karmas* befreit. Obwohl deine Gestalt für uns jetzt unsichtbar ist, haben die *Devotees,* wenn sie an dich glauben, dennoch lebendige Erfahrungen mit dir. Durch ein unsichtbares und zartes Band ziehst du deine *Devotees* von nah und fern zu deinen Füßen und umarmst sie wie eine gütige und liebevolle Mutter. Die *Devotees* wissen nicht, wo du bist, aber du ziehst die Fäden so geschickt, dass sie schließlich erkennen, dass du bei ihnen bist, um ihnen zu helfen und sie zu stützen. Das intelligente, kluge und gelehrte Volk gerät durch seinen Egoismus in die Falle des *Samsāra,* aber die armen, einfachen und ergebenen Menschen rettest du durch deine Kraft. Du spielst das Spiel, innerlich und unsichtbar, tust aber so, als ob es dich nicht interessierte. Während du etwas tust, spielst du den Nicht-Handelnden. Niemand kennt je dein Leben. Deshalb ist es das Beste, wenn wir uns – unseren Körper, unser Reden und unseren Geist (mind) – dir zu Füßen legen und ständig deinen Namen singen, um unsere Sünden zu vernichten. Du erfüllst die Wünsche deiner *Devotees,* und wer vollkommen wunschlos ist, dem schenkst du höchste Glückseligkeit. Das Singen deines unübertroffenen Namens ist die leichteste spirituelle Übung für die *Devotees.* Dadurch vergehen unsere Sünden sowie die leidenschaftlichen und trägen Eigenschaften, gewinnen die reinen Eigenschaften und Rechtschaffenheit die Vorherrschaft und folgen Unterscheidungskraft, Leidenschaftslosigkeit und Wissen. Dann ruhen wir in unserem Selbst und unserem *Guru,* die ein und dasselbe sind. Dies nennt man vollkommene Ergebenheit dem *Guru* gegenüber.

Das einzig sichere Zeichen hierfür ist, dass unser Denken und Fühlen ruhig und friedlich wird. Die Großartigkeit dieser Ergebenheit, dieser Hingabe und dieses Wissens ist einzigartig; denn es ergeben sich daraus Friede, Gleichmut, Ruhm, Erlösung und so weiter.

Wenn Baba einen *Devotee* annimmt, folgt er ihm und ist Tag und Nacht bei ihm, zu Hause oder in der Ferne. Der *Devotee* mag gehen, wohin er will, Baba ist auf unbegreifliche Weise schon in irgendeiner Gestalt vor ihm dort. Die folgende Geschichte veranschaulicht dies.

Die Reise nach Gaya

Einige Zeit nachdem Kakasaheb Dixit Sai Baba vorgestellt worden war, beschloss er, die Schnur-Zeremonie *(upanayana)* seines ältesten Sohnes Babu in Nagpur durchführen zu lassen. Etwa zur gleichen Zeit sollte die Hochzeitsfeier des ältesten Sohnes von Nanasaheb Chandorkar in Gwalior stattfinden. Sowohl Dixit als auch Chandorkar kamen nach Shirdi und luden Baba liebevoll zu diesen Anlässen ein. Baba bat sie, Shama als seinen Stellvertreter zu nehmen. Als sie ihn drängten, persönlich zu kommen, sagte Baba, sie sollten Shama mitnehmen und „nach Benares und Prayag werden wir vor Shama da sein." Nun merkt euch diese Worte, denn sie zeigen Babas Allgegenwart.

Nachdem er von Baba die Erlaubnis eingeholt hatte, beschloss Shama, zu diesen Veranstaltungen und Zeremonien nach Nagpur und Gwalior zu reisen und danach nach Kashi (Benares), Prayag und Gaya. Appa Kote entschloss sich, ihn zu begleiten.

Zuerst nahmen sie an der Schnurzeremonie in Nagpur teil. Kakasaheb Dixit gab Shama 200 Rupien für seine Auslagen. Danach gingen sie nach Gwalior zur Hochzeitsfeier. Dort gab Nanasaheb Chandorkar Shama 100 Rupien und von Herrn Jathar, einem Verwandten, erhielt er ebenfalls 100 Rupien.

Shama und Appa Kote reisten nach Kashi und dann nach Ayodhya. In Kashi wurden sie in Jathars schönem *Lakshmi-Narayana*-Tempel willkommen geheißen und in Ayodhya empfing sie Jathars Manager im *Ram-Mandir*. Sie blieben zwei Monate in Kashi und 21 Tage in Ayodhya. Danach reisten sie nach Gaya. Im Zug dorthin fühlten sie sich etwas unbehaglich, weil sie hörten, dass in Gaya die Pest herrsche. Sie erreichten den Bahnhof von Gaya in der Nacht und verbrachten die restlichen Stunden bis zum Morgen im *Dharmashālā,* einer Unterkunft für Reisende und Pilger. Am Morgen kam der Priester, der für die Unterkunft der Reisenden zuständig war, und sagte zu ihnen: „Die Pilger sind schon unterwegs, beeilt euch." Beiläufig fragte Shama ihn, ob in Gaya die Pest herrsche. „Nein", antwortete der Priester, „bitte kommt unbesorgt und schaut selbst." Sie gingen mit ihm und wurden in seinem Haus, einem großen und geräumigen Gästehaus, untergebracht. Shama war erfreut über die Unterbringung; am meisten freute er sich jedoch über das im mittleren Teil des Gebäudes angebrachte schöne große Portrait von Baba. Als er dieses

Portrait sah, war er zutiefst gerührt. Er erinnerte sich an Babas Worte: „Nach Benares und Prayag werden wir vor Shama da sein", und brach in Tränen aus. Er bekam eine Gänsehaut, sein Hals war wie zugeschnürt und er seufzte. Der Priester dachte, dass die Angst vor der Pest die Ursache für seine Tränen sei. Doch Shama erkundigte sich, woher er Babas Bild habe. Er entgegnete, dass etwa 200 bis 300 Angestellte für ihn in Manmad und Punatambe arbeiteten und sich dort um das Wohlergehen der Pilger in Gaya kümmerten und durch sie erfuhr er von Babas Ruhm. Vor etwa zwölf Jahren war er nach Shirdi gereist und hatte Babas *Darshan*. Dort fühlte er sich von Babas Portrait, das sich in Shamas Haus befand, angezogen. Mit Babas Erlaubnis gab Shama es ihm. Dieses hier war nun dasselbe Bild und Shama erinnerte sich daran. Die Freude des Priesters kannte keine Grenzen, als er erfuhr, dass derselbe Shama, der ihm damals diesen Gefallen getan hatte, jetzt sein Gast war. Sie freuten sich beide sehr und waren überglücklich. Der Priester empfing sie königlich, denn er war ein reicher Mann. Er saß in einer Sänfte, ließ Shama auf einem Elefanten reiten und sorgte für allen Komfort und alle Annehmlichkeiten.

Die Moral dieser Geschichte ist: Babas Worte wurden buchstäblich wahr und seine Liebe für die *Devotees* war grenzenlos. Aber lassen wir das beiseite. Er liebte alle Geschöpfe gleichermaßen, denn er fühlte, dass er eins mit ihnen war. Die folgende Geschichte wird das veranschaulichen.

Die zwei Ziegen

Als Baba einmal vom *Lendi* zurückkam, sah er eine Ziegenherde. Zwei Ziegen erweckten seine Aufmerksamkeit. Er ging zu ihnen, spielte mit ihnen, streichelte sie – und kaufte sie für 32 Rupien. Sein Verhalten überraschte die *Devotees*. Sie glaubten, dass Baba bei diesem

Handel betrogen worden sei, weil eine Ziege nur 2 Rupien, höchstens aber 3 oder 4 Rupien kostete, also insgesamt nur 8 Rupien für beide Ziegen zu zahlen gewesen wären. Sie stellten Baba zur Rede, aber Baba blieb ruhig und gelassen. Shama und Tatya Kote baten um eine Erklärung. Er sagte, dass er kein Geld anhäufen solle, da er ja kein Heim und keine Familie habe, um die er sich kümmern müsse, und bat sie, auf seine Kosten vier *Seers* Linsen zu kaufen und die Ziegen damit zu füttern. Nachdem das getan war, gab Baba dem Besitzer der Herde die Ziegen zurück und erzählte folgende Geschichte: „O Shama und Tatya, ihr glaubt, dass ich bei diesem Handel betrogen wurde. Aber das ist keineswegs der Fall. Hört nun die Geschichte der Ziegen. In ihren früheren Leben waren diese beiden Ziegen menschliche Wesen, die das große Glück hatten, meine Gefährten zu sein und an meiner Seite zu sitzen. Sie waren Halbbrüder, die einander zuerst liebten, aber später Feinde wurden. Der ältere Bruder war ein fauler Bursche, während der jüngere sehr aktiv war und eine Menge Geld verdiente. Der ältere wurde neidisch und eifersüchtig und wollte seinen jüngeren Bruder töten und dessen Geld an sich nehmen. Sie vergaßen, dass sie Brüder waren und fingen an, zu streiten. Der ältere Bruder wendete viele Tricks an, um seinen jüngeren Bruder zu töten, doch all seine Versuche schlugen fehl. So wurden sie Todfeinde und schließlich versetzte der Ältere dem Jüngeren mit einem großen Stock einen tödlichen Schlag auf den Kopf und der Jüngere schlug den anderen mit einer Axt. Das Ergebnis davon war, dass beide auf der Stelle tot umfielen. Aufgrund ihrer Taten wurden sie als Ziegen wiedergeboren. Als sie an mir vorübergingen, erkannte ich sie sofort und erinnerte mich an ihre Vergangenheit. Ich hatte Mitleid mit ihnen und wollte sie füttern, ihnen Ruhe und Trost geben. Aus diesem Grund habe ich das ganze Geld ausgegeben, wofür ihr mich tadelt. Weil ihr meinen Handel nicht mochtet, habe ich sie zurück zu ihrem Hirten geschickt.“ So groß war Sais Liebe für die Ziegen!

Verneige dich vor Shrī Sai – Friede sei mit allen

Kapitel XLVII

Babas Erinnerungen

Die Geschichte von Veerbhadrappa und Chenbassappa (Schlange und Frosch)

Das vorige Kapitel hat Babas Erinnerungen an zwei Ziegen beschrieben; dieses gibt nun die Geschichte von Veerbhadrappa und Chenbassappa wieder.

Gesegnet ist das Antlitz von Sai. Wenn wir für einen Moment einen Blick auf Sai werfen, vernichtet er die Sorgen vieler vergangener Leben und schenkt uns große Seligkeit; und wenn er uns voller Gnade anschaut, wird unsere karmische Bindung sofort aufgelöst und wir werden zum Glück geführt. Der Ganges wäscht allen Schmutz und alle Sünden der Menschen fort, die in ihm baden, aber er sehnt sich intensiv danach, dass die Heiligen kommen, ihn mit ihren Füßen segnen und dadurch den in ihm angesammelten Schmutz (Sünden) entfernen. Der Fluss weiß ganz genau, dass diese Ansammlung nur durch die Füße der Heiligen entfernt werden kann. Sai ist das Kronjuwel der Heiligen, und nun vernehmt die folgende reinigende Geschichte von ihm:

Die Schlange und der Frosch

Sai Baba sagte: „Eines Morgens, nachdem ich gefrühstückt hatte, machte ich einen Spaziergang, der mich zum Ufer eines kleinen Flusses führte. Weil ich müde war, ruhte ich mich erst aus, wusch dann meine Hände und Füße, nahm ein Bad und fühlte mich wieder erfrischt.

Es gab dort einen Trampelpfad mit einer Karrenspur, der von schattenspendenden Bäumen überdacht war. Eine sanfte Brise wehte. Während ich meine Pfeife zum Rauchen vorbereitete, hörte ich das Quaken eines Frosches. Ich rieb gerade den Feuerstein, um das Feuer zu entzünden, als ein Reisender erschien, sich zu mir setzte, sich vor mir verneigte und mich höflich zum Essen und Ausruhen in sein Haus einlud. Er zündete die Pfeife an und gab sie dann mir. Das Quaken war wieder zu hören und er wollte wissen, was das sei. Ich erzählte ihm, dass ein Frosch in Not sei und die bittere Frucht seines *Karmas* koste. Wir müssen jetzt die Frucht dessen ernten, was wir in unserem vergangenen Leben gesät haben, und es bringt nichts, deshalb zu weinen. Daraufhin rauchte er, gab dann mir die Pfeife und sagte, dass er persönlich nachschauen wolle. Ich erzählte ihm, dass ein Frosch von einer großen Schlange gefangen worden sei und nun weine. Beide seien in ihrem vergangenen Leben sehr böse gewesen und jetzt ernteten sie in diesem Körper die Frucht ihrer Taten. Der Reisende ging und sah, dass eine riesige schwarze Schlange einen dicken Frosch im Maul hatte.

Er kehrte zu mir zurück und sagte, dass der Frosch in etwa 10 bis 12 Minuten von der Schlange verschlungen sein würde. Ich sagte: ‚Nein, das kann nicht sein. Ich bin sein Vater, sein Beschützer, und ich bin jetzt hier. Wie kann ich es zulassen, dass die Schlange ihn verschlingt? Bin ich denn umsonst hier? Schau nur, wie ich ihn befreie.‘

Nachdem wir wieder geraucht hatten, gingen wir zu dem Platz

hinüber. Er hatte Angst und bat mich, nicht weiterzugehen, weil die Schlange uns angreifen könnte. Ich kümmerte mich nicht um ihn, ging weiter und sagte zu den Kreaturen: ‚O Veerbhadrappa, hat dein Feind Bassappa noch nicht bereut, obwohl er als Frosch geboren wurde? Und du, obwohl als Schlange geboren, hegst noch immer bittere Feindseligkeit gegen ihn? Schämt euch, gebt jetzt euren Hass auf und lebt in Frieden.‘ Als sie diese Worte hörte, ließ die Schlange den Frosch blitzschnell los, tauchte in den Fluss und verschwand. Auch der Frosch hüpfte davon und versteckte sich in den Büschen.

Der Reisende war sehr überrascht; er sagte, dass er nicht verstehen könne, weshalb die Schlange den Frosch fallengelassen habe und bei meinen Worten verschwunden sei. Wer war Veerbhadrappa, und wer war Bassappa? Was war der Grund für ihre Feindschaft? Ich kehrte mit ihm zum Baum zurück und nachdem wir wieder ein paar Züge aus der Pfeife genommen hatten, erklärte ich ihm das ganze Geheimnis wie folgt:

Es gab etwa sieben bis acht Kilometer von meinem Wohnsitz entfernt einen alten, heiligen Ort, der durch einen *Shiva*-Tempel geheiligt war. Der Tempel war alt und verfallen. Die Einwohner des Ortes sammelten Geld für seine Reparatur. Nachdem ein großer Betrag gesammelt worden war, wurden Vorbereitungen für eine Andacht gemacht und Pläne mit Kostenvoranschlägen für die Reparaturen erstellt. Ein ortsansässiger reicher Mann wurde zum Schatzmeister ernannt und die gesamte Arbeit ihm anvertraut. Er musste regelmäßig Buch führen und in all seinen Geschäften ehrlich sein. Aber er war ein großer Geizhals und gab sehr wenig für die Reparaturen aus, die folglich entsprechend langsam vorangingen. Er gab alle Gelder aus, zweigte etwas für sich selbst ab und gab nichts aus seiner eigenen Tasche dazu. Er konnte gut reden und hatte immer plausible Erklärungen, was den dürftigen und schleppenden Fortschritt der Arbeit betraf. Die Leute gingen wieder zu ihm und klagten, dass die Arbeit nicht fertig würde, wenn er nicht selbst mithelfe und sein Bestes versuche. Sie baten ihn, einen Plan auszuarbeiten, sammelten noch einmal Spenden und übersandten sie ihm. Er nahm das Geld in Empfang und blieb weiterhin untätig, so dass es mit den Arbeiten wieder nicht vorwärts ging.

Nach einigen Tagen erschien Gott Mahadev *(Shiva)* seiner Frau im Traum und sagte zu ihr: ‚Steh auf, baue du die Kuppel des Tempels. Ich werde dir das Hundertfache von dem geben, was du ausgibst.‘ Sie erzählte ihrem Mann von dieser Vision. Er fürchtete, dass er Ausgaben haben würde, und deshalb lachte er darüber und sagte, dass es nur ein Traum gewesen sei, etwas, auf das man sich nicht verlassen oder worauf man nicht bauen könne. Weshalb sei Gott ihm nicht selbst im Traum erschienen und habe ihm davon erzählt? War er so weit von ihr entfernt? Dies sehe aus wie ein schlechter Traum, der darauf abziele, Disharmonie zwischen Mann und Frau hervorzurufen. Sie musste schweigen.

Gott mag keine großen Beiträge oder Spendengelder, die gegen den Willen der Spender eingesammelt werden. Was er mag, sind kleine, geringfügige Beträge, die mit Liebe, Hingabe und Wertschätzung gegeben werden.

Nach ein paar Tagen erschien Gott ihr wieder im Traum und sagte: ‚Kümmere dich nicht um deinen Mann und seine Spendensammlungen. Zwing ihn nicht, irgendeinen Betrag für den Tempel auszugeben. Was ich will, sind Gefühl und Hingabe. So gib, wenn du magst, irgendetwas von dir.‘ Sie erzählte ihrem Mann auch von dieser Vision und fragte ihn um Rat; sie hatte beschlossen, Gott den Schmuck zu geben, den sie von ihrem Vater bekommen hatte. Der Geizhals fühlte sich beunruhigt und beschloss, in diesem Fall selbst Gott zu betrügen. Er bewertete den Schmuck weit unter seinem Wert und kaufte ihn für 1.000 Rupien für sich selbst und gab Gott statt des Geldbetrages ein

Feld als Sicherheit. Seine Frau war damit einverstanden. Das Land gehörte nicht ihm, sondern einer armen Frau namens Dubaki, die es ihm für 200 Rupien überließ. Lange Zeit war sie nicht in der Lage, die Hypothek abzulösen. So betrog der gerissene Geizhals allesamt, seine Frau, Dubaki und selbst Gott. Das Land war unfruchtbar und unbebaut; es war wertlos und brachte selbst in der besten Jahreszeit nichts hervor.

So endete diese Transaktion und das Land wurde dem armen Priester übereignet, der über die Stiftung erfreut war. Einige Zeit später ereigneten sich seltsame Dinge. Es gab einen unheimlichen Sturm und heftigen Regen. Das Haus des reichen Geizhalses wurde vom Blitz getroffen und er und seine Frau starben. Dubaki starb ebenfalls.

Im nächsten Leben wurde der Geizhals in einer Brahmanen-Familie in Mathura geboren. Er erhielt den Name Veerbhadrappa. Seine ihm ergebene Frau wurde als Tochter des Tempelpriesters geboren und Gouri genannt. Dubaki wurde als Junge in der Familie des Tempelhelfers geboren und erhielt den Namen Chenbassappa.

Der Priester war ein Freund von mir; er kam oft zu mir und wir plauderten und rauchten gemeinsam. Seine Tochter Gouri war mir auch ergeben. Sie wuchs schnell heran, und ihr Vater suchte einen guten Ehemann für sie. Ich sagte ihm, er solle sich darüber keine Sorgen machen, weil der Bräutigam selbst kommen und nach ihr schauen werde. Daraufhin kam ein armer Junge ihrer Kaste mit Namen Veerbhadrappa zum Hause des Priesters und bettelte um Brot. Mit meinem Einverständnis wurde Gouri mit ihm verheiratet. Zuerst war er mir ergeben, weil ich die Hochzeit mit Gouri empfohlen hatte. Selbst in diesem neuen Leben war er hinter dem Geld her und bat mich, ihm zu helfen, welches zu bekommen, weil er doch nun das Leben eines verheirateten Mannes führte.

Es geschahen eigenartige Dinge. Die Preise stiegen plötzlich an.

Gouri hatte ausgesprochenes Glück, denn es herrschte eine große Nachfrage an Boden und das gestiftete Land wurde für 100.000 Rupien (hundertmal soviel wie ihr Schmuck damals einbrachte) verkauft. Die Hälfte des Betrages wurde bar bezahlt und der Rest sollte in 25 Raten à 2.000 Rupien beglichen werden. Alle waren mit dieser Transaktion einverstanden, fingen aber an, sich um das Geld zu streiten. Sie kamen zu mir und baten um Rat und Hilfe. Ich sagte ihnen, dass der Besitz Gott gehöre und er dem Priester anvertraut worden sei, dass Gouri seine einzige Erbin und Besitzerin sei, dass ohne ihre Zustimmung kein Pfennig ausgegeben werden solle und dass ihr Ehemann nicht das geringste Recht auf das Geld habe.

Als er meine Meinung vernahm, wurde Veerbhadrappa böse auf mich und sagte, dass ich Gouris Anspruch festlegen und dann ihr Eigentum unterschlagen wolle. Ich hörte diese Worte, dachte an Gott und schwieg. Veerbhadrappa beschimpfte seine Frau; sie kam mittags zu mir und bat mich, mich nicht um die Worte der anderen zu kümmern und sie nicht zu verstoßen, da sie doch meine Tochter sei. Weil sie in dieser Weise um meinen Schutz bat, gab ich ihr ein Versprechen, dass ich die sieben Meere überqueren würde, um ihr zu helfen. In der Nacht hatte Gouri eine Vision. Mahadev erschien ihr im Traum und sagte: ‚Das ganze Geld gehört dir. Gib niemandem etwas davon. Gib nach Beratung mit Chenbassappa einen Betrag für Tempelzwecke aus, und wenn du es für andere Zwecke nutzen willst, frag Baba (mich) in der *Masjid* um Rat.' Gouri erzählte mir von der Vision, und ich gab ihr den rechten Rat in der Angelegenheit. Ich sagte ihr, sie solle den größten Teil des Geldes für sich nehmen, Chenbassappa die Hälfte des Zinsbetrages geben und dass Veerbhadrappa nichts mit der Angelegenheit zu tun habe.

Während ich mit ihr sprach, kamen Veerbhadrappa und Chenbassappa zankend daher. Ich versuchte mein Bestes, sie zu beruhigen, und erzählte ihnen von Gouris Gottesvision. Veerbhadrappa wurde wild und zornig und drohte, Chenbassappa zu töten und in Stücke zu hacken. Chenbassappa hatte Angst, er umfing meine Füße und suchte Zuflucht bei mir. Ich versprach ihm, ihn vor dem Zorn seines Feindes zu retten.

Nach einiger Zeit starb Veerbhadrappa und wurde als Schlange wiedergeboren. Chenbassappa starb und wurde als Frosch wiedergeboren. Als ich das Quaken von Chenbassappa vernahm, erinnerte ich mich an mein Versprechen, kam hierher, rettete ihn und hielt somit mein Wort. Gott eilt zu seinen *Devotees,* die in Gefahr sind, um ihnen zu helfen. Er rettete Chenbassappa (den Frosch), indem er mich hierher sandte. All dieses ist Gottes *Līlā* oder Spiel."

Die Moral

Die Moral der Geschichte ist, dass man ernten muss, was man sät, und dass es kein Entrinnen gibt, ohne dass man leidet und die alte Schuld und das Verhalten anderen gegenüber wiedergutmacht. Die Gier nach Geld zieht den Menschen auf die niedrigste Ebene herunter und bringt schließlich die Zerstörung für ihn und andere mit sich.

Verneige dich vor Shrī Sai – Friede sei mit allen

Kapitel XLVIII

Das Abwenden von Schicksalsschlägen der Devotees

Die Geschichten von Shevade und von Sapatnekar

Bevor dieses Kapitel geschrieben wurde, fragte jemand Hemadpant, ob Sai Baba ein *Guru* oder ein *Sadguru* sei. Um die Frage zu beantworten, beschreibt er die Kennzeichen eines *Sadgurus* wie folgt:

Kennzeichen eines Sadgurus

Wer uns den *Veda* und *Vedanta* oder die sechs *Shāstras* lehrt, wer den Atem kontrolliert oder seinen Körper mit *Mudrās* tätowiert oder angenehme Reden über das *Brahman* hält, wer den Schülern *Mantras* gibt und sie beauftragt, dieselben zu rezitieren, aber ihnen kein Ergebnis zu einer bestimmten Zeit zusichert, wer mittels seiner reichen Wortkenntnis das allerhöchste Prinzip sehr schön erklärt, aber selbst keine Erfahrung oder Selbsterkenntnis hat, – der ist kein *Sadguru*.

Doch derjenige, der durch seine Reden Widerwillen für die Freuden dieser Welt in uns hervorruft und uns einen Vorgeschmack von Selbsterkenntnis gibt, wer im theoretischen und praktischen Wissen (Selbsterkenntnis) gut versiert ist, der verdient es, S*adguru* genannt zu werden.

Wie kann derjenige, der keine Selbsterkenntnis hat, diese seinen Schülern vermitteln? Ein *Sadguru* wird nicht einmal im Traum irgendeinen Dienst oder Gewinn von seinen Schülern erwarten. Im Gegenteil, er will ihnen dienen. Er denkt nicht, dass er groß sei und der Schüler klein. Er liebt seinen Schüler nicht nur wie seinen Sohn, sondern betrachtet ihn als sich selbst oder als *Brahman*. Ein *Sadguru* ist der Sitz des Friedens; das ist sein Hauptmerkmal. Er ist niemals unruhig oder aufgeregt und keineswegs stolz auf sein Wissen. Die Armen und die Reichen, die Kleinen und die Großen sind für ihn gleich.

Hemadpant glaubt, dass er das große Glück hatte, solch einem *Sadguru* wie Sai Baba zu begegnen und von ihm gesegnet zu werden, weil er in seinen vergangenen Leben Verdienste angesammelt hatte. Baba behielt selbst in seiner Jugendzeit nichts für sich, ausgenommen vielleicht die Pfeife und den Tabak. Er hatte keine Familie, keinen Freund, kein Zuhause, auch keinerlei Unterstützung. Seit seinem 18. Lebensjahr hatte er vollkommene, ja außergewöhnliche Kontrolle über seinen Geist (mind). Er lebte damals schon furchtlos an einem abgeschiedenen Platz und ruhte ständig in seinem Selbst. Wenn er die reine Zuneigung seiner *Devotees* sah, handelte er immer in deren Interesse und war daher in gewisser Weise abhängig von ihnen. Die Erlebnisse, die er den *Devotees* zu seinen Lebzeiten schenkte, sind auch heute, nach seinem *Mahāsamādhi,* noch in jenen lebendig, die ihm ergeben sind.

Was die *Devotees* zu tun haben, ist Folgendes: Sie müssen ihre Herzenslampe des Glaubens und der Hingabe rein halten und darin den Docht der Liebe abbrennen. Auf diese Weise wird die Flamme des Wissens (Selbsterkenntnis) entzündet und hell erstrahlen. Bloßes Wissen ohne Liebe ist trocken. Niemand wünscht sich solch ein Wissen. Ohne Liebe gibt es keine Zufriedenheit; deshalb sollten wir ununterbrochene und grenzenlose Liebe im Herzen haben. Wie können wir die Liebe rühmen? Mit der Liebe verglichen, ist alles andere unbedeutend. Ohne Liebe sind unser Lesen, Zuhören und Studieren vergeblich. Wenn die Liebe erwacht, folgen Hingabe, Leidenschaftslosigkeit, Friede und Erlösung mit all ihren Schätzen. Wir spüren keine Liebe für irgendetwas, bevor wir nicht ernsthaft etwas dafür empfinden. Wo also wahre Sehnsucht und wahres Gefühl sind, dort manifestiert sich Gott. Liebe ist das Mittel zur Erlösung.

Jetzt kommen wir zur Hauptgeschichte dieses Kapitels. Wenn ein Mensch mit reinem Gemüt, ja selbst jemand mit betrügerischen Gedanken, zu einem wahren Heiligen geht und seine Füße berührt, wird er ganz sicher letzten Endes gerettet. Das wird durch die folgenden Geschichten veranschaulicht.

Herr Shevade

Herr Sapatnekar aus Akkalkot im Sholapur-Distrikt studierte Jura. Ein Kommilitone, Herr Shevade, besuchte ihn zusammen mit anderen Studenten, und sie verglichen die Aufzeichnungen ihres Studiums. Man fand durch Fragen und Antworten untereinander heraus, dass Herr Shevade von allen am wenigsten für das Examen vorbereitet war. Deshalb machten sich die anderen Studenten über ihn lustig. Doch er sagte, dass er ganz sicher das Examen bestehen werde, obwohl er nicht vorbereitet war, weil sein Sai Baba da sei, um ihn erfolgreich durchzubringen.

Herr Sapatnekar war über seine Bemerkung erstaunt. Er nahm Herrn Shevade beiseite und fragte ihn: „Wer ist dieser Sai Baba, den du so hochpreist?“ Er antwortete: „In einer *Masjid* in Shirdi im Ahmednagar-Distrikt lebt ein Fakir. Er ist ein großer Heiliger *(satpurusha)*. Es mag andere Heilige geben, aber er ist einzigartig. Man kann ihn nur sehen, wenn man viele Verdienste angesammelt hat. Ich glaube vollkommen an ihn, und was er sagt, ist niemals falsch.

Er hat mir versichert, dass ich auf jeden Fall im nächsten Jahr Erfolg haben würde, und ich bin zuversichtlich, dass ich mit seiner Gnade das Abschlussexamen bestehe." Herr Sapatnekar lachte über dieses Vertrauen seines Freundes und machte höhnische Bemerkungen über ihn und Baba.

Die Sapatnekars

Herr Sapatnekar bestand sein Examen, zog nach Akkalkot und praktizierte dort als Anwalt. Zehn Jahre später, das heißt im Jahr 1913, starb sein einziger Sohn an Diphtherie. Das brach ihm das Herz. Er suchte Trost, indem er eine Pilgerreise nach Pandharpur, Gangapur und zu anderen heiligen Orten machte. Doch es brachte ihm keinen Frieden. Dann studierte er den *Vedanta,* was ihm ebenso wenig half. In der Zwischenzeit erinnerte er sich an Herrn Shevades Bemerkungen über Baba und dessen Glauben an ihn und dachte, dass auch er nach Shirdi reisen und Baba aufsuchen solle. Er fuhr mit seinem jüngeren Bruder, Panditrao, nach Shirdi – und war hocherfreut, als er Baba aus einiger Entfernung sah. Als er sich mit einem reinen Gefühl der Hingabe Baba näherte, sich vor ihm niederwarf und eine Kokosnuss opferte, rief Baba sofort: „Verschwinde!" Sapatnekar ging mit gesenktem Kopf zurück und setzte sich an die Seite. Er fragte jemanden, wie er weiter vorgehen solle, und dabei hörte er von Bala Shimpi. Sapatnekar suchte ihn auf und bat um seine Hilfe. Sie kauften Fotos von Baba und gingen damit zur *Masjid*. Bala Shimpi holte ein Foto hervor, gab es Baba und fragte, wessen Foto das sei. Baba sagte, dass es das Foto seines „Geliebten" (yara) sei und zeigte dabei auf Sapatnekar. Baba lachte, als er das sagte, und alle anderen auch. Bala erkundigte sich nach der Bedeutung des Lachens und gab Sapatnekar Zeichen, näherzukommen und *Darshan* zu haben. Als Sapatnekar sich anschickte, vor Baba hinzuknien, rief Baba wieder: „Hinaus!"

Sapatnekar wusste nicht, was er tun sollte. Dann setzten sich beide mit gefalteten Händen vor Baba nieder und beteten. Aber Baba forderte Sapatnekar eindeutig auf, sofort hinauszugehen. Beide waren traurig und niedergeschlagen. Babas Anweisungen mussten befolgt werden, und so verließ Sapatnekar schweren Herzens Shirdi. Er betete, dass es ihm das nächste Mal erlaubt sein möge, Babas *Darshan* zu bekommen.

Frau Sapatnekar

Ein Jahr verging. Immer noch hatte er keinen Frieden gefunden. Er reiste nach Gangapur, wo er sich noch ruheloser fühlte. Dann pilgerte er nach Madhegaon, um Ruhe zu finden, und schließlich beschloss er, nach Kashi zu reisen. Zwei Tage vor seiner Abreise hatte seine Frau eine Vision. Im Traum ging sie mit einem Krug zu Lakadshas Brunnen. Dort saß ein Fakir mit einem Tuch um den Kopf gebunden am Fuß eines Niembaumes. Er kam zu ihr und sagte: „Meine liebe Freundin, warum mühst du dich unnötig ab? Ich werde deinen Krug mit reinem Wasser füllen.“ Sie fürchtete sich vor dem Fakir und eilte mit dem leeren Krug zurück. Der Fakir folgte ihr. Da erwachte sie und öffnete die Augen. Sie erzählte ihrem Mann von dieser Vision. Beide glaubten, dass es ein günstiges Zeichen sei, und reisten nach Shirdi.

Als sie die *Masjid* erreichten, war Baba nicht dort. Er war zum *Lendi* gegangen und so warteten sie auf seine Rückkehr. Als er kam, staunte Frau Sapatnekar, dass Baba genau wie der Fakir in ihrem Traum aussah. Voller Ehrfurcht fiel sie vor Baba nieder, setzte sich dann zu ihm und schaute ihn an. Baba war sehr erfreut über ihre Demut und begann, einer dritten Gruppe in seiner ihm eigenen Art eine Geschichte zu erzählen. Er sagte: „Meine Arme, mein Bauch und meine Hüfte schmerzen seit langer Zeit. Ich habe viele Medikamente genommen, aber die Schmerzen gingen nicht zurück. Ich wurde der vielen Medizin überdrüssig, weil sie mir keine Erleichterung brachte. Aber jetzt bin ich völlig überrascht, dass plötzlich alle Schmerzen auf einmal verschwunden sind." Obwohl kein Name erwähnt wurde, war es doch Frau Sapatnekars Geschichte. Wie von Baba beschrieben, hörten ihre Schmerzen bald auf, und sie war glücklich.

Dann trat Herr Sapatnekar vor, um *Darshan* zu haben. Wieder wurde er mit dem früheren „Hinaus!" begrüßt. Dieses Mal war er reumütiger und beharrlicher. Babas Missfallen, so sagte er sich, müsse wohl auf seine vergangenen Taten zurückzuführen sein, und er beschloss, diese wieder gutzumachen.

Er wollte Baba unbedingt alleine sehen und ihn um Vergebung bitten. Das tat er dann und legte seinen Kopf auf Babas Füße. Baba legte ihm seine Hand auf den Kopf und Sapatnekar saß da und streichelte Babas Bein. Eine Hirtin erschien, setzte sich zu Baba und massierte seine Hüfte. In seiner charakteristischen Art erzählte Baba die Geschichte eines Anwaltes. Er zählte die verschiedenen Wechselfälle seines ganzen Lebens auf, einschließlich des Todes seines einzigen Sohnes. Sapatnekar staunte, dass es seine eigene Geschichte war, die Baba da erzählte, und er wunderte sich, dass Baba jede Einzelheit wusste. So kam er zu der Erkenntnis, dass Baba allwissend war und die Herzen aller kannte. Während er das dachte, zeigte Baba auf Sapatnekar und sagte, immer noch an die Hirtin gerichtet: „Dieser Bursche wirft mir vor, seinen Sohn getötet zu haben. Töte ich etwa die Kinder der Leute? Warum kommt dieser Bursche zur *Masjid* und weint? Ich werde jetzt Folgendes tun: Ich werde dasselbe Kind wieder in den Schoß seiner Frau bringen." Mit diesen Worten legte er seine segnende Hand auf Sapatnekars Kopf und tröstete ihn, indem er sagte: „Diese Füße sind alt und heilig. Du bist nun sorgenfrei. Setz deinen ganzen Glauben in mich, und du wirst bald dein Ziel erreichen." Sapatnekar war tief berührt; er badete Babas Füße mit seinen Tränen. Dann ging er nach Hause.

Er traf nun Vorbereitungen für die Andacht und *Naivedya* und ging zusammen mit seiner Frau zurück zur *Masjid.* Täglich brachte er Baba all diese Opfergaben und empfing *Prasad* von ihm.

Es waren sehr viele Leute in der *Masjid* versammelt und Sapatnekar ging auch dorthin. Wieder und wieder begrüßte er Baba ehrfürchtig. Als Baba die Köpfe gegeneinanderprallen sah, sagte er zu Sapatnekar: „Oh warum wirfst du dich immer wieder nieder? Das eine *Namaskāra* mit Liebe und Demut dargebracht, ist genug." An diesem Abend schaute Sapatnekar der zuvor beschriebenen *Chavadi*-Prozession zu, in der Baba wahrhaftig wie *Panduranga (Vitthala)* aussah.

Sapatnekar dachte bei sich, dass er vor seiner Abreise am nächsten Tag erst eine Rupie als *Dakshinā* geben solle und, falls Baba nach mehr frage, nicht nein sagen dürfe, sondern noch eine Rupie mehr zahlen solle. Er behielt einen ausreichenden Betrag für die Reisekosten zurück. Als er zur *Masjid* ging und eine Rupie als *Dakshinā* gab, bat Baba ihn um eine weitere Rupie, so wie es seine Absicht gewesen war, und nachdem er sie gezahlt hatte, segnete Baba ihn und sagte: „Nimm die Kokosnuss, leg sie deiner Frau in den oberen Teil ihres Saris und geh ohne die geringsten Sorgen ganz beruhigt nach Hause."

Das tat er – und nach einem Jahr wurde ihm ein Sohn geboren. Das Ehepaar kam mit dem acht Monate alten Kind nach Shirdi, legte es Baba zu Füßen und betete so: „O *Sainatha,* wir wissen nicht, wie wir dir die Schulden begleichen können, deshalb fallen wir ehrfürchtig vor dir nieder. Segne uns arme Leute von nun an und lass deine heiligen Füße unsere einzige Zuflucht sein. Viele Gedanken und Vorstellungen stören uns während des Wachens und Träumens, so wende unseren Geist von ihnen ab und deiner Verehrung zu. Segne uns."

Der Sohn wurde Murlidhar genannt. Später wurden noch zwei weitere Söhne, Bhaskar und Dinkar, geboren. Das Ehepaar Sapatnekar erkannte somit, dass Babas Worte niemals unwahr sind oder unerfüllt bleiben, sondern buchstäblich wahr werden.

Verneige dich vor Shrī Sai – Friede sei mit allen

Kapitel XLIX

Die Geschichten von Hari Kanoba, Somadev Swami, Nanasaheb Chandorkar

Wenn nicht einmal die *Veden* und die *Puranas Brahma* oder den *Sadguru* ausreichend lobpreisen und beschreiben können, wie können dann wir, die wir unwissend sind, unseren *Sadguru, Shrī* Sai Baba, beschreiben? Wir meinen, dass es besser ist, in dieser Sache zu schweigen. Das Schweigegelübde einzuhalten ist in Wirklichkeit die beste Art, den *Sadguru* zu lobpreisen. Doch Sai Babas gute Eigenschaften lassen uns dieses Schweigegelübde vergessen und inspirieren uns, den Mund aufzumachen. Gute Speisen schmecken fade, wenn wir sie nicht in Gesellschaft von Freunden und Verwandten zu uns nehmen; aber wenn wir in ihrer Gesellschaft essen, sind die Speisen schmackhafter. Das gleiche gilt für Sai-Līlamrita – den Nektar in der Form von Sais göttlichen Spielen. Diesen Nektar können wir nicht alleine genießen. Freunde und Geschwister sollen ihn mit uns teilen – je mehr, desto besser.

Es ist Sai Baba selbst, der diese Geschichten eingibt und sie dann, wenn er es wünscht, aufschreiben lässt. Unsere Pflicht ist es, uns ihm völlig zu ergeben und über ihn zu meditieren. Buße ist besser als eine Pilgerreise, ein Schwur, ein Opfer oder eine wohltätige Handlung.

Hari, den Herrn, anzubeten ist noch besser als Buße, und Meditation über den *Sadguru* ist das Allerbeste.

Deshalb müssen wir Sais Namen rezitieren, über seine Lehren nachdenken, über seine Gestalt meditieren, im Herzen wahre Liebe für ihn empfinden und all unsere Taten um Seinetwillen ausführen. Das ist die beste Methode, um die Bindung an die Welt des Wandels *(samsāra)* zu durchschneiden. Wenn wir unsere Pflicht wie oben erwähnt tun, dann muss Sai uns helfen und erlösen.

Nun kommen wir zu den Geschichten dieses Kapitels.

Hari Kanoba

Ein Herr aus Bombay namens Hari Kanoba hörte durch Freunde und Verwandte von vielen Baba-*Līlās.* Als ungläubiger Thomas konnte er diesen Geschichten aber keinen Glauben schenken. Er wollte Baba selbst prüfen, und so fuhr er mit einigen Freunden aus Bombay nach Shirdi. Er trug eine mit Litzen besetzte Kappe (pheta) und ein Paar neue Sandalen.

Als er Baba von Ferne erblickte, wollte er zu ihm gehen und ehrfürchtig vor ihm niederfallen. Er überlegte, was er mit seinen neuen Sandalen machen solle, und stellte sie in einer Ecke im offenen Hof ab. Dann begab er sich in die *Masjid* und hatte Babas *Darshan.* Er verneigte sich ehrfürchtig vor Baba, erhielt *Udi* und *Prasad* von ihm und kehrte zurück. Als er die Ecke erreichte, entdeckte er, dass seine Sandalen verschwunden waren. Vergeblich suchte er nach ihnen und schließlich ging er sehr niedergeschlagen zurück zu seinem Quartier. Er nahm ein Bad, hielt seine Andacht, bot *Naivedya* dar und setzte sich zum Essen nieder. Aber die ganze Zeit über dachte er an nichts anderes als an seine Sandalen. Als er nach dem Essen hinausging, um seine Hände zu waschen, sah er einen Jungen aus Maharashtra auf sich zukommen, der einen Stock in der Hand hielt, an dessen Ende ein paar neue Sandalen befestigt waren. Der Junge sagte zu den Männern, die herausgekommen waren, um ihre Hände zu waschen, dass Baba ihn beauftragt habe, mit diesem Stock durch die Straßen zu gehen und auszurufen „Hari Ka Beta. Jarika Pheta", und er ihm weiter gesagt habe: „Sollte jemand auf die Sandalen Anspruch erheben, so überzeuge dich zuerst, dass er der Sohn von Ka, das heißt Kanoba, ist und dass er eine mit Litzen besetzte Kappe trägt, und dann erst gib sie ihm." Als Hari Kanoba dies hörte, war er freudig überrascht. Er ging zu dem Jungen und sagte, dass es seine Sandalen seien und dass sein Name Hari und er der Sohn von Ka (Kanoba) sei. Er zeigte ihm seine mit Litzen besetzte Kappe. Der Junge war zufrieden und gab ihm die Sandalen.

Hari Kanoba wunderte sich und dachte, dass diese mit Litzen besetzte Kappe für alle sichtbar sei und Baba ihn habe sehen können, aber wie habe er wissen können, dass sein Name Hari und er der Sohn von Kanoba war, schließlich sei es doch seine erste Reise nach Shirdi gewesen. Nun, er kam mit dem einzigen Vorhaben dorthin, Baba zu prüfen und hatte kein anderes Motiv. Durch diesen Vorfall erkannte er, dass Baba ein großer Heiliger *(satpurusha)* war. Er hatte sich selbst überzeugen können und kehrte hocherfreut nach Hause zurück.

Somadeva Swami

Jetzt vernehmt die Geschichte eines anderen Mannes, der gekommen war, um Baba zu prüfen. Bhaiji, der Bruder von Kakasaheb Dixit, wohnte in Nagpur. Als er im Jahr 1906 in den Himalaja reiste, machte er die Bekanntschaft von Somadeva *Swami* aus Haridwar in Uttar-Kashi, unten im Gangotri-Tal (Garhwal-Gebiet von Uttar Pradesh). Jeder trug den Namen des anderen in sein Tagebuch ein.

Fünf Jahre später kam Somadeva *Swami* nach Nagpur und war Bhaijis Gast. Dort hörte er mit Freuden von Babas *Līlās* und in ihm entstand der starke Wunsch, nach Shirdi zu fahren und ihn zu schauen. Er erhielt ein Empfehlungsschreiben von Bhaiji und reiste nach Shirdi. Hinter Manmad und Kopergaon bestieg er eine Droschke und fuhr damit weiter. Als er sich Shirdi näherte, sah er hoch über der *Masjid* zwei Flaggen wehen.

Im Allgemeinen findet man bei den verschiedenen Heiligen unterschiedliche Verhaltens- und Lebensweisen und verschiedenes Drumherum. Doch diese äußeren Zeichen sollten nicht der Maßstab sein, mit dem der Wert des Heiligen beurteilt wird. Bei Somadeva *Swami* war das anders. Als er die Flaggen erblickte, dachte er: „Weshalb sollte ein Heiliger eine Vorliebe für Flaggen haben? Zeichnet das etwa seine Heiligkeit aus? Es deutet eher darauf hin, dass der Heilige hinter Ruhm her ist." Bei diesen Gedanken wollte er seine Shirdi-Reise abbrechen und sagte zu seinen Mitreisenden, dass er umkehren wolle. Sie antworteten ihm: „Weshalb bist du denn bis hierher mitgekommen? Wenn dein Gemüt schon bei der Ansicht von Flaggen gestört wird, wie viel mehr wird dich dann erst in Shirdi der Anblick des Prozessionswagens, der Sänfte, des Pferdes und all der anderen Dinge aus der Ruhe bringen." Der *Swami* geriet noch mehr durcheinander und sagte: „Ich habe nicht wenige solcher *Sadhus* mit Pferden, Sänften und Trommeln gesehen, und es ist besser für mich umzukehren, als solche *Sadhus* zu besuchen." Dann machte er Anstalten umzukehren. Die Mitreisenden drängten ihn, dies nicht zu tun, sondern weiterzufahren. Sie baten ihn, seine verquere Art zu denken aufzugeben, und sagten ihm, dass der *Sadhu,* das heißt Baba, sich nicht das Geringste aus den Flaggen und dem ganzen Drumherum mache, noch sich um seinen Ruf kümmere. Es seien die Leute, seine *Devotees,* die aus Liebe und Hingabe zu ihm dies alles veranstalteten. Schließlich konnte er überzeugt werden, seine Reise nach Shirdi doch fortzusetzen und Baba zu sehen. Als er dann zur *Masjid* ging und Baba vom Hof aus erblickte, schmolz er innerlich dahin, seine Augen wurden feucht, sein Hals war wie zugeschnürt und all seine bösen und krummen Gedanken verschwanden. Er erinnerte sich an die Worte seines *Gurus:* „Unser Wohnsitz und Ort der Ruhe ist dort, wo das Gemüt hocherfreut und entzückt ist." Er wollte sich im Staub von Sai Babas Füßen wälzen. Als er sich Baba näherte, wurde dieser zornig und rief laut: „Lass uns all unsere Sachen, geh zurück nach Hause. Nimm dich in Acht, falls du in diese *Masjid* kommen solltest. Warum willst du *Darshan* von einem, der Flaggen über seiner *Masjid* wehen lässt? Ist das etwa ein Zeichen von Heiligkeit? Bleib nicht einen Augenblick hier!" Der *Swami* war völlig überrascht. Er erkannte, dass Baba in seinem Herzen las und aussprach, was ihn bewegte. Wie allwissend er war! Er wusste, dass er keineswegs intelligent war und dass Baba edel und rein war. Er sah, wie Baba jemanden umarmte, einen anderen mit seiner Hand berührte, wieder andere tröstete, jemanden freundlich anschaute, einen weiteren anlächelte, jemandem *Udi* als *Prasad* gab und so allesamt erfreute und zufrieden stellte. Warum sollte er allein so grob behandelt werden? Nach ernsthaftem Nachdenken kam er zu der Erkenntnis, dass Babas Verhalten genau seinen Gedanken entsprach und dass er daraus eine Lehre ziehen und sich bessern sollte. Babas Zorn war ein verkappter Segen.

Es versteht sich von selbst, dass sich sein Glaube an Baba später verstärkte und er ein überzeugter *Devotee* wurde.

Nanasaheb Chandorkar

Hemadpant schließt dieses Kapitel mit einer Geschichte von Nanasaheb Chandorkar.

Als Nanasaheb einmal zusammen mit Mhalsapati und anderen in der *Masjid* saß, kam ein Mohammedaner aus Bijapur mit seiner Familie, um Baba zu sehen. Nanasaheb sah die verschleierten Damen in seiner Begleitung und wollte fortgehen, doch Baba hielt ihn zurück. Die Damen traten vor und nahmen Babas *Darshan*. Eine von ihnen lüftete ihren Schleier, um Babas Füße zu ehren, und ließ ihn dann wieder herunter. Nanasaheb, der ihr Gesicht gesehen hatte, war so sehr von ihrer seltenen Schönheit hingerissen, dass er ihr Gesicht noch einmal sehen wollte. Als die Dame den Platz verlassen hatte, sagte Baba, der die Unruhe seines Gemütes kannte, zu ihm: „Nana, warum erregst du dich unnötigerweise? Lass die Sinne ihre ihnen zugeschriebene Arbeit oder Pflicht tun; wir sollten uns da nicht einmischen. Gott hat diese schöne Welt erschaffen, und es ist unsere Pflicht, ihre Schönheit zu würdigen. Langsam und allmählich wird das Gemüt beständig und ruhig. Wenn die Vordertür offen ist, warum dann durch die Hintertür gehen? Für ein reines Herz gibt es nicht die geringste Schwierigkeit. Weshalb sollte man irgendjemanden fürchten, wenn es keinen bösen Gedanken in uns gibt? Die Augen dürfen ja ihre Arbeit tun, aber warum solltest du deshalb schüchtern sein und zittern?“

Shama, der auch anwesend war, konnte die Bedeutung dessen, was Baba sagte, nicht erfassen. So fragte er Nana danach, als sie nach Hause gingen. Nana erzählte ihm von seiner Unruhe beim Anblick der schönen Dame und wie Baba davon gewusst und ihm einen Rat gegeben habe. Er erklärte die Bedeutung von Babas Worten wie folgt: „Unser Gemüt ist von Natur aus unstet, aber es sollte ihm nicht erlaubt werden, zügellos zu sein. Die Sinne mögen rastlos werden, aber der Körper sollte unter Kontrolle sein und es sollte ihm keinesfalls erlaubt werden, ungeduldig zu werden. Die Sinne laufen den Dingen nach, doch sollten wir ihnen nicht folgen und danach verlangen. Durch langsame und schrittweise Übung kann die Unruhe bezwungen werden. Wir sollten uns nicht von den Sinnen hin- und herreißen lassen, auch wenn sie nicht vollkommen beherrscht werden können.

Der jeweiligen Gelegenheit entsprechend, sollten wir sie gehörig an die Kandare nehmen. Schönheit ist der Gegenstand der Sicht. Wir sollten furchtlos die Schönheit der Dinge schauen. Es gibt keinen Grund für Befangenheit oder Furcht; nur sollten wir nie böse Gedanken hegen. Lass den Geist (mind) wunschlos werden und beobachte die Schönheit von Gottes Werk. Auf diese Weise werden die Sinne leicht und natürlich kontrolliert und man wird an Gott erinnert, selbst wenn man sich an den Dingen erfreut.

Wenn die äußeren Sinne nicht beherrscht werden und es dem Geist erlaubt ist, den Dingen nachzujagen und daran zu hängen, dann wird der Kreislauf von Geburt und Tod nicht beendet. Die Objekte der Sinne sind schädliche Dinge. Mit der Unterscheidungskraft als Wagenlenker erlangen wir Herrschaft über den Geist und erlauben den Sinnen nicht, sich zu verirren. Mit einem solchen Wagenlenker erreichen wir unseren endgültigen Wohnsitz, unser wirkliches Zuhause, von dem es keine Wiederkehr mehr gibt."

Verneige dich vor Shrī Sai – Friede sei mit allen

Kapitel L

Die Geschichten von Kakasaheb Dixit, Shrī Tembye Swami, Balaram Dhurandhar

Das Kapitel 50 der Original-*Satcharita* wurde in das Kapitel 39 aufgenommen, da es sich mit demselben Thema befasst. Nun wird hier das Kapitel 51 als Kapitel 50 behandelt.

Heil sei Sai, der die Stütze seiner *Devotees* ist, unserem *Sadguru,* der die Bedeutung der *Gita* ausführlich erläutert und uns alle Kraft gibt. O Sai, blicke mit Wohlwollen auf uns und segne uns alle.

Die Sandelholz-Bäume wachsen in den Malaya-Bergen und schützen uns vor Hitze. Die Wolken gießen ihr Regenwasser aus und kühlen und erfrischen dadurch alle Menschen. Die Blumen erblühen im Frühling und erlauben uns, Gott mit ihnen anzubeten. Ebenso erscheinen die Geschichten von Sai Baba, um dem Leser Trost zu spenden. Jene, welche die Geschichten von Baba erzählen, und jene, die sie anhören, sind gleichermaßen gesegnet und heilig.

Es ist eine bekannte Tatsache, dass wir das spirituelle Ziel des Lebens ohne die Gnade eines *Sadgurus* nicht erreichen, mögen wir uns auch noch so vielen Arten von spirituellen Disziplinen widmen. Vernehmt die folgende Geschichte, die diese Behauptung veranschaulicht.

Kakasaheb Dixit (1864-1926)

Herr Hari Sitaram alias Kakasaheb Dixit wurde 1864 in einer Brahmanen-Familie in Khandwa (C. P.) geboren. Seine Grundschulausbildung erhielt er in Khandwa, Hinganghat, und seine höhere Schulausbildung in Nagpur. Sein Studium absolvierte er in Bombay, zuerst am Wilson College und dann am Elphinstone College. Nach seinem Universitätsabschluss im Jahr 1883 bestand er sein LL.B. und Rechtsanwaltsexamen. Danach arbeitete er im Büro der Regierungsanwälte Little und Co. und eröffnete später seine eigene Rechtsanwaltpraxis.

Vor 1909 war Kakasaheb Sai Babas Name nicht bekannt, aber später wurde er ein guter *Devotee* von ihm. Während er in Lonavla war, traf er seinen alten Freund Nanasaheb Chandorkar wieder. Beide verbrachten einige Zeit miteinander und sprachen über viele Dinge. Kakasaheb beschrieb ihm, wie er einen Unfall erlitten habe, als er in London einen Zug bestiegen habe; er sei ausgerutscht und habe sich am Fuß verletzt. Hunderte von Heilmitteln hätten keine Besserung gebracht. Nanasaheb sagte ihm daraufhin, dass er zu seinem *Sadguru,* Sai Baba, gehen solle, wenn er Schmerz und Lahmheit in seinem Bein loswerden wolle. Er erzählte ihm auch alle Einzelheiten über Baba und erwähnte dessen Ausspruch: „Ich ziehe meinen Mann auch von weit her an mich, selbst von jenseits der sieben Meere, wie einen Spatzen, an dessen Füßen ein Band befestigt wurde." Ebenso machte er ihm klar, dass er nicht von Ihm angezogen sein würde und auch nicht Seinen *Darshan* bekäme, wenn er nicht „Babas Mann" sei. Kakasaheb freute sich, all dies zu hören und sagte zu Nanasaheb, dass er zu Baba gehen, ihn sehen und zu ihm beten wolle, nicht unbedingt, um sein lahmes Bein zu heilen, sondern um seinen lahmen und unbeständigen Geist (mind) zu bessern und ihm ewige Glückseligkeit zu geben.

Einige Zeit später fuhr Kakasaheb nach Ahmednagar, um Stimmen für einen Sitz im „Bombay Legislative Council" (gesetzgebender Rat von Bombay) zu gewinnen, und er wohnte bei Sirdar Kakasaheb Mirikar. Herr Balasaheb Mirikar, der Sohn von Kakasaheb Mirikar, der Finanzbeamter in Kopergaon war, kam zu jener Zeit ebenfalls nach Ahmednagar, und zwar wegen einer Pferde-Ausstellung. Nach Beendigung der Wahlgeschäfte wollte Kakasaheb nach Shirdi reisen. Die beiden Mirikars, Vater und Sohn, machten sich zu Hause Gedanken darüber, welche passende und geeignete Person man ihm als Führer mitgeben solle.

In Shirdi arrangierte Baba bereits alles für seinen Empfang. Shama erhielt ein Telegramm von seinem Schwiegervater aus Ahmednagar, in dem es hieß, dass seine Frau ernsthaft erkrankt sei und Shama mit seiner Frau kommen solle, um sie zu besuchen. Mit Babas Erlaubnis fuhr Shama zu seinen Schwiegereltern und sah, dass es seiner Schwiegermutter bereits besser ging. Nanasaheb Panshe und Appasaheb Gadre trafen Shama auf ihrem Weg zur Ausstellung und sagten ihm, er solle zu Mirikars Haus gehen, dort Kakasaheb Dixit treffen und ihn mit nach Shirdi nehmen. Kakasaheb Dixit und die Mirikars wurden auch über Shamas Ankunft informiert.

Am Abend kam Shama bei den Mirikars an, die ihn dann mit Kakasaheb bekannt machten. Sie vereinbarten, dass Shama und Kakasaheb mit dem Nachtzug um 22 Uhr nach Kopergaon reisen sollten. Dann geschah etwas Eigenartiges. Balasaheb Mirikar schob den Vorhang vor Babas großem Portrait beiseite und zeigte es Kakasaheb. Kakasaheb staunte, dass Er, den er in Shirdi treffen wollte, schon in der Form Seines Portraits zugegen war, um ihn in diesem Augenblick zu begrüßen. Er war tief bewegt und fiel ehrfürchtig vor dem Portrait nieder. Das Bild gehörte Megha. Es war den Mirikars zur Reparatur geschickt worden, weil das Glas zerbrochen war. Die nötigen Reparaturen waren bereits ausgeführt und man beschloss, das Portrait mit Kakasaheb und Shama zurückzusenden.

Sie gingen vor 22 Uhr zum Bahnhof und buchten ihre Reise, doch als der Zug ankam, war die zweite Klasse überfüllt und es gab keinen Platz mehr für sie. Glücklicherweise stellte sich heraus, dass der Schaffner ein Bekannter von Kakasaheb war, und dieser brachte sie in der ersten Klasse unter. So reisten sie bequem und stiegen in Kopergaon aus. Ihre Freude war grenzenlos, als sie Nanasaheb Chandorkar erblickten, der ebenfalls nach Shirdi reiste. Kakasaheb und Nanasaheb umarmten einander. Nach einem Bad im heiligen Godavari-Fluss setzten sie ihre Reise nach Shirdi fort. Dort angekommen, erhielt Kakasaheb Babas *Darshan* und sein Gemüt schmolz, seine Augen waren mit Tränen gefüllt und er war außer sich vor Freude. Baba sagte zu ihm, dass er schon auf ihn gewartet und Shama geschickt habe, um ihn zu empfangen.

Kakasaheb verbrachte viele glückliche Jahre in Babas Gesellschaft. Er baute ein Haus in Shirdi, das er mehr oder weniger zu seinem ständigen Heim machte. Die Erlebnisse, die er mit Baba hatte, waren so vielfältig, dass es nicht möglich ist, sie alle hier wiederzugeben. Den Lesern wird empfohlen, eine Sonderausgabe (Kakasaheb Dixit) des „Sai Leela Magazine“, Band 12, Nummer 6 bis 9, zu lesen. Wir schließen diese Aufzählung mit der Erwähnung von nur einer Tatsache. Baba hatte ihn mit den Worten getröstet, dass er ihn am Ende „im Luftwagen *(vimāna)* holen werde“, das heißt ihm einen glücklichen Tod schenken werde. Das wurde wahr. Am 5. Juli 1926 reiste Kakasaheb mit Hemadpant im Zug. Sie sprachen eine Weile über Sai Baba und schwiegen dann. Kakasaheb schien tief versunken in Sai Baba. Plötzlich warf er seinen Kopf auf Hemadpants Schulter und tat ohne eine Spur von Schmerz oder Unbehagen seinen letzten Atemzug.

Shrī Tembye Swami

Wir kommen zur nächsten Geschichte, die zeigt, wie Heilige einander mit brüderlicher Zuneigung lieben.

Shrī Vasudevanand Saraswati, bekannt als *Shrī* Tembye *Swami,* schlug einmal seine Zelte in Rajamahendri, Andhra Pradesh, am Ufer des Godavaris auf. Er war ein ergebener, orthodoxer Anhänger des Gottes *Dattatreya,* ein Weiser *(jnānin)* und *Yogi.*

Herr Pundalikrao, Rechtsanwalt aus Nanded im Staat des Nizam, besuchte ihn mit einigen Freunden. Während sie mit ihm sprachen, fielen beiläufig die Namen Shirdi und Sai Baba. Als er Babas Namen hörte, verneigte er sich mit gefalteten Händen. Er nahm eine Kokosnuss, gab sie Pundalikrao und sagte zu ihm: „Gib sie meinem Bruder Sai als Opfergabe zusammen mit meinem Gruß *(pranāma)* und bitte ihn, mich nicht zu vergessen und mich immer zu lieben." Er fügte noch hinzu, dass sich *Swamis* üblicherweise nicht vor anderen verneigten, aber in diesem Fall müsse eine Ausnahme gemacht werden. Herr Pundalikrao erklärte sich bereit, die Kokosnuss mitzunehmen und Baba seine Botschaft zu überbringen. Der *Swami* hatte recht, Baba einen Bruder zu nennen, denn so wie er in seiner orthodoxen Art Tag und Nacht ein heiliges Feuer *(agnihotra)* unterhielt, ließ auch Baba sein *Agnihotra (dhuni)* immer in der *Masjid* brennen.

Nach einem Monat reisten Pundalikrao und andere mit der Kokosnuss nach Shirdi. Als sie Manmad erreichten, waren sie durstig und gingen an einen Bach, um Trinkwasser zu holen. Da Wasser nicht auf leeren Magen getrunken werden sollte, holten sie etwas Essbares, nämlich trockene, gewürzte Reisflocken hervor, die sehr scharf waren. Um den Geschmack zu verfeinern, schlug jemand vor, eine Kokosnuss zu zerbrechen und die Kokosraspeln unter die Reisflocken zu mischen. So machten sie es schmackhafter. Als sie sich Shirdi näherten, erinnerte Pundalikrao sich an die ihm anvertraute Nuss, und es stellte sich heraus, dass es genau diese Nuss gewesen war, die sie zerbrochen und gegessen hatten, und es tat ihm sehr leid.

Zitternd vor Angst erreichte er Shirdi und sah Baba. Baba hatte bereits eine drahtlose Botschaft von Tembye *Swami* bezüglich der Kokosnuss empfangen und fragte selbst nach dem, was sein Bruder ihm geschickt habe. Pundalikrao umklammerte Babas Füße, beichtete seine Schuld und Nachlässigkeit, bereute tief und bat Baba um Vergebung. Er bot eine andere Nuss als Ersatz an, doch Baba weigerte sich, sie anzunehmen, und sagte, dass der Wert jener Kokosnuss bei weitem größer gewesen sei als der einer gewöhnlichen Nuss und dass sie durch keine andere zu ersetzen sei. Baba fügte noch hinzu: „Nun brauchst du dich nicht mehr um die Angelegenheit zu sorgen. Es geschah, weil ich es so wollte, dass die Kokosnuss dir anvertraut und schließlich unterwegs zerbrochen wurde. Weshalb solltest du die Verantwortung der Taten auf dich nehmen? Befreie dich von dem Glauben, der Handelnde zu sein – bei guten und bei schlechten Taten. Sei ganz und gar ohne Stolz und ohne Ego in allen Dingen, so wirst du schnell spirituell Fortschritte machen." Welch eine wunderbare spirituelle Unterweisung Baba da gab!

Balaram Dhurandhar (1878-1925)

Herr Balaram Dhurandhar gehörte der Pathare-Prabhu-Gemeinschaft von Santa Cruz, Bombay, an. Er war Rechtsanwalt am Obersten Gerichtshof von Bombay; außerdem war er eine Zeit lang Leiter der Schule für Rechtswissenschaften der Regierung in Bombay. Die ganze Dhurandhar-Familie war fromm und religiös. Herr Balaram diente seiner Gemeinschaft und schrieb einen Bericht darüber, der auch veröffentlicht wurde. Dann widmete er seine Aufmerksamkeit spirituellen und religiösen Angelegenheiten. Er studierte sorgfältig die

Gita und deren *Jnaneshwari*-Kommentar, sowie andere philosophische und metaphysische Werke. Er war ein *Devotee* von Vithoba von Pandharpur. Mit Sai Baba kam er 1912 in Kontakt. Sechs Monate vorher kamen seine Brüder, Babulyi und Vamanrao, nach Shirdi und hatten Babas *Darshan*. Sie kehrten nach Hause zurück und erzählten Balaram und den anderen Familienmitgliedern von ihren süßen Erlebnissen. Daraufhin beschlossen alle, Baba zu besuchen.

Bevor sie in Shirdi ankamen, erklärte Baba öffentlich: „Heute kommen viele meiner *Darbar*-Leute." Die Dhurandhar-Brüder waren erstaunt, als sie durch andere von Babas Bemerkung hörten, denn sie hatten ihre Reise doch gar nicht vorher angekündigt. Die anderen Leute fielen ehrfürchtig vor Baba nieder, setzten sich dann und redeten mit ihm. Baba sagte ihnen: „Dies sind meine *Darbar*-Leute, die ich zuvor erwähnt habe", und zu den Dhurandhar-Brüdern gewandt: „Wir kennen uns schon seit sechzig Generationen." Die Brüder waren demütig und bescheiden, standen mit aneinandergelegten Händen da und starrten auf Babas Füße. Alle sattvischen Gefühle wie Freudentränen, Gänsehaut, Kloß im Hals und so weiter bewegten sie, und alle waren glücklich. Dann gingen sie zu ihrer Unterkunft, aßen, legten eine kurze Ruhepause ein und begaben sich wieder zur *Masjid*. Balaram setzte sich zu Baba und massierte seine Beine. Baba, der seine Pfeife rauchte, gab sie ihm und bedeutete ihm, auch zu rauchen. Balaram war das Rauchen nicht gewöhnt, dennoch nahm er die Pfeife, rauchte sie mit größter Schwierigkeit und gab sie mit einer ehrfürchtigen Verneigung zurück. Es war ein ganz besonderer Augenblick für Balaram. Er litt seit sechs Jahren an Asthma und dieses Rauchen heilte ihn vollkommen von der Krankheit, die ihn nie mehr quälte. Etwa sechs Jahre später hatte er jedoch an einem bestimmten Tag wieder einen Asthmaanfall. Es war genau zu der Zeit, als Baba in den *Mahāsamādhi* ging.

Der Tag dieses Besuches war ein Donnerstag, und die Dhurandhar-Brüder hatten das große Glück, an dem Abend die *Chavadi*-Prozession zu erleben. Während der *Arati*-Zeremonie im *Chavadi* sah Balaram das Strahlen von *Panduranga* auf Babas Gesicht, und am nächsten Morgen zur *Arati*-Zeit das gleiche Phänomen – wieder erschien das gleiche Strahlen seiner geliebten Gottheit *Panduranga* auf Babas Antlitz.

Herr Balaram Dhurandhar schrieb in der *Marathi*-Sprache über das Leben des Heiligen *Tukaram* aus Maharasthra. Die Veröffentlichung des Werkes erlebte er allerdings nicht mehr. Es wurde später, im Jahr 1928, durch seine Brüder herausgegeben. In einer kurzen Beschreibung über Balarams Leben zu Beginn des Buches wurde Balarams oben erwähnter Besuch voll und ganz bestätigt.

Verneige dich vor Shrī Sai – Friede sei mit allen

Epilog

Wir haben Kapitel 50 beziehungsweise 51 abgeschlossen und kommen nun zum letzten Kapitel – Nummer 52 im Original. Hierein hat Hemadpant seine abschließenden Bemerkungen geschrieben und versprochen, einen Index in Versform zu erstellen, so wie in den heiligen *Marathi*-Büchern. Doch unglücklicherweise fand man jenen Index nicht in Hemadpants Unterlagen und so wurde dieser von einem fähigen und ehrenwerten *Devotee* von Baba zusammengestellt, und zwar von Herrn B. V. Deo aus Thana.

Da in englischen Büchern der Index am Anfang erscheint und der Inhalt jedes Kapitels noch einmal zu Beginn desselben wiederholt wird, brauchen wir den Index hier nicht in Erwägung zu ziehen und betrachten dieses Kapitel als Epilog.

Leider lebte Hemadpant nicht mehr lange genug, um das Manuskript dieses Kapitels druckreif zu überarbeiten. Als es zur Druckerei geschickt werden sollte, stellte Herr Deo fest, dass es an einigen Stellen unvollständig und unverständlich war, doch musste es so gedruckt und veröffentlicht werden. Die darin behandelten Hauptthemen werden nachstehend wiedergegeben.

Die Größe des Sadgurus Sai

Wir werfen uns ehrfürchtig vor jenem Sai Samarth nieder und nehmen

Zuflucht zu ihm, der alle lebenden und leblosen Dinge im Universum durchdringt, vom Pfeiler bis zu Gott *Brahma,* selbst Töpfe, Häuser und den Himmel, ja, der alle Geschöpfe unterschiedslos durchdringt und für den alle *Devotees* gleich sind, der weder Ehre noch Unehre, Vorliebe oder Abneigung kennt. Wenn wir an ihn denken und uns ihm ergeben, erfüllt er all unsere Wünsche und lässt uns das Ziel des Lebens erreichen.

Dieser Ozean der weltlichen Existenz ist schwer zu überqueren. Wellen von Verblendung schlagen gegen das Ufer von schlechten Gedanken und reißen Bäume der Seelenstärke nieder. Der Wind des Egoismus weht kräftig, so dass der Ozean unruhig und aufgewühlt ist. Krokodile in Form von Zorn und Hass tummeln sich dort ohne die geringste Furcht. Strudel in Form der Vorstellung von „ich" und „mein" sowie Zweifeln wirbeln unaufhörlich darin umher und unzählige Fische in Form von Misstrauen, Hass und Eifersucht treiben dort ihr Spiel. Obwohl dieser Ozean so wild und schrecklich ist, ist *Sadguru* Sai dessen Vernichter, und die Sai-*Devotees* haben nicht das Geringste von ihm zu befürchten. Unser *Sadguru* ist das Boot, das uns sicher über diesen Ozean bringt.

Gebet

Jetzt fallen wir ehrfürchtig vor Sai Baba nieder und während wir seine Füße umfassen, beten wir für alle: „Mach, dass unser Geist (mind) nicht umherwandert, sondern nur nach dir verlangt. Lass dieses Werk, die *Satcharita,* in jedem Haus sein und die Menschen täglich aufmerksam darin lesen und wende alles Unglück von jenen ab, die dies regelmäßig tun."

Fala-Shruti (Belohnung des Studiums)

Nun einige Worte über die Belohnung, die man durch das Studium dieses Werkes erhält. Nach einem Bad im heiligen Fluss Godavari und nach dem *Darshan* des Grabmales im *Samādhi-Mandir* in Shirdi solltet ihr die *Satcharita* lesen oder einer Lesung zuhören. Wenn ihr dies tut, wird euer dreifaches Leid vergehen. Indem ihr gelegentlich über die Geschichten von Sai nachdenkt, werdet ihr ganz unbewusst Interesse am spirituellen Leben bekommen, und wenn ihr dann mit Liebe das Werk lest, werden all eure Sünden vergehen. Wollt ihr dem Kreislauf von Geburt und Tod entrinnen, dann lest Sais Geschichten und denkt ständig an ihn. Bindet euch an seine Füße, das heißt gebt euch ihnen hin. Wenn ihr in das Meer von Sais Geschichten taucht und sie nachher an andere weitergebt, werdet ihr immer wieder neuen Geschmack an ihnen finden und die Zuhörer vor künftigem Elend bewahren. Meditiert ihr unentwegt über Sai Babas Gestalt, so verschwindet sie mit der Zeit und führt euch zur Selbsterkenntnis. Es ist sehr schwer, das Wesen des Selbst oder *Brahman* zu erkennen, beziehungsweise zu verwirklichen, doch wenn ihr es mit Hilfe von Sais Gestalt *(sagunabrahman)* versucht, wird euer Weg leicht sein. Wenn der *Devotee* sich Sai vollkommen ergibt, wird er seine Individualität verlieren, in Ihm aufgehen und eins mit Ihm werden, so wie der Fluss eins mit dem Meer wird. Wenn ihr in einem der drei Zustände – Wachen, Träumen und Tiefschlaf – so mit Ihm verschmelzt, werdet ihr frei von der Bindung an die Welt des Wandels.

Wird dieses Buch täglich, nachdem man ein Bad genommen hat, voller Liebe und Vertrauen gelesen und die Lesung innerhalb einer Woche beendet, so wird das Leid vergehen. Auch wenn man es täglich und regelmäßig liest oder den Lesungen zuhört, werden alle Gefahren von einem abgewendet. Durch dieses Studium wird ein Mensch, der sich Reichtum wünscht, diesen ganz natürlich erhalten. Man bekommt die Belohnung entsprechend seines Glaubens und seiner Hingabe. Ohne Glaube und Hingabe gibt es keinerlei Erlebnisse. Lest ihr dieses Buch voller Respekt, wird Sai erfreut sein, eure Unwissenheit und Armut beseitigen und euch Wissen, Reichtum und Wohlstand schenken. Durch konzentriertes Lesen eines Kapitels erhaltet ihr grenzenloses Glück. Wem sein eigenes Wohlergehen am Herzen liegt, sollte es sorgfältig studieren, dann wird er in jedem Leben immer dankbar und freudig an Sai denken.

Das Buch sollte zu Hause besonders an *Gurupūrnimā* gelesen werden, wie auch an *Gokulāshtamī, Ramanavamī* und *Dasara* (Babas Gedenktag). Wenn ihr dieses eine Buch aufmerksam studiert, werden all eure Wünsche erfüllt, und wenn ihr euch stets an Sais Füße in eurem Herzen erinnert, werdet ihr leicht den Ozean der irdischen Existenz *(samsāra)* überqueren. Durch dieses Studium erhalten die Kranken Gesundheit, die Armen Reichtum, die Armseligen und Leidenden Wohlergehen und der Geist (mind) wird frei von allen Vorstellungen und beständig.

Ihr guten und ergebenen Leser und Zuhörer, wir verneigen uns auch vor euch allen und unterbreiten euch eine besondere Bitte: Vergesst niemals Ihn, dessen Geschichten ihr Tag für Tag oder Monat für Monat gelesen habt. Je inbrünstiger ihr die Geschichten lest oder ihnen zuhört, desto mehr Ermunterung gibt uns Sai, euch zu dienen und von Nutzen zu sein. Autor und Leser müssen in diesem Werk zusammenarbeiten, einander helfen und glücklich sein.

Prasad Yahchana

Wir schließen nun das Werk mit einem Gebet zum Allmächtigen:

„Mögen die Leser und *Devotees* vollkommene Hingabe zu Sais Füßen finden. Möge seine Gestalt immer vor ihrem inneren Auge sein und mögen sie Sai (den Herrn) in allen Wesen sehen. Amen!“

Arati

O Sai Baba, wir schwenken Kampferflammen vor dir, der allen Wesen *(jīva)* Glück verleiht. Lass uns, deine Diener und *Devotees*, unter dem Staub deiner Füße ruhen, damit unsere Wünsche vernichtet werden. Du bleibst versunken in deinem Selbst und zeigst den spirituell Strebenden den Herrn (Gott). Entsprechend der Intensität des Gefühls eines jeden, gibst du Erlebnisse oder Verwirklichung. O du gütiger Herr, so groß ist deine Kraft! Meditation über deinen Namen nimmt die Furcht vor der Welt *(samsāra)*. Deine Unterweisung ist wahrlich unergründlich. Immer hilfst du den Armen und Hilflosen. In diesem *Kali*-Zeitalter bist du – der allesdurchdringende *Datta* – wirklich als Verkörperung des Höchsten *(sagunabrahman)* gekommen. Nimm allen *Devotees,* die jeden Donnerstag zu dir kommen, die Angst vor der Welt des Wandels *(samsāra),* damit sie die Füße des Herrn schauen können. O Gott der Götter, ich bete darum, lass den Dienst zu deinen Füßen mein Reichtum sein. Nähre Madhav (und auch Gadhij[13]) mit Glück, wie die Wolke den *Chatak* mit reinstem Wasser nährt, und halte so dein Wort. Amen!

Verneige dich vor Shrī Sai – Friede sei mit allen

[13] Der Devotee, der das Arati singt, sollte seinen Namen hier auch nennen.

Glossar

(Weiterführende Informationen über mehr als 3.000 Sanskritwörter finden Sie in: „M. Mittwede, Spirituelles Wörterbuch Sanskrit-Deutsch“, Sathya Sai Vereinigung e. V., D-Dietzenbach, ISBN: 978-3-932957-02-4. Es gibt zugleich Zugang zur indischen Mythologie, Ethik und Kultur und bietet sich als Hilfe zur spirituellen Erkenntnis an.)

abhisheka	Salben, Benetzen; Weihen oder Einweihen durch Besprühen mit Wasser; hier: unentwegtes Gießen von frischem Wasser über das *Pindi (linga)*.
adhyātma	auf das Selbst bezogen, das höchste Selbst.
Adhyatmaramayana	(Sanskrit: adhyātmarāmāyana) Name eines Textes, in dem *Rama* als höchster Herr verherrlicht wird.
ādipurusha	der ursprüngliche, ewige Mensch.
advaita	Nicht-Zweiheit, Nicht-Dualität.
agnihotrin	derjenige (oft Priester), der regelmäßig, jeden Tag, das Feueropfer zelebriert.
ajnāna	Unwissenheit, Ignoranz; man hält sich für seinen sterblichen Körper und weiß nicht, dass im Inneren das Selbst als absolute Realität wohnt.
Amalaka	(Emblica officinalis) Frucht, die in der indischen Medizin vielseitig angewandt wird, unter anderem bei Verdauungsbeschwerden.
Ambil	dünnflüssiger saurer Haferschleim.
amrita	unsterblich; Nektar der Unsterblichkeit, Unsterblichkeitstrank, das Wasser des Lebens.

Aranyaka (Sanskrit: āranyaka) erläuternde Abhandlungen über *Mantras* und Rituale; die *Aranyakas* sind jeweils einem *Veda* zugeordnet. Sie enthalten mystische Betrachtungen, sowie die Beschreibung wichtiger Riten und bilden den Ausgangspunkt für die *Upanischaden.*

Arati (Sanskrit: ārati) Verehrung Gottes mit einer Kampferflamme; der Kampfer verbrennt ohne Rückstände. Genauso zehrt Gottes Flamme der Liebe das Ego auf, ohne eine Spur von „ich" oder „mein" zu hinterlassen. Die Flamme ist Symbol für die Vernichtung aller relativen Wünsche, die den Menschen daran hindern, sich Gott zuzuwenden.

arcana Anbetung, Verehrung, dem Bild oder der Bildgestalt des Herrn Gebete darbringen.

arghya Wasser, das anlässlich des respektvollen Empfangs eines Gastes angeboten wird.

Arjuna einer der fünf *Pandava*-Brüder, der im *Mahabharata*-Epos als Kriegsheld beschrieben wird. Er war *Krishnas* Freund und Schüler. In der *Bhagavadgita* finden wir die Unterweisungen, die *Arjuna* von *Krishna* erhalten hat.

artha Wohlstand, Reichtum, Besitz, eines der vier Ziele des menschlichen Strebens.

Aschram (Sanskrit: āshrama) Aufenthaltsort eines Weisen oder Heiligen; ein Ort, wo der Mensch weder Kampf noch Bedrängnis oder Anspannung kennt.

ashtami der achte Tag des Mondzyklus.

Ashvattha-Baum Name des heiligen Feigenbaumes; symbolisch: der Baum der Schöpfung.

Atman (Sanskrit: ātman) die unsichtbare Grundlage, das wirkliche Selbst, die dem Menschen innewohnende Göttlichkeit.

ātmanivedana Ergebenheit, Vertrauen in das Selbst, sich dem Willen der inneren göttlichen Gegenwart gänzlich anvertrauen, Zwiesprache mit dem Selbst.

ātmarama unser liebes Selbst, das göttliche Selbst; die Freude des Selbst am Selbst, dessen Natur Glückseligkeit ist.

Avatar (Sanskrit: avatāra) das Erscheinen Gottes auf Erden in einer von ihm frei gewählten Form, um den Menschen den rechten Weg zu weisen; eine Inkarnation des göttlichen Bewusstseins auf Erden. Er wirkt zur Unterstützung der Menschheit und zur Wiedereinsetzung göttlicher Ordnung und Gerechtigkeit.

Ayurveda (Sanskrit: āyurveda) wörtlich: „das Wissen vom langen Leben"; Name der altindischen medizinischen Wissenschaft und Lebenslehre.

Baba Vater.

Basundi Milch, die zu einer sahnigen Konsistenz verkocht und mit Zucker und Gewürzen abgeschmeckt wird.

Bhagavadgita (Sanskrit: bhagavadgītā) heilige Schrift der Hindus; „Der Gesang des Erhabenen". In der *Bhagavadgita* finden wir die Unterweisungen, die *Arjuna* von *Krishna* erhalten hat.

Bhagavan (Sanskrit: bhagavān) ein Name für Gott, der seine unumschränkte Größe offenbart. Es ist eine ehrerbietige Anrede, die der Herrlichkeit Gottes angemessen ist.

Bhagavatam Kurzform für *Bhagavatapurana*.

Bhagavatapurana (Sanskrit: *bhāgavatapurāna)* Name eines heiligen Textes; befasst sich mit *Krishnas* Leben.

Bhajan (Sanskrit: bhajana) Lobgesang, Lobpreisen der verschiedenen Namen und Aspekte Gottes.

bhakta Verehrer, Anbeter Gottes, der Gottergebene.

bhakti Anbetung, Hingabe, Gottesliebe, Verbundenheit mit dem Herrn unter allen Umständen.

bhāvasāgara Ozean des Seienden, Ozean der irdischen Existenz.

bhūtayajna Name eines Opferrituals für alle Lebewesen, insbesondere die Haustiere.

bidi (Beedi) kleine Zigarette, umgeben von einem Tabakblatt.

Brahma (Sanskrit: brahmā) Name des Schöpfergottes, der die Entstehung des Universums bewirkt. *Brahma* sollte nicht mit *Brahman* verwechselt werden.

brahmajnāna Erkenntnis des *Brahman,* der göttlichen Wirklichkeit.

Brahman (Sanskrit: brahman) das Allumfassende, das Universelle, das alles durchdringende, göttliche, namenlose, formlose, ewig absolute, allem innewohnende Prinzip.

Brahmana (Sanskrit: brāhmana) erläuternde Abhandlungen über *Mantras* und Rituale.

brahmavidyā Metaphysik; die Wissenschaft, Weisheit des *Brahman.* Es ist die Wissenschaft, der es um die Entfaltung des Bewusstseins von der wahren Realität, der höchsten Wirklichkeit und absoluten Wahrheit geht.

brahmayajna Opfer zur Ehre Gottes für die Weisen und die spirituelle Lehre.

Brihadaranyaka-Upanischad (Sanskrit: brihadāranyaka-upanishad) Name einer *Upanischad,* die wegen der Belehrung über das Selbst und seine Identität mit *Brahman* berühmt ist.

bukka duftendes schwarzes Pulver.

Burfi nordindische Süßspeise.

Chaitra ein Monat im Hindu-Kalender, März/April entsprechend.

candrakānta lieblich wie der Mond; Mondstein, von dem es heißt, er sei aus den Strahlen des Mondes entstanden.

chamara ein Wedel aus einem Bündel Tierhaare, die am Ende eines Stocks befestigt sind.

Chandogya-Upanischad (Sanskrit: chāndogya-upanishad) *Upanischad,* welche die Grundlagen der *Vedanta*-Philosophie erläuert; enthält den großen Lehrsatz „tat tvam asi“ – „Das bist du“.

Chatak	eine Vogelart, die ihr Trinkwasser direkt aus der Wolke holt, also nur reines Wasser trinkt.
chavadi	ein kleines Gebäude mit ein bis zwei Räumen, das normalerweise als Dorfversammlungshalle dient.
chilim	Tonpfeife.
chipli	ein Paar hölzerne Stöckchen mit Metallplättchen an beiden Enden und Griff zum Klappern; Rhythmus-Instrument für *Bhajans*, *Kirtans* und *Arati*.
cintāmani	der Stein der Weisen, der die Wünsche nach Weisheit erfüllt.
Cubit	ein altes asiatisches Längenmaß.
dakshinā	rituelles Geldgeschenk an einen Priester oder spirituellen Lehrer zum Dank für Belehrungen und Segnungen.
dakshinā-mīmāmsā	hier: Erläuterungen zu *Dakshinā*.
dāna	Geschenk, Gabe, Verteilung, Wohltätigkeit.
darbar	Audienzversammlung ähnlich des *Darshans,* zum Beispiel wenn ein König Hof hält.
Darshan	(Sanskrit: darshana) das Sehen, Schauen einer heiligen Persönlichkeit.
Dasara, Dashaharā	ein Fest, zu Ehren der göttlichen Mutter in ihren Aspekten als *Durga*, *Lakshmi* und *Sarasvati*.
Datta	siehe *Dattatreya*.
Dattatreya	(Sanskrit: dattātreya) Name eines Heiligen aus alter Zeit; er wird als eine Teilinkarnation von *Brahma*, *Vishnu* und *Shiva* betrachtet.
deva	göttliche Wesenheit, Gott; auch Namenszusatz.
Devaki	(Sanskrit: devakī) *Krishnas* Mutter .
devayajna	Opfer für die Götter.
Devotee	Englisch; Gott-Ergebener.
dhāranā	Konzentration, ständige Ausrichtung auf einen Gegenstand.
Dharma	Ordnung, Gesetz, Gebot Gottes, die Pflicht des Menschen.
dharmashālā	hier: eine Unterkunft für Reisende oder Pilger.
dhauti	*Yoga*-Übung zur Reinigung des Magens.

dhoti	indisches traditionellen Bekleidungsstück, das von Männern getragen wird; Baumwollstoff, der um Hüfte und Beine geschlungen wird.
dhotar	siehe *Dhoti*.
dhuni	heiliges Feuer, das Tag und Nacht am Brennen gehalten wird; Feuerstelle.
Divali, Dīpāvalī	das Fest der Lichter; dabei wird des Sieges der himmlischen über die höllischen Einflüsse, der Tugenden über die Laster gedacht. Es findet in der Neumondnacht des Monats Kārttika (Mitte Oktober bis Mitte November) statt.
Durga	(Sanskrit: dūrga) die Schwerzugängliche, die Unergründliche; ein Name für Parvati, *Shivas* Gefährtin.
dvaita	Zweiheit, Dualität; die phänomenale Welt ist aus Gegensatzpaaren, Dualitäten aufgebaut, die erst in der Transzendenz überwunden werden können. *Dvaita* bezeichnet auch die Philosophie des Dualismus, nach deren Auffassung der Mensch als Geschöpf von seinem Schöpfergott getrennt ist und die Gegensätze der Welt eine tatsächliche Wirklichkeit besitzen.
Dvāparayuga	siehe *Yuga*.
Dvaraka	(Sanskrit: dvārakā) Name einer Hafenstadt an der indischen Westküste, in der *Krishna* lebte; sie wird als eine Festung mit neun Toren beschrieben und symbolisiert den Körper und dessen Öffnungen.
Ekādashī	der 11. Tag einer Mondphase, ein Fastentag, besonders für *Krishna*-Anhänger.
Eknath	Heiliger und Gelehrter (1533-1599).
fugadi	ein wilder Tanz mit Sprüngen.
Ganapati	ein Name für *Ganesha*.
Ganesha	Gott der Weisheit und Beseitiger aller Hindernisse, *Shivas* und *Parvatis* Sohn; er hat den Kopf eines Elefanten und den Körper eines Menschen. Die Hindus beten ihn an, bevor sie etwas beginnen.

Gāyatrī	Name eines berühmten heiligen Verses aus dem *Rigveda* und wichtiges *Mantra* für das Gebet und die Meditation.
Ghat	Bergkette, Badetreppe.
Ghee	geklärte Butter; wichtiger Bestandteil bei der Zubereitung indischer Gerichte.
Gita	siehe *Bhagavadgita*.
Gokulāshtamī	auch Krishnajanmāshtamī; *Krishnas* Geburtstag, an dem die Kühe geehrt werden.
guna	Eigenschaft, Qualität, Grundeigenschaft; nach der Sānkhya-Philosophie bestehen alle Objekte der Erscheinungswelt aus den Gunas: sattva – Reinheit, Feinheit –, rajas – Aktivität – und tamas – Schwere, Unbeweglichkeit.
Guru	ein Lehrer geistiger Disziplinen auf dem Weg zur Selbsterkenntnis; insbesondere der spirituelle Meister.
Gurupūrnimā	„die Lichtfülle des Lehrers"; es ist der Tag, an dem der *Guru,* der die Finsternis vertreibt, verehrt wird. Das Fest fällt auf die erste Vollmondnacht im Juli.
Hanuman	(Sanskrit: hanumān) Name des Heerführers der Affen; er war einer der unerschrockensten und hingebungsvollsten Diener von *Rama* und wird als ein Wesen dargestellt, welches zur Hälfte Affe, zur anderen Hälfte Mensch ist.
Hara	ein Name für *Shiva*.
Hari	ein Name für *Krishna* und *Vishnu*.
haridas	jemand, der öffentlich Geschichten über Gott erzählt und über Gott singt.
hathayoga	„der *Yoga* der Bemühung"; Name einer *Yoga*-Tradition, in der verschiedene Körperstellungen und Reinigungstechniken eine besondere Rolle spielen.
Holi	siehe *Shimga*.
Id	Fest der Muslime am Ende des Ramadan.
idgah	eine Mauer, vor der Muslime am *Id*-Fest beten.

Isha-Upanischad	(Sanskrit: īsha-upanishad); die kürzeste Upanischaden (18 Verse). Ihr bekanntestes *Mantra* lautet: „So 'ham" – „Ich (bin) Er" und bedeutet, dass Gott als Überseele im Herzen des Menschen wohnt.
Janaka	König von Videha und *Sitas* Vater.
jīva	Individuum, die individuelle Seele.
jnāna	Weisheit, spirituelle Einsicht, universelle Weisheit; die Erkenntnis, die den Zugang zum Wissen über alles erschließt und deshalb die Kenntnis von allem Übrigen letztendlich überflüssig macht. *Jnāna* ist kein intellektuelles Wissen.
Jnanadeva	siehe *Jnaneshwari.*
jnānamūrti	Verkörperung von Weisheit, Wissen.
Jnaneshwar Maharaj	Heiliger und Dichter Indiens (1275-1296).
Jnaneshwari	sehr bekannter *Marathi*-Kommentar zur *Bhagavadgita,* den *Jnanadeva* im Alter von 15 Jahren geschrieben hatte.
jnānin	der Weise, der Befreite, der in *Brahman*-Erkenntnis eingetaucht ist. Nur eine Person, die den Herrn in allen Dingen sieht, verdient es, *Jnānin* genannt zu werden.
Kabir	indischer Mystiker und Dichter (1440-1518).
Kafni	Kleidungsstück, das den Körper weitgehend bedeckt und das gewisse Bettelmönche tragen.
kaliyuga	siehe *Yuga.*
kalpataru	siehe *Kalpavriksha.*
kalpavriksha	der Baum, der alle Wünsche erfüllt; gemeint ist ein heiliger Baum, der in den himmlischen Welten existiert.
kāma	Wunsch, Verlangen, Begierde, Wollust, Habgier, ungezügelter Wunsch nach den Dingen der irdischen Welt.
kāmadhenu	die himmlische Kuh, die uns die gewünschten Speisen gibt; die himmlische Kuh des Überflusses, die alles gibt, was man sich wünscht, die alle Wohltaten gewährt.

Karma	(Sanskrit: karman) Tat, Handlung, Aktivität; Konsequenz einer geistigen oder körperlichen Handlung.
karmayoga	*Yoga* des Handelns; einer der vier Haupt-*Yogas,* dessen Schwerpunkt selbstloses Tun ist, bei dem der spirituell Strebende jede Handlung und ihre Früchte Gott als Opfer darbringt.
Karna	Name des Halbbruders der *Pandavas;* er war der Sohn ihrer Mutter und des Gottes Sūrya; kämpfte auf Seiten der Kauravas gegen die *Pandavas.*
Katha-Upanischad	(Sanskrit: katha-upanishad) Name einer berühmten *Upanischad,* welche die Belehrungen des Totengottes Yama an Nacitekas enthält.
khandayoga	*Yoga*-Übung, bei der die Gliedmaßen vom Körper getrennt und danach wieder angebracht werden.
Khandoba	eine Inkarnation von *Shiva.*
Kheer	süßer Milchreis.
Kichadi	gekochter Reis mit Linsen und Gemüse.
Kirtan	(Sanskrit: kīrtana) gemeinsames Rezitieren, Singen und Tanzen zur Ehre Gottes.
Krishna	eine vollkommene Inkarnation Gottes, circa 3.100 vor Christus.
kritayuga	siehe *Yuga.*
kshatriya	Bezeichnung des zweiten Standes der Krieger, Fürsten und Könige.
Kumkum	auch Kumkuma; Safran, rotes Pulver, das bei religiösen Zeremonien verwendet wird.
Lakshmana	Name von *Ramas* Halbbruder, der ihn ins Exil und auf all seinen Wanderungen begleitete.
Lakshmi	(Sanskrit: lakshmī) Göttin des Wohlstands, der Wohlfahrt, des Glücks, des Gedeihens und der Schönheit.
Lendi	ein kleiner Fluss an der Ortsgrenze von Shirdi.
līlā	göttliches Spiel; das ganze Universum ist der Schauplatz für Gottes *Līlās.*
Linga	(Sanskrit: linga) Symbol für das absolute, formlose Göttliche.

Mahabharata	(Sanskrit: mahābhārata) Name des großen Epos, das den Kampf der Nachkommen von Bharata beschreibt. Neben dem *Ramayana* ist es das zweite monumentale Heldenepos der indischen Literatur und zugleich das umfangreichste.
Madhava	(Sanskrit: mādhava) süß; ein Name für *Vishnu* und *Krishna*.
Mahadeva	(Sanskrit: mahādeva) der große Gott, der höchste Gott; ein Name für *Shiva*.
mahant	Vorsitzender einer hinduistischen religiösen Institution.
mahāpūjā	großer Gottesdienst, Ritual.
maharaj	großer König, ein Ehrentitel.
mahāsamādhi	die vollständige Erfahrung der absoluten Wirklichkeit, der Tod. Auch Grabmal eines spirituell Entwickelten.
Mahat	groß, gewaltig; ein Name für *Shiva*; der kosmische Wille, eine Bezeichnung für Unterscheidungskraft und Intelligenz (buddhi).
Mahesha, Maheshvara	der große Herr; ein Name für *Vishnu* und *Shiva*.
Makarasamkrānti	indische Sonnenwendfeier am 14. Januar eines jeden Jahres.
Mandir	(Sanskrit: mandira) Tempel, heiliger Ort, Gebetshalle.
Mantra	Gebet, heiliges Wort oder Gebetsformel.
Mantropanischad	anderer Name für die *Isha-Upanischad*.
manushya-atithiyajna	Opfer für die Menschheit oder nicht eingeladene Gäste.
Marathi	Landessprache des indischen Staates Maharashtra.
Maruti	ein Name für *Hanuman*.
Masjid	Moschee.
Masjidmayi	die göttliche Mutter der *Masjid*.
math	Hindu-Kloster.
Maya	(Sanskrit: māyā) Täuschung, Illusion, Schein; *Maya* ist die faszinierende, irreführende Täuschung.

mīmāmsā Reflektion, genaue Betrachtung, Untersuchung, Erforschung, Erörterung; eines der sechs klassischen Philosophiesysteme Indiens.

Moharum-Fest auch Mohorram; Trauerfest der Muslime (vergleichbar mit dem deutschen Totensonntag).

moksha Befreiung, Entkommen, Rettung, Erlösung; *Moksha* verwirklicht zu haben, bedeutet Erkenntnis der Wahrheit, Befreiung vom Kreislauf von Geburt und Tod.

mudrā 1. Zeichen, Geste, Körperhaltung 2. hier: metallische Zeichen auf *Vishnus* Waffen.

mukti Erlösung, Befreiung, Freiheit; das Gewahrwerden der eigenen innersten Wirklichkeit; siehe *Moksha.*

mumukshu nach Befreiung suchend, strebend, verlangend.

muni Frommer, Gelehrter, Heiliger; ein Ehrentitel; wird für *Rishis* angewendet, die Verfasser bedeutender Texte sind.

naishkarmya siehe *Nishkāmakarman*.

naivedya eine Opfergabe, eine Speise, welche Gott am Altar dargebracht und später an die Anwesenden verteilt wird.

nāmah shivaya ein *Mantra* zur Verehrung von *Shiva;* wörtlich: „Ich verneige mich vor *Shiva*."

namaskāra Grußform, Verneigung; in einem tieferen Sinn meint der Gruß die Berührung der Lotosfüße des spirituellen Meisters; symbolisch wird dem Herrn das Ego zu Füßen gelegt.

Namdev (Sanskrit: Nāmadeva) Name eines Weisen.

Nandi Stier, insbesondere *Shivas* Reittier. *Nandi* war ein großer Verehrer von *Shiva* und nahm die Gestalt eines Stieres an, weil sein menschlicher Körper nicht stark genug gewesen wäre, seine ekstatische Hingabe zu ertragen.

Narada (Sanskrit: nārada) Name eines der sieben großen *Rishis*. Er soll der Herr der *Gandharvas*, der himmlischen Musikanten, gewesen sein und ein Saiteninstrument *(vīnā)* erfunden haben.

Narayana (Sanskrit: naranārāyana) Bezeichnung für Gott in seinem Aspekt als Urwesen, als erstgeborenes Wesen der Schöpfung, von dem alles ausgeht. *Narayana* wird oft als eine Manifestation von *Krishna* beziehungsweise *Vishnu* betrachtet.

nirguna ohne Eigenschaften, gestaltlos, qualitätslos.

nirgunabrahman das formlose, eigenschaftslose *Brahman;* die Erfahrung von *Nirgunabrahman* ist eine Einheitserfahrung, die frei von allen Qualitäten ist; der Gegenbegriff dazu ist *Sagunabrahman.*

nishkāmakarman Handlung ohne jeden Wunsch nach den Früchten der Handlung, ohne die geringste Beachtung eines möglichen Vorteils; wunschloses Tun, Entsagung gegenüber dem Erfolg der Handlungen; Tätigwerden als Hingabe und Anbetung; Tätigkeit, die notwendig ist und gleichzeitig gern ausgeführt wird.

nishthā Hingabe, die ganz zielgerichtet ist.

Nizam ein Muslim-Herrscher.

nyāya Methode, Logik, Wissenschaft der Logik; *Nyāya* ist die Wissenschaft des logischen Beweises; eines der sechs klassischen indischen Philosophiesysteme.

padapūjā Zeremonie, bei der die Füße des Herrn, meist in Form von verzierten Sandalen, verehrt werden.

pāda Versviertel, Kapitel.

padasevana Verehrung der Füße des Herrn; den Füßen des Herrn oder des spirituellen Meisters dienen; dies kann sich auf alle Handlungen des Lebens beziehen, die dem Herrn dargebracht werden und beinhaltet völlige Hingabe.

padatīrtha das Wasser, das von der *Padapūjā* stammt und von *Devotees* als heiliges Wasser getrunken wird.

paduka Gottes Fußabdrücke, die gewöhnlich aus Silber angefertigt werden. Die Tradition der Verehrung der *Padukas* geht auf *Rama* zurück.

Paisa indische Währungseinheit; 100 *Paise* = 1 Rupie.

Pancadashi	eine *Sanskrit*-Abhandlung des berühmten Viyaranya über die *Advaita*-Philosophie.
Panch-Ratni-Gita	Name verschiedener Werke; die fünf „Edelsteine" oder am meisten verehrten Episoden des großen Epos Mahabharata.
Pandavas	(Sanskrit: pāndavas) Bezeichnung für die Söhne von König Pandu, die fünf *Pandava*-Prinzen, die zu den Hauptpersonen des *Mahabharata* gehören. Sie stellen Verkörperungen der Rechtschaffenheit dar.
Pandharinātha Vitthal	der erbarmungswürdige Herr der Armen und Hilflosen.
Pandit	(Sanskrit: pāndita) Gelehrter, insbesondere vedischer Gelehrter.
panja	heiliges Hand-Emblem der Muslime.
Parabrahman	das höchste *Brahman,* das frei ist von allem Relativen, das universale Absolute in seiner reinen Form.
Parashurama	(Sanskrit: parashurāma) *Rama* mit der Axt, die 6. Inkarnation von *Vishnu*.
Parikshit	Name eines Königs; *Arjunas* Enkel; nachdem er verflucht worden war, innerhalb von sieben Tagen durch einen Schlangenbiss zu sterben, hörte er sieben Tage lang bis zu seinem Tod das *Bhagavatapurana*.
Parsi-Devotee	Parse, Anhänger des Zarathustra.
Patanjali	Autor der *Yogasūtras* (2. Jahrhundert vor Christi).
pindi	Lingam, Symbol für das Göttliche.
pitriyajna	Opfer für die Vorfahren.
Pooran Poli	Weizenfladen, mit eingedicktem Zuckerrohrsaft gefüllt.
Prajapati	(Sanskrit: prajapati) Herr der Geschöpfe, Herr des Universums.
prāna	Atem, Lebensodem, die den Körper durchdringende kosmische Energie, die ihn erhält und am deutlichsten als Atem in Erscheinung tritt.

pranāma ehrfürchtige Begrüßung.

prarthana samajist jemand, der nicht an rituelle Idol-Anbetung glaubt.

Prasad (Sanskrit: prasāda) göttliches Geschenk, Gabe.

pūjā Verehrung, Zeremonie, Gottesdienst, Ritual.

Purana (Sanskrit: purāna) der Name einer Literaturgattung, deren Texte zu den klassischen heiligen Schriften zählen.

Puri gebackener Weizenfladen.

pūrnimā Tag des Vollmondes, Bezeichnung vieler Feste, die an einem solchen Tag gefeiert werden.

purushārtha Ziel des Menschen; gemeint sind oft die vier verschiedenen Ziele, auf die das menschliche Leben gerichtet sein kann: Wunscherfüllung (kāma), Wohlstand (artha), Rechtschaffenheit *(dharma)* und Befreiung (moksha).

rajas siehe *Guna*.

Rama (Sanskrit: rāma) eine Inkarnation von Gott, die Verkörperung der Rechtschaffenheit. Seine Geschichte ist im Epos *Ramayana* beschrieben.

Ramadas indischer Heiliger (1608-1681).

Ramadasi ein Anhänger des heiligen *Ramadas*.

Ramadasi-bhakta siehe *Ramadasi*.

Ramanāman (Sanskrit: ramanāman) der Name *Rama; Rama* als ein Name Gottes; Name einer Feier mit alten Gesängen, welche die Gegenwart von *Rama*, *Sita* und *Hanuman* beleben.

Ramanavamī *Ramas* Geburtstag, der am 9. Tag des Monats *Chaitra* (März-April) gefeiert wird.

Ramayana (Sanskrit: rāmāyana) ein bedeutendes Epos der *Sanskrit*-Literatur; schildert *Ramas* Leben.

Rangoli-Zeichen auch: Rangavalli; eine Bodendekoration aus Reismehl, die in vielen Gegenden von Indien allmorgendlich vor der Haustür gemacht wird.

Ravana (Sanskrit: rāvana) ein Dämonenkönig, der über die Insel Lanka herrschte; im großen Epos *Ramayana* ist er *Ramas* Gegenspieler .

Rigveda — das in Versen niedergelegte Wissen; der *Rigveda* ist die älteste der vier vedischen Textsammlungen und zugleich das älteste Zeugnis der indischen Literatur.

Rishabha — Name von Bharatas Vater, ein König.

Rishi — Seher, inspirierter Dichter; gemeint sind insbesondere die Seher, denen die Hymnen der *Veden* offenbart wurden.

Rudra-Hymne — Hymne an *Shiva* in seinem zerstörenden Aspekt.

saburi — Geduld.

sadbhakta — wahrer *Bhakta*.

sadgati — Fortschritt, Wohlbefinden, Glück.

sadguru — der wahre Lehrer, Meister, der vollkommene *Guru*, der die Erleuchtung erlangt hat und eins mit der göttlichen Realität geworden ist.

sādhaka — ein Strebender, ein Schüler, ein Gottsuchender, der sich ernsthaft um Fortschritt bemüht.

sādhana — spirituelle Praxis, ein Mittel zur Vervollkommnung.

Sadhu — (Sanskrit: sādhu) ein tugendhafter Mensch, ein Weiser, ein Heiliger.

saguna — hier: der persönliche Aspekt Gottes, der sich in Allmacht, Allwissenheit und so weiter zeigt.

sagunabrahman — *Brahman*, welches mit Eigenschaften versehen ist.

Sai — ein Name der göttlichen Mutter.

Sai Satcharita — Biographie über Shirdi Sai Baba.

Sainatha — wörtlich: „Sai, der Herr der Welt“; Name für Sai Baba.

samādhi — Sammlung, Einheitsbewusstsein, reines Bewusstsein. Es bezeichnet einen Bewusstseinszustand, der über Wachen, Träumen und Tiefschlaf hinausgeht und beinhaltet ein völliges Aufgehen im Objekt, die Überwindung der Trennung in Bezug auf den Gegenstand über den oder mit dem meditiert wird.

Samādhi-Mandir — hier: Begräbnisstätte von Sai Baba.

samatva — Gleichmut, Gelassenheit, innere Stabilität.

samhitā Textsammlung, die geordnete Komposition eines Textes.

samnyāsa Entsagung, das Loslassen aller Bindungen in vollkommenem Gottvertrauen; Bezeichnung der letzten Lebensstufe, auf der man alle ich-bezogenen Interessen aufgibt.

Samnyasin (Sanskrit: samnyāsin) ein Mensch, welcher der Welt entsagt hat, in völliger Besitzlosigkeit lebt und nur auf die Verwirklichung der Befreiung ausgerichtet ist.

samsāra die objektive Welt, die weltliche Existenz; bezeichnet insbesondere den endlosen Kreislauf von Geburt und Tod.

samskāra Verfeinerung, Kultivierung, Erziehung, Eindruck, Nachwirkung, Fähigkeit, Neigung; die Gesamtsumme der *Samskāras* bildet den Charakter des Menschen.

sandhyā rituelle Verehrung Gottes zu den *Sandhyā*-Zeiten: Morgendämmerung, Mittag und Abenddämmerung.

Sandipani (Sanskrit: sāndīpani) der *Guru* von *Rama* und seinem älteren Bruder Balarama.

sankalpa (Sanskrit: samkalpa) Entschlossenheit, Wille, Wunsch, Ziel, Gedanke, Entschluss; der freie und kausal nicht erklärbare Ratschluss Gottes.

Sanskrit (Sanskrit: samskrita) alte indische verfeinerte Sprachform, die in erster Linie nicht die materiellen Gegebenheiten beschreibt, sondern von der geistigen Realität kündet.

Sansthan hier: Verwaltungsorganisation des Shirdi-Baba-*Aschrams*.

Sanza Weizenpudding.

saptāha hier: siebentägige Lesung einer heiligen Schrift.

Sarasvati (Sanskrit: sarasvatī) *Brahmas* Gemahlin, Göttin des Redeflusses, der Beredsamkeit, Gelehrsamkeit und Intuition, des göttlichen Wortes.

sarvasya sharanāgati	totale, vollkommene Ergebenheit.
satcharita	die Lebensgeschichte, die ein Ausdruck des Seins ist.
satcharitamrita	der Nektar göttlichen Lebens.
sat-cit-ānanda	Sein-Bewusstsein-Glückseligkeit.
satpurusha	das Selbst, welches das wahre Wesen eines jeden ist, ein gotterfüllter Mensch.
sattva	siehe *Guna*.
satya	Wahrheit, Echtheit, Treue, Aufrichtigkeit.
Satya-Narayana-Pūjā	eine *Pūjā*, die an *Satyanārāyana* gerichtet ist.
Satya-Vrata-Pūjā	Name einer *Pūjā*, bei der man gelobt, das Prinzip der Wahrheit zu befolgen.
seemollanghan	das Überschreiten der Dorfgrenzen in großer Prozession am Festtag des *Dasara*-Festes; Grenzüberschreitung im übertragenen Sinne.
Seer	eine alte Maßeinheit; etwas weniger als ein Kilo oder ein Liter; in Asien verbreitet.
Senna	eine milde, abführende Arznei.
Seva	(Sanskrit: sevā) Dienst, Hilfe, selbstloser Dienst am Nächsten, Gottesdienst.
Shakti	Kraft, Macht, göttliche Energie, Stärke; auch *Shivas* Gattin.
Shankara	Name eines der großen indischen Heiligen und Philosophen (circa 788 – 820); sein Wissen und seine Heiligkeit waren so groß, dass er als eine Inkarnation von *Shiva* betrachtet wird.
Shankarī-Pārvatī	(Sanskrit: shankarī) die, welche Segen bringt; ein Name von Parvati, *Shivas* Gemahlin .
shāstra	Gebot, Regel, Heilige Schrift, Lehrbuch, Kompendium; die *Shāstras* gehen oft auf alte Seher, Weise und Heilige zurück und besitzen daher eine große Autorität.
Shesha	gemäß der Hindu-Religion ruht die Erde auf dem Kopf des Schlangengottes *Shesha,* der tausend Köpfe hat.
shidha	*Ghee,* Weizenmehl und Linsen.
Shimga	auch *Holi*; das Frühlings-Farbenfest der Hindus.

Shiva	Gott der Auflösung, Umwandlung und Zerstörung.
Shraddā-Zeremonie	rituelle Opfergabe von Reis an die Toten; diese Zeremonie findet einige Tage nach dem Tod statt.
Shrāvana	ein Hindu-Monat, Juli entsprechend.
shrī	Ehrentitel, Bezeichnung, die einer Person Heiligkeit und höhere Erkenntnis zuschreibt. *Shrī* wird bei Heiligen, Gottheiten und göttlichen Inkarnationen verwendet.
shruti	die heiligen Schriften der vedischen Tradition werden in *Shruti* und *Smriti* unterteilt. Zur *Shruti* werden alle Schriften gerechnet, die direkter Ausdruck göttlicher Offenbarung sind und deshalb unbedingte Autorität besitzen.
shuddhacaitanya	reines Bewusstsein.
shūdra	Bezeichnung eines Mitglieds des 4. Standes; es sind diejenigen, welche die Grundlage für menschliches Wohlergehen durch dienende Tätigkeiten bilden und die dazu notwendigen Eigenschaften besitzen.
Shukadeva	Name eines großen Heiligen, Sohn des *Vyasa;* er soll der Erzähler des *Bhagavatpurana* gewesen sein und gilt als Ideal eines *Samnyasin*.
siddha	eine Person, die das wahre Selbst erkannt oder Selbsterkenntnis erreicht hat. Die *Siddhas* sind auch eine bestimmte Klasse von Wesen, die in den feinstofflichen Bereichen des Universums leben. Ein *Siddha* ist jemand, der alle Möglichkeiten, die im Menschen vorhanden sind, im Dienen an Gottes nutzen kann.
siddhi	Erfüllung, Vollendung, verborgene Kraft, Verwirklichung, Befreiung; mit dem Begriff *Siddhi* werden in den *Yogasūtras* des Patanjali Fähigkeiten bezeichnet, die über die normal üblichen Fähigkeiten des Menschen hinausgehen und daher oft als wunderbar beschrieben werden.
Sita	(Sanskrit: sītā) Name von *Ramas* Gemahlin.

Sitanatha	ein Name für *Rama*, wörtlich: der Herr von *Sita*.
Skandapurana	(Sanskrit: skāndapurāna) Name eines *Puranas*, das der *Shiva*-Tradition zugeordnet wird.
smarana	Erinnerung, gedankliches Verweilen; bezeichnet einen geistigen Prozess, einen ständigen Strom des Bewusstseins, in dem Gott immer gegenwärtig ist und nie vergessen wird. Es ist das Gewahrsein der göttlichen Gnade; es bezeichnet auch die stille Wiederholung des göttlichen Namens.
smriti	heilige Schriften, die von den Menschen verfasst wurden (im Gegensatz zu den *Shrutis,* die göttlichen Ursprungs sind). Die bekanntesten sind das *Mahabharata*, das *Ramayana*, die *Puranas*.
somakant	siehe *Candrakānta*-Juwel.
Sonamukhi	Senna-Schoten: Senna, eine Art Cassia; tropische Büsche und Bäume, deren Blätter getrocknet und als Abführmittel benutzt werden.
Sunthavada	Ingwerpulver mit Zucker gemischt, das zum Abschluss einer Zeremonie oder Feierlichkeit an die Gäste verteilt wird.
Sutra	(Sanskrit: sūtra) Leitfaden, Bezeichnung für eine kurze Regel oder einen Aphorismus.
svarūpa	Verkörperung, Form als Verkörperung eines geistigen Prinzips.
Swami	Herr, Meister, selbstverwirklichter Meister, Ehrentitel für spirituelle Persönlichkeiten.
Taittiriya-Upanischad	(Sanskrit: taittirīya-upanishad) Name einer *Upanischad;* sie befasst sich mit den spirituellen Grundlagen der Phonetik, beschreibt den Weg zur Selbsterkenntnis, betont die immer größer werdende Freude auf diesem Weg und enthält die Belehrung von Bhrigu durch seinen Vater Varuna über die Wege, die zur Erkenntnis des *Brahman* führen.
tamas	siehe *Guna*.
Tantra	eher wissenschaftlich orientierte Schriften.
tapas	hier: Buße; aber Hitze, Leiden, Schmerz, Pein.

tīrtha heiliger Badeplatz, Treppe zu einem heiligen Fluss, Pilgerort.

Tretāyuga siehe *Yuga.*

trimūrti die Dreiheit von *Brahma, Vishnu* und *Shiva.*

Triveni Prayag die Stadt Prayag am Zusammenfluss (triveni) von Ganges, Yamuna und Sarasvati.

Tukaram (Sanskrit: tukārām) religiöser Dichter und Heiliger (1608-1650), komponierte viele religiöse Lieder.

Tulsi eine dem Basilikum ähnliche heilige Pflanze.

Uddhava Name von *Krishnas* Freund und Schüler .

Uddhavagita das Lied der Lehren von *Krishna* an seinen Schüler Uddhava.

Udi heilige Asche.

udyapan Abschluss-Zeremonie beim Einhalten religiöser Gelübde.

upadesha spirituelle Unterweisung, Einweihung, Initiation.

upanayana Einweihung, Einführungszeremonie; die Schnurzeremonie der Brahmanen

Upanischaden Bezeichnung einer Klasse heiliger Schriften. Sie bilden den Schluss des offenbarten Teils der *Veden (shruti)* und die Basis des *Vedanta,* das heißt der philosophischen Analysen und Schlussfolgerungen, die aus den *Upanischaden* abgeleitet werden.

uparani gehört zum *Dhoti;* ein kurzes Tuch, das über den Oberkörper gelegt wird.

upāsana Verehrung, Dienst, nicht nur äußerliche Verehrung, sondern ein kontinuierlicher Strom der Aufmerksamkeit, der sich Gott zuwendet.

Urus muslimisches Fest, das an Grabstätten von Heiligen zelebriert wird.

vairāgya Leidenschaftslosigkeit, Bindungslosigkeit.

Vaishnava-Devotee Verehrer von *Vishnu.*

Vaishya der Stand der Bauern, Händler und Kaufleute.

Vajasaneyisamhita (Sanskrit: vājasaneyisamhitā) Name der *Samhitā* des weißen *Yajurveda.*

vanjari ein fahrender Händler, der Lebensmittel verkauft.

Varan	ein Gericht aus Hülsenfrüchten.
varkari	Verehrer von Gott Vitthal.
Vasishtha	Name eines berühmten Heiligen und Sehers *(rishi). Vasishtha* war der Familien-*Guru* im Königshaus von Dasharatha, *Ramas* Vater.
Vāsudeva	ein Name für *Krishna,* der ihn als wahren Herrn aller Besitzgüter bezeichnet.
vedādhyayana	Rezitieren, Wiederholen des *Veda,* das Studium des *Veda.*
Vedanta	(Sanskrit: vedānta) Ende, Ziel der *Veden.*
Veden, Veda	Bezeichnung für die Gesamtheit der ältesten Texte der indischen Literatur, welche nach traditioneller Auffassung nicht von den Menschen geschaffen sind, sondern denen eine ewige Realität zugeschrieben wird.
Vidyāranya	Name eines Autors der *Advaitavedānta*-Tradition; insbesondere seine Biographie von *Shankara* hat große Bekanntheit erlangt.
Vijayādashamī	letzter Tag des *Dasara*-Festes; der Tag des Sieges.
vimāna	Fahrzeug der Götter, ein Luftwagen.
vīnā	Saiteninstrument, einer Laute ähnlich.
Virabhadra	(Sanskrit: vīrabhadra) Name eines Sohnes von *Shiva.*
virakti	Freiwerden von Leidenschaften, Unabhängigkeit von Wünschen, Gleichmut, Loslösung von allem, was den Geist von Gott ablenkt.
Viroba-Tempel	ein *Shiva*-Tempel.
Vishnu	Gott als Erhalter der Schöpfung und überall gegenwärtig.
Vishnu-Sahasra-Nāman	ein Buch mit den tausend Namen zum Lobe *Vishnus;* das nach der *Bhagavadgita* zweitwichtigste Buch.
Vithoba	ein Name für *Krishna.*
Vitthala	Vitthala von Pandharpur, ein Name für *Krishna.*
Vitthal Rakhumai	ein Name für *Krishna* und Gemahlin.
viveka	Unterscheidungskraft zwischen Unwirklichem und Wirklichem.

vritti	Zustand; Aufregung, Erregung des Geistes; Gedanken.
Vyasa	(Sanskrit: vyāsa) Name mehrerer alter Verfasser und Sammler von *Sanskrit*-Werken.
wada	Gästehaus.
yajna	Opfer, Ritual, Gottesdienst.
Yajurveda	der *Veda* der Opfersprüche, welche der ausführende Priester während der heiligen Handlung rezitiert.
yavan	Muslim.
Yoga	unter dem Begriff *Yoga* werden Traditionen zusammengefasst, die durch Übungen und Praktiken und Disziplinen den Kontakt zum Selbst oder zu Gott herstellen sollen.
yoga-sādhaka	ein Schüler, ein Gottsuchender, der *Yoga* praktiziert.
yoga-sādhana	*Yoga* der spirituellen Bemühungen.
Yogasūtra	Name der Aphorismensammlung des *Patanjali*.
Yogavāsishtha	Name eines Werkes, in welchem der Heilige *Vasishtha* seinen Schüler, Prinz *Rama*, darüber belehrt, wie man sein Bewusstsein zur unwandelbaren Wirklichkeit erheben kann.
Yogeshvara	Herr des *Yoga,* ein Name für *Shiva*.
Yogi	(Sanskrit: yogin) jemand, der *Yoga* praktiziert und darin Vollendung erlangt hat, ein auf Gott ausgerichteter Mensch, der sein ganzes Leben in den Dienst des Höchsten stellt.
yuga	Zeitalter, Weltzeitalter – in der indischen Tradition gibt es vier Weltzeitalter: Kritayuga – das Goldene Zeitalter, in dem alle Menschen rechtschaffen sind und in Eintracht leben; Tretāyuga – Zeitalter, in dem die Rechtschaffenheit um ein Drittel nachlässt; Dvāparayuga – Zeitalter, in dem die Rechtschaffenheit auf die Hälfte geschrumpft ist; Kaliyuga – Zeitalter, in dem Rechtschaffenheit nur noch mit einem Viertel vertreten ist.

Auswahl deutschsprachiger Literatur von Sathya Sai Baba

Besinnung auf Gott (Dhyāna Vāhinī): Über den Prozess der wirklichen Meditation. 128 Seiten, kartoniert, ISBN 978-3-932957-50-5
Strom des Friedens (Prashānti Vāhinī): Sathya Sai Baba lehrt uns das Geheimnis des Friedens. 116 Seiten, kartoniert, ISBN 3-924739-33-1
Lebe die Liebe (Prema Vāhinī): Über die höchste Form der Liebe: die gesamte Schöpfung als Einheit zu sehen und zu bejahen. 128 Seiten, kartoniert, ISBN 978-3-932957-52-9
Quellen der Weisheit (Sūtra Vāhinī): „Sūtra" bedeutet: „Das, was mit wenigen Worten tiefe Bedeutung enthüllt". Erläuterungen zu den Brahma Sūtras. 68 Seiten, kartoniert, ISBN 978-3-932957-35-2
Erziehung zur Selbsterkenntnis (Vidyā Vāhinī): Sathya Sai Baba erklärt die Grundprinzipien des Wissens und weist auf die Verbindung von Erziehung und Geisteswissenschaft hin. 104 Seiten, kartoniert, ISBN 3-924739-55-2
Mensch und göttliche Ordnung (Gītā Vāhinī): Erklärende Ausführungen Sathya Sai Babas zur Bedeutung der Bhagavadgita. 216 Seiten, kartoniert, ISBN 3-924739-60-9
Ewige Wahrheiten (Bhāratīya Paramārtha Vāhinī und Sathya Sai Vāhinī): Sathya Sai Baba vermittelt die Weisheit der Veden und ihre Bedeutung für den Erkenntnis- und Lebensweg. 192 Seiten, kartoniert, ISBN 3-924739-59-5
Dharma – Göttliche Ordnung (Dharma Vāhinī): Das Bild einer Gesellschaftsordnung, in der jeder an seinem Platz zum Glück des Ganzen beiträgt. 104 Seiten, kartoniert, ISBN 3-924739-97-8
Erfüllung in Gott (Bhāgavata Vāhinī): Sai Babas Version des Bhagavatam. 244 Seiten, kartoniert, ISBN 978-3-932957-46-8
Antworten (Līlā Kaivalya Vāhinī, Prashnottara Vāhinī und Sandeha Nivarinī): Anworten Sai Babas, die zeitlos, unveränderlich und universal gültig sind. 188 Seiten, kartoniert, ISBN 3-924739-87- 0
Upanishaden – Das Wissen vom Sein (Upanishad Vāhinī): Erläuterung der tiefgründigen Wahrheiten der Upanishaden, die zur Selbsterkenntnis führen. 112 Seiten, kartoniert, ISBN 3-932957-05-9
Strom der Erkenntnis (Jnāna Vāhinī): In diesem Buch zeigt Sathya Sai Baba den Weg zur höchsten Erkenntnis, dass alles, was existiert, seinem Wesen nach göttlich und eins mit Gott ist. 73 Seiten, kartoniert, ISBN 3-924739-96-X
Die Geschichte von Rama – Strom göttlicher Liebe (Rāma Kathā Rasa Vāhinī): Das Ramayana erzählt von Sathya Sai Baba. Band 1: 472 Seiten, kartoniert, 978-3-932957-62-8; Band 2: 240 Seiten, kartoniert, ISBN 3-924739-79-X
Sathya Sai Baba spricht: Bände 1–11, 20, 21, 30, 40. Ansprachen von Sathya Sai Baba zu verschiedenen Anlässen. Kartoniert; Band 1 (Ansprachen 1953–

60): 160 Seiten, ISBN 3-932957-06-7; Band 2 (Ansprachen 1960–62): 176 Seiten, ISBN 3-924739-48-X; Band 3 (Ansprachen 1963–64): 184 Seiten, ISBN 3-924739-49-8; Band 4 (Ansprachen 1963–65): 272 Seiten, ISBN 3-924739-43-9; Band 5 (Ansprachen 1964–67): 248 Seiten, ISBN 3-924739-50-1; Band 6 (Ansprachen 1967–68): 424 Seiten, ISBN 978-3-932957-73-4; Band 7 (Ansprachen 1966–71): 354 Seiten, ISBN 3-924739-51-X; Band 8 (Ansprachen 1970–73): 336 Seiten, ISBN 978-3-932957-65-9; Band 9 (Ansprachen 1974–75): 208 Seiten, ISBN 3-924739-07-2; Band 10 (Ansprachen 1975–80): 248 Seiten, ISBN 3-924739–0-7; Band 11 (Ansprachen 1979–82): 393 Seiten, ISBN 978-3-932957-67-3; Band 20 (Ansprachen 1987): 212 Seiten, ISBN 3- 932957-11-3; Band 21 (Ansprachen 1988): 292 Seiten, ISBN 978-3-932957-69-7; Band 30 (Ansprachen 1997): 240 Seiten, ISBN 3-932957-22-9; Band 40 (Ansprachen 2007): 236 Seiten, ISBN 978-3-932957-75-8

Sommersegen in Brindavan (Summershowers): Vorträge vor Schülern und Studenten in Brindāvan, die in die Wahrheit und Weisheit der indischen Kultur einführen und in denen Sathya Sai Baba seine Botschaft der Liebe erläutert. Broschiert; 1972: 272 Seiten, ISBN 978-3-932957-66-6; Band 2 (1973): 228 Seiten, ISBN 3-932957-47-4; Band 3 (1974): 180 Seiten, ISBN 3-924739-41 2; Band 4 (1977): 176 Seiten, ISBN 3-924739-62-5; 1990: 220 Seiten, ISBN 978-3-932957-95-6; 1993: 144 Seiten, ISBN 3-932957-10-5; 1995: 176 Seiten, ISBN 3-932957-31-8; 1996: 136 Seiten, ISBN 3-932957-28-8; 1998: 110 Seiten, ISBN 3-932957-10-4

Sommersegen in den Blauen Bergen 1976: In diesen Ansprachen erläutert Sathya Sai Baba anhand des Mahabharata und Bhagavatam, was es bedeutet, ein wahrer Mensch zu sein. 144 Seiten, broschiert, ISBN 3-932957-17-2

Kostbarkeiten aus Kodaikanal 1998: In den Ansprachen vom Sommerkurs in Kodaikanal gibt Sathya Sai Baba Anleitung für ein spirituelles Leben. 112 Seiten, broschiert, ISBN 3-932957-16-4

Der Weg nach innen – Sādhana: Zusammenstellung von Auszügen aus Reden Sathya Sai Babas. 256 Seiten, broschiert, ISBN 3-924739-15-3

Botschaft für den Westen: Ansprachen und Unterweisungen für die Gottsuchenden aus „Übersee". 120 Seiten, broschiert, 978-3-932957-67-3

Die Weisheit der Bhagavadgita: In diesen Ansprachen 34 konzentrierte sich Sathya Sai Baba auf zwei Kapitel der Gita: das zwölfte Kapitel, das den Weg der Hingabe betont, und das zweite Kapitel, das den Weg der Weisheit und des Handelns aufzeigt. 576 Seiten, kartoniert, ISBN 978-3-932957-77-2

Entdecke die Quelle der Glückseligkeit: Aussagen von Sathya Sai Baba zur Einführung in seine Lehre und deren Vertiefung. Zusammengestellt von T. Rupflin. 506 Seiten, Loseblatt-Werk im Ordner, ISBN 3-924739-89-7

Meditation: Aussagen Sathya Sai Babas zur Praxis der Meditation. 160 Seiten, broschiert, ISBN 978-3-932957-53-6

Der Königliche Weg: Ansprachen von 1966–1990 zum Thema Seva – Selbstloses Dienen. 319 Seiten, kartoniert, ISBN 3-900790-03-5

Sai Baba erzählt, Band 1 und 2: Kleine Geschichten und Gleichnisse (Chinna Katha). Band 1: 320 Seiten, broschiert, ISBN 3-924739-28-5; Band 2: 208 Seiten, broschiert, ISBN 3-932957-09-1

Seine Geschichte - von ihm selbst erzählt: Zusammenstellung aus Diskursen, in denen Sathya Sai Baba über seine Kindheit und Jugend spricht. 164 Seiten, kartoniert; ISBN 978-3-932957-60-4

Auswahl deutschsprachiger Literatur über Sathya Sai Baba und seine Lehren

Kasturi, N.: Die Girlande aus 108 Edelsteinen (Garland of 108 Precious Gems). Die Bedeutungen von Sathya Sai Babas 108 Namen werden erläutert. 125 Seiten, kartoniert, ISBN 978-3-932957-45 1

Kasturi, N.: Sathya Sai Baba. Sein Leben. Band 1–4 (Satyam, Shivam, Sundaram). Biographie Sathya Sai Babas. Band 1: 240 Seiten, kartoniert, ISBN 3 924739-74 9; Band 2: 246 Seiten, kartoniert, ISBN 3 924739-22 6; Band 3: 280 Seiten, kartoniert, ISBN 3 932957-00 8; Band 4: 212 S., kartoniert, ISBN 3-932957-14-8

Kasturi, N.: Der lebendige Gott. In seinen Ansprachen an westliche Devotees erzählt N. Kasturi von seinem Leben mit Sai Baba und gibt allgemeine spirituelle Unterweisungen. 240 Seiten, broschiert, ISBN 3 932957-32 6

Kasturi, N.: Easwaramma. Über den Weg der „Mutter" Sai Babas von der religiösen Dorfbewohnerin zur befreiten Seele. 192 Seiten, broschiert, ISBN 3 924739-74 9

Kasturi, N.: In Gottes Liebe (Loving God). Der Autor beschreibt seinen Weg vom vaterlos aufgewachsenenen Jungen zum engagierten Lehrer, der schließlich in Sathya Sai Baba seinen göttlichen Lehrer und Vater findet. 448 Seiten, broschiert, ISBN 3 932957-18 0

Murthy, B. N.: Sathya Sai Baba. Sein Leben. Band 5, 6 und 7 (Satyam, Shivam, Sundaram). Biographie Sathya Sai Babas. Band 5: 272 Seiten, kartoniert, ISBN 978-3-932957-56-7; Band 6: 336 Seiten, kartoniert, ISBN 978-3-932957-59-8; Band 7: 360 Seiten, kartoniert, ISBN 978-3-932957-68-0

Bruce, Rita: Sathya Sai Parenting – Spirituelle Erziehung. 216 Seiten, broschiert, ISBN 3-932957-26-1

Chibber, M. L.: Sai Babas Mahavakya über Führung – Ein Buch für die Jugend, Eltern und Lehrer zur „Erziehung in Menschlichen Werten". 220 Seiten, broschiert, ISBN 3-924739-90-0

Dhall, P. und T.: Bewusst Eltern sein. Auf der Grundlage der fünf menschlichen Werte zeigen die Autoren, was es in der heutigen Zeit bedeutet, bewusst Eltern zu sein. 212 Seiten, broschiert, 978-3-932957-88-8

ESSE Institut: Die Ebenen des menschlichen Bewusstseins in den Lehren Sathya Sai Babas. Im Zentrum des Buches steht das von Sai Baba gelehrte Persönlichkeitsmodell mit den Hüllen des Menschen. 184 Seiten, broschiert, ISBN 978-3-932957-25-3

ESSE Institut: Educare. In seinen Ansprachen zum Thema Erziehung macht Sai Baba deutlich, dass die menschlichen Werte im Inneren eines jeden Menschen vorhanden sind und hervorgeholt werden müssen. 80 Seiten, broschiert, ISBN 3 932957-30-X

Svensson, Camille: Bhagavadgita – Der göttliche Gesang. Neuübersetzung mit Kommentaren aus den Schriften von Sathya Sai Baba. 296 Seiten, kartoniert, ISBN 978-3 932957-08-6

Svensson, Camille: Atmabodha – Die Lehre von der Erkenntnis des Selbst von Adi Shankaracarya. Eine Einführung in die Advaita-Lehre mit Kommentaren aus den Schriften von Sathya Sai Baba. 46 Seiten, kartoniert, ISBN 978-3-932957-58-1

Svensson, Camille: Die Yoga-Sutras des Patanjali. Neuübersetzung mit Kommentaren aus den Schriften von Sathya Sai Baba. 80 Seiten, kartoniert, ISBN 3-932957-39-3